suhrkamp taschenbuch
wissenschaft 1040

Im vielfältigen Diskurs des Radikalen Konstruktivismus lassen sich gegenwärtig drei Schwerpunkte ausmachen: eine Präzisierung der theoretischen Grundlagen, eine Aufarbeitung der historischen Entwicklung sowie eine Prüfung von Anwendungsmöglichkeiten in Theorie und Praxis.
Den beiden letzten Fragen widmet sich der Themenschwerpunkt des DELFIN 1992, der in diesem Jahr erstmals als suhrkamp taschenbuch wissenschaft erscheint und die Arbeit der Zeitschrift DELFIN fortsetzt, die von 1984 bis 1991 als Halbjahresschrift erschien.
Zu den Besonderheiten dieser Zeitschrift hat es immer gehört, Fach-, Diskurs- und Gattungsgrenzen zu überspringen. Diese Tradition wird auch im DELFIN 1992 fortgesetzt. Wissenschaftliche Abhandlungen stehen neben Essays, Literatur und bildender Kunst. Damit sollen Anstöße zum Dialog und zur Kontroverse zwischen sonst eher reinlich geschiedenen Domänen kreativer Konstruktionen gegeben werden; an die Stelle absichernden Revierverhaltens soll schöpferische Unruhe treten.

Konstruktivismus:
Geschichte und Anwendung

DELFIN 1992

Herausgegeben von
Gebhard Rusch und Siegfried J. Schmidt

Suhrkamp

Die Deutsche Bibliothek – CIP-Einheitsaufnahme
Konstruktivismus : Geschichte und Anwendung /
hrsg. von Gebhard Rusch und Siegfried J. Schmidt. –
1. Aufl. – Frankfurt am Main :
Suhrkamp, 1992
(Suhrkamp-Taschenbuch Wissenschaft ; 1040)
(Delfin ; 1992)
ISBN 3-518-28640-4
NE: Rusch, Gebhard [Hrsg.]; 1. GT; 2. GT

suhrkamp taschenbuch wissenschaft 1040
Erste Auflage 1992
© Suhrkamp Verlag Frankfurt am Main 1992
Suhrkamp Taschenbuch Verlag
Alle Rechte vorbehalten, insbesondere das
des öffentlichen Vortrags, der Übertragung
durch Rundfunk und Fernsehen
sowie der Übersetzung, auch einzelner Teile.
Satz und Druck: Wagner GmbH, Nördlingen
Printed in Germany
Umschlag nach Entwürfen von
Willy Fleckhaus und Rolf Staudt

1 2 3 4 5 6 – 97 96 95 94 93 92

Inhalt

Vorwort 9

Marga Dehnen
Blindzeichnungen 11

Ernst von Glasersfeld
Aspekte des Konstruktivismus: Vico, Berkeley, Piaget . 20

Wolfgang Krohn und Günter Küppers
Die natürlichen Ursachen der Zwecke. Kants Ansätze
zu einer Theorie der Selbstorganisation 34

Rainer Paslack
Ursprünge der Selbstorganisation 59

Vera Nünning
Wahrnehmung und Wirklichkeit. Perspektiven einer
konstruktivistischen Geistesgeschichte 91

Reinhard Klessinger
Poetik des Raumes 119

Chris Bezzel
Bordbuch 126

Dodo zu Knyphausen
Paradoxien und Visionen. Visionen einer paradoxen Theorie
der Entstehung des Neuen 140

Oskar Pastior
VOKALISEN 160

Pavel Petr
Postmoderne, Dialektik und der Boden unter den Füßen 163

Christof Schmitz
Thom Barth – Grenzüberschreitungen. Raum-Kubus,
Hirn-Kubus, Kreuzgang-Leerkörper 179

Gerhard Jaschke
Vom Anfang der Bälle 197

Norbert Ammermann
Konstruktivismus und religiöses Selbstverständnis –
Versuch einer Annäherung theologischerseits 199

Ferdinand Schmatz
SPEISE. Gedichte 218

Lutz Kramaschki
Konstruktivismus, konstruktivistische Ethik und
Neopragmatismus 224

Ralf Gödde
Radikaler Konstruktivismus und Journalismus. Die
Berichterstattung über den Golfkrieg – Das Scheitern
eines Wirklichkeitsmodells 269

Thomas Wrede
Cadavre exquis 289

Raimund Stecker
Nur in der Photographie existierende Skulpturen.
Eine Anmerkung zu den photographischen »Cadavre
exquis« von Thomas Wrede 292

Jerry Exline
Future Cities 295

Christian W. Thomsen
Gerald Exlines Future Cities 299

Ulf Jonak
Entgegen dem Anschein – JE balanciert 304

Verzeichnis der Abbildungen 307
Hinweise zu den Autorinnen und Autoren 308

Vorwort

Im Juni 1983 erschien das erste Heft einer neuen »Zeitschrift für Konstruktion, Analyse und Kritik«: der DELFIN. Auf der ersten Umschlagseite stellten die Herausgeber Gebhard Rusch und Siegfried J. Schmidt ihre Programmideen wie folgt vor:

»damit beginnen die gespräche
wie wirklichkeit entsteht und verwandelt wird
wie die wissenschaft ihren mythos verliert und
glaubwürdiger wird
wie kunst ihre sprachen lernt und verlernt
wie die philosophen aus- und eingehen und ihr haus verlieren
wie die architekten immer aufs neue ›innen‹ und ›außen‹ buchstabieren
wie sich aus dem widerspruch und unvordenklichen
verbindungen konzepte bilden in denen neue
wirklichkeiten entstehen
welche rolle konstruktivistisches denken in diesen
prozessen spielt, damit schöpferische unruhe in
unserer gesellschaft bleibt«

Ermöglicht wurde das neue Zeitschriftenprojekt durch die finanzielle Unterstützung des Stuttgarter Architekten Jürgen Brenner, der dem DELFIN bis zur letzten Ausgabe Nr. XIV im Dezember 1990 die Treue gehalten hat. Der DELFIN und seine Leser danken ihm dafür herzlich.

Der DELFIN hat stets versucht, Disziplinen, Diskurse und Gattungen ins Gespräch zu bringen, kreative Prozesse in Gang zu setzen, Alternativen zu eröffnen. Mit einem Faible für konstruktivistische Ideen in der Philosophie, in verschiedenen Wissenschaften und den Künsten hat er die Neigung zu neuen Beobachtungsweisen verbunden, hat wissenschaftliche Abhandlungen neben Essays, literarische und künstlerische Ausdrucksformen gerückt, um Leserinnen und Lesern ungewohnte Rezeptionserlebnisse zu ermöglichen.

Der DELFIN hat berühmten Autorinnen und Autoren ebenso wie Debütantinnen und Debütanten als Forum gedient. Behende durch die Disziplinen mäandernd, kam es ihm in erster Linie auf Beweglichkeit des Sehens, Denkens und Redens an. Beides soll auch in Zukunft Programm bleiben, das unabhängig davon ist, ob

der DELFIN nun in zwei Zeitschriftenheften oder in einem Jahresband erscheint.
Bisher haben die Herausgeber versucht, auf den ersten beiden Umschlagseiten Verbindungslinien zwischen den verschiedenen Beiträgen zu ziehen. In Zukunft soll der »JahresDELFIN« unter einem Schwerpunktthema stehen. Daneben werden aber auch andere Beiträge erscheinen – sozusagen als Kontrast, als Widerspruch, als Um- und Zufahrtswege.
Format und Drucktechnik der stw-Reihe, dem neuen und mit Vergnügen begrüßten Revier des DELFIN, lassen in Zukunft nur Schwarzweißabbildungen zu. Wir hoffen, daß diese neuen Gegebenheiten Künstler dazu motivieren werden, sich darauf produktiv einzustellen, in und mit dem DELFIN im visuellen Bereich zu experimentieren.
Alle »alten« DELFINleserinnen und -leser sind zur Fortsetzung ihres Interesses herzlich eingeladen; auf viele neue Interessenten hoffen wir.
Friedhelm Herborth und dem Suhrkamp Verlag gilt unser Dank für den Beginn einer Zusammenarbeit, die hoffentlich allen vor allem Spaß machen wird.

Gebhard Rusch   Siegfried J. Schmidt

Marga Dehnen
Blindzeichnungen

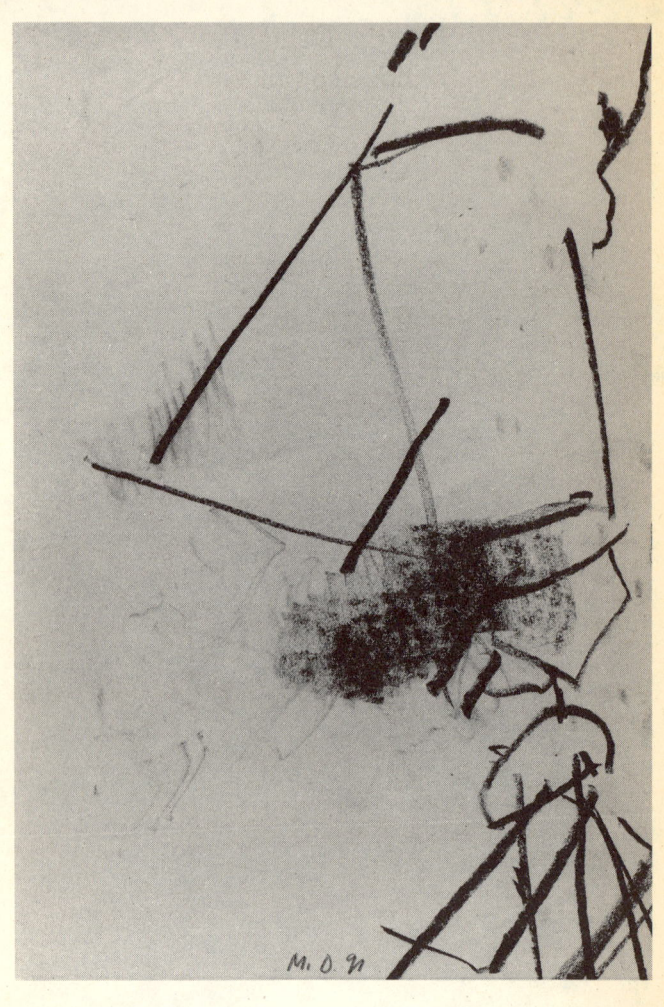

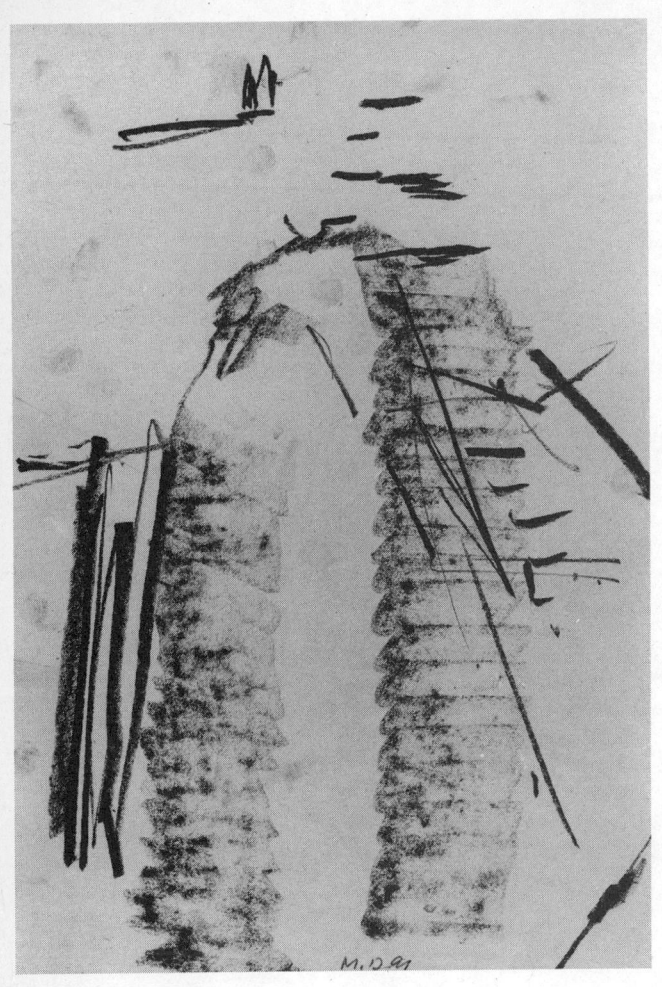

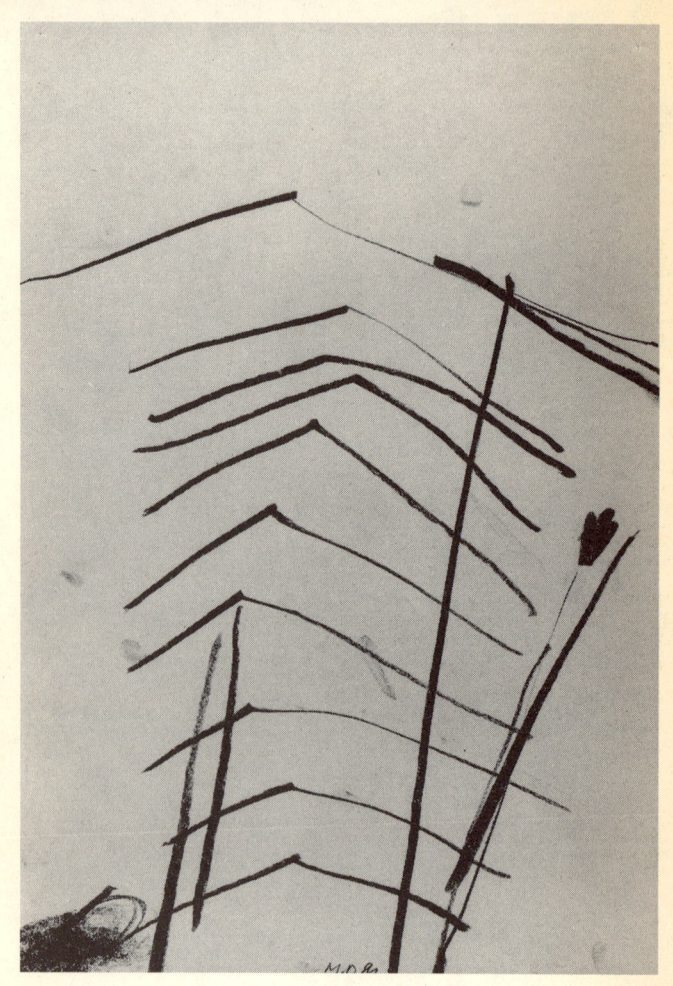

»In unserem Gemüt ist alles auf die eigenste, gefälligste und lebendigste Weise verknüpft. Die fremdesten Dinge kommen durch einen Ort, eine Zeit, eine seltsame Ähnlichkeit, einen Irrtum, irgendeinen Zufall zusammen, so entstehen wunderliche Einheiten und eigentümliche Verknüpfungen, und eines erinnert an alles, wird das Zeichen vieler und wird selbst von vielen bezeichnet und herbeigerufen...« (Novalis, Hymnen an die Nacht)

In meinen Zeichnungen: Es handelt sich um eine Auswahl meiner Blindzeichnungen der letzten zwei Jahre, Pastellkreide auf Papier in unterschiedlichen Formaten, vorrangig jedoch 21 × 30 cm. Der letzte Zyklus umfaßt einige hundert Arbeiten. Blindzeichnungen will heißen: ich schaue nicht auf's Papier, nicht nach außen – eher nach innen. Natürlich kein neueres Verfahren (automatisches Zeichnen); für mich ist dieses Zeichnen kein schlafwandlerischer Prozeß, keine Umsetzung psychischen Traumgeschehens. Zwar interessiert mich das Wegfallen von gelernten Steuerungs- und Kontrollmöglichkeiten (Kompositionsprinzipien), jedoch gelingt dieses Zeichnen nur in hellwachem, äußerst konzentriertem Zustand.

Zunächst wird hier ein subjektives Bilderreservoir nach außen befördert, jedoch was mich weitergehend beschäftigt, ist das Verhältnis von Zeichner – Zeichnung – Betrachter: Wo entsteht hier eigentlich Interpretation, wenn ein gezielter planmäßig arrangierender Gestalter nahezu absent ist? Worauf werden die zeichnerischen Energiespuren bezogen?

Am Anfang ein unbeschriebenes Blatt, das aufgefüllt wird mit schwarzen Punkten, Linien und Flächen. Es bleibt zunächst konkret: bildnerische Elemente auf einem Bildträger, der Höhe und Breite aufweist. Hinzu kommen andere Spuren – schwarze Fingerabdrücke (die linke Hand hält das Papier), Verwischungen der Kreide durch den Ärmel des rechten Armes, dunklere Flecken und Schlieren durch das Fixativ, dann noch die Signatur. (Auch hier keine Abbildung, lediglich ein Hinweis auf etwas außerhalb Liegendes.)

Als nächstes beinhaltet eine solche Zeichnung eine zeitliche Dimension, nämlich die Zeit, die gebraucht wurde, das Papier mit all diesen Linien und Flecken anzufüllen.

Dann kann ein Umkippen in die Illusion erfolgen – der Eindruck von Räumlichkeit, das Eintreten in die Tiefe des Bildraumes. Und jetzt ergeben sich neue Wirklichkeitsbezüge: Sind hier Räume ge-

meint, Innen- und Außenräume mit Körpern darinnen, vielleicht Landschaften, Orte, Felder und Plätze?
Aber wer meint hier eigentlich, wer ist verantwortlich für die Interpretationen? Der Zeichner, dessen Steuerungsmöglichkeiten zumindest eingeschränkt sind? Der Betrachter? Oder die Zeichnung selbst? Geht es neben dem Raum vielleicht auch um Zeit? Werden hier nicht Bewegungen von Dingen aufgezeigt, Wege, die zurückgelegt wurden, ein Abheben, ein Flattern im Wind?
Die Illusion von Zeitlichkeit?

*

Kurzer Exkurs zu Raum und Zeit, zitiert in Auszügen aus dem Aufsatz von Rainer Küster: »Metaphorik des Raumes«, in: *Raumbegriff in dieser Zeit. Vorträge aus dem Verlagskolloquium 1985 in Bochum*, Hg. Kunibert Bering, Werner L. Hohmann, Essen 1986:
Wie unser Verbum raumen und räumen im Forstwesen ein mit Gestrüpp bewachsenes Land säubern und kulturfähig machen bedeutet, wozu wieder am nächsten das soldatische einen Platz, einen Lagerplatz räumen, ihn durch Entfernung von Stauden und Stöcken zum Lager geschickt machen, tritt: so weist alles dieses auf Raum als einen uralten Ausdruck der Ansiedler hin, der zunächst die Handlung des Rodens und Freimachens einer Wildnis für einen Siedelplatz bezeichnete (...), dann den so gewonnenen Siedelplatz selbst.
(Vgl. Jacob u. Wilhelm Grimm: *Deutsches Wörterbuch*, Bd. 8, Sp. 275 f.)
... Als »Raum« scheint also zunächst einmal das bezeichnet worden zu sein, was man als Ergebnis einer Beseitigung, eines Wegräumens ansehen könnte. Dort erst kann ein Ort entstehen ...
Interessant erscheint darüber hinaus, daß offensichtlich schon das Mhd. die temporale Referenz des Wortes »Raum« kennt:
        es waz sô spête, daz si kamen
        bi lichtschines rûme
        zu der herberge kûme
        mochten
(Vgl. Dietrich Huschenbett: Artikel »Die Kreuzfahrt Landgraf Ludwigs des Frommen« in: *Verfasserlexikon*, 2. Aufl., hg. von Kurt Ruh u. a., Berlin–New York, Bd. 5, Sp. 372 ff.)
»Bi lichtschines rûme« heißt ins Neuhochdeutsche übertragen so viel wie »solange die sonne scheint« oder »bei Tage«.
Martin Luther benutzt in seiner Bibelübersetzung das Wort »Raum« meistens in einer lokalen Dimension ... Luther benutzt das Wort aber auch im Sinne von »Möglichkeit, Anlaß, Gelegenheit«; so etwa in den Stellen »Gebet Raum dem Zorn Gottes« (Römer 12/19) ... Auch mit dem fehlenden »Raum in der Herberge« ist ja keineswegs ein bestimmter umgrenzter

Raum gemeint. Raum ist das, was attestiert, »eingeräumt« wird oder werden könnte. Die abstrahierende Tendenz des Begriffes wird deutlich spürbar.
Auch der Raumbegriff in der temporalen Dimension, wie er schon im Mittelhochdeutschen auftaucht, stellt eine Abstraktion von der lokalen Grundbedeutung dar...
»Das Mhd. konstatiert nichts weiter als die statische Berührung zweier Flächen; seit der Mensch auf der Schwelle zur Moderne Raum und Zeit als dreidimensionale Gegebenheiten aufzufassen gelernt hat, verwandelt sich ihm diese Beobachtung in ein im Raum dynamisch miteinander Verbundenes, ineinander Verschlungenes, in wechselseitiger Beziehung zueinander Stehendes, durch das der vorgegebene Gegenstand entscheidend bestimmt oder verändert wird.«
(Vgl. Fritz Tschirch: *Geschichte der deutschen Sprache, II. Entwicklung und Wandlungen der deutschen Sprachgestalt vom Hochmittelalter bis zur Gegenwart*, 2. Aufl., Berlin 1845, S. 128.)
Inspiriert durch Kants Philosophie, nach der der Raum eigentlich kein solcher ist, erhält das Wort »Raum«, das wiederum angebunden ist an das Wort Zeit, zunehmend die Qualität, logisch nicht mehr Faßbares, Denkunmögliches zu bezeichnen. Der anfänglichen Bedeutung des Wortes im Sinne von etwas Abgegrenztem, Freigeräumtem, steht nun die Möglichkeit, auf Grenzloses und sogar nicht Existentes zu verweisen, gegenüber...
Im 18. Jh. nennt Immanuel Kant in seiner *Kritik der reinen Vernunft* den Raum und die Zeit »a priori im Gemüt bereit liegende« subjektive Anschauungsformen, weshalb sie auch notwendige Formen aller Gegenstände der Erfahrung sind. Beide sind die Grundbedingungen, unter denen Erkenntnis überhaupt zustande kommt.
(Vgl. Immanuel Kant: *Kritik der reinen Vernunft*, Werkausgabe Bd. III, hg. von Wilhelm Weischedel, 4. Aufl., Frankfurt am Main 1980, S. 45 ff.)

> Dreifach ist der Schritt der Zeit:
> Zögernd kommt die Zukunft hergezogen,
> Pfeilschnell ist das Jetzt entflogen,
> Ewig still steht die Vergangenheit.
>
> Dreifach ist des Raumes Maß:
> Rastlos fast ohn Unterlaß
> Steht die Länge, fort ins Weite
> Endlos gießet sich die Breite,
> Grundlos senkt die Tiefe sich.

(Friedrich Schiller: *Werke* in 3 Bänden, hg. Herbert G. Göpfert, Bd. II, München 1966, S. 706.)

Ernst von Glasersfeld
Aspekte des Konstruktivismus:
Vico, Berkeley, Piaget

Der Konstruktivismus ist eine Art des Nachdenkens über Wissen – Wissen als Handeln und auch als Ergebnis. Meine Art des Denkens ist aus der praktischen Arbeit in Psycholinguistik und kognitiver Psychologie hervorgegangen sowie aus einer ungefähr zehnjährigen Beschäftigung mit den Arbeiten Jean Piagets. In meinen Bemühungen, Piagets Gedanken in einem kohärenten, widerspruchsfreien Modell dessen zu assimilieren, was ich unsere *rationale* Seite nennen würde, bin ich nach Meinung einiger namhafter Piagetianer über das hinausgegangen, was Piaget mit seinem Ausdruck von ›Konstruktivismus‹ intendiert habe. Das ist einer der Gründe, warum ich mich zu einem gewissen Zeitpunkt entschlossen habe, meine eigene Denkweise als ›Radikalen Konstruktivismus‹ zu bezeichnen.

Kürzlich hat ein Kritiker nach der Lektüre eines meiner Aufsätze festgestellt, diese Art der Beschäftigung mit den Problemen des Erkennens sei ›post-epistemologisch‹. Mir gefällt diese Beschreibung, weil sie den radikalen Wandel in der Beziehung zwischen Wissen und Sein akzentuiert. Dieser Wandel ersetzt den konventionellen Begriff der ontologischen Wahrheit durch den Begriff der erfahrbaren *Viabilität* (Gangbarkeit) und führt damit zu einer weitreichenden Umorganisation der Art und Weise, wie wir über die Welt nachdenken. Ich lege Wert auf die Feststellung, daß die konstruktivistische Denkweise keine neue Erfindung ist; und ich selbst habe mich lediglich bemüht, die Gedanken anderer zu koordinieren.

Im Folgenden möchte ich kurz meine Interpretation einiger Schlüsselbegriffe dreier Denker vorstellen, auf die ich mich bei der Entwicklung meiner radikalen Theorie des Erkennens bezogen habe.

Vico und Berkeley sind bereits seit zweieinhalb Jahrhunderten tot. Piaget starb vor zehn Jahren. Ich vermute, keiner von ihnen würde meiner Interpretation ihrer Gedanken und Intentionen vorbehaltlos zustimmen. Aber das berührt mich nicht sehr. Alle drei neigten dazu, alle ihnen zu Lebzeiten bekanntgewordenen Interpretationen ihrer Werke abzulehnen. Wenn sie die jüngsten Entwicklungen in der Wissenschaftstheorie miterlebt hätten, wären sie vielleicht selbst radikalisiert worden.

Einer der Gründe, warum ihr Denken fast zwangsläufig mißverstanden wurde, lag wohl schlicht darin, daß es wirklich originell war und den dramatischen Wandel einiger grundlegender Begriffe wie zum Beispiel ›Sein‹, ›Wahrheit‹ und ›Wirklichkeit‹ verlangte. Als sie ihre Ideen niederschrieben, waren sie jedoch an die Sprache ihrer Zeit gebunden, die ihre Leser in der jeweils geläufigen Bedeutung zu verstehen pflegten und nicht im Rahmen einer neuen Begriffswelt.

Nun mag man meinen, daß ein begrifflicher Wandel angekündigt und mittels expliziter Definitionen auch verdeutlicht werden kann. Das klingt leicht, mißlingt in der Praxis aber sehr oft. Vico, Berkeley und Piaget liefern – jeder auf seine Weise – hervorragende Beispiele für dieses Problem. Ich wende mich zunächst den beiden ersteren zu, die direkte Zeitgenossen waren.

Vicos Bruch
mit der philosophischen Tradition

Im Jahre 1710 wurden an zwei entgegengesetzten Enden Europas zwei Traktate über Erkenntnistheorie veröffentlicht: einer in Neapel durch Giambattista Vico, der andere in Dublin von George Berkeley. Beide Autoren brachen mit der jahrhundertealten philosophischen Vorstellung, menschliche Erkenntnis müsse in irgendeiner Weise eine Repräsentation einer beobachterunabhängigen Realität liefern. Ihren Zeitgenossen erschien ein solcher Bruch mit einer ehrwürdigen Tradition nicht nur unannehmbar, sondern geradezu unbegreiflich.

Als Vico erklärte, Menschen könnten nur das wissen, was sie selbst gemacht hätten, wohingegen Gott die Welt kenne, weil er sie selbst geschaffen habe, da sahen seine Leser nicht (oder sie wollten es nicht sehen), daß diese Feststellung nicht bloß eine Einschränkung, sondern einen *Wandel* in der Auffassung der menschlichen Erkenntnis implizierte. In der philosophischen Tradition der westlichen Welt bedeutete ›Erkennen/Wissen‹ etwas erfaßt haben, das *wahr* weil »objektiv« war. Und in dieser Tradition bedeutete Objektivität die Repräsentation einer Entität, so wie diese – unabhängig von jedem Beobachter – an und für sich existiert.

Viele der großen Philosophen machten vorsichtigerweise darauf aufmerksam, daß die menschliche Repräsentation der objektiven Welt stets nur eine Annäherung sein könne. Gleichwohl hielten sie die Hoffnung aufrecht, daß diese Annäherung im Laufe der Zeit immer genauer werden könnte. Darin lag der Grund für den allgemein verbreiteten Glauben an einen Fortschritt des Wissens, dessen bessere Übereinstimmung mit der Wirklichkeit auch meßbar sein sollte.

Die Skeptiker hatten natürlich immer argumentiert, solch ein Vergleich zwischen Erkennen und Wirklichkeit sei unmöglich, weil Wissen immer nur mit anderem Wissen verglichen werden könne und nie mit der Wirklichkeit selbst. Weil die Argumente der Skeptiker logisch nicht widerlegt werden konnten, versuchten Philosophen sie auf höchst einfallsreiche Weise zu umgehen. Diese Versuche sind faszinierend zu lesen; aber nach mehr als zweieinhalbtausend Jahren muß man fairerweise wohl zugeben, daß sie gescheitert sind. Ein interessanter Aspekt in dieser Auseinandersetzung ist die Tatsache, daß weder die Skeptiker noch die anderen Philosophen daran dachten, ihren Begriff der Erkenntnis zu ändern. Im Gegensatz dazu schlug Vicos Traktat genau dies vor. Er faßte seine Auffassung in dem erstaunlichen Satz zusammen: *Deus naturae artifax, homo artificiorum Deus*[1] (Gott ist der Konstrukteur der Natur, der Mensch ist der Gott der Konstrukte). Das bedeutete einen *radikalen* Wandel. Wenn Menschen nur das begreifen können, was der menschliche Geist gemacht hat, nämlich seine eigenen Werke oder – wie wir heute sagen würden – seine »Modelle«, dann ist klar, daß der menschliche Geist niemals in der Lage ist, Gottes Wirklichkeit zu begreifen.

Vicos Erkenntnis, daß man – um etwas wissen zu können – dessen Elemente kennen und die Zusammensetzung dieser Elemente nachvollziehen können muß, verschiebt den Interessenfokus von einer angeblich vor der Wahrnehmung existierenden Welt auf den aktiven, produktiven Urheber der Kognition. An die Stelle eines passiven Empfängers von Daten oder »Informationen« tritt bei

---

1 Giambattista Vico, *De antiquissima Italorum sapientia*, 1710, Ch. 7, § III.

ihm das erkennende Subjekt als Wissensproduzent. Dieser Wechsel der Perspektive hat offensichtlich erhebliche Auswirkungen auf den Wissenschaftsbegriff und die Einschätzung wissenschaftlichen Wissens, das normalerweise als objektiv eingestuft und als der verläßlichste Weg zu einer »wahren« Abbildung einer beobachterunabhängigen »realen« Welt angesehen wird. Vico erkannte das mit bewundernswerter Deutlichkeit und zögerte nicht, uns eine revolutionäre Definition menschlicher Wissenschaft zu liefern, nämlich als das Unternehmen, »Dinge zueinander in anmutige Beziehungen zu setzen« (...ut res sibi pulchra proportione respondeant).[2]

Berkeleys Definition der Existenz

Berkeley hat die konstruktive Aktivität des Subjekts nicht so explizit betont wie Vico; aber er hat gleichermaßen die Auffassung entwickelt, daß die Dinge, die wir wahrnehmen, das Ergebnis unserer Wahrnehmungsaktivitäten sind und keineswegs in sich selbst »existieren«. Unzählige philosophische Kommentare sind seither verfaßt worden, um sein berühmtes Diktum »*esse est percipi*« zu interpretieren; aber alle, die ich kenne, sind meines Erachtens unzureichend. Berkeley stellt den lateinischen Satz daß »Sein wahrgenommen werden muß«, an den Anfang (§ 3) seines Traktates *Of the principles of human knowledge*, und er benutzt ihn, um so hart wie möglich seine Auffassung zu präsentieren, »was mit dem Begriff *existieren* gemeint ist, wenn er auf wahrnehmbare Dinge angewandt wird«: »Der Tisch, an dem ich schreibe, existiert, das heißt, ich sehe und fühle ihn; wenn ich außerhalb meines Arbeitszimmers wäre, würde ich sagen, er existiere, und damit meinen, daß – wäre ich in meinem Arbeitszimmer – ich den Tisch wahrnehmen könnte oder irgendein anderer Geist ihn tatsächlich wahrnimmt. Es gibt einen Geruch, das heißt, er wurde gerochen; es gibt einen Laut, das heißt, er wurde gehört; es gibt eine Farbe oder Form, und beide wurden wahrgenommen durch Sehen oder Fühlen. Das ist alles, was ich unter diesen und ähnlichen Ausdrücken verstehen kann. Denn alles, was über die absolute Existenz von nicht-denkenden Dingen ohne jede Bezie-

---

2 Vico, a.a.O., § IV.

hung auf ihr Wahrgenommenwerden gesagt wird, scheint völlig unverständlich zu sein.«[3]
Ich glaube nicht, daß diese Passage schwer zu verstehen ist, es sei denn, man fühlt sich verpflichtet, sie mit einer vorweg konzipierten Vorstellung darüber in Einklang zu bringen, was ›Existenz‹ und ähnliche Ausdrücke bedeuten müssen. Doch genau dieser Versuchung sind Berkeleys zeitgenössische wie spätere Kommentatoren immer wieder erlegen. Sie ergingen und ergehen sich noch immer in langen Erörterungen darüber, was Berkeley wohl mit seinem Diktum *esse est percipi* gemeint haben könnte, wo ihm doch völlig klar sein müßte, daß der Tisch, auf dem er schrieb, nicht wahrgenommen werden mußte, um zu existieren. Seine philosophischen Kritiker sind entweder unfähig oder unwillig einzusehen, daß er lediglich eine neue Definition vorschlägt.
Berkeley argumentiert, daß – *qua* Erfahrung – der Tisch allein durch Wahrnehmungsakte erzeugt werden kann, die der Wahrnehmende koordiniert, um das Ding zu formen, das als ›Tisch‹ bezeichnet wird. Daher sind »wahrnehmbare Dinge«, das heißt, sinnlich erfahrbare Objekte, deren Existenz wir unterstellen, im Bezug auf menschliches Wissen diejenigen Objekte, die wir im Wahrnehmen erzeugen.
Anders ausgedrückt, Berkeley führte eine Definition der Bedeutung von ›Existieren‹ ein, die für traditionelle Philosophen deshalb unannehmbar zu sein scheint, weil ihre Tradition seit mehr als zweitausend Jahren davon überzeugt ist, daß – wie schon Sokrates sagte – Wahrnehmung voraussetzt, daß etwas bereits existieren muß, *bevor* es wahrgenommen werden kann.
Selbstverständlich ist das eine sehr partielle Darstellung der Erkenntnistheorie Berkeleys. Er war sich sehr wohl darüber im klaren, daß – einmal wahrgenommen – die *Idee* eines Dinges im menschlichen Geist re-präsentiert, reflektiert, modifiziert und benannt werden kann, um in anderen Zusammenhängen verwendet zu werden; und daß – einmal benannt – der Name der Idee generalisiert werden kann. In genauer Übereinstimmung mit dieser Auffassung betont er, daß allgemeine Ideen nicht *existieren,* da wir nur individuelle Dinge wahrnehmen können. Außerdem war ihm völlig klar, daß die perzeptive Koordination, die aus einfa-

---

3 George Berkeley, *A Treatise Concerning the Principles of Human Understanding,* 1710, Part I, § 3.

chen Sinneseindrücken »Dinge« generiert, Relationsbegriffe erfordert, die nicht selbst aus der Wahrnehmung stammen. Deshalb sind solche Begriffe – wie etwa ›Raum‹, ›Zeit‹ oder ›Zahl‹ – »Angelegenheiten des Geistes« und gehören nicht zum Bereich der Existenz, der durch Wahrnehmung determiniert ist.
Diese Auffassung ist nach meiner Überzeugung voll verträglich mit Vicos Ansicht, daß der menschliche Geist nur wissen kann, was er selbst gemacht hat. Und in der Tat: im *Alciphron*, anläßlich der Erörterung, was wir von Gott wissen können, stellt Berkeley fest: »Leidenschaften und Sinne als solche implizieren Defekte; in der einfachen Erkenntnis als solcher ist kein Defekt. Darum kann Erkennen in der richtigen formalen Bedeutung des Wortes Gott proportional zugeschrieben werden, d. h. unter Wahrung der Proportion angesichts der unendlichen Natur Gottes. Darum können wir sagen, daß Gottes Erkenntnis unendlich über der des Menschen steht, weil Gott unendlich über den Menschen steht.«[4]
Nun mag man den Unterschied zwischen menschlichem und göttlichem Wissen als lediglich quantitativ einschätzen. Aber im Hinblick auf Berkeleys deutliche Feststellung, daß nur das existiert, was *wir* wahrnehmen, neige ich zu der Annahme, daß die Welt, die Gott erkennt, das Ergebnis einer ganz verschiedenen, eben der *göttlichen* Wahrnehmung ist.
Daher könnte man den Kern der beiden Traktate von 1710 grob auf folgenden Nenner bringen: der Neapolitaner schlägt eine neue Konzeption des menschlichen Wissens vor, der Ire liefert eine neue Definition der Bedeutung des Ausdrucks ›existieren‹.

Piagets Beitrag

Diese beiden Vorschläge finden sich wieder in Piagets berühmtem Prinzip: »Der Verstand organisiert die Welt, indem er sich selbst organisiert.«[5] Aber zwischen den beiden Philosophen des 18. Jahrhunderts und Piaget besteht ein großer Unterschied, wenn man berücksichtigt, aus welchen Gründen sie ihre unorthodoxen

4 George Berkeley, *Alciphron or the Minute Philosopher* (1732), in: A. A. Luce u. T. E. Jessop (Hg.), *The Works of George Berkeley*, London: Nelson, 1950, S. 170.
5 Jean Piaget, *La construction du réel chez l'enfant*, Neuchâtel: Delachaux et Niestlé, 1937, S. 311.

Wege des Denkens beschritten haben. Vico und Berkeley wurden aus zwei Gründen angetrieben, das Problem des menschlichen Wissens neu zu behandeln. Beide mochten den Skeptizismus nicht, denn er hatte zwar das Konzept eines objektiven Wissens erfolgreich untergraben, war aber nicht bereit, dieses Konzept endgültig aufzugeben. Vico und Berkeley waren beide davon überzeugt, daß Descartes nicht nur daran gescheitert war, die skeptische Desintegration traditioneller Werte und Überzeugungen zu neutralisieren, sondern die Lage dadurch verschärft hatte, daß er eben durch Zweifel wieder absolute Sicherheit etablieren wollte. Piaget hingegen entwickelte seinen Konstruktivismus auf einer biologischen Grundlage.

In seinen Arbeiten hat Piaget immer wieder zwei Punkte herausgestellt, die von grundsätzlicher Bedeutung für seine Erkenntnistheorie sind:

1. Erkenntnis ist keine Kopie der Wirklichkeit, sondern eine Akkomodation an Wirklichkeit.
2. Die kognitive Aktivität ist adaptiv.

Besteht man darauf, diese Feststellungen *innerhalb* des Rahmens traditioneller Theorien von Wissen und Erkenntnis zu interpretieren (die weder Vicos noch Berkeleys Vorschläge je ernsthaft berücksichtigt haben), dann kommt man zwangsläufig zu folgenden Schlüssen: Es ist keine große Enthüllung, daß Wissen keine Kopie dessen sein kann, was existiert; denn Wissen ist allemal eine mentale Angelegenheit, während die existierende Welt material ist. Und die Feststellung, Erkenntnis sei adaptiv, bekräftigt nur, was wir ohnehin glauben, daß nämlich unser Wissen im Laufe der Zeit immer besser an die Wirklichkeit angepaßt werden kann.

Diese Interpretation läßt meines Erachtens völlig außer acht, daß Piaget als Biologe begonnen und Kognition als eine biologische Funktion untersucht hat; an traditionellen erkenntnistheoretischen Fragen war er gar nicht interessiert. Als Junge verpflanzte er Mollusken aus einem See in einen schnellfließenden Bach und beobachtete, daß die nächste Generation ihre Gestalt dem fließenden Wasser angepaßt hatte. Da ich Piagets Jugendpublikationen nicht kenne, weiß ich nicht, ob er schon damals irgendwelche allgemeinen Schlußfolgerungen aus seinem Experiment gezogen hat. Gleichwohl müssen dadurch die Grundlagen gelegt worden sein für seine späteren Arbeiten über die Kräfte, die in der Evolution wirken. Als er *La construction du réel chez l'enfant* schrieb, hatte er jedenfalls bereits das Prinzip formuliert, dementsprechend individuelle Organismen sich anpassen, wenn ihr inneres Gleichgewicht gestört wird.

Adaptation bedeutet wohlgemerkt nicht, daß Organismen *wie* ihre Umwelt werden; vielmehr ist damit gemeint, daß sie einen Weg finden, angesichts der Störungen doch in der jeweiligen Umwelt zu überleben. Kognition ist nicht deshalb eine adaptive Funktion, weil sie eine mentale Repräsentation einer unabhängig bestehenden objektiven Welt erzeugen kann (oder muß), sondern weil sie strebt, *viable* Begriffsstrukturen zu erzeugen, die es dem kognizierenden Subjekt ermöglichen, in seine Erfahrungswelt zu *passen*. Piaget beschreibt diesen Prozeß u. a. folgendermaßen: »Das allgemeine Modell der Äquilibration zeigt die Interaktion zwischen Beobachtbarem und Koordinationen, d. h. das Zusammenwirken von empirischen und reflexiven Abstraktionen auf allen Ebenen.«[6]

Piagets »Beobachtbares« ist offenkundig das, was *wahrgenommen* wird, und gehört deshalb in Berkeleys Bereich des »Existierenden«. Die Koordination solcher *sensibilia* mittels empirischer Abstraktion läßt dann die Dinge entstehen, die Berkeley »wahrnehmbare Dinge« oder – noch überraschender – »die Möbel unserer Welt« genannt hatte.[7] Und die Tätigkeiten der Koordination und Abstraktion, die dabei vollzogen werden, sind Tätigkeiten des kognizierenden Subjekts, oder – in Vicos Ausdrucksweise – vom Subjekt *gemacht* und daher seinem Wissen zugänglich.

Im Hinblick auf reflexive Abstraktion hat Piaget sehr deutlich erklärt, daß diese Operationsweise nicht ohne den Gebrauch von Symbolen möglich ist. Das war auch Berkeley völlig klar, als er schrieb: »Nicht durch bloße Betrachtung einzelner Dinge und noch weniger durch ihre abstrakten allgemeinen Ideen macht der Geist Fortschritte, sondern durch ein geeignetes und geschicktes Operieren mit Zeichen.«[8]

Abgesehen von solchen Echos und offenkundigen Gemeinsamkeiten würde man Piagets Erkenntnistheorie jedoch Gewalt an

---

6 Jean Piaget, in: B. Inhelder, R. Garcia und J. Vonèche (Hg.), *Epistémologie génétique et équilibration*, Neuchâtel: Delachaux et Niestlé, 1977, S. 14.
7 Berkeley, *Treatise*, Part 1, § 6.
8 Berkeley, *Alciphron* S. 304.

tun, wollte man sie mit der Vicos oder Berkeleys gleichsetzen. Während der irische Philosoph klar feststellt, daß seine »wahrnehmbaren Dinge« nicht die *Existenz* von Dingen an sich vor dem Wahrnehmungsakt implizieren, und Vico die Auffassung vertrat, »menschliche Artefakte« seien in keiner Hinsicht Repliken oder Kopien von Dingen in Gottes Welt, trennt Piaget menschliche Erkenntnis nicht ganz vom Konzept einer unabhängigen ontologischen Realität – er ändert lediglich die Beziehung zwischen beiden. Für ihn als Biologen sind die Konstrukte, die aus empirischer und reflexiver Abstraktion resultieren, bestenfalls angepaßt an die erfahrene Umwelt. Wie die physischen Strukturen, die sich in der biologischen Evolution herausgebildet haben, müssen sich die Konzepte und das Bild der Erfahrungswelt, die ein kognizierendes Individuum konstruiert, bei der Aufrechterhaltung des Gleichgewichts des Individuums als *viabel* erweisen. Darum besteht die Funktion der kognitiven Fähigkeiten nicht darin, ein »wahres« Bild einer unabhängigen *objektiven* Welt zu erzeugen, sondern vielmehr darin, eine lebbare Organisation der Welt, so wie sie erfahren wird, aufzubauen.

Man hat mir oft vorgeworfen, dies sei eine zu radikale Interpretation Piagets. Darauf kann ich nur antworten, daß m. E. keine Interpretation – auch meine eigene nicht – je als die einzig mögliche betrachtet werden sollte. Andererseits bin ich zuversichtlich, daß es gute Gründe gibt, meine Interpretation als eine *viable* zu rechtfertigen. In seinem Buch *Insights and illusions of philosophy* sagt Piaget zum Beispiel: »Bedeutsam ist die Trilogie *Reflexion* x *Deduktion* x *Experiment*. Der erste Begriff bezeichnet die heuristische Funktion, und die beiden anderen die kognitive Verifikation, die allein für ›Wahrheit‹ konstitutiv ist.«[9] (Hervorhebungen vom Verfasser)

Wenn wir uns daran erinnern, daß Experimente strenggenommen nichts anderes sind als kontrollierte Erfahrung, dann besagt dieses Zitat, daß sich die Produkte der Reflexion und Deduktion in unserem Erfahrungsbereich als *viabel* erweisen müssen, um als »Wahrheit« angesehen werden zu können. Und der Nachweis der Viabilität impliziert keineswegs die Übereinstimmung mit einer ontischen Welt, sondern lediglich, daß das betreffende Wissen in

---

9 Jean Piaget, *Insights and Illusions of Philosophy*, New York: Meridian Books, 1971, S. 232; deutsch: Frankfurt/Main: Suhrkamp 1973.

die Welt *paßt*, ohne Störungen unseres Gleichgewichts zu verursachen.

Meines Erachtens hätte Piaget seine Definition von ›Wahrheit‹ in jedem seiner Bücher wiederholen sollen. Daß er es unterließ, hat vielen Lesern erlaubt anzunehmen, er gebrauche dieses Konzept im Sinne der philosophischen Tradition, nämlich als Repräsentation von »Realität«. Dieses Mißverständnis wird noch dadurch erhärtet, daß Piaget häufig das Wort ›représentation‹ gebraucht. Nimmt man die grundlegende Feststellung ernst, daß Wissen eine adaptive Funktion ist, dann wird klar, daß kein Produkt der kognitiven Tätigkeit eine *Repräsentation* dessen ist, woran sich das kognizierende Subjekt adaptiert. Die Ergebnisse der Adaption müssen in die Welt *passen*, sie müssen diese nicht etwa *kopieren*. Piaget benutzt das Wort ›représentation‹, um das zu bezeichnen, was Kant *Vorstellung* genannt hatte, und was sehr viel näher an »Idee« und »Konzeption« liegt. Die Verwirrung entsteht dadurch, daß sowohl im Englischen als auch im Französischen ›Repräsentation‹ ein Bild oder eine Kopie eines Originals bezeichnet. Aber die Produkte kognitiver Aktivitäten sind Konstrukte dieser kognitiven Aktivitäten und keine Bilder eines unzugänglichen Originals.

Aus meiner Sicht ist Piagets Genetische Erkenntnistheorie eine Fortführung und Erweiterung von Kants transzendentalem Unternehmen, d. h. von der »... Vorstellung einer Wissenschaft, deren interne Architektur vollständig auf Prinzipien beruht, die von der Kritik der reinen Vernunft abgeleitet sind...«.[10] Piaget hält sich an Kants (und ebenso Vicos und Berkeleys) Axiom, »... daß der Verstand nur das sehen kann, was er selbst gemäß seinem Entwurf hervorgebracht hat«.[11] Er geht jedoch über Kant hinaus, indem er zeigen kann, daß vieles von dem, was Kant als a priorisch gegeben annehmen mußte, durch eine Analyse der Entwicklung der Operationen kognizierender Subjekte erklärt werden kann.

---

10 Immanuel Kant, *Kritik der reinen Vernunft*, 1787; B 27.
11 Kant, a.a.O., B XI.

Die Kernthesen
des Radikalen Konstruktivismus

Die zentralen Annahmen dieser post-epistemologischen Behandlung der Fragen *Was ist Erkenntnis?* und *Wie erwerben wir Wissen?* können wie folgt zusammengefaßt werden:

1. Was wir ›Wissen‹ nennen, repräsentiert keineswegs eine Welt, die angeblich jenseits unseres Erfahrungskontaktes mit ihr existiert. In diesem Punkt stimmt der Konstruktivismus mit den Skeptikern überein. Aber der Konstruktivismus führt, ähnlich wie der Pragmatismus, ein modifiziertes Konzept von Erkennen/Wissen ein. Danach bezieht sich Wissen auf die Art und Weise, wie wir unsere Erfahrungswelt organisieren.
2. Der Radikale Konstruktivismus leugnet *keineswegs* eine äußere Realität; er folgt Vico in der Auffassung, daß rationales menschliches Wissen niemals eine gottgemachte Welt erfassen oder irgend etwas produzieren kann, was zu Recht als deren Repräsentation bezeichnet werden könnte.
3. Mit Berkeley stimmt der Radikale Konstruktivismus darin überein, daß es unvernünftig wäre, etwas die Existenz zu bescheinigen, was nicht oder nicht irgendwann wahrgenommen werden kann/könnte; denn er stellt zu Recht fest, »...daß es keine rationale Evidenz für die Existenz einer unabhängigen Realität gibt«.[12]
4. Von Vico übernimmt der Radikale Konstruktivismus die grundlegende Idee, daß menschliches Wissen eine menschliche Konstruktion ist. Diese Idee hat Piaget – der meines Wissens den Neapolitaner Philosophen nicht kannte – entscheidend weiterentwickelt, indem er minutiös die konstruktiven konzeptionellen Operationen nachwies, durch die menschliche Subjekte ihre Erfahrungswirklichkeiten mit Dingen, Zuständen und Ereignissen möblieren.
5. Der Konstruktivismus gibt die Forderung auf, Erkenntnis sei »wahr«, insofern sie die objektive Wirklichkeit abbilde. Statt dessen wird lediglich verlangt, daß Wissen *viabel* sein muß, insofern es in die Erfahrungswelt des Wissenden *passen* soll.
6. Der Radikale Konstruktivismus impliziert die Überzeugung,

[12] Richard Popkin, »Berkeley and Pyrrhonism«, in: *The Review of Metaphysics*, 1951 5 (2), S. 230.

daß kein Wissen Einzigartigkeit beanspruchen kann. Anders gesagt, so viabel eine Problemlösung auch sein mag, sie darf nie als die *einzig mögliche* betrachtet werden.
7. Die letzte Überlegung führt – zusammen mit Leo Apostels Mahnung, »ein System sollte immer auf sich selbst angewandt werden«[13] – zu dem Schluß, daß der Radikale Konstruktivismus nicht mehr zu sein beanspruchen kann als *eine* Antwort auf das alte Problem des Erkennens. Nur seine Anwendung in Kontexten, wo eine Theorie des Erkennens einen Unterschied macht, kann erweisen, ob er eine *viable* Antwort ist oder nicht.

Zusammenfassung

Der Radikale Konstruktivismus verabschiedet das ehrwürdige Bild des Menschen als erkennender Entdecker, dessen Aufgabe darin besteht, die Wahrheit über eine Welt herauszufinden, in die er als ein objektiver Beobachter eintritt. Schon das genügt, um diese Theorie des Wissens unpopulär zu machen. Als Kopernikus nachwies, daß der menschliche Planet nicht im Zentrum des Universums steht, war die Selbstachtung der Menschen zutiefst erschüttert. Die Hoffnung aufzugeben, menschliches Erkennen könne eines Tages doch eine wahre Abbildung des Universums liefern, das außerhalb unseres Erfahrungsbereiches liegen soll, scheint unannehmbar – mögen die Argumente noch so logisch sein. Obwohl jeder in gewissem Sinne einsieht, daß Leben und Universum letztlich undurchdringliche Geheimnisse sind, wollen nur wenige die Konsequenzen dieser Einsicht für ihre rationalen Bemühungen akzeptieren.

Die konstruktivistische Theorie des Erkennens versucht, die menschliche Vernunft vor zwei gleichermaßen gefährlichen Fehlschlüssen zu bewahren. Einerseits widerlegt sie die Skeptiker, die Vernunft durch ihren Nachweis, daß sie kein sicheres Wissen über die reale Welt gewinnen kann, stets herabgewürdigt haben und die damit – mit oder ohne Absicht – den Weg für Irrationalismen bereiten. Andererseits wendet sich der Radikale Konstruktivismus

---

13 Léo Apostel, in: B. Inhelder, R. Garcia und J. Vonèche (Hg.), *Epistémologie génétique et équilibration*, Neuchâtel: Delachaux et Niestlé, 1977, S. 61.

gegen diejenigen (und viele darunter nennen sich selbst Wissenschaftler), die behaupten, sie hätten *die* Wahrheit gefunden.
Nach meiner Auffassung liefert der Radikale Konstruktivismus jedoch viel mehr als eine Kritik der traditionellen Überzeugung, objektive Erkenntnis sei nicht nur möglich, sondern auch nötig. Sobald man einmal akzeptiert hat, daß alles Wissen die Konstruktion eines kognizierenden Subjekts ist, gewinnt das Subjekt so viel Autonomie, wie es unter den Beschränkungen der unerkennbaren Welt finden kann. Mit Autonomie aber ist Verantwortlichkeit verbunden. Unser Wissen determiniert weitgehend unser Handeln. Wenn wir also verantwortlich handeln wollen, dann müssen wir auch die Verantwortung übernehmen für die Art und Weise, in der wir die Welt sehen.
Vertreter konstruktivistischer Ideen müssen Kritik und manchmal auch offene Feindseligkeit erwarten. Unter den Kritikern werden solche zu finden sein, die ähnlich reagieren wie ein anonymer Rezensent des Vicoschen Traktates zu Beginn des 18. Jahrhunderts: Sie verlangen den Beweis, daß die vorgetragene These wahr ist. Genau damit aber verfehlen sie den zentralen Punkt dieser post-epistemologischen Art des Denkens. Der Radikale Konstruktivismus beansprucht lediglich, ein Modell zu sein, d. h. ein Konstrukt, dessen Wert ausschließlich auf seiner Viabilität beruht. Anders gesagt: Es wird erfolgreich sein oder untergehen, je nachdem ob es ihm gelingt, im rationalen Bereich des denkenden Menschen ein Gleichgewicht herzustellen und zu erhalten.

Postscriptum

Ich habe auf diesen wenigen Seiten die Ansichten der drei Denker, die ich für radikalkonstruktivistisches Denken relevant halte, vereinfacht, vielleicht sogar zu sehr vereinfacht. Als mildernden Umstand könnte ich anführen, daß ich ein ganzes Buch gebraucht hätte, um das Gesamtwerk dieser Denker zu würdigen. Das ist keine Entschuldigung. Ich möchte behaupten, daß diese drei in ihrem langen und arbeitsreichen Leben einige ihrer Ideen geändert haben; und das dürfte jeder Fachmann zugeben. Es war nicht meine Absicht, im Zusammenhang darzustellen, wie sich ihre Ansichten entwickelt haben. Piaget hat gezeigt, daß wir – trotz aller Anstrengungen, die Auffassungen anderer zu begreifen – nicht umhin können, alles, was wir erleben, an unsere eigenen Begriffsstrukturen anzupassen. Darum steht außer Frage, daß meine Interpretation der drei Denker nicht »objektiv« zu sein beansprucht: Sie ist eine freie Assimilation an meine eigene Art zu denken.

(Autorisierte Übersetzung von S. J. Schmidt)

Wolfgang Krohn und Günter Küppers
Die natürlichen Ursachen
der Zwecke
Kants Ansätze zu einer Theorie
der Selbstorganisation*

Einleitung

Die mit der Entstehung der neuzeitlichen Wissenschaft aufkommende Konzeption, alle beobachtbaren Veränderungen in der (belebten und unbelebten) Natur als Wechselwirkungen (actio und reactio) der Materie zu deuten, war revolutonär wegen ihres ebenso *fundamentalen* wie *programmatischen* Anspruchs. Newtons besonderer Erfolg innerhalb dieses Programms lag darin, diese Wechselwirkung als eine der Materie innewohnende Kraft, die Schwerkraft, zu identifizieren und damit die Bewegungen im Himmel und auf der Erde auf eine einheitliche Ursache zurückzuführen. Er wurde so zum Begründer der klassischen Mechanik. Neben der natürlich offenen Frage, auf wie viele Phänomenbereiche (optische, elektrische, chemische Prozesse) die »klassische Mechanik« erfolgreich anwendbar sein würde, blieb ein qualitatives Problem ungelöst: Können (mechanische) Gesetze, die die geordnete Bewegung der Planetenumläufe am Himmel richtig beschreiben, auch die *Entstehung* dieser Ordnung erklären? Können die Gesetze, die den chemischen Metabolismus von Organismen richtig beschreiben (und dies war zur Zeit Kants ohnehin eine spekulative Unterstellung), auch die Entstehung der Organismen beschreiben? Allgemein gefaßt: Kann eine allgemeine Theorie der Wechselwirkung der Materie zugleich eine Theorie der Bildung von Ordnung, Struktur und zweckmäßiger Organisation sein? Obwohl die Interpretation einiger Phänomene (etwa die Kristallbildung) die Möglichkeiten eines reduktionistischen Programms offen hielten, erschien es praktisch aussichtslos, eine empirisch gehaltvolle Theorie zu formulieren, die beides leistete. Daher

* Dieser Beitrag erscheint ebenfalls in dem Jahrbuch *Selbstorganisation* Bd. 3, Duncker & Humblot, Berlin 1992.

trat neben das reduktionistische Programm eine zweite Forschungsstrategie. Während der Reduktionismus darauf setzte, einen komplexen Gesamtzusammenhang (System) in seine Teile zu zerlegen und Eigenschaften des Systems durch die seiner Elemente erklären zu können, bemühte der Holismus zusätzliche verborgene Kräfte wie z. B. die Lebenskraft oder den Bildungstrieb, um das Entstehen komplexer Strukturen und Organisationen zu beschreiben und zu verstehen. Empirische Teilerfolge gab es auf beiden Seiten sowohl im 18. wie im 19. Jahrhundert zur Genüge. Aber den theoretischen Ansprüchen war auf keiner Seite jemals ein dauerhafter Erfolg beschieden. Blieben einerseits die reduktionistischen Erklärungsansätze für ihre Gegner bloße Spekulation, weil sie Erklärungen der komplexen Organisation nur in Aussicht stellten aber nicht durchführten, überwanden andererseits auch die besten experimentellen Belege des Holismus nicht den reduktionistischen Einwand, daß holistische Prinzipien »okkulte« Kräfte seien, die nur den Stand unseres Nicht-Wissens verschleiern.

Ein Durchbruch zur Formulierung einer Theorie diesseits der Kontroverse von Reduktionismus und Holismus gelang erst in den frühen 60er Jahren unseres Jahrhunderts. Unter verschiedenen Namen wie Synergetik, Autopoiese, dissipative Strukturen, selbstreferente Systeme wurden Konzepte entwickelt, die die *Entstehung* von Ordnung und komplexer Organisation erklären sollten. Aber der erste, der der Härte der Problemstellung nicht auswich und eine begriffliche Lösung konstruierte, die den Erklärungsansprüchen des Reduktionismus und den Erklärungszielen des Holismus genügte, war Immanuel Kant (1724-1804). In zwei Phänomenbereichen – Entstehung des Kosmos, Entstehung des Lebens – hat er die Frage aufgeworfen, ob die Strukturbildung auf dieselben Kräfte zurückgeführt werden kann, die für die Beschreibung der beobachteten Strukturen benutzt werden. Er hat die Frage für beide Phänomenbereiche gleichartig gestellt, aber verschieden beantwortet. Für den Kosmos ließ er sich von der Überzeugung leiten, daß eine von rein mechanischen Gesetzen regierte Welt auch – und zwar ausschließlich – aus solchen Gesetzen entstanden sein sollte. Für das Leben dagegen hat er nicht geglaubt, daß es nach rein mechanischen Gesetzen hat entstehen können.

Theoretisch sieht Kant einen qualitativen Unterschied zwischen einer, in seiner Ausdrucksweise, »äußeren« Zweckmäßigkeit und Ordnung des Kosmos und der »inneren« Zweckmäßigkeit und

Ordnung des Lebens. Diese Differenz werden wir unten erläutern. Nach unserem Verständnis ist es aber nicht ausschlaggebend, daß Kant einmal optimistisch, einmal skeptisch zu Werke geht, sondern daß er in beiden Fällen die Konstruktion eines mit der Mechanik kompatiblen theoretischen Modells der Selbstorganisation konsequent angegangen ist. Wir vermuten sogar, daß es gerade seine Skepsis gegenüber einer mechanistischen Erklärung der Entstehung des Lebens gewesen ist, die ihn dazu geführt hat, die *Bedingungen* einer solchen Erklärung präzise zu erfassen.
Wenn wir hier von Selbstorganisation bei Kant sprechen, kann natürlich nicht von einer formalen Theorie der Selbstorganisation im Sinne der Theorie dynamischer Systeme die Rede sein. Hier müssen qualitative Indikatoren genügen. Diese sind: a) offene Systeme und daher keine Gleichgewichte, b) operationale Geschlossenheit bzw. Autonomie der relevanten Prozesse und Reproduktion einmal erreichter Ordnungszustände.

1. Kosmologie

Descartes Wirbeltheorie – eine natürliche Ordnung der Welt?

Noch zu Zeiten Keplers herrschte die aristotelische Vorstellung von der Struktur des Kosmos. Das Universum war in zwei Gebiete aufgeteilt – in die sublunarische und die supralunarische Region. Dadurch war das Veränderliche vom ewig Bestehenden getrennt. Die Übereinstimmung mit der Erfahrung war evident – der Fixsternhimmel zeigte sich als unveränderlich und auf der Erde beobachtete man ein ständiges Werden und Vergehen. Im November 1572 erschien plötzlich im Sternbild der Kassiopeia ein neuer Stern und zwar in einer Helligkeit, daß er selbst am hellen Mittag zu sehen war. Der Landgraf Philip von Kassel schrieb an den Mathematiker Kaspar Peucer in Wittenberg:

»Der Stern muß entstanden sein nicht in der Elementarregion, wohin die Physiker die Kometen setzen, sondern im Äther selbst, in der Region des Unvergänglichen, Unzerstörbaren, nicht weit von der Sonne. Wir können nicht so leichthin behaupten, Gott habe einen neuen Stern geschaffen, da so etwas seit Erschaffung der Welt nicht gehört worden ist.«[1]

---

1 Zitat nach H. Schmidt, *Die Kant-Laplace'sche Theorie. Ideen zur Welt-*

Im Jahr 1600 erschien ein neuer Stern, diesmal im Sternbild des Schwans und 1604 ein dritter im Sternbild des Schlangenträgers. Kepler, der diesen dritten Stern bis zu seinem Verschwinden beobachtete, bemerkte:

»Der neue Stern muß entweder durch einen göttlichen Akt erschaffen oder durch irgend eine Naturkraft hervorgebracht sein. Ich bin aber der Meinung, daß man erst alles andere versuchen muß, bevor man seine Zuflucht zur Schöpfung nimmt, denn mit ihr hört jede wissenschaftliche Erörterung auf.«[2]

Damit war die Möglichkeit einer entwicklungsgeschichtlichen Betrachtung des »Weltgebäudes« eröffnet und der erste, der eine Theorie der Entstehung des Universums versuchte, war Descartes.[3] Am Anfang ist sein Universum gleichartig und gleichmäßig mit einem Stoff erfüllt, der *von Gott* in eine (differentielle) Rotationsbewegung um ein Zentrum (die Sonne) versetzt wird.

»Die allgemeine Ursache (der Bewegung, d. Verf.) kann offenbar keine andere als Gott sein, welcher die Materie zugleich mit der Bewegung und Ruhe im Anfang erschaffen hat.«[4]

Diese Rotationsbewegung erzeugt Wirbel, in deren Mittelpunkten die Planeten und die Erde um die Sonne kreisen.

»Denn so wie man in Flüssen an Stellen, wo das Wasser in sich zurückkehrend Wirbel bildet, einzelne darauf schwimmende Grashalme sich mit dem Wasser zugleich fortbewegen sieht, andere aber sich um die eigenen Mittelpunkte drehen und ihre Kreisbewegungen um so schneller beenden, je näher sie dem Mittelpunkt des Wirbels sind, und obgleich sie immer nach Kreisbewegungen streben, doch niemals vollkommene Kreise beschreiben, sondern in die Länge oder Breite davon abweichen, ebenso kann man sich dasselbe bei den Planeten leicht vorstellen, und damit allein sind alle Erscheinungen erklärt.«[5]

Grundlage des Modells sind a priori gemachte Annahmen über die Struktur der Welt. Descartes geht aus von der Gleichartigkeit der Materie der Erde und des Himmels, d. h. von der stofflichen

---

entstehung von Immanuel Kant und Pierre Laplace, Kröner, Leipzig 1925, S. XI.
2 Zitat nach H. Schmidt, a.a.O., S. XII.
3 Genaugenommen entwirft er eine Theorie des Sonnensystems.
4 R. Descartes, *Die Prinzipien der Philosophie*, zweiter Teil, 36, übersetzt von A. Buchenau, F. Meiner, Hamburg 1955, S. 48.
5 A.a.O., S. 74.

Einheit der Welt[6] und von der *Unendlichkeit des Raumes.* Zusätzlich nimmt er an, daß die Urmaterie den Raum voll erfüllt. Mehr noch: seine Vorstellung der Materie ist die eines Raumes; über ihre Ausdehnung (»étendue«) definiert die Materie den Raum.[7] Konsequenterweise hat die Materie nur geometrische Merkmale wie Form, Größe und Bewegungszustand. Einen leeren Raum, in dem eine Kraft eine Wirkung über eine unendliche Entfernung ausübt, verwirft er und kommt zwangsläufig auf seine Wirbeltheorie, in der die Bewegung der Planeten durch die »Strömung« mitgenommen wird, so wie ein

»Schiff, wenn kein Wind oder Ruder es fortstößt und kein Anker es festhält, mitten im Meere still(steht), obgleich vielleicht die ungeheure Wassermasse in einem unsichtbaren Strome abfließt und das Schiff mit sich führt.«[8]

Mit »Strömung« im Sinne seines Verständnisses von ausgedehnter Materie ist hier eine Eigenschaft des Raums gemeint, die die Bewegung der Planeten bestimmt. Deshalb entspricht Descartes' Theorie (ähnlich wie später die Einstein'sche Theorie) eine »Geometrisierung« der Physik. Die Materie definiert den Raum und der Raum bestimmt die Bewegung der Materie.[9]

Newtons Prinzipien der Dynamik

Newton glaubt ebenfalls nicht an die Wirkung einer Kraft durch den leeren Raum ohne ein vermittelndes Agens – zumindest hält er dies physikalisch nicht für realistisch.[10] Dennoch »erfindet« er

6 A.a.O., S. 41.
7 A.a.O., S. 35 ff.
8 A.a.O., S. 72.
9 Vgl. hierzu J. Charon, *Geschichte der Kosmologie,* Kindler, München 1970, S. 151.
10 In einem Brief an Bentley schreibt Newton am 25. Februar 1692: »Es ist undenkbar, daß die leblose Materie ohne die Vermittlung irgendeiner stofflichen Substanz und ohne gegenseitigen Kontakt auf eine andere Materie einwirken könnte…; (diese Idee) ist für mich zu absurd, als daß irgend ein Mensch, der zu philosophischen Gedanken befähigt ist, jemals auf sie verfallen könnte.« *Letters to Dr. Bentley,* Lett. III, Op. IV, pag. 438; Übersetzung von J. Charon, *Geschichte der Kosmologie,* Kindler, München 1970, S. 135.

(theoretisch) eine Kraft, die den Mond auf die Erde fallen läßt und von seiner geradlinigen Trägheitsbewegung ablenkt. Indem er die Schwere als eine verborgene Eigenschaft der Materie erklärt und diese Schwerkraft als Ursache der Planetenbahnen einführt, gelingt es ihm, Galileis Mechanik zu präzisieren und mit der Kepler'schen Himmelsmechanik zu vereinen. Seine Zeitgenossen sahen freilich in der Einführung einer Kraft eine Rückkehr zu der durch ihre willkürlichen Annahmen in Mißkredit geratenen aristotelischen Schule. Eine Rezension der Principia kam deshalb zu dem Urteil, das Werk sei

»ohne jeden Wert für die Physik, denn es erfüllt nicht die Bedingung, das Universum intelligibel zu machen«.[11]

Roger Cotes, der Herausgeber der 2. Auflage der »Prinzipien« sieht sich deshalb veranlaßt, in der Vorrede der Behauptung entgegenzutreten, die Schwerkraft sei eine »causa occulta«. Vielmehr sei sie eine Ursache, deren Wirksamkeit sich in den Erscheinungen der Planetenbahnen wahrnehmen ließe.[12]

Newton lehnt Descartes' Wirbeltheorie ab, u. a. weil aus ihr die Kepler'schen Gesetze nicht ableitbar sind. Sie sei deshalb ein Beispiel für eine *Hypothese a priori*, die nicht auf wahrnehmbaren Tatsachen beruhe.[13] In der Wissenschaft

»nehmen wir die beobachtbaren Tatsachen und generalisieren sie alsdann durch logische Schlußfolgerungen«[14],

so lautet sein wissenschaftstheoretisches Credo im Schlußwort der zweiten Auflage seiner »Prinzipien«. Damit verbaut er sich die Frage nach dem Ursprung des Universums, denn die Struktur*bildung* kann er nicht beobachten und daraus deren Gesetzmäßigkeiten ableiten.

So gelingt beiden, Descartes und Newton, lediglich die Ausarbeitung eines Teilaspekts einer einheitlichen Theorie von der Entstehung und der Struktur des Universums. Descartes

»wollte in kühnem Flug zu den Quellen der Allheit gelangen und sich zum Meister der ersten Prinzipien mit Hilfe weniger klarer und einfacher Ideen machen, so daß er dann zu den Phänomenen der Natur als den notwen-

---

11 Zitat nach Charon, S. 149.
12 Vgl. A. Heller, *Geschichte der Physik*, Band 2, Stuttgart 1882, Nachdruck Wiesbaden 1965, S. 270.
13 Zitat nach Charon, a.a.O., S. 150.
14 Zitat nach Charon, a.a.O., S. 150.

digen Folgen nur noch herabzusteigen brauchte. Der andere aber – Newton – war ängstlicher (oder bescheidener) und begann seinen Weg, indem er von den Phänomenen aus Schritt für Schritt zu unbekannten Prinzipien vordrang«.

So formuliert Fontenelle, Sekretär der Pariser Akademie der Wissenschaften, den Unterschied der beiden Theorien.[15] Physikalisch und weniger pathetisch formuliert hat Descartes die richtige Vorstellung von den »Elementen« (im Sinne eines Substrats), deren »Wechselwirkung« er freilich nicht genau kennt. Newton kennt dagegen die »Wechselwirkung« (Gravitation), aber nur zum Teil das Substrat, auf das sich diese bezieht. Ausführlicher: Descartes entwickelt eine Vorstellung eines Zusammenhangs von Raum/Zeit und Masse als Substrat und damit eine moderne Konzeption der Kraft als Geometrie. Aber die Bewegungsgesetze bleiben ihm unbekannt und deshalb muß er eine übernatürliche Ursache für die Rotation der Materie am Anfang voraussetzen. Newton dagegen kennt die Kraft und die Bewegungsgleichungen, aber ihm fehlt die Verbindung zwischen beiden; der Raum ist für ihn ein »passives Gefäß allen Geschehens«[16] und damit unabhängig von der Materie. Erst Einstein gelingt es, beiden Aspekten voll gerecht zu werden. Die Massen definieren die Geometrie des Raums und der Raum kontrolliert die Bewegungen der Massen.

Newton analysiert also die »Symptome«, ohne die Frage nach den Ursachen beantworten zu können, obgleich auch sie ihn interessiert hätten. Aber es gab keine Möglichkeit sie zu beobachten. Deshalb muß auch er noch den lieben Gott ins Spiel bringen. Die vollkommene Ordnung der Planeten mußte eine übernatürliche Ursache haben.

»Ein solches System mit allen seinen Bewegungen zu machen, erfordert eine Ursache ... die nicht blind und zufällig ist, sondern der Mechanik und Geometrie sehr gut kundig.«[17]

Mehr noch:

»Die Hypothese der Entstehung des Weltgebäudes vermöge mechanischer Prinzipien unter der Annahme einer durch den Raum gleichmäßig ausgebreiteten Materie ist mit meinem System unvereinbar.«[18]

15 Zitat nach Charon, a.a.O., S. 151.
16 Einstein, A., *Mein Weltbild*, Bertelsmann, Gütersloh ohne Jahreszahl.
17 Op., Tom. IV, pag. 431; Übersetzung von A. Heller, a.a.O., S. 293.
18 A. Heller, a.a.O., S. 293.

Zwar gesteht er zu, daß die Gravitationskraft die Planeten in Bewegung versetzen könnte, aber dann müsse ihnen

»durch eine göttliche Intelligenz das gehörige Maß von Seitengeschwindigkeit mitgeteilt worden sein«.

Newton weist nach, daß es keine Anfangsbedingungen geben könne, von wo aus die Planeten

»dermaßen fallen könnten, daß sie in ihre Bahn einbiegend mit der in Wirklichkeit bestehenden Geschwindigkeit um die Sonne kreisen könnten«,

und weil die Gravitationskraft eine *innere* Eigenschaft der Materie ist,

»so ist es der Materie der Erde und allen Planeten und Sternen unmöglich fortzufliegen, und sich, ohne eine übernatürliche Kraft, durch alle Himmel gleichförmig auszubreiten«.[19]

Und was jetzt in die eine Richtung nicht möglich ist, kann wegen der Reversibilität mechanischer Systeme früher auch in die andere Richtung nicht möglich gewesen sein.

Kants Konzept der Selbstorganisation des Universums

Kant gelingt es, beide Aspekte, Descartes' »Ontologie« und Newtons »Empirie«, aufeinander zu beziehen und Ursache und Wirkung zirkulär miteinander zu verknüpfen. Auch für ihn sind zu viele Gesetzmäßigkeiten in der Gesetzmäßigkeit der Planetenbewegung, als daß es Zweifel an einer natürlichen Ursache (an eine übernatürliche Ursache zu glauben, lehnt er im Gegensatz zu Newton entschieden ab) geben könnte. Die in einer Ebene liegenden kreisähnlichen Umlaufbahnen der Planeten mit einheitlichem Drehsinn sowie die zu ihren Massen passenden Abstände und Umlaufzeiten schließen einen blinden Zufall aus. Aber auch die Abweichungen von der absoluten Regelmäßigkeit (Ellipsen statt Kreise und keine exakte Ebene der einzelnen Bahnkurven) liefern ihm einen weiteren Grund, auf natürliche Ursachen zu schließen, denn Gott hätte es einfach besser gemacht.

»Bei einer unmittelbar göttlichen Anordnung können niemals unvollstän-

---

19 Newton, Op., Tom. IV, S. 441.

dig erreichte Zwecke angetroffen werden, sondern allenthalben zeigt sich die größeste Richtigkeit und Abgemessenheit, wie man unter anderen am Bau der Tiere gewahr wird.«[20]

Kants Ziel ist es, die heutige Gestalt des Universums nur mit Hilfe mechanischer Prinzipien aus einer homogenen Anfangsverteilung der Materie abzuleiten. Aber das Problem ist alles andere als einfach. Unser Sonnensystem dient ihm dabei als Modell. Durch die Schwerkraft werden die Planeten von der gradlinigen Bahn abgelenkt und in eine Kreisbahn gezwungen; aber welche Kraft verursacht diese geradlinige Trägheitsbewegung? Nur Materie kann auf Materie einen Einfluß ausüben. Der leere Raum dagegen kann die Planeten nicht beeinflussen und die

»Übereinstimmung unter ihren Bewegungen nach sich ziehen ... Newton, durch diesen Grund bewogen, konnte keine materialische Ursachen verstatten, die durch ihre Erstreckung in dem Raume des Planetengebäudes die Gemeinschaft der Bewegungen unterhalten sollte«.[21]

Deshalb, so glaubt Kant, muß der leere Raum

»ehemals anders beschaffen und mit genugsam vermögender Materie erfüllet gewesen sein, die Bewegung auf alle darin befindlichen Himmelskörper zu übertragen, und sie mit der ihrigen, folglich alle untereinander einstimmig zu machen, und nachdem die Anziehung besagte Räume gereinigt und alle ausgebreitete Materie in besondere Klumpen versammelt: so müssen die Planeten nunmehro mit der einmal eingedrückten Bewegung ihre Umläufe in einem nicht widerstehenden Raume frei und unverändert fortsetzen« (AN, A 26).

Daß seine Überlegungen nicht nur für unser Sonnensystem gelten, vermutet Kant aufgrund von Argumenten des Engländers Thomas Wright of Durham. Dieser führt Gründe dafür an, daß das Universum strukturiert ist. Er stellt die Hypothese auf, der Sonne komme keine Sonderstellung zu, sie sei vielmehr eine Sonne unter vielen (Fixsternen). Außerdem seien die Himmelskörper nicht homogen im Raum verteilt, sondern auf bestimmte Gebiete konzentriert. Die Milchstraße sei eine rotierende Scheibe

---

20 I. Kant, *Der einzig mögliche Beweisgrund zu einer Demonstration des Daseyns Gottes*, A 164.
21 I. Kant, *Allgemeine Naturgeschichte und die Theorie des Himmels* (AN), A 25. Ein weiteres Problem besteht darin, daß die Newtonschen Gleichungen jeweils für einen Planeten gelöst wurden und nicht für das n-Körperproblem.

endlicher Dicke und die Sonne liege in der Zentralebene in der Nähe des Mittelpunkts. Es gäbe sogar Anlaß zu der Vermutung, daß die Milchstraße nicht das einzige Sternensystem sei, d. h., daß es noch andere Galaxien gibt.[22]

Kants Modell geht wie einige Modelle seiner Vorläufer von einer chaotischen Verteilung der Materie am Anfang aus (AN, A 27). Ein kosmischer Nebel, mit der heutigen Verteilung der verschiedenen Elemente und zufälliger Anordnung im Raum ist Ausgangspunkt, der »unmittelbar an die Schöpfung grenzt« (AN, A 27). Eine solche Anfangsverteilung ist wegen der Dichteunterschiede in hohem Maße instabil; diese bewirken Gravitationskräfte und die zerstreute Materie setzt sich in Bewegung und verdichtet sich. Auf diese Weise entstehen die »zentralen Weltkörper«, das sind Sonnen für Planetensysteme oder riesige Massenzentren für ganze Galaxien. Daß dieser Prozeß nicht nur zur Klumpenbildung der kosmischen Materie führt, liegt an einer »Zurückstoßungskraft«, die die frei in die Gravitationszentren fallende Materie ablenkt;

»und der senkrechte Fall schlägt in Kreisbewegungen aus, die den Mittelpunkt der Senkung umfassen« (AN, A 30).

Haben die Gravitationszentren eine kritische Masse überschritten, so behindern sich die in das Zentrum stürzenden Massen gegenseitig, und es entstehen aus den resultierenden Kräften Wirbelbewegungen, die nach dem Prinzip der kleinsten Wirkung (Maupertuis) freie Kreisbewegungen um die Zentralmasse ausführen (AN, A 32). Ist nun die »Kraft des Falles größer als die des Schwunges«[23], so wird alle Materie gegen den Zentralkörper getrieben und vergrößert dessen Masse. Im Falle der Gleichheit schließt sich die Wirbelbewegung und die Materie umkreist in freien Bahnen, die sich gegenseitig nicht mehr behindern, ringförmig den Zentralkörper. In diesen Ringen gibt es wieder Dichteunterschiede, die zur Zusammenklumpung der Materie, d. h. zur Entstehung der Planeten führen. Da diese Ringe dieselbe Drehachse haben wie der Zentralkörper, liegen die Planetenbahnen automatisch in der Äquatorialebene des Zentralkörpers und haben dieselbe Rotationsrichtung.

22 Th. Wright of Durham, *An Original Theory or New Hypothesis of the Universe*, London 1750, S. 59 f. und 195 ff.
23 A. Halle, a.a.O., S. 434.

Dieses Modell erklärt die Entstehung des Planetensystems als *Gesamtstruktur*, aber auch die aller anderen kosmischen Ordnungen (Milchstraße oder andere Galaxien) allein aufgrund mechanischer Ursachen aus einem homogenen Ausgangszustand. Im Gegensatz zu Newton ist es nicht mehr die Beschreibung der Gesetzmäßigkeiten von Einzelbahnen, sondern eine Beschreibung des Gesamtzusammenhangs. Das Modell liefert eine einheitliche Beschreibung für das gesamte Universum. Es ist dynamisch und sieht die Entstehung immer neuer Galaxien, Planetensysteme etc. vor.

»... allein die Sphäre der ausgebildeten Natur ist unaufhörlich beschäftiget, sich auszubreiten. Die Schöpfung ist nicht das Werk von einem Augenblicke« (AN, A 113).

Diese Dynamisierung ist keinesfalls selbstverständlich. Zwar hatte sich seit ungefähr 1630 die Erkenntnis durchgesetzt, daß sich sämtliche Regionen des Kosmos entwickeln. Galilei hatte mit der Entdeckung der Jupitermonde gezeigt, daß es Phänomene gibt, die unabhängig von ihrer Entfernung von der Erde ablaufen und von gleicher Natur sind. Aber noch Descartes geht in seiner Kosmologie davon aus, daß das Universum, so wie es ist, auf einmal geschaffen wurde und sich nicht ständig weiter entwickelt. Kant dagegen glaubt,

»daß die Natur nur in einem unendlich kleinen Teile nach ausgebildet sei, und unendliche Räume noch mit dem Chaos streiten, um in der Folge künftiger Zeiten ganze Heere von Welten und Weltordnungen, in aller gehörigen Ordnung und Schönheit, darzustellen« (AN, A 116f.).

Aber Welten entstehen in Kants Theorie nicht nur, sie vergehen auch. Dennoch bleibt die Natur fruchtbar und ihre Geschöpfe werden nicht »Opfer der Vergänglichkeit«. Denn an anderen Orten

»ergänzet die Natur den Mangel... Auf die gleiche Art (wie bei Tieren und Pflanzen, d. Verf.) vergehen Welten und Weltordnungen, und werden von dem Abgrunde der Ewigkeiten verschlungen; dagegen ist die Schöpfung immerfort geschäftig, in anderen Himmelsgegenden neue Bildungen zu verrichten, und den Abgang mit Vorteile zu ergänzen« (AN, A 119).

Im einzelnen

»hebt es bei den Weltkörpern an, die sich dem Mittelpunkte des Welt-Alls am nächsten befinden, so wie die Erzeugung und Bildung neben diesem Centro zuerst angefangen: von da breitet sich das Verderben und die Zerstörung nach und nach in die weiteren Entfernungen aus, um alle Welt, welche ihre Periode zurückgelegt hat, durch einen allmählichen Verfall der Bewegung, zuletzt in einem einzigen Chaos, zu begraben. Andererseits ist die Natur, auf der entgegengesetzten Grenze der ausgebildeten Welt, unablässig beschäftigt, aus dem rohen Zeuge der zerstreuten Elemente Welten zu bilden, und, indem sie an der einen Seite neben dem Mittelpunkte veraltet, so ist sie auf der anderen jung und an neuen Zeugungen fruchtbar« (AN, A 122 f.).

Durch dieses ständige Werden und Vergehen existiert die Welt insgesamt unendlich lange. Newton dagegen

»sah sich genötigt, der Natur ihren Verfall durch den natürlichen Hang, den die Mechanik der Bewegungen dazu hat, vorher zu verkündigen« (AN, A 120).

Die Prinzipien der Selbstorganisation

Kant beschreibt einen Prozeß der Entstehung von Ordnung aus Chaos. Ausgehend von einer chaotischen Anfangsverteilung der Materie zeigt er, wie allein durch die Wechselwirkung der Materie – ihre Anziehung über weite und ihre Abstoßung über kurze Distanzen – eine geordnete Gesamtstruktur entsteht. Während Newton lokal – Bahn für Bahn – die Ordnung am Himmel erklärt, entwirft Kant eine globale Ordnung. Sie reicht vom Planetensystem zur Milchstraße und zu anderen Galaxien und letztlich zu Strukturen, die diese eventuell noch bilden.

Ursache dieser Selbstorganisation ist das Fehlen externer Kräfte, d. h. die operationale Geschlossenheit einer rekursiven Prozeßdynamik. Diese drückt sich darin aus,

»daß der Ursprung der Massen zugleich den Ursprung der Bewegung und die Stellung der Kreise in ebendemselben Zeitpunkt darstellt« (AN, A 35).
»Die Elemente haben wesentliche Kräfte, einander in Bewegung zu setzen, und sind sich selber eine Quelle des Lebens« (AN, A 29).

Der Ordnungszustand ist ein dynamisches Gleichgewicht.

»Die Umlaufbewegungen bestehen aus der Verbindung der sinkenden Kraft, die eine gewisse Folge aus den Eigenschaften der Materie ist, und aus der schießenden Bewegung, die, als die Wirkung der ersteren, als eine, durch das Herabsinken, erlangte Geschwindigkeit kann angesehen werden, in der nur eine gewisse Ursache nötig gewesen, den senkrechten Fall seitwärts abzubeugen. Nach einmal erlangter Bestimmung dieser Bewegung ist nichts ferner nötig, sie auf immer zu erhalten. Sie bestehen in dem leeren Raume, durch die Verbindung der einmal eingedrückten schießenden Kraft mit der aus den wesentlichen Naturkräften fließenden Attraktion, und leiden weiterhin keine Veränderung« (AN, A 149).

Für die Einheitlichkeit der Ordnung auf allen Ebenen gibt es keinen anderen Grund als den Mechanismus der Erzeugung selbst.

»Denn was erstlich die durchgängige Übereinstimmung in der Richtung betrifft, so ist offenbar, daß hier kein Grund sei, woher die Weltkörper, gerade nach einer einzigen Gegend, ihre Umläufe anstellen müßten, wenn der Mechanismus ihrer Erzeugung sie nicht dahin bestimmt hätte« (AN, A 152).

Letztlich zeigt das Beispiel der Kosmogenese auch, wie die »blinde« und »rohe« Natur

»anständige Folgen hervor(bringt), die der Entwurf einer höchsten Weisheit zu sein scheinen« (AN, Vorr., A xx).

Diese Folgen entstehen nicht von ungefähr oder durch einen Zufall, sondern man sieht:

»daß sie durch ihre natürlichen Gesetze eingeschränkt sind, auf keine andere als diese Weise zu wirken« (AN, Vorr., A xxf.).
»Diese unerwartete Auswickelung der Ordnung der Natur im Großen wird mir anfänglich verdächtig, da sie auf so schlechten und einfachen Grunde eine so zusammengesetzte Richtigkeit gründet. Ich belehre mich endlich aus der vorher angezeigten Betrachtung: daß eine solche Auswickelung der Natur nicht etwas Unerhörtes an ihr ist, sondern daß ihre wesentliche Bestrebung solche notwendig mit sich bringt, und daß dieses das herrlichste Zeugnis ihrer Abhängigkeit von demjenigen Urwesen ist, welches sogar die Quelle der Wesen selber und ihrer ersten Wirkungsgesetze in sich hat« (AN, Vorr., A xxiif.).

II. Leben

Das innere Prinzip des Lebens

Die Entstehung und Erhaltung des Lebens ist auf dem Boden einer mechanizistischen Grundüberzeugung gegenüber der Kosmogonie mit einem Zusatzproblem belastet, das eine wissenschaftliche Erklärung in Kants Augen fast aussichtslos erscheinen läßt. »Leben heißt das Vermögen einer *Substanz*, sich aus einem *inneren Prinzip* zum Handeln ... zu bestimmen.«[24] Dieses innere Prinzip wird *Begehrungsvermögen* genannt. Seine Funktion ist es, Leben entgegen den materiellen Gesetzen durch *Gesetze der Zweckmäßigkeit* aufrechtzuerhalten. Der Unterschied zum Kosmogonieproblem besteht darin, daß bei Lebewesen die Zweckmäßigkeit als ein inneres Organisationsprinzip vorgegeben sein muß, damit überhaupt die Prozesse gesteuert werden können, über die die Einheit des Lebewesens erzeugt werden und bestehen kann. Dagegen ergibt sich die Zweckmäßigkeit kosmologischer Strukturen unter bestimmten Bedingungen zwangsläufig aus mechanischen Gesetzen; emergente Phänomene treten nicht auf.

Die aus heutiger Sicht entscheidende Frage, warum Kant eine solche strikte Unterscheidung zwischen äußerem und innerem Prinzip der Zweckmäßigkeit vornimmt, ist schwer zu beantworten; die Frage wird im folgenden immer wieder berührt werden, ohne schlüssig behandelbar zu sein. Sicherlich war Kant durch die vor allem durch das Mikroskop unterstützten Befunde der experimentellen Forschung beeindruckt, die die Kluft zwischen einer Struktur als physikalische Ordnung (etwa im Kristall, aber auch in einem Wirbel) und einer Struktur als komplexe Organisation (etwa schon in dem einfachsten Einzeller) fast unüberbrückbar erscheinen ließ. Die mechanischen Modelle eines Descartes wirken demgegenüber lächerlich und erklären ohnehin allenfalls die Funktionalität des Organischen, nicht dessen Entstehen. Andererseits hat Kant das Argument nirgendwo ausgeführt, daß die Entstehung von Organischem aus Nicht-organischem, also die Entstehung von innerer Zweckmäßigkeit aus äußerer, unmöglich sei. Diese »generatio äquivoca« nennt er in einer Anmerkung zwar »ungereimt« (KU, § 80, S. 370, Anm.), wir haben aber nicht gefunden, daß er einen entsprechenden Unmöglichkeitsbeweis führt.[25] Wir wollen im folgenden zeigen, daß es interessanterweise

---

24 I. Kant, *Kritik der praktischen Vernunft* (KpV), Vorrede, A 16.
25 An anderer Stelle (KU, § 81, B 378 f.) bezieht sich Kant auf Johann Friedrich Blumenbach als Zeugen dafür, daß die spontane Entstehung des Lebens als »vernunftwidrig« verworfen werden muß. Davon kann allerdings bei Blumenbach nicht die Rede sein. Zwar ist richtig, daß Blumenbach diese in »ihre sehr engen Schranken« zurückweist und sie zu den »abentheuerlichen Einbildungen des scholastischen Stumpfsinns« rechnet (§ 11, 22); aber er schließt keineswegs aus, daß man bei einfachen »organisierten Körpern ... mit ungleich größerer Wahr-

gerade Kants ambivalente Position hinsichtlich dieses inneren Prinzips ist, die ihn dazu bringt, ein präzises *begriffliches Modell* der Selbstorganisation zu formulieren und darüber hinaus die *Bedingungen* zu spezifizieren, unter denen dieses Modell im Falle rein mechanischer Wechselwirkung anwendbar wäre. Gerade weil er an diese Anwendung nicht glaubte, zwang er sich dazu, die Bedingungen der Anwendung zu präzisieren.[26] Zusätzlich hat er ein Forschungsprogramm skizziert, mit dem eine empirische Erforschung der biologischen Organisation vorangetrieben werden kann, unabhängig davon, ob und in welcher Art das innere Prinzip der Zweckmäßigkeit besteht. Die etwas verschlungene, letztlich aber konsequente Gedankenführung Kants wird im folgenden rekonstruiert.

Zweckmäßigkeit:
Heuristische Fiktion oder materielles Prinzip?

Für die empirische Forschung stellte sich als zentrale Frage: Welchen Zugang zur Untersuchung dieses inneren Prinzips des Lebens gibt es? Kants Antwort ist radikal; er sieht keinen Zugang – und er glaubt auch nicht, daß ein solcher gefunden werden kann. Dabei wird das Erkenntnisproblem des Lebens nicht nur auf eine, sondern auf vielfache Weise aufgeworfen: Als Biogenese, Ontogenese, Phylogenese, und als Gesamtzusammenhang des Lebendigen in der Natur. Innere Prinzipien der Zweckmäßigkeit wurden unter wechselnden Benennungen zumindest für die ersten drei

---

scheinlichkeit wieder zu einer Art Zeugung ohne Saamen *Generatio aequivoca* (oder *spontanea*) wird zurückgehen und zugeben müssen, daß allerdings wol zuweilen allerhand Säfte durch eine besondre Art von Gährung oder Fäulnis einen Bildungstrieb erhalten...« (§ 12, S. 23). Diese interessante Position kann Kant also nicht zum Zeugen dienen, die spontane Entstehung von Leben für ungereimt vernunftwidrig (i. e. widersprüchlich!) zu erklären. Johann Friedrich Blumenbach: *Über den Bildungstrieb und das Zeugungsgeschäfte*, Göttingen 1781, Nachdruck Stuttgart, Gustav Fischer Verlag, 1971.

26 Der Struktur nach handelt es sich um eine indirekte Beweisführung. Um nachzuweisen, daß etwa das Verhältnis von Diagonale und Seitenlänge im Quadrat nicht kommensurabel ist, muß man die Bedingung der Kommensurabilität genau spezifizieren.

Problemkreise formuliert. Für die Biogenese die *Lebenskraft*; für die Ontogenese als *Bildungstrieb*; für die Phylogenese eine *Entwicklungskraft*.[27]

Zahlreiche theoretische Wege wurden beschritten, diese Prinzipien aufeinander zu beziehen (vor allem im Streit zwischen Präformationstheorie und epigenetischer Theorie), sie ins Verhältnis zu ihren theologischen Entsprechungen zu setzen (zum Ursprung des Lebens als Schöpfung und zur Teleologie des Schöpfungsplans) und an die mechanistische Begrifflichkeit anzuschließen (etwa als zusätzliche *materielle* Prinzipien im Hylozoismus oder im Leibnizschen Sinne als den Bewegungsprinzipien *parallele* Perzeptionsprinzipien).

Für Kant hatte die gesamte Diskussion aber einen im Ansatz unbefriedigenden Ausgangspunkt: Die Annahme solcher Prinzipien als *Erklärungsgründe* ist illegitim; legitim ist nur ihre Unterstellung als »heuristische Fiktionen« (KdrV, B 799) oder regulative Prinzipien der Forschung. In scharfer Form drückt er dies in der Methodenlehre der *Kritik der reinen Vernunft* aus:

»Eine *transzendentale Hypothese*, bei der eine bloße Idee der Vernunft zur Erklärung der Naturdinge gebraucht würde, würde daher gar keine Erklärung sein, indem das, was man aus bekannten empirischen Prinzipien nicht hinreichend versteht, durch etwas erklärt werden würde, davon man gar nichts versteht« (KdrV, B 800).

Das stellt die Forschung vor die Alternative, entweder die Prinzipien des Lebens als »physischen Erklärungsgrund« nachzuweisen, oder auf sie zu verzichten. Die erste Alternative ist aber nur eine scheinbare. Denn die verschiedenen Vermögen sind gerade deswegen unterstellt, weil ein den physischen, i. e. mechanischen Prinzipien *entgegengesetztes* Prinzip benötigt wird. Die Annahme, dieses Prinzip sei letztlich auch mechanischer Natur, macht es entweder entbehrlich oder führt zu einem Widerspruch:

»Die Möglichkeit einer lebenden Materie (deren Begriff einen Widerspruch enthält, weil Leblosigkeit (inertia), den wesentlichen Charakter derselben ausmacht) läßt sich nicht einmal denken« (KU, § 73, B 327).

---

27 Es ist hier nicht der Raum, die komplexen Begriffs- und Namensgeschichten des 17. und 18. Jahrhunderts zu den Wortfamilien Entwicklung (evolutio), Bildung (formatio) und Organisation zu verfolgen. Es sei auf die einschlägigen Artikel der philosophiehistorischen Lexika verwiesen.

Verbleibt also die zweite Alternative. Dazu schreibt Kant nun in der schon angeführten Methodenlehre der *Kritik der reinen Vernunft*:

»Ordnung und Zweckmäßigkeit in der Natur muß wiederum aus Naturgründen und nach Naturgesetzen erklärt werden, und hier sind selbst die wildesten Hypothesen, wenn sie nur physisch sind, erträglicher als eine hyperphysische... Denn das wäre ein Prinzip der faulen Vernunft (ignava ratio) alle Ursachen, deren objektive Realität, wenigstens der Möglichkeit nach, man durch fortgesetzte Erfahrung kann kennen lernen, auf einmal vorbeizugehen, um in einer bloßen Idee, die der Vernunft sehr bequem ist, zu ruhen« (KdrV, B 800 f.).

Für die Kosmogonie hat Kant die »wildesten Hypothesen« gewagt und dafür auch nach der kritischen Wende die »Lizenz« (KdrV, B 801) ausgestellt. Aber hinsichtlich des Lebens?

Die Definition des Lebens als Selbstorganisation

In der *Kritik der Urteilskraft* kreist Kant das Problem der Erklärung des Lebens begrifflich ein, bevor er sich auf Hypothesen einläßt.

Zunächst ist es eingebettet in das allgemeine Problem der Erklärung der (inneren) *Zweckmäßigkeit* in der Natur. Zweckmäßigkeit wird überall dort wahrgenommen, wo wir auf *Formen* stoßen, deren Bildung nach mechanischen Gesetzen kausal unerklärlich erscheint.[28]

---

28 Die schwierige Frage, ob an dieser Stelle der Argumentation der Begriff der »Form« nicht-lebendige (Planetensystem) und lebende Beispiele umfaßt, umgehen wir hier. Kant greift zur Kategorie der *Zufälligkeit* als unterscheidendes Merkmal: Eine Form, die nach Naturgesetzen nicht entstanden sein kann, weil dies völlig *unwahrscheinlich* wäre (z. B. ein regelmäßiges Sechseck im Sand), verweist auf eine verständige Verursachung. Das wirft aber zwei Probleme auf, die Kant nicht schlüssig behandelt: Erstens, wie kennzeichnet man erkenntnistheoretisch Zufälligkeit, so daß sie nicht nur als ein Unwissen, sondern als ein konstruktives Merkmal benutzt werden kann? Zweitens, wenn es Grade der (Un)wahrscheinlichkeit gibt, müßte es Übergänge oder Zwischenformen zwischen innerer und äußerer Zweckmäßigkeit geben; das aber ist bei Kant wohl ausgeschlossen, da es sich, wie gleich zu sehen sein wird, dabei um kategoriale Unterschiede handelt.

»Um einzusehen, daß ein Ding nur als Zweck möglich sei, d. h. die Kausalität seines Ursprungs nicht im Mechanismus der Natur... bestimmt wird... dazu wird erfordert: daß seine Form nicht nach bloßen Naturgesetzen möglich sei... sondern daß selbst ihr empirisches Erkenntnis, ihrer Ursache und Wirkung nach, Begriffe der Vernunft voraussetze« (KU, § 64, B 284).

Die Kausalität einer zweckmäßig operierenden Natur bestimmt Kant als *technische,* also als eine Kausalität der Mittel mit Rücksicht auf einen Zweck.[29] Kant spricht auch von der »organischen Technik« der Natur[30], wobei »organisch« bezogen wird auf den Werkzeugcharakter eines Zwischenprodukts (organon) und den Organismus als Zweck.

Der entscheidende Schritt ist nun Kants Definition dieser Kausalität:

»Ich würde vorläufig sagen: ein Ding existiert als Naturzweck, *wenn es von sich selbst... Ursache und Wirkung ist*« (KU, § 64).

Diese Bestimmung hält Kant für widerspruchsfrei und konsistent mit der physikalischen Kausalität. Als Beispiele der Erläuterung führt er an:
– die Selbsterhaltung einer *Gattung* dadurch, daß die *Erzeugung* der individuellen Exemplare sowohl Wirkung der Existenz der Gattung, wie auch Ursache der (selbsterhaltenden) Weiterexistenz ist;
– die Selbstausbildung des *Individuums* »vermittels eines Stoffes, der... sein eignes Produkt ist«, auch wenn die Bestandteile als Rohstoffe aufgenommen werden;
– die Selbsterhaltung der *Teile* (Strukturen) eines Individuums so, »daß die Erhaltung des einen von der Erhaltung des andern wechselweise abhängt« (KU, § 64, B 286 f.).

Die Konsistenz mit der Physik beruht darauf, daß jedenfalls prima facie das *Zweck-Mittel*-Verhältnis als ein *Ursache-Wirkung*-Verhältnis ausgedrückt ist. Aber Kant macht den Selbsteinwand, daß die Kennzeichnung eines

»sich zu sich selbst wechselseitig als Ursache und Wirkung« verhaltenden Naturprodukts noch ein »uneigentlicher und unbestimmter Ausdruck ist, der einer Ableitung von einem bestimmten Begriff bedarf« (§ 65, B 289).

---

29 Ausführliche Erörterung dieser »Technik der Natur« in der Ersten Fassung der Einleitung zur *Kritik der Urteilskraft,* Kap. I u. II, Ausgabe Weischedel, S. 178 ff.
30 Ausg. Weischedel KU, Einl. Erste Fassung, S. 212.

Die Schwierigkeit liegt darin, daß im üblichen Begriff der Kausalität die Verknüpfung von Ursache und Wirkung zeitabhängig gerichtet ist, so daß eine Wirkung niemals Ursache ihrer eigenen Ursache sein kann. Zwar hat Kant in der *Kritik der reinen Vernunft* auch die Kausalität zeitgleicher Wechselwirkung behandelt.[31] Aber diese nützt an dieser Stelle nichts. Denn für das Argument der Selbstherstellung eines Dinges unterstellt man *Zustandsänderungen* im Prozeß der Selbstherstellung und nimmt damit an, daß ein vorhergehender Zustand dynamischer Wechselwirkung den späteren bedingt. *Wenn ein Zustand einen früheren voraussetzt, dann kann er nicht Ursache dieses früheren sein.*[32] Der nächste Schritt gilt der Überwindung dieser Schwierigkeit:

»Soll aber ein Ding, als Naturprodukt, ...eine Beziehung auf Zwecke enthalten: so wird... dazu erfordert: daß die Teile desselben sich dadurch zur Einheit eines Ganzen verbinden, daß sie von einander wechselseitig Ursache und Wirkung ihrer Form sind. Denn auf solche Weise ist es allein möglich, daß umgekehrt (wechselseitig) die Idee des Ganzen wiederum die Form und Verbindung aller Teile bestimme« (KU, § 65, B 290 f.).

Mit dieser Idee, die *Zweckmäßigkeit als über die Struktur der Teile determinierte Organisation* zu fassen, erreicht Kant den Begriff der Selbstorganisation:

»In einem solchen Produkte der Natur wird ein jeder Teil so, wie er nur *durch* alle übrige da ist, auch als *um der andern* und des Ganzen *willen* existierend, d. h. als Werkzeug (Organ) gedacht: welches aber nicht genug ist...; sondern als ein die andern Teile (folglich jeder dem andern wechselseitig) *hervorbringendes* Organ, dergleichen kein Werkzeug der Kunst, sondern nur der allen Stoff zu Werkzeugen (selbst denen der Kunst) liefernden Natur sein kann: und nur dann und darum wird ein solches Produkt, als *organisiertes* und *sich selbst organisierendes Wesen*, ein *Naturzweck* genannt werden können« (KU, § 65, B 290 f.).

---

31 In der dritten Analogie der Erfahrung: »Grundsatz des Zugleichseins, nach dem Gesetze der Wechselwirkung, oder Gemeinschaft« (KdrV, B 256 ff.).

32 Für Kant werden Ursache und Wirkung auch deswegen nicht symmetrisch, weil empirische Erkenntnis an die Idee der Handlung, i. e. die Angabe und eventuell Einrichtung von Bedingungen gebunden ist, unter denen eine Zustandsänderung auftritt. Wenn man kausal die Selbstorganisation eines Systems begriffen hat, dann kann man im Prinzip diese durch Einrichtung von Anfangsbedingungen bewirken. Vgl. zur Beziehung von Kausalität und Handlung KdrV, B 249 f.

Die besondere Feinheit der Definition liegt darin, die Notwendigkeit der Produktion der das System produzierenden Komponenten mit einzubeziehen.[33] Denn nur hierdurch wird der Selbsteinwand hinsichtlich der kausalen Wechselwirkung entkräftet. Kant klärt dies durch die Unterscheidung zwischen Artefakt und natürlicher Selbstorganisation. In einer mechanischen Uhr (der neben der Mühle häufigsten technischen Metapher für das Leben) ist zwar jede Komponente um der anderen *wegen* zweckmäßig eingebaut, aber eben nicht kausal *durch* die anderen eingebaut, geschweige denn geformt. Dies machen Feinmechaniker und Uhrmacher. Eine Natur, die selbst Uhrmacher wäre, müßte einen Prozeß in Gang setzen, in dem alle zweckmäßigen Komponenten ohne Unterstellung eines naturfremden Verstandes entstehen. Woher aber soll in der Natur die Konzeption der Uhr, die zweckmäßige Ordnung und die daraus folgende Struktur der Komponenten stammen, wenn die Uhr noch nicht existiert? Eine radikale Möglichkeit wäre der Verweis auf einen sehr unwahrscheinlichen Zufall. Aber da der Zufall kein Agens ist, sondern nur die Bezeichnung für die völlige Unwahrscheinlichkeit, daß etwas nach bekannten Gründen entstanden ist, kann man eine Zufallshypothese auch nur stärken, indem man *gegen* sie prüft. Die einfachste realistische Vorstellung zur Selbstherstellung einer Uhr wäre wohl: Eine Uhr zeugt eine Uhr.[34] Vorgeprägt wurde dieses scharfsinnige Argument zur Differenz zwischen Artefakt und Selbstorganisation von Leibniz, der aber mit seinen Grundgedanken des Infinitesimalen und der Präformation andere Lösungswege eingeschlagen hat. In der Monadologie heißt es:

»So ist jeder organische Körper eines Lebewesens eine Art ... natürlicher Automat, der alle künstlichen Automaten unendlich übertrifft. Denn eine durch Menschenkunst gebaute Maschine ist nicht auch Maschine in jedem ihrer Teile. So hat z. B. der Zahn eines Messingrades Teile oder Stücke, die für uns nichts Kunstvolles mehr sind ... Aber die Maschinen der Natur ... sind noch in ihren kleinsten Teilen, bis ins Unendliche hinein, Maschinen« (*Monadologie*, § 64).

---

33 Selbstorganisation ist also für Kant zwangsläufig Autopoiese: Selbstherstellung der Komponenten.
34 Man denke an von Neumanns berühmten Beweis, daß ein Automat einen mindestens gleichkomplexen Automaten herstellen kann.

Einen letzten definitorischen Gesichtspunkt bietet Kant auf, der sogar diese Maschinen- oder Automatenmetapher zu schwach erscheinen läßt: Die Fähigkeiten eines selbstorganisierten Wesens zur Ersetzung verloren gegangener Teile, zur Selbstreparatur, wenn es in »Unordnung« geraten ist und zu »schicklichen Abweichungen, die die Selbsterhaltung nach den Umständen erfordert« (KU, § 65, B 292 f.).
Wenn man auch diese Merkmale der Selbstreparatur und Anpassung nicht unbedingt zum definitorischen Kern der Selbstorganisation rechnen muß[35], so rückt auch ohne sie das Ziel, die Selbstorganisation des Lebens nur nach mechanischen Prinzipien, i. e. aus materieller Wechselwirkung, zu erklären, in weite Ferne. Es vollständig zu erreichen hält Kant ohnehin für unmöglich. Wie aber könnte die empirische Forschung verfahren und wo setzt möglicherweise das Prinzip der Selbstorganisation dieser Forschung Grenzen?

Empirische Hypothesen

Es wurde schon erwähnt, daß das Problem des Lebens als eine Organisation der inneren Zweckmäßigkeit sich mehrfach stellt: als biotischer Gesamtzusammenhang, als Erhaltung der Gattungen, als Existenz der Individuen; zudem noch als Reproduktion der Komponenten des Individuums, und, wie Kant auch sieht, als die »Organisation beiderlei Geschlechts in Beziehung aufeinander« (KU, § 82, B 381).
Wenn man nun nicht umhin kann, für zweckmäßige Organisation letztlich ein unerkennbares nicht-mechanisches Prinzip zu unterstellen, hat man es dann mit einem einzigen solchen zu tun, oder mit ebensoviel verschiedenen, wie man systematisch an Organisationsstrukturen unterscheidet? Diese Frage ist deswegen schwierig, weil unklar ist, ob sie als empirische oder als deduktive (transzendentale) gestellt wird. Angenommen, sie wird empirisch gestellt. Dann sind alle Möglichkeiten, die man aufwenden kann um auf solche Prinzipien zu stoßen, solche der Forschung nach

---

[35] Wenn allerdings Selbstorganisation daran gebunden ist, daß Organisches nur aus Organischem entstehen kann, dann sind Selbstreparatur und bei einer wechselnden Umwelt auch Variation *notwendig*.

mechanischen Gesetzen (i. e. der empirischen Kausalität) von Selbstorganisation. Eine andere Forschung gibt es nicht für Kant. Die Anzahl solcher empirischer Gesetze ist ohne angebbare Grenze, ihr logischer Zusammenhang offen. Ob und wann diese Möglichkeiten der Suche nach empirischen Beziehungen, die an der Selbstorganisation beteiligt sind, ausgeschöpft sind und daher die Unterstellung einer teleologischen Kausalität (eines architektonischen Verstandes in der Natur) erzwungen wird, kann nicht gewußt werden – außer man besäße eine *vollständige* Kenntnis aller empirischen Gesetze und einen Begriff dieser Vollständigkeit. In diesem Fall könnte man dann angeben, daß es nichts mehr zu erforschen gibt.[36]
Wir sind also, unabhängig von der Anzahl der teleologischen Prinzipien, immer darauf angewiesen, die Forschung nach »bloßen Mechanismen« fortzusetzen.

»Ob also das produktive Vermögen der Natur auch für dasjenige, was wir, als nach der Idee von Zwecken geformt oder verbunden, beurteilen, nicht eben so gut als für das, wozu wir bloß ein Maschinenwesen der Natur zu bedürfen glauben, zulange: darüber kann unsere ... Vernunft schlechterdings keine Auskunft geben« (KU, § 71, B 317).

Könnte es sich erweisen, daß durch die Zunahme der Kenntnis empirischer Gesetze die Annahme teleologischer Prinzipien einfach entbehrlich wird? Könnte sich zeigen, daß der Maxime unserer Urteilskraft gar kein objektives Prinzip in der Natur entspricht, sondern uns Schritt für Schritt an die mechanische Kausalität der Selbstorganisation heranführt?[37] (Vgl. § 72, 319.)

»Hier müßte nun freilich jene unbestrittene Maxime in die ein weites Feld zu Streitigkeiten eröffnende Aufgabe übergehen: Ob die Zweckverbindung in der Natur eine besondere Art der Kausalität *beweise*; oder ob sie, an sich und nach objektiven Prinzipien betrachtet, nicht vielmehr mit dem Mechanismus der Natur einerlei sei, oder auf ein und demselben Grund beruhe ...« (KU, § 72, B 320).

---

36 Ersichtlich hängt diese Argumentation an der restriktiven Position Kants hinsichtlich der Zulassung einer neuen nicht-mechanischen Grundkraft, i. e. an seinem harten Reduktionismus.
37 Man kann auch sagen: Könnte sich herausstellen, daß der unwahrscheinlich erscheinende Zufall einer mechanischen Selbstorganisation kausal determiniert ist?

Kant geht gegenüber allen Varianten auf Distanz, weil man weder die Annahme einer »besonderen Art der Naturerzeugung« beweisen kann, noch einen Unmöglichkeitsbeweis »der Zweckeinheit in der Materie durch den bloßen Mechanism derselben führen« (KU, § 73, B 328).[38] Und da man, ob man nun ein teleologisches Prinzip annimmt oder nicht, letztlich nur verstanden hat, was nach dem »Prinzip des Mechanismus« erklärt ist, gründet sich darauf die

»Befugnis« und der »Beruf, alle Produkte und Ereignisse der Natur, selbst die zweckmäßigsten, so weit mechanisch zu erklären, als es immer in unserm Vermögen (dessen Schranken... wir nicht angeben können) steht« (KU, § 78, B 363).

Seine eigene empirische Hypothese formuliert Kant in Anschluß an die Ergebnisse der »komparativen Anatomie«:

»Die Analogie der Formen, sofern sie bei aller Verschiedenheit einem gemeinschaftlichen Urbilde gemäß erzeugt zu sein scheinen, verstärkt die Vermutung einer wirklichen Verwandtschaft derselben in der Erzeugung derselben, durch die stufenartige Annäherung einer Tiergattung zur andern... bis zu Moosen und Flechten, und endlich zu der niedrigsten uns merklichen Stufe der Natur, zur rohen Materie: aus welcher und ihren Kräften, nach mechanischen Gesetzen... die ganze Technik der Natur, die uns in organisierten Wesen so unbegreiflich ist, daß wir uns dazu ein anderes Prinzip denken, abzustammen scheint« (KU, § 79, B 369).

Mit dieser Hypothese ist nun vorgezeichnet, daß ein Rekurs auf ein nicht-mechanisches Prinzip allenfalls an einer anfänglichen Stelle notwendig wäre, nicht aber für die Entstehung aller einzelnen Arten und Individuen. Für die empirische Durchführung dieser Hypothese, die zunächst nur einen »schwachen Strahl von Hoffnung in das Gemüt« fallen läßt (KU, § 79, B 369), wendet sich Kant an die Untersuchung der »übriggebliebenen Spuren« der Evolution, an den »*Archäologen der Natur*«. Diesem stünde es frei, sich den gemeinsamen Ursprung und die durchgängig zusammenhängende Verwandtschaft vorzustellen.

»Er kann den Mutterschoß der Erde, die eben aus ihrem chaotischen Zustande herausging... anfänglich Geschöpfe gebären lassen« (KU, § 80, B 370).

---

38 Zur Möglichkeit der »mechanischen Erzeugung« eines zweckmäßigen Ganzen vgl. auch KU, § 77, B 351.

Die Bestätigung einer solchen Hypothese würde die Erklärungskraft des mechanischen Prinzips weit ausdehnen.
Hiermit liegt nun eine solche wilde, aber doch empirische Hypothese vor, wie Kant sie in der *Kritik der reinen Vernunft* bezeichnet hat. In einer Anmerkung nennt er sie »ein gewagtes Abenteuer der Vernunft«, aber kein ungereimtes, denn in dem Grundgedanken, daß alles Organische aus gattungsmäßig anderem Organischen entstanden ist, liegt kein Widerspruch,

»z. B. wenn gewisse Wassertiere sich nach und nach zu Sumpftieren, und aus diesen, nach einigen Zeugungen, zu Landtieren ausbildeten« (KU, § 80, B 370, Anm.).

Man kann die Frage aufwerfen, an welchen Forscher sich Kant mit dieser Hypothese anlehnt – und stößt auf Johann Gottfried Herder. Dessen *Ideen zur Philosophie der Geschichte der Menschheit* von 1784 hat Kant 1785 rezensiert. Dort heißt es:

»Nur eine *Verwandtschaft* unter ihnen, da entweder eine Gattung aus der andern, und alle aus einer einzigen Originalgattung oder etwa aus einem einzigen erzeugenden Mutterschoße entsprungen wären, würde auf *Ideen* führen, die aber so ungeheuer sind, daß die Vernunft vor ihnen zurückbebt« (Rez. A 22, Ausg. Weischedel, Bd. VI, 792).

Über welche Stationen bei Kant die zurückbebende Vernunft sich hat entschließen können, sich auf ein gewagtes Abenteuer einzulassen, ist nicht leicht auszumachen. Eine wichtige Rolle spielen sicherlich die Fortschritte der epigenetischen Theorie, deren Formulierung durch Blumenbach Kant beipflichtet. Blumenbach leistet – bei Anerkennung eines die jeweilige Organisation strukturierenden Bildungstriebs – die Formulierung eines allgemeinen Evolutionsprinzips. Im § 36 seines kleinen aber einflußreichen Werkes heißt es:

»Anders ist es hingegen mit dem Clima, mit den Nahrungsmitteln, der Lebensart und mehreren dergleichen Ursachen der Ausartung beschaffen, die allerdings einen zwar langsamen aber kräftigen, für die Folge desto dauerhafter und tiefer wurzelschlagenden Einfluß auf den Bildungstrieb äußern...« (§ 36, S. 63).

Schlußbemerkung

Offensichtlich ist es Kant hinsichtlich des Phänomens des Lebens nicht gelungen, ein durchgestaltetes Modell einer mechanischen Theorie der Selbstorganisation vorzulegen. Wegen seiner harten Formulierung des Reduktionismus, der gemäß alle empirische Erklärung als Ableitung aus mechanischer Wechselwirkung auftreten muß, ist es ihm aber gelungen, *erstens* das Prinzip der Selbstorganisation als zentrale Kennzeichnung des Lebens zu erkennen, es *zweitens* begrifflich klar in der Sprache der mechanischen Kausalität zu definieren, und *drittens* eine empirische Hypothese vorzulegen oder zu unterstützen, die die reduktionistische Forschung zur Selbstorganisation ohne Einschränkungen voranzutreiben erlaubt.

Weitgehend offen geblieben ist in unserer Analyse das Verhältnis zwischen den beiden Anläufen Kants zur Erklärung von Selbstorganisation – Theorie des Himmels und Theorie des Lebens. Und es bedarf der Aufklärung, warum er selbst darüber schweigt. Ohne Frage ist Kant durch das gegenüber der Kosmogonie härtere Problem des Lebens dazu gebracht worden, die Konzeption der Selbstorganisation präzise und vollständig durchzuarbeiten. Denn Kants Stärke besteht darin, *als Reduktionist* sich keine triviale Auflösung des Lebensproblems zu erlauben. Aber er konnte sich offenbar nicht zu dem Schritt entschließen, eine universelle, axiomatische Theorie der Selbstorganisation aufzubauen, unter die dann Leben, Planetensystem und möglicherweise weitere Beispiele fallen würden. Ein solcher Schritt hätte allerdings auch einen hohen Preis gehabt. Denn während bei der »Theorie des Himmels« bei einer vollständigen Beschreibung nach mechanischen Gesetzen wir im Prinzip zu einer Erklärung der Himmelsprozesse vordringen, würde man bei einer entsprechenden Beschreibung des Lebens immer noch vor dem »Rätsel« stehen, daß ein Organismus seine Wahrnehmungen, Kognitionen, Emotionen und Handlungen organisiert, um eben *nicht* zur Resultante der auf ihn wirkenden Kräfte zu werden. In der heutigen Problemlandschaft der Forschungen zur Selbstorganisation steht dahinter das Problem der Emergenz, das wohl kaum als vollständig gelöst betrachtet werden kann.

Rainer Paslack
Ursprünge der Selbstorganisation[1]

1. Selbstorganisation als wissenschaftliche Revolution

Seit Beginn der 1960er Jahre bahnt sich eine wissenschaftliche Revolution an, die inzwischen unter dem Sammelbegriff »Selbstorganisation« zu einem großangelegten, nahezu alle Wissenschaftsdisziplinen umfassenden Forschungsprogramm ausgereift ist. Im Mittelpunkt dieses neuen Konzepts steht die Untersuchung der spontanen Entstehung, Höherentwicklung und Ausdifferenzierung von Ordnung in dynamischen Systemen fern ab vom Gleichgewicht. Den Ausgangspunkt bildeten konkrete Forschungsprobleme: Wie entsteht Laserlicht? Wie organisiert sich lebende Materie? Wie entwickelt sich das Wetter? Wie »koevolvieren« verschiedene Lebensformen eines Biotops? Die Antworten, die auf diese und ähnliche Fragen gefunden wurden, gingen freilich über das spezielle Frageinteresse hinaus und begründeten eine völlig neue Sicht der Natur. Aus solchen zunächst unscheinbaren Anfängen innerhalb der Naturwissenschaften heraus ist es erstaunlich rasch zu einem »Paradigmawechsel« gekommen, der möglicherweise eine neue »kopernikanische Wende« für die Wissenschaft insgesamt einleitet, was unser Verständnis dynamischer Prozesse in komplexen Systemen anbetrifft.

Nach Forschern wie I. Prigogine und H. Haken, die maßgeblich an der Begründung der modernen Selbstorganisationsforschung beteiligt waren, gehen wir einer neuen Synthese, einer neuen Naturauffassung entgegen, in deren Zentrum die Vorstellung einer spontan sich selbst organisierenden Welt steht: die klassische Wissenschaft, die den Gegensatz zwischen Mensch und Natur betont habe, verwandele sich dadurch in eine neue »Wissenschaft vom Komplexen«, die den Menschen zu einem »Dialog mit der Natur« (I. Prigogine) befähige; Kommunikation trete an die Stelle von

---

[1] Der vorliegende Aufsatz ist die Zusammenfassung einer Monographie des Autors: R. Paslack, *Urgeschichte der Selbstorganisation – Zur Archäologie eines wissenschaftlichen Paradigmas*, Braunschweig/Wiesbaden 1991.

objektivierender Naturbeherrschung. Jenseits der traditionellen Alternative von physikalistischem Reduktionismus und biologistischem Holismus scheint damit die wissenschaftliche Utopie einer mit der Gesellschaft »versöhnten Natur« auf, die zu ihrer Realisierung gleichwohl nicht auf das Experiment und die quantitative Analyse zu verzichten braucht. Die Wissenschaft erneuert dadurch ihren Anspruch auf legitime Definitionsmacht gegenüber der Grundstruktur der Welt im ganzen, der ihr im Zuge einer nur zu berechtigten Kritik der ökologischen und sozialen Negativfolgen des wissenschaftlich-technischen Fortschritts vielerseits bestritten worden ist, indem sie sich paradigmatisch neu orientiert und Züge einer »alternativen Wissenschaft« annimmt.

Eine Wissenschaft, die sich um die Aufklärung der Mechanismen der Selbstorganisation bemüht, bleibt zwar durchaus »harte« Wissenschaft, doch indem sie die Komplexität natürlicher (und sozialer) Systeme in nicht-reduktionistischer Weise ernstnimmt, holt sie die alte Idee der Naturgeschichte in die moderne Naturforschung zurück. Insofern sie die »Autonomie« systemischer Prozesse – ihre »Eigengesetzlichkeit« und »Eigenzeitlichkeit«, ihre »operationale Geschlossenheit«, »fraktale« Unregelmäßigkeit und prinzipielle Unvorhersagbarkeit – anerkennt, tritt das Besondere, das Historische und Einzigartige der »Randbedingungen«, denen sich solche selbstorganisativen Prozesse wesentlich verdanken, in den Vordergrund des wissenschaftlichen Interesses, während die Suche nach universellen Gesetzmäßigkeiten, die traditionell die Forschung dominierte, zweitrangig wird.

So hochgespannt die Erwartungen einzelner Selbstorganisationsforscher sind, so gibt es doch zugleich auch zahlreiche skeptische Stimmen aus den betroffenen Disziplinen. Was die Situation so unklar macht – »wissenschaftliche Revolution« ja oder nein –, ist paradoxerweise gerade die ungemeine Attraktivität des Selbstorganisationskonzepts, insofern sie Skepsis gegenüber seiner Seriosität weckt: seine rasche Diffusion in zahlreiche neue Wissenschaftsdisziplinen, seine populärwissenschaftliche Aufbereitung in den Massenmedien, sein »Anschluß« an alternativkulturelle Weltbildentwürfe sowie seine »Anwendung« auf gesellschaftspolitische, ökonomische und zahlreiche andere Praxisfelder erscheint vielen Beobachtern verdächtig. So wird das neue »Weltbild der Selbstorganisation« mittlerweile in so verschiedenen Bereichen diskutiert wie der Managementlehre, der Literaturtheorie, der ganzheitlichen Medizin, der Verwaltungswissenschaft, der Verkehrsforschung, der Planungstheorie, der Pädagogik, der postmodernen Ästhetik, der Organisationssoziologie oder der Familientherapie. Damit nicht genug, berufen sich heute auch Protagonisten der »Neuen sozialen Bewegungen« und des »New Age« (Capra, Ferguson) für ihre Visionen von einer partizipatorischen Gesellschaft im Einklang mit der Natur auf die Erkenntnisse der Selbstorganisationsforschung. Daß es sich hierbei in der Tat nicht immer um seriöse »Übertragungen« und an der Spezifik des jeweiligen Gegenstandsbereiches abgearbeitete »Anwendungen« handelt, sondern oftmals nur um metaphorische Analogiebildungen oder gar um Etikettenschwindel, versteht sich. Dies aber versorgt die Kritiker des revolutionären Anspruchs des Selbstorganisationskonzepts mit Argumentationshilfen.

Dennoch ist weder die Güte der von der Selbstorganisationsforschung erbrachten Resultate, noch die Tatsache, daß eine die Grenzen der Disziplinen überschreitende Vernetzung verschiedener Selbstorganisationsansätze zu einem oder mehreren Forschungsprogrammen erfolgreich vollzogen wurde, in Zweifel zu ziehen; ebensowenig wie die wissenschafts*externe* Bedeutung von Selbstorganisationstheorien in bestimmten gesellschaftlichen Praxisfeldern: beispielsweise für den Bereich der ökonomischen und ökologischen Planung, wo die Analyse chaotischer Systeme erstmals eine rationale Erklärung für die offensichtliche Unplanbarkeit komplexer Prozesse liefert und dadurch die Suche nach neuen Planungsinstrumenten inspiriert.

2. Moderne Selbstorganisationskonzepte

Entscheidend für die Entstehung der modernen Selbstorganisationsforschung war die Erkenntnis, daß Strukturbildung, d. h. die Entstehung von Ordnung, weit weg vom thermodynamischen Gleichgewicht möglich ist. Dies verlangt die Offenheit der Systeme für Materie- und Energiefluß. Anders als im Falle geschlossener Systeme, die unabhängig von ihren Anfangsbedingungen über kurz oder lang einem Gleichgewichtszustand zustreben, existieren im Falle offener Systeme dynamische Gleichgewichte (sog. stationäre Gleichgewichte), die globale Ordnungszustände des Systems definieren. Werden sie instabil, geht das System im allge-

meinen von einem Ordnungszustand in einen anderen über. Instabilitäten sind demnach der Motor der Systementwicklung.
Die Begründung des modernen Selbstorganisationsdenkens weist mehrere voneinander unabhängige Entwicklungsstränge auf, die im Folgenden kurz charakterisiert werden sollen:
1. Heinz von Foersters Prinzip des »order from noise«: 1962 gelang es dem Physiker und Kybernetiker H. v. Foerster mit Hilfe von Shannons Informationstheorie (Redundanzbegriff), ein Maß für Ordnung zu finden und die Bedingungen für ihre Zunahme zu formulieren. Danach gibt es zwei Möglichkeiten: einmal kann die Ordnung durch den Import von Ordnung aus der Umwelt wachsen und zum anderen – und das war neu – durch Störungen. »Ordnung durch Störung« bedeutet, daß sich das System (energiereiche) Materie aus seiner Umwelt einverleibt, aber nicht so, daß Ordnung strukturell unverändert von außen übernommen und implantiert wird: was Einlaß findet, ist lediglich strukturiertes »Baumaterial«, das einer bereits existierenden inneren Ordnung des Systems eingepaßt wird. »Ordnung durch Störung« heißt, daß die »operational geschlossene« Prozeßdynamik des Systems gerade die Störungen (energetischen Impulse) aus der Umwelt auswählt und einbaut, die zu einem Zuwachs an innerer Ordnung führen.
2. Ilya Prigogines »Theorie dissipativer Strukturen«: Ebenfalls zu Beginn der 1960er Jahren entdeckte der Chemiker I. Prigogine, daß thermodynamisch offene Systeme fern ab vom Gleichgewicht durch energetische Fluktuationen – seien dies Störungen aus der Umwelt oder systemische Eigenfluktuationen – in einen ganz neuen Ordnungszustand in Form dissipativer Strukturen übergehen können (»Ordnung durch Fluktuation«). Dies gilt beispielsweise für sogenannte »chemische Uhren«, also chemische Reaktionen fern vom chemischen Gleichgewicht, die ein kohärentes, rhythmisches Verhalten zeigen (z. B. die »Belousow-Zhabotinsky-Reaktion«). Bemerkenswert ist, daß sich das System über die Ausbildung solcher makroskopischer Ordnungszustände von der Umwelt insofern unabhängig macht, als es die Form seiner Eigendynamik selbst organisiert. Über kritische Fluktuationen (Störungen) bleibt es jedoch für die Umwelt »sensibel«, indem es mit ihrer Hilfe ständig die Stabilität seines momentanen Zustandes testet. Im Falle einer Instabilität können die kritischen Störungen sich über nicht-lineare Wechselwirkungen so weit selbst ver-

stärken, daß sie das System in einen ganz neuen Ordnungszustand – eine neue »dissipative Struktur« – treiben.

3. Hermann Hakens Synergetik: Der Physiker Hermann Haken begann Anfang der 1960er Jahre damit, eine Theorie des Lasers auszuarbeiten, in der er zeigte, wie durch das Zusammenwirken vieler unabhängiger Teile kohärentes Verhalten entsteht. Laseraktive Atome einer bestimmten Substanz werden im Laser durch permanente Energiezufuhr im thermischen Ungleichgewicht gehalten. Überschreitet die Energiezufuhr einen kritischen Wert, wird aus normalem Licht Laserlicht, aus Unordnung Ordnung. Normales Licht besteht bekanntlich aus einem »Gemisch« von Wellen mit unterschiedlicher Frequenz und Phase. Die emittierenden Atome senden ihre Elementarwellen spontan und unkorreliert aus. Laserlicht dagegen zeichnet sich durch seine hohe Kohärenz aus: es besteht praktisch nur aus einem einzigen unendlichen, monochromatischen Wellenzug, in dem die gesamte Energie des lichtelektrischen Feldes steckt. Die Ursache dafür liegt in der Koordination der Emissionen der Laseratome. Entscheidend dabei ist, daß diese Koordination vom Laserlicht selbst geleistet wird. Es zwingt, während es sich aufbaut, die einzelnen Laseratome, präzise im Takt zu schwingen (dies bezeichnet Haken als »Versklavung«). Umgekehrt bringen aber die Elektronen durch ihr gleichmäßiges Schwingen das Laserlicht, den »Ordner«, erst hervor. Ursache und Wirkung schließen sich, und aus der operationalen Geschlossenheit entsteht Ordnung.

4. Manfred Eigens »autokatalytische Hyperzyklen«: Ende der 1960er Jahre begann der Chemiker Manfred Eigen mit Arbeiten zur molekularen Selbstorganisation. Es ging ihm um den Nachweis, daß die Entstehung von Leben ein Resultat von Ausleseprozessen im molekularen (präbiotischen) Bereich ist. Eigen und seine Mitarbeiter hatten bei der Untersuchung von Enzymreaktionen beobachtet, daß sich in einer nuklein- und aminosäurehaltigen Lösung spontan autokatalytische Prozeßstrukturen ausbilden. Auf der nächsten Stufe der Entwicklung schließen sich mehrere solcher autokatalytischen Prozesse zu einem »Hyperzyklus« zusammen, der in hohem Maße zur Korrektur von Replikationsfehlern und damit zur Erhaltung und Weitergabe komplexer Information befähigt ist. Als »Quasispezies« konkurrieren nun verschiedene Hyperzyklen miteinander um die knappen Aminosäuren zur Produktion von Proteinen; dadurch stimulieren sie wechselseitig ihre Evolution. Die so zunächst als »Eigenwert« eines komplexen molekularen Selektionsprozesses entstandene organische Struktur (DNS) wird sodann zur maßgeblichen inneren Randbedingung der nunmehr einsetzenden biologischen Evolution.

5. *Deterministisches Chaos und fraktale Strukturen*: 1960 hatte der amerikanische Meteorologe Edward Lorenz mit Hilfe eines Computers ein globales Wettermodell entwickelt. Dabei stellte er überraschend fest, daß zwei Simulationen (zwei Wetterkurven), die von nahezu demselben Punkt ausgingen (Lorenz hatte die Ausgangswerte bei der Eingabewiederholung nur geringfügig abgerundet), sehr rasch immer weiter voneinander divergierten statt sich zu gleichen. Das Wettersystem ist offenbar ein »chaotisches System«, das – obwohl deterministisch – keine längerfristigen Vorhersagen erlaubt. Geringe Inputabweichungen können zu drastischen Outputdifferenzen führen, da Systeme wie das Wetter offenbar von den Anfangsbedingungen »sensitiv abhängig« sind. Lorenz bezeichnete dies später als »Schmetterlingseffekt«: im Extremfall vermöge bereits der Flügelschlag eines einzelnen Schmetterlings eine Kette positiver Rückkopplungen auszulösen, die schließlich zur Ausbildung eines entfernten Sturmtiefs führen können. – Eine andere wichtige Station der Chaosforschung bilden die Arbeiten des Mathematikers Benoit Mandelbrot. Ihn interessierten u. a. die bizarren Unregelmäßigkeiten von in der Realität zu beobachtenden Raum-/Zeit-Strukturen wie z. B. Kumuluswolken, Bergketten oder Störungen im Telegrafennetz. Diese Unregelmäßigkeiten scheinen sich in jedem Maßstab zu wiederholen: bei genauerem Hinsehen werden diese Strukturen nämlich nicht einfacher oder regelmäßiger, sie bewahren vielmehr ihre komplexe Struktur unabhängig vom gewählten Maßstab (Prinzip der »Selbstähnlichkeit«). Natürliche Formen gehorchen einer nicht-euklidischen (»fraktalen«) Geometrie in dem Sinne, daß etwa eine zickzackförmige Küstenlinie nicht zwei-, sondern »gebrochen«-dimensional ist.

6. *Maturanas und Varelas »autopoietische Systeme«*: Die Frage nach den Organisationsprinzipien des Lebendigen führte in den 1970er Jahren die Neurobiologen Humberto Maturana und Francisco Varela zu der Behauptung, daß Lebewesen »autopoietische Systeme« seien, d. h. Systeme, die ihre Komponenten durch das Netzwerk der Operationen herstellen, das durch diese Kom-

ponenten definiert wird. Solche Systeme sind also operational geschlossen, weil sie zyklisch die Elemente, aus denen sie bestehen, aus eben diesen Elementen selbst erzeugen. Die Evolution wird überwiegend durch interne Eigenschaften der autopoietischen Organisation bestimmt. Anpassung durch Strukturänderung ist nicht mehr ein durch Umweltselektion gesteuerter Prozeß, sondern gründet in der Fähigkeit zur autonomen Selbsterhaltung vor dem Hintergrund permanenter Umweltstörungen. Vorausgesetzt, daß die autopoietische Organisation die überlebenswichtigen Grunderfordernisse erfüllt, haben Lebewesen alle Freiheit, sich ihre Welt selbst zu schaffen. Lebewesen sind darüber hinaus »informational geschlossen«, insofern alle Informationen, die das System zur Aufrechterhaltung seiner zirkulären Organisation benötigt, in dieser Organisation selbst liegen. Die Informationen, mit denen ein Organismus seine Umweltwahrnehmung strukturiert, werden also von ihm selbst erzeugt. Epistemologisch führt die Autopoiesetheorie zum Konzept des »Radikalen Konstruktivismus« (Maturana, v. Glasersfeld, Watzlawick).

Allen vorgestellten Konzepten gemeinsam ist die Idee, daß ein System dann selbstorganisierend ist, wenn seine räumlichen und zeitlichen Strukturen sich ausschließlich der internen Systemdynamik verdanken. Voraussetzung für die Ausbildung dauerhafter Strukturen ist zum einen die energetische und materielle Offenheit des Systems, zum anderen seine operationale Geschlossenheit (ein rekursiver Operationsmodus). Systeme dieser Art sind irreduzibel komplex: obgleich deterministisch, ist ihr Verhalten nicht beliebig vorhersagbar, da bereits kleine Abweichungen in den Anfangsbedingungen sich über positive Rückkopplungen unkalkulierbar aufschaukeln können.

3. Frühe philosophische Konzepte der Selbstorganisation

Im Zentrum des vorliegenden Aufsatzes soll nun aber nicht die Geschichte der *modernen* Selbstorganisationsforschung stehen, sondern deren ideelle »Vor-« oder »Urgeschichte«: schließlich ist die *Idee* der Selbstorganisation keineswegs neu, auch wenn sie die längste Zeit nur ein Schattendasein geführt hat. Womit wir uns vornehmlich beschäftigen wollen, sind also frühe Vorläuferkonzepte in Philosophie und Wissenschaft, wichtige wissenschaftliche Entdeckungen, Theoriefortschritte und Methodenentwicklungen, die in der Rückschau als Wegbereiter des heutigen Selbstorganisationsdenkens erscheinen. Wir werden einerseits nach den Umständen fragen, die einen früheren Durchbruch zu einer Wissenschaft von der Selbstorganisation verhindert haben, andererseits nach den positiven Resultaten des wissenschaftlichen Vorlaufs, die der Entstehung der modernen Selbstorganisationsforschung gleichsam vorgearbeitet haben. Dabei geht es nicht um den Nachweis der »Ableitbarkeit« moderner Selbstorganisationskonzepte aus älteren wissenschaftlichen Traditionen, sondern um den Aufweis zahlreicher experimenteller, wissensmäßiger und theoretischer Vorbedingungen, die das wissenschaftliche Denken sozusagen an jene »kritische Schwelle« getrieben haben, jenseits derer der »qualitative Sprung« hin zu einem »Weltbild der Selbstorganisation« *möglich* wurde. Wir versuchen dadurch dem bemerkenswerten Umstand Rechnung zu tragen, daß der Beginn der modernen Selbstorganisationsforschung in den 1960er Jahren unseres Jahrhunderts zwar eine wissenschaftshistorische Diskontinuität, womöglich ersten Ranges, markiert, *zunächst* aber gar nicht als eine solche wahrgenommen wurde (auch von ihren Begründern nicht), sondern aus der Arbeit innerhalb traditioneller Problemkontexte herauswuchs. Dies entspricht der Auffassung des Autors, daß sich auch im Falle wissenschaftlicher Revolutionen diskontinuierliche und kontinuierliche Prozesse stets überlagern, daß mithin wissenschaftliche Umbrüche Momente des Anschließens an bestehende Kontexte bzw. der Wiederaufnahme älterer (eventuell »verdrängter«) Forschungslinien beinhalten. Zugleich ist sich der Verfasser bewußt, daß die Rekonstruktion einer Vorlaufgeschichte eben auch ein *konstruktiver* Akt ist in dem Sinne, daß erst rückblickend – aus der Perspektive einer fortgeschrittenen Entwicklung – bestimmte historische Errungenschaften als mehr oder minder konsequente Schritte auf dem Wege dorthin *erscheinen*.

Ideengeschichtlich ist Selbstorganisation, wie gesagt, ein altes Thema. So bildet die Entstehung der natürlichen und gesellschaftlichen Ordnung bereits das Grundthema der Ursprungsmythen zahlreicher Völkerschaften. Häufig versuchen diese Mythen eine

Antwort auf das Problem zu geben, wie aus einem gestaltlosen Chaos heraus Ordnung hervorgehen kann. In der Regel stellt man sich vor, daß zunächst die Götter aus dem Chaos spontan entspringen, durch die dann alles andere entsteht. Dabei bleibt freilich die Theogonie selbst ein völlig unverständliches Geschehen, ein undurchdringliches Mysterium. Andere Völkerschaften, wie etwa die alten Hebräer, haben daher dem Chaos – dem »Tohuwabohu« – von vornherein ein zweites ordnendes Prinzip an die Seite gesetzt: einen Urgott, ohne dessen Walten es für alle Zeiten beim strukturlosen Chaos geblieben wäre. Doch wird damit das Problem nur verschoben: unklar bleibt, warum und wie der Schöpfergott die ungestalte Materie ordnet und regiert.[2] Da der Weltenstoff sich nicht aus sich heraus ordnet, wird er dem (vernünftigen) Willen einer transzendenten Ordnungsmacht unterworfen, die Weltordnung mithin als Resultat einer »höheren« Ordnung, eines göttlichen Plans gedacht. Philosophisch befriedigender – und intellektuell ökonomischer – demgegenüber wäre es, nur von einem uranfänglichen Chaos auszugehen, das den geordneten Weltprozeß selbsttätig emaniert und strukturiert. Doch wie soll man sich einen solchen Vorgang vorstellen?

Eben diese Frage nach der Quelle spontaner Ordnungsbildung zu klären, haben sich erstmals einige frühgriechische Naturphilosophen zur Aufgabe ihres spekulativen Denkens gemacht. Verweisen ließe sich etwa auf den Vorsokratiker Heraklit, nach dessen Lehre alle Ordnung einem ewigen Widerstreit gegensätzlicher Kräfte entspringt; da alles Gewordene einem stetigen Wandel unterworfen sei (»panta rhei«), ist ständige Ent-Ordnung ein notwendiger und normaler Vorgang, dem alles Neue sein transitorisches Dasein verdankt. Das »lebendige Feuer« dient Heraklit als Chiffre für diesen unablässigen Gestaltwechsel: immer wieder werden All und Feuer ineinander umgewandelt. An die Stelle des mythischen Schöpfergottes tritt ein Urstoff oder ein Urprinzip (»arché«).[3] In der vorsokratischen Philosophie wird so erstmals nach *natürlichen* Ursachen für die Entstehung der kosmischen Ordnung gefragt.

---

2 Vgl. R. von Woldeck, »Formeln für das Tohuwabohu«, in: *Kursbuch*, H. 98, 1989, S. 1 f.
3 Bei Thales etwa ist es das Wasser, bei seinem Schüler Anaximenes die Luft.

Aus dem ersten vorchristlichen Jahrhundert ließe sich der römische Atomist Lukrez anführen, für I. Prigogine und I. Stengers einer der Stammväter der Idee vom »kreativen Chaos«[4]: Lukrez' »Atome« (er nennt sie »primordia«, »elementa« oder »semina«) bewegen sich nicht exakt auf Geraden oder gleichförmigen Bahnen; ihrer Bewegung eignet eine unberechenbare »declinatio«, eine Abweichung, die als elementare Spontaneität die ganze Dingwelt durchläuft und in der Willensfreiheit des Menschen gipfelt. Uranfänglich haben nach Lukrez kleinste Störungen innerhalb des universellen (laminaren) »Sturzes« der Atome sich ausbreitende Wirbel erzeugt, in denen sich die Atome begegnen und verbinden konnten, wobei sie schließlich die mannigfaltigen Strukturen des Kosmos – die Welt der Dinge und Organismen – hervorbrachten. Indem Lukrez an die ältere Atomistik des Demokrit anknüpft, entwickelt er ein mechanistisches Weltbild, in dem sogar die Evolution der Lebewesen als ein Resultat der natürlichen Zuchtwahl Platz hat: alles Seiende geht aus der konfliktreichen Wechselwirkung der Atome und Atomkomplexe hervor. Modern gesprochen: bei Lukrez finden wir also bereits den Gedanken vor, daß eine nur geringfügige Abweichung in den Anfangsbedingungen auf dem Wege rekursiver Selbstverstärkung ein zunächst weitgehend gleichförmiges System – den laminaren Strom der Atome – zu »chaotisieren« vermag, was aber zugleich die Bedingung für den Aufbau komplexer Strukturen ist. – Nicht, daß damit die heutigen Chaostheorien bereits vorweggenommen worden wären, soll damit gesagt werden, sondern lediglich, daß die Idee eines weltschöpferischen Chaos auch in früheren Zeiten philosophisch akzeptabel sein konnte.

Obgleich derartige (monistische) Ansätze zu einem Selbstorganisationsdenken die ganze abendländische Geistesgeschichte hindurch immer wieder vereinzelt anzutreffen sind, dominieren doch insgesamt dualistische Vorstellungen, die in der platonisch-christlichen Tradition wurzeln: um der ungestalten (chaotischen) Materie Form zu geben, bedarf es eines essentiell anders gearteten Geistes als ordnender Macht. Mit der Etablierung des mechanistischen Weltbilds im 17. Jahrhundert, das eine naturgesetzliche Autonomisierung der Natur einschloß, konnte gleichwohl der

---

[4] I. Prigogine und I. Stengers, *Dialog mit der Natur*, München 1981, S. 149 f. bzw. S. 290 ff.

Gedanke einer spontanen Selbststrukturierung der Materie wieder aktuell werden. So wird der Ausdruck »Selbstorganisation« erstmals von Kant auf das Vermögen der Natur angewandt, scheinbar zweckgerichtet Ordnung hervorzubringen. Kant vereinigt hier bestimmte Ideen Descartes' und Newtons in seiner Vorstellung, daß die Materie in sich ein Bestreben trägt »sich zu bilden«. Die Entstehung des Planetensystems etwa versucht er als Akkretion von Materiepartikeln aus einem rotierenden chaotischen Urnebel zu deuten (»Nebularhypothese«): Stöße zwischen sich ungeordnet bewegenden Gas- und Staubteilchen im Verein mit der zwischen ihnen wirkenden Gravitationskraft führen zu lokalen Zusammenballungen unterschiedlicher Massengröße, woraus ein dynamisch ausbalanciertes Vielkörpersystem mit der Sonne als Zentralkörper hervorgeht. Dieser Vorgang der Selbstordnung zahlloser Materiepartikel zu einem wohlgeordneten Gefüge weniger wechselwirkender Massen dient Kant als Paradigma für die unaufhörliche materielle Selbstorganisation des Universums nach mechanischen Prinzipien am Rande eines unendlichen Chaos. Der göttliche Schöpfungsakt konnte sich demnach auf die Erschaffung eines energiereichen Urnebels kleinster Teilchen und die Etablierung von Naturgesetzen der Bewegung und Wechselwirkung beschränken.[5] Allerdings konnten materielle Selbstordnungsprozesse unter mechanistischen Voraussetzungen nur sehr eingeschränkt gedacht werden: als Ausbildung *konservativer* Strukturen im (dynamischen) *Gleichgewicht*. Nicht von ungefähr stellte Kant daher die Selbstbildungsfähigkeit von Lebewesen, die in einem offenen und organisierten Stoffaustausch mit ihrer Umgebung stehen, als »eine unerforschliche Eigenschaft« der Natur dar. Die Entstehung von innerer Zweckmäßigkeit (Lebewesen organisieren sich zweckhaft, insofern ihre Komponenten sich wechselseitig Ursache und Wirkung sind) erschien Kant unbegreiflich, d. h. aus einer rein mechanischen Wechselwirkung der Materie nicht ableitbar.[6]

Nach Kant war es vor allem Schelling, der der Selbstorganisationsidee umfangreiche naturphilosophische Betrachtungen gewidmet

---

5 I. Kant, *Allgemeine Naturgeschichte und Theorie des Himmels, oder Versuch von der Verfassung und dem mechanischen Ursprunge des ganzen Weltgebäudes nach Newtonischen Grundsätzen abgehandelt*, Berlin 1755.
6 I. Kant, *Kritik der Urteilskraft*, 65, B 293 bzw. B 290f.

hat. In seinen Schriften um 1800 entwickelt er eine »spekulative Physik«, deren Hauptthema die »ursprüngliche Produktivität« der Natur ist, die als fortschreitender »Potenzierungsprozeß« begriffen wird.[7] Der natürliche Entwicklungsprozeß durchläuft Schelling zufolge eine Reihe von Objektivationsstufen, denen etwas Nichtobjektives zugrundeliege, eben eine »ursprüngliche Produktivität«. Diese sei der Natur durchaus immanent und keinesfalls Ausdruck des Schöpferwillens eines extramundanen Weltarchitekten. Gleichwohl müsse die ursprüngliche Organisierung der Natur, die allen ihren Vergegenständlichungen innewohne, als nichtmaterieller Prozeß oder als quasi geistiges Strukturierungsprinzip vorgestellt werden, da sie eine unteilbare Aktivität darstelle. Speziell die organischen Produkte dieser kreativen Aktivität, die Lebewesen, zeichneten sich durch eine wechselseitige Bestimmtheit ihrer Teile, also durch eine zyklische Kausalstruktur aus, die ihre Autonomie als Ganzheiten garantiere und die Annahme besonderer Lebenskräfte (wie bei den Vitalisten) unnötig mache. Insofern lebende Systeme aber offen seien, könnten auch äußere (heteronome) Einflüsse auf sie einwirken (i. S. einer »indirekten Wirkung«): »Kurz: *der Organismus* (als Ganzes genommen) *muß sich selbst das Medium seyn, wodurch äußere Einflüsse auf ihn wirken*«.[8] Derartige Formulierungen erinnern entfernt an das moderne autopoietische Prinzip zyklischer Prozeßorganisation von Maturana und Varela, das konstruktive externe Einwirkungen nurmehr über eigensystemische Selbstselektionen zuläßt. Dem Leben komme ein irreduzibles Vermögen der Individuierung zu, worin seine produktive Freiheit von rein mechanischer Kontinuität bestehe: die organische Natur sei mithin zu spontaner Strukturbildung befähigt. Gleichwohl bindet Schelling die evolutionäre Potenz der lebendigen Natur zu diskontinuierlicher Gestaltproduktion an ein Vervollkommnungsprinzip oder Prinzip der Höherentwicklung, das auf zunehmende »Subjektobjektivierung« ziele und Freiheit (Indeterminiertheit) mit Notwendigkeit (Gesetzmäßigkeit) vermittle. Damit verbleibt Schelling im Rahmen damaliger subjektphiloso-

---

7 Die Ausführungen stützen sich, wo nicht auf Schellings Schriften selbst zurückgegriffen wurde, auf M.-L. Heuser-Keßler, *Die Produktivität der Natur. Schellings Naturphilosophie und das neue Paradigma der Selbstorganisation in den Naturwissenschaften*, Berlin 1986.
8 F. W. J. Schelling, *Sämtliche Werke*, hg. von K. F. A. Schelling, Stuttgart 1856-1861, Bd. III, S. 83 f.

phischer Diskussionen. Außerdem ist modernen Selbstorganisationstheorien Schellings Insistieren auf einen Prozeß der »Urzeugung« bzw. auf der Existenz eines immateriellen »absolut Produzierenden« fremd.
Der Durchgang durch die Philosophiegeschichte soll hier abgebrochen werden. Als Resümee kann festgehalten werden, daß Selbstorganisation zwar ein altes philosophisches Thema ist, in ihrer philosophischen Behandlung jedoch im Spekulativen verbleibt und keinen Anschluß an die empirischen Naturwissenschaften zu finden vermag, die eher einem positivistischen Muster folgen. Die Frage ist nunmehr, warum es auch den Naturwissenschaften bis in unser Jahrhundert hinein nicht gelang, Selbstorganisation zu einem seriösen und profitablen Untersuchungsgegenstand zu machen.

4. Naturwissenschaftlicher Vorlauf

Vereinzelte Ansätze zu einem »Denken der Selbstorganisation« lassen sich in den Naturwissenschaften des 18., 19. und frühen 20. Jahrhunderts durchaus finden. Gegenüber dem seit dem späten 17. Jahrhundert dominanten mechanistischen Denken führten sie freilich stets nur ein Rand- und Schattendasein. Die Gründe hierfür sind verschiedener Art: Nicht nur mangelte es an geeigneten mathematischen und experimentellen Methoden einer adäquaten Behandlung von Selbstorganisationsphänomenen, auch die natur- und wissenschaftsphilosophischen Anschauungen verhinderten damals ein ernsthaftes Studium derartiger Erscheinungen. Unter dem Banne des Newtonischen Paradigmas und der offensichtlich enormen Erklärungskraft mechanistischer Modelle hatten gelegentliche Versuche, komplexe Naturvorgänge auf *nicht*-lineare Weise anzugehen, so gut wie keine Chance. Die Ideen eines strengen Determinismus (gleiche Ursachen haben stets gleiche Wirkungen zur Folge), der Reproduzierbarkeit experimenteller Ergebnisse unter kontrollierbaren Randbedingungen (auftretende empirische Abweichungen von den prognostizierten Resultaten betrachtete man als Störungen, die sich mit Hilfe geeigneter Rechenmethoden »weglinearisieren« lassen würden), der Idealisierbarkeit von Experimenten (die dem gleichen Zweck der theoretischen Bereinigung experimenteller »Schmutzeffekte«

dient) und der Reduzierbarkeit komplexer Zusammenhänge auf einfache Elemente und Bewegungsabläufe bestimmten das Weltverständnis der damaligen Naturforschung.

Das Irreguläre, Gesetzlose und undurchschaubar Komplexe werden als störende Größen ausgeblendet, denn Ausgangspunkt der klassischen Mechanik ist Newtons Idee einer idealen Maschine, wo die Bewegung ohne Stoß und Reibung zwischen den Teilen, die einander gleichwohl berühren, übertragen wird. Ohne externe Störungen arbeitet eine solche Maschine völlig im Gleichgewicht, streng determiniert und reversibel (insofern die Umkehr der Bewegungsrichtung äquivalent der Umkehr der Zeitrichtung ist). Ausgehend von Begriffen wie Position und Geschwindigkeit wird die Welt auf Trajektorien oder Raum-Zeit-Linien von Teilchen reduziert; Bewegungsimpulse (die zu Beschleunigung oder Verlangsamung führen) kommen stets von außen. Eine Theorie der Selbstorganisation kann unter diesen Voraussetzungen nicht formuliert werden. Das Interesse der klassischen Mechanik gilt nicht der Komplexität, ihrer inneren Struktur und Dynamik, sondern der Rückführung des Komplexen auf einfache universelle Naturgesetze in Form einfacher Bewegungsgleichungen. Daß die Natur komplex sein mag, jedoch von einfachen Gesetzen regiert wird und daher zerlegbar ist, diese Vorstellung dominiert auch heute noch weithin unser Naturverständnis.

Diese Grundvorstellungen der neuzeitlichen Wissenschaft haben auch auf das theologische Denken Einfluß genommen, das seinerseits wiederum das neue Wissenschaftsverständnis stützte. So haben die Physikotheologen des 18. Jahrhunderts den Gedanken einer »natürlichen« Theologie vertreten, derzufolge das Universum zwar einen biblisch verbürgten Anfang (im göttlichen Schöpfungsakt) und ein heilsgeschichtlich prophezeites Ende (die Apokalypse) besitzt, dazwischen aber keinerlei Geschichte im Sinne eines qualitativen Wandels aufweist. Die einmal ihm von Gott verliehenen Eigenschaften gelten als unveränderlich. Aus physikotheologischer Sicht verfügt das Weltganze über eine wohlgeordnete »oeconomia naturae«, erscheint die Natur als ein reines und unverdorbenes Produkt des göttlichen Schöpferwillens, das in sich selbst – sich selbst überlassen – jene Stabilität besitzt, die auch ein Attribut der Vollkommenheit Gottes ist. Die Welt ist auf Dauer angelegt und kann nur durch einen gewaltsamen Akt Gottes vernichtet werden. In sich selbst gleicht sie einer perfekt funk-

tionierenden Maschine, um deren Wohlergehen sich der Schöpfer nicht weiter zu bekümmern braucht. Sie bedarf nicht der göttlichen Kontrolle, insofern sie sich im Falle lokal auftretender Störungen aufgrund ihrer globalen Harmonie stets spontan selbst reguliert. So wenig wie physikalische und biologische Fluktuationen ins Chaos führten, so wenig könne das unreglementierte Handeln von menschlichen Individuen heillose Unordnung stiften.[9]
Dies ist gemeint, wenn der Nationalökonom Adam Smith (1723-1790) im 18. Jahrhundert von der »invisible hand« spricht, die das nur augenscheinliche Chaos des Marktgeschehens ordnend durchwaltet: im Wettbewerb des Marktes verhalten sich die Wirtschaftssubjekte so, *als ob* sie das Gemeinwohl zum Ziele hätten, obgleich sie doch egoistischen Zielen folgen.[10]
Mit der Physikotheologie gut verbinden ließ sich auch eine mechanistisch konzipierte Naturforschung, die die Suche nach universellen Gesetzen zu ihrem Programm machte, und entsprechend eine auf Naturbeherrschung ausgerichtete Technik. Vor dem Auftreten des Darwinismus im 19. Jahrhundert, der die Entwicklung völlig neuer Lebensformen lehrte, war die Idee einer unveränderlichen, im ganzen gleichgewichtigen und gesetzmäßig selbstregulierten Natur keiner ernsthaften Bedrohung ausgesetzt. An diesem Beispiel kann man sich vor Augen führen, wie sehr die Stabilität bestimmter wissenschaftlicher Überzeugungen (hier des Mechanismus) abhängig ist von der Verbreitung dazu analoger (»resonierender«) Weltbild-Vorstellungen in anderen gesellschaftlichen Bereichen: Religion, Politik, Wirtschaft usw.
Auch das 19. Jahrhundert, in dem immerhin die darwinistische Evolutionstheorie und die klassische Thermodynamik entwickelt wurden, war noch durchgängig von der Vorherrschaft des Ordnungsdenkens geprägt: Stabilität, Determinismus, Reduktio-

9 Vgl. R. P. Sieferle, *Die Krise der menschlichen Natur. Zur Geschichte eines Konzepts*, Frankfurt a. M. 1989, S. 15 ff.
10 Die Selbstorganisation des Marktes wird dabei als Gleichgewichtsprozeß verstanden: als harmonisierender Ausgleich zwischen den einander widerstrebenden Interessen der Wirtschaftssubjekte. Erst heute setzt sich allmählich die Erkenntnis durch, daß ökonomische Selbstorganisation wesentlich in *un*gleichgewichtigen Prozessen gründet, die eine kaskadenartige Verstärkung kleiner Abweichungen begünstigen, was sowohl zu völligem Chaos als auch zur Ausbildung disproportionaler Strukturen (Monopol- und Oligopolbildung) führen kann.

nismus bildeten nach wie vor die Eckpfeiler der naturwissenschaftlichen Forschung. »Unordentliche« Phänomene wie Ungleichgewicht und Irregularität (Chaos) galten nicht als würdige Untersuchungsgegenstände wissenschaftlicher Erkenntnis. Folglich schieden chaotische Prozesse als Quellen der Ordnungsbildung aus: geordnete Strukturen vermochte man sich ausschließlich als aus geordneten (erkennbaren Regeln folgenden) Prozessen hervorgegangen vorzustellen. Die Selbstordnung von Materie aus ungeregelten Vorgängen (chaotischen Molekülbewegungen wie bei der »Brownschen Bewegung«) mußte aus mechanistischer Sicht mirakulös anmuten. Was fehlte, war mindestens zweierlei: die Vorstellung, Prozesse spontaner Selbstorganisation als Resultat *rekursiver Wechselwirkungen* zwischen Materiepartikeln zu sehen, und die Möglichkeit, solche rekursiven Prozesse mathematisch zu behandeln. Dessen ungeachtet feierte die mechanistische Weltauffassung weitere Triumphe in Theorie und Praxis.

Insbesondere die Behandlung irregulärer Erscheinungen zeigt, wie man sich damals immer wieder bemühte, Chaosphänomene zu neutralisieren oder zu marginalisieren, wenn nicht gar zu ignorieren. So wurden etwa die der Entstehung von Turbulenzen zugrundeliegenden Prozesse als »zu komplex« »für später aufgespart«. Die damaligen Forscher experimentierten, klassifizierten und theoretisierten in einer Weise, für die galt: »Wo Chaos beginnt, hört die klassische Wissenschaft auf.«[11] Diese Devise vertrug sich gut mit der im 19. Jahrhundert für abgeschlossene Materie-Energie-Systeme formulierten »klassischen Thermodynamik«, derzufolge zwar Ordnung in Unordnung übergehen kann, aber nicht umgekehrt (Entropiesatz): Wärmedifferenzen in einem adiabatisch geschlossenen System streben nach Ausgleich, nicht nach Vergrößerung. Die Entwicklung der klassischen Thermodynamik markiert aber insofern einen bedeutsamen Fortschritt, als hier im Unterschied zur mechanischen Beschreibung, in der alle Prozesse reversibel sind, erstmals die »Irreversibilität« oder zeitliche Nicht-Umkehrbarkeit von Prozessen, die eine große Population von Teilchen betreffen (z. B. die zahlreichen Moleküle in einem Gasvolumen), in die Betrachtung eingeführt wurde. Die von der Thermodynamik entwickelten Begriffe wie Temperatur und Dichte stellen Mittelwerte aus Bewegungen einer

---

11 J. Gleick, *Chaos – die Ordnung des Universums*, München 1988, S. 10.

großen Anzahl von Molekülen dar. Entropie ist eine Folge irreversibler Prozesse, die ein von der Umgebung isoliertes System in einen Gleichgewichtszustand überführen. Außerdem ließen sich jetzt bestimmte Phänomene *konservativer* Selbstorganisation verstehen: werden thermodynamisch geschlossene Systeme abgekühlt (Energieentzug), ordnen sich die Atome unterhalb einer kritischen Temperatur zu Gleichgewichtsstrukturen: Kristallbildung und Ferromagnetismus sind einschlägige Beispiele hierfür. Nicht verstanden werden können auf diese Weise freilich *dynamische* Selbstorganisationsphänomene wie etwa Lebewesen, bei denen die Ordnungsentstehung und -aufrechterhaltung auf der Grundlage eines ständigen Energie- und Materieaustauschs mit der Umwelt geschieht.

Mit der Orientierung auf Gleichgewicht und Entropie geriet die damalige Physik somit in einen Widerstreit zur Biologie, speziell zur Darwinschen Evolutionstheorie, die eine quasi »neg-entropische« (E. Schrödinger) Zunahme an differentieller Komplexität lehrte. Offenbar gibt es in der belebten Natur – über das Wechselspiel von Variation und Selektion – eine Entwicklung hin zu immer komplexeren Strukturen und gerade nicht eine »desorganisierende« Bewegung hin zu wachsender Unordnung und endgültigem Gleichgewicht. Während in der klassischen Thermodynamik der Zeitvektor abwärts zeigt, in Richtung Strukturlosigkeit und Zufall, weist er in der Biologie Darwins nach oben, in Richtung zunehmender Strukturiertheit und funktionaler Zweckmäßigkeit. Um den Widerspruch zu beheben, sprach man entweder von »undurchschaubarer Komplexität«, die man schon noch in konventioneller Manier würde reduzieren können, oder man setzte vitalistisch auf das Wirken geheimnisvoller Kräfte, die für das Leben einen Sonderbereich reservierten, in dem das Entropiegesetz durch spezielle Lebenskräfte – etwa Bergsons »élan vital« – außer Geltung gesetzt sein sollte.

Aber nicht nur die belebte Natur bereitete dem Bemühen um ein konsistentes naturwissenschaftliches Weltbild Schwierigkeiten, auch in der unbelebten Natur stieß man auf rätselhafte Phänomene spontaner Selbstorganisation: So hatte man längst beobachtet, daß einfache, sogenannte »laminare Strömungsformen« in Fluiden bei zunehmender Fließgeschwindigkeit von chaotischen Wirbelbildungen abgelöst werden, die sich mit den Grundgleichungen der Hydrodynamik nicht mehr berechnen lassen. Was man brauchte, war ein Mechanismus, der die Bildung derartiger Wirbel verständlich machte und zugleich mit den bekannten Grundgleichungen übereinstimmte. Ein solcher Mechanismus, der klassischen Forderungen genügte, wurde erst in unserem Jahrhundert (1935) von dem sowjetischen Physiker L. D. Landau (1908-1968) entwickelt: in der »Landau-Darstellung« bilden sich Wirbel aus der Überlagerung einer ungeheuren Anzahl konkurrierender Rhythmen, so daß eine rechentechnische Reduktion ihrer Komplexität völlig aussichtslos erscheinen mußte. »Lange wurde die Turbulenz mit Unordnung, mit Rauschen gleichgesetzt. Heute wissen wir jedoch, daß das nicht der Fall ist. Auf der makroskopischen Ebene erscheint die turbulente Bewegung zwar als irregulär und chaotisch, doch ist sie auf der mikroskopischen Ebene im Gegenteil hochgradig organisiert. Die bei der Turbulenz auftretenden vielfältigen Raum- und Zeitebenen entsprechen einem kohärenten Verhalten von Millionen und Abermillionen Molekülen. So gesehen, ist der Übergang von der laminaren Strömung zur Turbulenz ein Prozeß der Selbstorganisation.«[12]

Daß indes auch bereits einfache Systeme, die aus nur *wenigen* Komponenten bestehen, chaotisches – d. h. unvorhersagbares – Verhalten zeigen können, darauf hatte bereits der französische Mathematiker Henri Poincaré (1854-1912) kurz vor der Jahrhundertwende hingewiesen.[13] In seinen Arbeiten zur Himmelsmechanik und über nicht-lineare Schwingungen hatte Poincaré den Nachweis erbracht, daß *kein* quantitatives Modell dynamischer Systeme, und sei es noch so präzise, die Vorhersage der Zukunft erlaube: solche Systeme reagieren auf kleinste Abweichungen in den Anfangsbedingungen und entwickeln sich auf unerwartbare (zufallsabhängige) Weise. »Eine sehr kleine Ursache, die für uns unbemerkbar bleibt, bewirkt einen beträchtlichen Effekt, den wir unbedingt bemerken müssen, und dann sagen wir, daß dieser Effekt vom Zufalle abhänge. Würden wir die Gesetze der Natur und den Zustand des Universums für einen gewissen Zeitpunkt genau

---

12 I. Prigogine und I. Stengers, *Dialog mit der Natur*, a.a.O., S. 150.
13 Solche Systeme sind in ihrem Verhalten komplex, in ihrer Struktur können sie hingegen durchaus einfach sein: dynamische Komplexität darf daher nicht mit Kompliziertheit der Organisation (Anzahl der vernetzten Komponenten) verwechselt werden.

kennen, so könnten wir den Zustand dieses Universums für irgendeinen späteren Zeitpunkt genau voraussagen. Aber selbst wenn die Naturgesetze für uns kein Geheimnis mehr enthielten, können wir doch den Anfangszustand immer nur *näherungsweise* kennen.«[14]
Nach Poincaré lassen sich zwar Teilstücke einzelner Teilchenbahnen näherungsweise berechnen, doch könne nicht vermieden werden, daß sich die durch das Näherungsverfahren bedingten Abweichungen beliebig aufschaukeln, so daß bereits nach wenigen Rechenschritten die Zahlenwerte nichts mehr über die wirklichen Bahnen aussagen. In gewisser Weise hat Poincaré mit seinem Prinzip ›kleine Ursachen – große Auswirkungen‹ den berühmten »Schmetterlingseffekt« von E. N. Lorenz, mit dem die moderne Chaosforschung sozusagen einsetzt, bereits vorweggenommen. Poincarés Argumentation zielt auf die Gültigkeit des deterministischen Credos selbst. So legte er etwa dar, daß es keine vollständige Lösung des sogenannten »Dreikörperproblems« gibt: es sei nicht möglich, für einen bestimmten zukünftigen (oder vergangenen) Zeitpunkt die Position von drei Massenpunkten, die einer wechselseitigen Schwerkraftanziehung unterliegen, exakt anzugeben, da deren augenblickliche Position und Anfangsgeschwindigkeit, von denen die Berechnung auszugehen hat, nicht präzise bestimmt werden können. Ausgerechnet in dem wohlgeordneten makroskopischen Universum Newtons entdeckt Poincaré das Unberechenbare: und zwar keineswegs bloß in seinen Randzonen, sondern überall dort, wo Wechselwirkungen zwischen Massen stattfinden; also auch in der Himmelsmechanik, dem Lieblingsfeld der Mechanisten. Freilich blieben die Arbeiten von Poincaré lange Zeit unbeachtet und wirkungslos. Solange man an der klassischen Mechanik als Modell für die gesamte Natur festhielt, glaubte man in Fällen, wo ähnliche Ursachen unterschiedliche Wirkungen zeitigten, entweder an noch unbekannte Mechanismen im Prozeßablauf oder an das Walten des Zufalls. Eine breitere Würdigung sollten Poincarés Ideen erst im Rahmen der modernen Chaosforschung erfahren.
Daß einfache deterministische Systeme (z. B. Doppelpendel) zeitweilig chaotisches Verhalten zeigen können, da sie auf kleine Ab-

---

14 H. Poincaré, *Wissenschaft und Methode* (Leipzig und Berlin 1914), Darmstadt 1973, S. 56.

weichungen in den Anfangsbedingungen »sensibel« reagieren (mikroskopisch kleine Fluktuationen führen durch rekursive Selbstverstärkung – positive Rückkopplungen – zu makroskopisch wahrnehmbaren Irregularitäten), wurde erst zu einem wissenschaftlich diskutablen Fall, als Computer zur Verfügung standen, die es erlaubten, die dabei stattfindenden zahlreichen Rekursionen rechnerisch zu bewältigen. Gleichungen, die rekursive Prozesse beschreiben, lassen sich nämlich nicht analytisch, sondern nur numerisch lösen, was einen enormen Rechenaufwand mit sich bringt. Da dieser sinnvoll nur mittels automatisierter Rechenverfahren zu leisten ist, bildet der Einsatz von Digitalrechnern sozusagen die *technische Erfolgsbedingung* für die intensive wissenschaftliche Erforschung von Prozessen, die mit sich selber rückgekoppelt sind. Freilich hätte die technische Innovation des Computers allein den für die Begründung der Selbstorganisationstheorie erforderlichen Umdenkprozeß kaum initiieren können. Es mußte noch etwas anderes hinzukommen: die Idee der *Rekursion als Quelle von Ordnung und Chaos*, d. h. die Erkenntnis, daß man mit Hilfe rekursiver Gleichungssysteme wesentliche Aussagen über die Dynamik natürlicher Systeme gewinnen kann. In dem Augenblick, in dem Rekursion als ein wichtiges Prinzip der Selbstordnung in Natur und Gesellschaft erkannt wird, verschiebt sich das Interesse weg von der Suche nach allgemeinen Lösungen hin zur Suche nach individuellen Lösungen: wie kommt es zur Entstehung neuer Arten, neuer Gesellschaftsformationen, neuer Weltbilder usw.? Gefragt wird nunmehr – im Rahmen modernen Selbstorganisationsdenkens – nach den Entstehungsbedingungen des je Besonderen, Individuellen, Einzigartigen. Damit rücken die *Randbedingungen*, unter denen die allgemeinen Naturgesetze wirksam werden, in den Mittelpunkt des Erkenntnisstrebens.

Speziell der Entwicklungsgedanke in der Biologie hat im 19. Jahrhundert die Beschäftigung mit Rekursivität (Selbstvariation bzw. Selbstreproduktion) sowie mit dem Verhältnis von Zufall und Notwendigkeit wesentlich befördert. Von den reversibel ablaufenden Prozessen der Mechanik verlagerte sich das Forschungsinteresse auf die irreversibel gerichteten Entwicklungen der Naturgeschichte. Um die Jahrhundertwende schlossen sich in der Chemie erste Ansätze zu einer irreversiblen Thermodynamik an. Prigogine sieht hier den Beginn eines Umschwungs von einer

»Wissenschaft des Seins zu einer Wissenschaft des Werdens«.[15] Auch die sich im 19. Jahrhundert ausbildenden Sozialwissenschaften konnten an den neuen Entwicklungsgedanken der Naturwissenschaften anknüpfen (H. Spencer, K. Marx, F. Engels u. a.). Zu beachten ist, daß nicht jede Form wahrgenommener Rekursivität das Bemühen um ein Verständnis von irreversiblen und ungleichgewichtigen Prozessen zu fördern vermag: es war gerade nicht die Zyklizität periodischer und mithin *konservativer* Prozeßverläufe (nach dem Vorbild der Planetenbahnen), sondern vor allem die Vorstellung *progressiver* Selbstinnovationsprozesse (durch die die Evolution in Natur und Gesellschaft vorangetrieben wird), die das Interesse an durch Rekursion *fortschreitenden* Vorgängen verstärkte. – Heute kann die Idee der Rekursivität als einer der wichtigsten Bezugspunkte für die verschiedenen Selbstorganisationstheorien gelten, die seit den 1960er Jahren entwickelt worden sind.

Rekursivität darf nicht mit Nicht-Linearität verwechselt werden. Bedeutet Rekursivität im mathematischen Sinne, daß eine Funktion auf sich selbst operiert (systemisch: daß der output eines Systems in dieses zurückgefüttert wird), so ist mit Nicht-Linearität gemeint, daß die Veränderung einer Variablen nicht mehr proportional (linear) zu der einer anderen Variablen erfolgt. An dieser Stelle sei auf einen »klassischen« Fall von Selbstorganisation hingewiesen, an dem der ordnungsbildende Mechanismus eines solchen nicht-linearen Effektes noch vor der Entwicklung von Selbstorganisationstheorien besonders augenfällig wurde: auf das Phänomen der geordneten (freien) Konvektion. Zu Beginn unseres Jahrhunderts entdeckte der französische Forscher Henri Bénard, daß sich beim Erhitzen dünner Flüssigkeitsschichten eigentümlich geordnete Strukturen ausbilden. In einer Flüssigkeitsschicht, deren horizontale Ausdehnung in einem völlig ebenen und nach oben hin offenen Behälter um vieles größer als ihre Höhe ist, entstehen, wenn man sie gleichmäßig von unten erwärmt, zunächst lange walzenförmige Zellen, die der Gestalt des Gefäßes folgen und in denen die Flüssigkeit zirkuliert; zwei aneinandergrenzende Walzen rotieren dabei jeweils entgegengesetzt. Mit zunehmender Erwärmung tritt an die Stelle dieser Walzen ein Muster aus überwiegend sechseckigen (bienenwabenförmigen)

---

15 I. Prigogine, *Vom Sein zum Werden*, München 1985.

Zellen, den sogenannten »Bénard-Zellen«, in deren Mitte Wärme aufsteigt und an die kühlere Luft abgegeben wird; an den Rändern der Zellen steigt die so abgekühlte Flüssigkeit wieder in Richtung Gefäßboden ab. Der für den Auftrieb (den Wärmetransport) erforderliche vertikale Temperaturgradient muß dabei groß genug sein, um die von der Viskosität und der Wärmediffusion verursachten Kräfte zu überwinden. Offenbar wird der Wärmetransport durch die Ausbildung walzenförmiger bzw. hexagonaler Konvektionszellen effektiver gewährleistet als durch diffusen, ungeordneten Wärmedurchfluß.[16] – Wirklich verstanden wurde die Bénard-Konvektion erst im Rahmen moderner Selbstorganisationstheorien; bis dahin führte sie zusammen mit ähnlichen Phänomenen (z. B. »Taylor-Instabilität« und chemische Oszillationen) das Schattendasein eines Kuriosums.

Bislang haben wir weitgehend nur den wissenschaftlichen Vorlauf im Bereich der Physik (Mechanik, Thermodynamik) betrachtet; nunmehr wollen wir uns Vorläuferkonzepten aus der Biologie, Psychologie, Kybernetik und Systemtheorie zuwenden. Hier treten andere Gesichtspunkte in den Vordergrund: die Ganzheitlichkeit von Organismen und Ökosystemen, die – modern gesprochen – Eigendynamik neuronaler Prozesse oder die organisationalen Leistungen kognitiver Systeme bei der Wahrnehmung von Gestalten und ihrer psychischen und intellektuellen »Verarbeitung«. Diese frühen physiologischen, neurologischen und wahrnehmungs- bzw. gestaltpsychologischen Konzepte enthalten Selbstorganisationsmomente, die für die Entwicklung »konnektionistischer« Selbstorganisationstheorien innerhalb der »cognitive science(s)« eine besondere Bedeutung erlangen: gemeint sind damit Theorien, in denen Begriffe wie »rekursive Netzwerkprozesse«, »Selbstreferentialität« oder »operationale Geschlossenheit« eine zentrale Rolle spielen.

Das 19. Jahrhundert war nicht nur das Jahrhundert des Evolutionismus, sondern auch ein Jahrhundert, in dem dem Phänomen der Ganzheit, wie es vorzüglich in der organisatorischen Geschlossenheit von Lebewesen vor Augen tritt, besondere Aufmerksamkeit gewidmet wurde. Im Unterschied zur vom Menschen kon-

---

16 Nicht-Linearität kommt bei der Bénard-Instabilität deshalb ins Spiel, weil hier der Wärmefluß (die Dissipation) nicht mehr proportional (linear) zur Steilheit des Temperaturgradienten erfolgt.

struierten Maschine bilden sich in der Natur ja alle organischen Formen selbsttätig, ohne einen von außen (fremdbestimmt) vorgesetzten Konstruktionsplan, und doch offenbar in hoher Zweckmäßigkeit: nur daß die Organismen ihre Zwecke in sich selbst tragen, d. h. sich selbst der Zweck sind, auf den hin alle ihre Lebensfunktionen ausgerichtet und harmonisch koordiniert sind. Vor allem in der romantischen Naturforschung fanden diese Vorstellungen Anklang; in diesen Kontext gehört auch die oben behandelte Naturphilosophie Schellings. Neben solchen mehr holistischen und teilweise vitalistischen Ansätzen gab es aber durchaus auch Versuche, den Systemcharakter des Lebendigen nach dem mechanischen Modell der Maschine zu deuten. Besonders in der zweiten Hälfte des 19. Jahrhunderts dominierte in der Embryologie, Morphologie und Physiologie das mechanistische Organismusparadigma mit dem Ziel, Lebensvorgänge auf der Basis von *linearen* (linealen) Ursache-Wirkungs-Relationen zu beschreiben.[17] Im Anschluß an Darwins Prinzip des Daseinskampfes begründete W. Roux (1850-1924) seine »Entwicklungsmechanik« (1885), derzufolge der Organismus die Summe seiner Teile ist (»Merismus«) und die innere Zweckmäßigkeit biologischer Systeme als aus dem Konkurrenzverhältnis ihrer einzelnen Teile hervorgegangen erklärt wird. Es darf ja nicht übersehen werden, daß auch der Darwinismus von den meisten seiner Verfechter keineswegs als zum klassischen Mechanismus im Widerspruch stehend empfunden wurde: Der Darwinismus oder Evolutionismus galt vielfach als Bestätigung und produktive Fortführung des Mechanismus (problematischer war hingegen sein Verhältnis zur klassischen Thermodynamik, wie wir gesehen haben).

Freilich gab es auch Kritiker dieser umstandslosen Verknüpfung, die das prinzipiell Unvereinbare beider »Weltbilder« hervorhoben: so vor allem der deutsche Biologe und Philosoph Hans Driesch (1867-1941). Er hatte 1891 bei Teilungsexperimenten mit Seeigeln eineiige Zwillinge erzeugt: die beiden aus demselben Seeigelkeim hervorgehenden Blastomeren wuchsen zu vollentwickelten, lebensfähigen Exemplaren heran, vermochten also durch die Teilung verursachte Verluste zu kompensieren; für Driesch ein Beleg für »Ganzheitswirkung durch Selbstdifferenzierung« –

---

17 Für eine derartige Deutung steht etwa M. Verworns *Allgemeine Physiologie*, Jena 1894, ein damals sehr einflußreiches Lehrbuch.

wurde doch der Organismus nicht halbiert, sondern im Gegenteil verdoppelt. Die Teilung als ganzheitlicher Prozeß widerspreche aber allen mechanistischen Vorstellungen. Für die Entwicklung des Embryos sei statt dessen eine immaterielle »Entelechie« verantwortlich, die auch schwere Störungen in frühen Entwicklungsstadien auszugleichen imstande sei.[18] Eine nicht-vitalistische, statt dessen systemtheoretische Begründung der von Driesch erkannten physiologischen Tatsache, daß in der Keimesentwicklung (etwa infolge experimenteller Teilungen) verschiedene Ausgangszustände häufig zu gleichen oder ähnlichen Endzuständen führen, gelang erst dem bedeutenden Biologen Ludwig v. Bertalanffy (1901-1972): in seiner Theorie »offener Systeme« von 1932[19] werden die »äquifinalen« Ganzheitseigenschaften von Organismen aus ihrer physikalisch-energetischen Wechselwirkung mit der Umwelt abgeleitet. Im Unterschied zu den »geschlossenen Systemen« der klassischen Thermodynamik bilden sich in für Materie- und Energieflüsse »offenen Systemen« – also etwa Lebewesen – sogenannte »Fließgleichgewichte« aus, die sich auch an neue Umweltbedingungen anpassen können. Ein Fließgleichgewicht stellt eine Balance zwischen Systemimport und -export her, die vom echten Gleichgewicht weit entfernt ist. Entscheidend ist, daß in offenen Systemen nicht nur Entropie aufgrund irreversibler Prozesse erzeugt wird, sondern im Gegenzug dazu auch Energie von außen importiert wird (etwa auf dem Nahrungswege in Form energiereicher Moleküle), woraus ein »fließender«, »quasi stationärer« Gleichgewichtszustand des Gesamtorganismus resultiert, der vom (homöostatischen) Gleichgewicht einzelner Subsysteme des Organismus (z. B. Blutdruckregulation) wohl zu unterscheiden sei.

Bertalanffys Theorie fließgleichgewichtiger Systeme war nicht nur für die Auffassung vom einzelnen Organismus, sondern auch für die Beschreibung artenreicher Ökosysteme interessant. Mit ihrer Hilfe konnte die von den frühen Ökologen geführte Diskussion um die Holismus-Problematik auf eine rationale Grundlage ge-

---

18 Siehe etwa die Schriften von H. Driesch, *Analytische Theorie der organischen Entwicklung*, Leipzig 1894, und *Philosophie des Organischen*, Bd. I und II, Leipzig 1909.

19 L. v. Bertalanffy, *Theoretische Biologie*, Bd. 1: *Allgemeine Theorie, Physikochemie, Aufbau und Entwicklung des Organismus*, Berlin 1932.

stellt werden. Ganzheit bedeutete für Bertalanffy »Gefügegesetzlichkeit«, die es organismisch, aber auch ökologisch mit empirischen Methoden zu analysieren galt. Auch wenn es von dort bis zur Auffassung des Ökosystems als eines flexiblen, ungleichgewichtigen und evolutionsfähigen Systems ko-evolvierender Komponenten (Holling, Lovelock, Margulis) noch ein weiter Weg war, so erstaunt es doch nicht, daß bei einigen Ökologen das Interesse an nicht-mechanistischen Modellen bereits recht früh entwickelt war.

Deutlicher noch als in den vorstehend diskutierten Fällen der organismischen Selbstregulation bzw. der ökologischen »Gefügegesetzlichkeit« wird die Bedeutung der »konnektionistischen« Komponente, wenn wir uns jenen Vorläuferkonzepten zuwenden, die zur Entstehung gestalttheoretischer und kognitivistischer Selbstorganisationskonzepte ›geführt haben‹. So versuchte etwa Gustav T. Fechner (1801-1887), der Begründer der Psychophysik, den Zusammenhang zwischen »organischen und anorganischen Bewegungszuständen« über ein »Princip der Tendenz zur Stabilität« herzustellen; aber auch diese Darwin einbeziehende evolutionistische Betrachtungsweise blieb letztlich innerhalb der *homöostatischen* Modellierung *geschlossener* oder konstanten Umweltbedingungen ausgesetzter Systeme im Gleichgewicht.[20] Gleichgewichtstheoretischen Annahmen verhaftet blieben auch die Überlegungen des Physikers und Philosophen Ernst Mach (1830-1916), als er Fechners Stabilitätsprinzip auf den Bereich der Kognition übertrug, wodurch er immerhin die moderne Interpretation der Gestaltwahrnehmung als selbstorganisierte Leistung des neuronal-kognitiven Apparates in ideeller Hinsicht vorbereitete. Gestaltphänomene oder »Gestaltqualitäten« als Inhalte psychischen Erlebens bilden bekanntlich das Gegenstandsfeld der Gestaltpsychologie. Mit ihr rückt das Problem ganzheitlichen Gestalterlebens in den Fokus des psychologischen Interesses.

Es war Wolfgang Köhler (1887-1967), der sich an die Lösung eines der Hauptprobleme der (inneren) Psychophysik machte: nämlich die Diskontinuität des zentralnervösen Geschehens (das »Alles-oder-Nichts-Gesetz« der neuronalen Erregungsleitung: ein Neuron ist aktiv oder nicht) mit der Kontinuität des psychischen Er-

---

20 G. T. Fechner, *Einige Ideen zur Schöpfungs- und Entwicklungsgeschichte der Organismen*, Leipzig 1873 (Nachdruck Tübingen 1985).

lebens in Einklang zu bringen. In den 1920er Jahren entwickelte Köhler unter Anwendung phänomenologischer Grundsätze und des Isomorphie-Postulats eine »Allgemeine Theorie des psychophysischen Feldes«.[21] Nach dieser Feldtheorie bildet das zentrale Nervensystem einen homogenen elektromagnetischen Leiter, in dem feldförmige und damit kontinuierliche Prozesse ablaufen können. Auf ihrer Grundlage haben Köhler und seine Schüler zahlreiche Experimente durchgeführt und eine Reihe von Gesetzen (Tendenzen) der Gestaltwahrnehmung formuliert (Gesetz der Nähe, Gesetz der Symmetrie, Gesetz der guten Fortsetzung, Prägnanztendenz usw.). So tendiere etwa ein psychischer (figurativer) Prozeß, sofern sich selbst überlassen, zu einem stabilen Ordnungszustand mit minimaler Energieverteilung im psychophysischen Feld. Für uns wichtig an diesem Beispiel ist, daß Köhler die spontane Ausbildung von Wahrnehmungsmustern auf die Tendenz geschlossener Systeme, ein *finales Gleichgewicht* zu erlangen, zurückführt.[22] Köhler fehlten zu einer Selbstorganisationstheorie der Gestaltwahrnehmung einerseits die Begriffe einer nicht-linearen Thermodynamik des Ungleichgewichts und andererseits ein Modell neuronaler Netzwerke, die an die Stelle des psychophysischen Feldes treten und deren Neuronen Gestaltprozesse interaktiv generieren.

Weitere wichtige Voraussetzungen der modernen Selbstorganisationsforschung wurden in der Kybernetik und (allgemeinen) Systemtheorie geschaffen. Besonders hervorzuheben sind die Arbeiten von W. Ross Ashby zur Kybernetik: so spricht er selbstorganisierenden Systemen die Fähigkeit zu einer spontanen (»selfinduced«) Reorganisation ihrer Strukturen zu.[23] Angenommen wird, daß die Überlebensfähigkeit solcher Systeme, also etwa von Organismen, von dem vorhandenen »pool« an selbstregulatorischen Anpassungsmöglichkeiten – der »requisite variety« – abhängig sei. Obwohl Ashby mit seinen Überlegungen heutigen Ideen der Selbstorganisation in mancher Hinsicht nahekommt, darf man doch nicht übersehen, daß er kybernetischen Homöo-

---

21 Siehe vor allem: W. Köhler, *Die physischen Gestalten in Ruhe und im stationären Zustand*, Braunschweig 1920.
22 Siehe P. Kruse, G. Roth und M. Stadler, »Ordnungsbildung und psychophysische Feldtheorie«, in: *Gestalt Theory* 9, No. 3/4, 1987, S. 156.
23 W. Ross Ashby, »Principles of the Self-Organizing Dynamic System«, in: *Journal of General Psychology* 37, 1947, S. 125 ff.

stase- und behavioristischen Adaptations-Vorstellungen weitgehend verhaftet bleibt. »Selbstorganisation« ist bei ihm lediglich ein Aspekt struktureller Modifikation, mehr ein ›Mittel‹, die grundlegenden Systemparameter durch Variation des Systemverhaltens innerhalb eines zulässigen Spielraums zu stabilisieren: seine Systeme erzeugen keine neuen Verhaltensmöglichkeiten, sondern realisieren selektiv geeignete (»viable«) Möglichkeiten aus ihrem jeweils vorhandenen »variety pool«.

Insgesamt stand in den Anfängen der Kybernetik (in den 1940er und 1950er Jahren) der regelungstheoretische Aspekt der *negativen* Rückkopplung im Vordergrund der Betrachtung: das Hauptinteresse galt der iterierten Angleichung des »Istwerts« eines kybernetischen Systems (beispielsweise eines Thermostaten) an seinen von außen (durch den Konstrukteur) vorgegebenen »Sollwert« im Falle von »Störungen«; das System sollte den gewünschten »Kurs halten« und allen Kursabweichungen mit Hilfe eines festen Reaktionsmusters selbsttätig »gegensteuern«. »Homöostase« und »Ultrastabilität« waren die anpassungstheoretischen Grundtermini. Von heute aus betrachtet läßt sich sagen, daß die damalige Kybernetik eine solche »1. Ordnung« war, während die spätere »Kybernetik 2. Ordnung« die (Selbst-)Verstärkung von Abweichungen (Maruyama[24]) betont, höherstufige Lernprozesse (»Lernen des Lernens«) kennt, von der Analyse beobachteter Systeme zu der (sich selbst) *beobachtender* Systeme überwechselt (v. Foerster, Maturana) und unter den Steuerungsvorgängen solche selbstreferenten Systemprozesse auszeichnet, in denen die Systeme ihre Sollwerte in Grenzen selbst festlegen.

5. Sozialwissenschaftlicher Vorlauf

Innerhalb der Sozialwissenschaften schließlich, wo kollektive Regelungs- und Wandlungsprozesse von jeher zentrale Forschungsgegenstände bilden, haben Selbstorganisationsphänomene schon immer ein gewisses Interesse hervorgerufen. So hat etwa E. Durkheim (1858-1917) die Entstehung der gesellschaftlichen Arbeits-

---

24 Siehe vor allem M. Maruyama, »The Second Cybernetics: Deviation-Amplifying Mutual Causal Processes«, in: *American Scientist* 51, 1963, S. 164 ff.

teilung als Folge von Prozessen des Bevölkerungswachstums beschrieben, da dieser eine Verschärfung des Kampfes ums Überleben mit sich bringe: es ergebe sich eine Konkurrenzsituation, die – falls Migration keinen Ausweg bietet – zu einer relativen Schwächung des »kollektiven Bewußtseins« und der entsprechenden sozialen Kontrollen führe: normativ festgefügte Verhaltensweisen würden so tendentiell aufgelöst, wodurch Individuen im modernen Sinne erst entstehen könnten. Damit aber sei die gesellschaftlich-kulturelle Voraussetzung dafür geschaffen, daß arbeitsteilige Beziehungen zwischen »freien« Bürgern an die Stelle alter solidarischer Bindungen treten können.[25] Arbeitsteilung und die durch sie bewirkte Steigerung der ökonomischen Produktivität ist nach Durkheim also keinesfalls als Ergebnis individueller Entscheidungen nach Maßgabe eines Nutzenkalküls zu betrachten, sondern als Resultat kollektiver Wandlungsprozesse. Zu Recht gilt Durkheim daher als einer der Begründer des »methodologischen Kollektivismus«: nicht Individuen konstituieren die Gesellschaft, sondern die Gesellschaft konstituiert die Individuen, ihr Erleben, Denken und Handeln.

Besonders in der Sozialpsychologie und Gruppensoziologie hat man die Entstehung von (kleineren) sozialen Einheiten häufig als spontan und selbsttätig beschrieben: die Etablierung von Normen, Gruppenregeln, Wertpräferenzen und Rollen- bzw. Positionsmustern erfolge interaktiv im Rahmen kollektiver Handlungsprozesse; und zwar weitgehend unabhängig von den individuellen Absichten und Vormeinungen der Mitglieder. Für die Beschreibung der Entstehung und Erhaltung von Gruppen würden dabei keine externen (gruppenfremden) Elemente benötigt.[26] Aber auch wenn man allgemein in der Soziologie wußte, daß einmal gesetzte Regeln des Sozialverhaltens keineswegs stabil bleiben müssen, sondern mehr oder minder kontinuierlichen Wandlungen unterliegen (»sozialer Wandel«), also evolvieren können, so standen doch derartige Prozesse der sozialen Selbstorganisation lange Zeit keineswegs im Zentrum des soziologischen und sozialpsy-

---

25 E. Durkheim, *Über soziale Arbeitsteilung. Studie über die Organisation höherer Gesellschaften*, Frankfurt a. M. 1988.
26 Ohne nähere Qualifizierung sei hier verwiesen auf Autoren wie R. F. Bales, A. P. Bates, Ch. H. Cooley, L. Festinger, Th. M. Mills, J. E. Moreno, T. Parsons, E. A. Shils und Ph. E. Slater.

chologischen Interesses. Hinzu kommt, daß man gesellschaftliche Veränderungen häufig aus dem Vorliegen bestimmter Determinanten der allgemeinen Entwicklung (Trends, übermächtigen Faktoren oder gar »historischen Gesetzen«) nach dem Muster quasi-logischer Deduktionen erklären wollte oder mehr aus der Perspektive möglicher Re-Stabilisierung betrachtete, wobei soziale Fluktuationen primär als Abweichungen (»Devianzen«) oder Störungen gewertet wurden, denen es gegenzusteuern galt: in diesem Falle stand der Gesichtspunkt der Stabilität von Zuständen, der Erhaltung von Gleichgewichten (»sozialer Frieden« etc.) und der »sozialen Kontrolle« im Vordergrund des analytischen Interesses. Leitend war dabei – nicht zuletzt unter dem Eindruck klassisch-kybernetischer Vorstellungen – die »adaptionistische« Perspektive strukturellen Wandels. Erst der explizite Anschluß an die in den Naturwissenschaften entstandenen Selbstorganisationstheorien (und deren gegenstandsspezifische »Zurichtung« auf soziale Entitäten) hat zur Ausbildung sozialwissenschaftlicher Konzepte der Selbstorganisation geführt.[27]

6. Schlußfolgerungen

Insgesamt kann man für die Zeit vor der Begründung moderner Selbstorganisationstheorien, speziell einer nicht-linearen Thermodynamik gleichgewichtsferner Prozesse, konstatieren, daß man den Phänomenen der Selbstorganisation, sofern man sie nicht als enigmatische Vorgänge unbeachtet ließ bzw. noch unbekannte teleologische Wirkkräfte als Erklärung vermutete, entweder recht hilflos gegenüberstand (von »undurchschaubarer Komplexität« sprach) oder aber sie zu »linearisieren«, d.h. konventionell zu behandeln versuchte. So wundert es nicht, daß es zu einer folgenreichen Wiederaufnahme der Selbstorganisationsthematik erst kommen konnte, als es gelang, in einigen paradigmatischen Fällen die Mechanismen zu identifizieren, durch die aus Unordnung Ordnung entsteht und die somit das Verhalten komplexer Systeme beschreiben.

[27] Wofür N. Luhmann das paradigmatische Modell bildet. Siehe seine monumentale Arbeit *Soziale Systeme*, Frankfurt a. M. 1984, die sich explizit an die Theorie autopoietischer Systeme anschließt.

Frühe theoretische Selbstorganisationsansätze in der Philosophie und in den Wissenschaften sind im wesentlichen daran gescheitert, daß
- mangels empirischen Wissens die Idee der Selbstorganisation häufig nur als ein philosophisches Thema in spekulativer Form und an bestimmte philosophische Vormeinungen angepaßt behandelt wurde (wie z. B. im Falle des Deutschen Idealismus) (*Wissensdefizite*);
- es an geeigneten experimentellen und mathematischen Methoden zur Untersuchung und Beschreibung empirischer Selbstorganisationsphänomene fehlte (*analytische Defizite*);
- die vorherrschenden und sich gegenseitig stützenden naturphilosophischen und natur- bzw. humanwissenschaftlichen Vorstellungen (»mechanistisches Weltbild«, Newtonsches Paradigma, Physikotheologie usw.) – sowie nicht zuletzt auch deren erfolgreiche Umsetzung in empirische Forschungsstrategien und technische Anwendungen (Maschinen) – das für die Selbstorganisationsforschung notwendige Umdenken verhinderten, indem bestimmte »rätselhafte« (mit Selbstorganisationsprozessen zusammenhängende) Phänomene wenn nicht ignoriert, so doch trivialisiert, marginalisiert oder (wie im Falle des Vitalismus) mystifiziert wurden (*epistemologische »Defizite« oder »Barrieren«*);
- die Möglichkeit einer numerischen Behandlung nicht-linearer Gleichungen mittels automatisierter Berechnungsverfahren (digitale Computer) nicht vorhanden war (*»kalkulatorische« Defizite*).

Bis zum »Vorabend« der Entstehung der modernen Selbstorganisationsforschung war dennoch eine Reihe von Voraussetzungen geschaffen, d. h. waren bestimmte Entdeckungen gemacht, mathematische Methoden entwickelt und partielle Erklärungsansätze ersonnen worden, ohne die das neue »Paradigma« der Selbstorganisation kaum formulierbar gewesen wäre: man denke nur an die oben besprochenen Arbeiten von Poincaré zum Dreikörperproblem und von Bertalanffy zur Theorie offener Systeme, die Entdeckung der Mechanismen der biologischen Evolution durch Darwin, die thermodynamische Behandlung irreversibler Prozesse, die Erkenntnis der Ganzheitlichkeit des Organismus (Driesch), die Postulierung von Gesetzen der Gestaltwahrnehmung (Köhler), die kybernetische Beschreibung von Rückkoppe-

lungsvorgängen sowie das allmähliche Ernstnehmen spontaner Ordnungsphänomene wie der Bénard-Instabilität, der hydrodynamischen Wirbelbildung und anderer dynamisch komplexer Prozesse. Dies vor Augen läßt sich die Vorgeschichte der modernen Selbstorganisationsforschung statt nur als eine Folge ständig erneuerter Widerstände gegen »ganzheitliches«, evolutionäres und selbstorganisatives Denken auch als eine Folge oder Kette von Fortschritten auf dem Wege zum »reifen« Selbstorganisationsdenken beschreiben. Auch wenn letzten Endes immer noch ein entscheidender erkenntnistheoretischer »switch« notwendig war, um der neuen Sichtweise Raum und Durchschlagskraft zu verschaffen, so haben doch die nachstehend aufgeführten theoretischen »Verschiebungen« in der Wahrnehmung und Bewertung von Phänomenen das moderne Konzept der Selbstorganisation epistemologisch vorbereitet:
– von der Reversibilität zur Irreversibilität
– von der »Linearität« zur Nicht-Linearität
– von periodischen Vorgängen zu rekursiven Prozessen
– vom Gleichgewicht zum Fließgleichgewicht
– von systemischer Geschlossenheit zu systemischer Offenheit
– vom Ideal der prinzipiellen Vorhersagbarkeit zur Anerkenntnis des prinzipiell Unvorhersehbaren
– von der Suche nach allgemeinen Naturgesetzen zur Aufwertung je besonderer Randbedingungen und individueller Lösungen
– vom methodischen Reduktionismus zur Akzeptanz ganzheitlich (»holistisch«) organisierter Entitäten (autonomer Systeme)
– von der Auffassung eines geschichtslosen Universums zur evolutionären Sichtweise.

Diese Entdeckungen und Entwicklungen vor allem markieren den positiven Bestand an wissenschaftlichen Errungenschaften, an den Selbstorganisationskonzepte wie die Theorie »dissipativer Strukturen« (Prigogine) oder das Konzept der »Autopoiese« (Maturana/Varela) anknüpfen konnten, indem sie diese in einen erweiterten Rahmen stellten bzw. in eine veränderte Perspektive einrückten. Speziell der Synthese der Ideen von Nicht-Linearität und Nicht-Gleichgewicht verdanken mehrere moderne Selbstorganisationskonzepte ihre Entstehung.

Es wäre somit ein Irrtum, würde man wissenschaftliche Umbrüche als gleichsam »vom Himmel gefallen« und als ausschließlich der genialen Intuition großer Forscher entspringend betrachten: auch bedeutende Forschungsleistungen werden von Wissenschaftlern erbracht, die »auf den Schultern von Riesen« (R. K. Merton) stehen, die ihnen voraufgehen. Dies braucht dem »revolutionären« Charakter ihrer Leistungen aber keinen Abbruch zu tun. Trotz zahlreicher Wegbereiter bleibt der unter großen Mühen und mit viel Mut vollzogene Übergang von einer ›Erforschung des Einfachen‹ zu einer »Erforschung des Komplexen« (Nicolis/Prigogine) bzw. die Umstellung der Forschungsperspektive »vom Sein zum Werden« (Prigogine) eine enorme Leistung, für die sich in der Geschichte der neuzeitlichen Wissenschaft nur wenige Parallelen aufzeigen lassen: Kopernikus, Newton und Darwin, vielleicht noch Freud, Einstein und Planck.

Vera Nünning
Wahrnehmung und Wirklichkeit
Perspektiven
einer konstruktivistischen Geistesgeschichte[1]

> *It was their convictions, not the facts,
> which made our history*

1. Zum Problem
von Wahrnehmung und Wirklichkeit

Die Grundlagen historischer Erkenntnis und die Probleme geschichtswissenschaftlicher Vorgehensweisen sind in den letzten Jahren in den Mittelpunkt metahistoriographischer Diskussion gerückt. Die Debatten um den ›Tod des Autors‹ und die Zweifel an der Möglichkeit, individuelle Intentionen zu ermitteln, erwecken den Eindruck, daß aus der Berufung auf eine moderne Sprach- und Erkenntnistheorie notwendig die Ablehnung zentraler Vorstellungen eines humanistischen Weltbilds folge (Hochschätzung der Individualität, Autonomie und Selbstverantwortlichkeit, der Mensch als Sprachgeschöpf, etc.). Der Glaube an selbstverantwortlich handelnde Individuen ist jedoch nicht unbedingt mit einer erkenntnistheoretisch überholten realistischen Weltsicht verknüpft. Eine konstruktivistische Epistemologie erkennt insofern die sinngebende Kraft des Einzelnen an, als sie das Subjekt und seinen kognitiven Bereich als empirischen »›Ort‹ der Konstruktion«[2] ernstnimmt. Damit geht die Überzeugung einer,

---

[1] Für wertvolle Hinweise bei der Überarbeitung des Manuskripts möchte ich Jon Erickson, Gottfried Krieger, Ansgar Nünning und den (hartnäckigen) Herausgebern des *DELFIN*, Gebhard Rusch und S.J. Schmidt, danken.

[2] S.J. Schmidt, »Diskurs und Literatursystem. Konstruktivistische Alternativen zu diskurstheoretischen Alternativen«, in: J. Fohrmann u. H. Müller (Hg.), *Diskurstheorien und Literaturwissenschaft*, Frankfurt 1988, 134-158, S. 142.

daß die Wirklichkeitsmodelle von Individuen keineswegs mit ›der Realität‹ übereinstimmen. Besonders in der Kultur- und Geistesgeschichte wird die wirklichkeitskonstituierende Kraft von Vorstellungen, mit denen frühere Gesellschaften ihre Welt für sich bedeutungsvoll machten, immer mehr anerkannt, wobei einzelne Beobachtungen durchaus mit den Annahmen einer konstruktivistischen Erkenntnistheorie übereinstimmen. Daß die Welt des Menschen das Produkt seiner Konstruktionen ist, wird etwa von Gordon S. Wood mit Nachdruck betont: »... culture is manmade, and since this culture gives meaning to our social reality and thus creates it, reality itself is fabricated.«³

Obwohl kaum einer geschichtlichen Studie heute noch die Ansicht zugrunde liegt, daß die historische Realität objektiv und wahrheitsgemäß erfaßt werden kann, liegen bislang nur wenige Versuche vor, solche Einsichten in einen kohärenten theoretischen Rahmen einzuordnen.⁴ Im folgenden sollen daher die Grundzüge

---

3 G. S. Wood, »Illusions and Disillusions in the American Revolution«, in: J. P. Greene (Hg.), *The American Revolution. Its Character and Limits*, New York 1987, 355-361, S. 355. Vgl. auch Applebys Interesse an »ideas that formed their imaginative construction of reality«; J. Appleby, *Capitalism and a New Social Order: The Republic Vision of the 1790s*, New York 1984, S. 23. Zum Theorievorsprung dekonstruktivistischer historischer Ansätze vgl. etwa Toews Aussage: »... one begins to wonder if it is possible to avoid the pitfalls of a referential or representational theory [of language] at all without ceasing to ›do‹ history«. J. Toews, »Intellectual History after the Linguistic Turn: The Autonomy of Meaning and the Irreducibility of Experience«, in: *American Historical Review* 92 (1987), 879-907, S. 886.

4 Vgl. die Tradition des historischen Skeptizismus sowie L. J. Goldstein, *Historical Knowing*, Austin, Texas 1976, und ders., »History and the Primacy of Knowing«, in: *History & Theory* 16, 4 (1977), 29-52. Die bisher umfassendste Studie ist G. Rusch, *Erkenntnis, Wissenschaft, Geschichte. Von einem konstruktivistischen Standpunkt*, Frankfurt 1987. Zu einer Geistesgeschichte auf streng empirischer Basis vgl. G. Dux, *Die Logik der Weltbilder. Sinnstrukturen im Wandel der Geschichte*, Frankfurt 1990. Während es Dux um die Bestimmung der Art der epochenspezifischen Weltbilder und die Logik in deren Abfolge geht, besteht das Ziel der folgenden Ausführungen darin, die theoretischen und methodologischen Grundzüge einer konstruktivistischen Historiographie zu skizzieren. Für den Hinweis auf die Studie von Dux danke ich G. Rusch.

einer konstruktivistischen Geschichtsschreibung skizziert und ein Modell entwickelt werden, in das auch traditionelle historische Vorgehensweisen partiell integrierbar sind. Da dieser Entwurf auf einer modernen Epistemologie aufgebaut werden soll, müssen zunächst einige Grundgedanken konstruktivistischer Erkenntnistheorie dargelegt werden. Aus einer solchen Epistemologie ergeben sich eine Reihe von Folgen für die Geschichtsschreibung. Zunächst sollen die Konsequenzen für das Selbstverständnis des Historikers aufgewiesen werden, bevor einige Überlegungen zu dem daraus folgenden Standort der Geistesgeschichte angestellt werden. Da auch der Aussagewert historischer Dokumente im konstruktivistischen Rahmen in einem anderen Licht erscheint, sollen abschließend einige neue Fragestellungen bezüglich sprachlich verfaßter Quellen aufgezeigt werden.

Die konstruktivistische Einsicht, daß Menschen nicht nur ihre Erfahrungswirklichkeit gemäß ihrer historisch variablen Voraussetzungen wahrnehmen und mit Bedeutung versehen, sondern auch aufgrund dieser Annahmen urteilen und handeln, läßt sich anhand von vielen historischen Forschungsergebnissen veranschaulichen. So trifft man sehr häufig auf eine Diskrepanz zwischen den Auffassungen von geschichtlicher Wirklichkeit, die Historiker heute für plausibel halten, und der Sicht, die die historisch Handelnden von ihrer Welt hatten[5], wobei die Sichtweisen, die intelligente Persönlichkeiten von ihrer zeitgenössischen Wirklichkeit hatten, nach heutigen Maßstäben oft als ›groteske Fehleinschätzungen‹ eingestuft werden können. Verläßt man sich etwa bei der Beurteilung der Frage, ob die englische Gesellschaft im 18. Jahrhundert schichtenmäßig mobil war, auf Aussagen von zeitgenössischen Engländern und europäischen Besuchern, so ergibt sich das Bild einer sozial durchlässigen Gesellschaft, in der traditionelle Standesunterschiede durch soziale Auf- und Absteiger gefährdet waren. Im 20. Jahrhundert erstellte Statistiken zur ›tatsächlichen‹ sozialen Mobilität kommen jedoch zu dem völlig

---

[5] Beide Modelle stellen, wie später näher erläutert wird, gleichermaßen Konstrukte des Historikers dar; aus Gründen der Klarheit sollten historiographische Forschungen jedoch in zwei Gruppen eingeteilt werden: Zum einen in Untersuchungen zu der Wirklichkeitssicht der historischen Persönlichkeiten, zum anderen in Studien, die sich mit den historischen Umständen, etwa mit den ökonomischen Entwicklungen beschäftigen.

entgegengesetzten Ergebnis, daß nur in sehr beschränktem Umfang von sozialer Mobilität ausgegangen werden kann und daß die zeitgenössische Wahrnehmung somit nicht mit den ›Fakten‹ der Historiker übereinstimmt. Sir George Clark wies schon 1934 darauf hin, daß die Überzeugung von einer engen Verbindung zwischen Papismus, Frankreich und willkürlicher Macht, die sehr viele Engländer zu Ende des 17. Jahrhunderts entwickelten, kaum durch historische Umstände gestützt wurde; dennoch betonte er zu Recht, daß die damalige Wirklichkeitsperzeption weitreichende Konsequenzen für die englische Geschichte hatte, weil die Menschen auf der Basis ihrer (Fehl-)Einschätzungen handelten. Clarks lakonische Feststellung – »it was their convictions, not the facts, which made our history« – weist auf die konstruktivistische Einsicht voraus, daß die Ebene der Beschreibung die eigentliche Ebene der Realität ist.[6] Um es mit Bateson zu sagen, »die *Wahrnehmung* eines Ereignisses oder Objekts oder einer Relation ist real«.[7]

2. Grundprobleme der Historiographie aus konstruktivistischer Sicht

Im Rahmen einer konstruktivistischen Erkenntnistheorie sind solche Diskrepanzen zwischen unterschiedlichen Modellen der Wirklichkeit weder zufällige noch isolierte Phänomene, sondern folgerichtige Auswirkungen der neurophysiologischen Beschaffenheit des menschlichen Organismus. Weil menschliche Systeme nicht nur selbsterzeugend, selbstorganisierend und selbstreferentiell, sondern auch strukturdeterminiert und operational geschlossen sind, erzeugen sie alle Informationen im Prozeß der eigenen Kognition selbst. Von konstruktivistischer Seite wird im übrigen nicht bezweifelt, daß es eine von menschlichen Wahrnehmungen unabhängige Realität gibt; es wird lediglich bestritten, daß Menschen diese Realität kognitionsunabhängig zugänglich ist. Ernst

---

6 Sir G. Clark, *The Later Stuarts, 1660-1714* (= Oxford History of England, Bd. 10), Oxford 1985; 1. Aufl. 1934, S. 79.
7 G. Bateson, *Ökologie des Geistes. Anthropologische, psychologische, biologische und epistemologische Perspektiven*, Frankfurt a. M. 1985, S. 328.

von Glasersfeld betont, »daß der Konstruktivismus nie die Wirklichkeit – die ontische Wirklichkeit – verneint oder verleugnet, daß er nur sagt, daß alle meine Aussagen über die Wirklichkeit zu hundert Prozent mein Erleben sind«.[8] Das Individuum bildet daher nicht »die« Wirklichkeit ab; vielmehr bedeutet schon sinnliche Wahrnehmung von Objekten Interpretation von Welt. Wenn der Mensch sein Modell von Welt durch die neuronale Tätigkeit seines Gehirns mit Hilfe sprachlicher Beschreibungen konstruiert, ihm die Realität selbst aber nicht zugänglich ist, ergibt sich daraus, »daß eine Realität als eine Welt unabhängiger Gegenstände, über die wir reden können, notwendigerweise eine Fiktion des rein *deskriptiven* Bereiches ist, und daß wir den Begriff der Realität gerade auf den Bereich der *Beschreibungen* anwenden sollten«.[9] Bei solchen sprachlichen Beschreibungen handelt es sich nicht um Abbildungen von Welt, die auf Wirklichkeit referieren, sondern um durch Sprache erzeugte subjektabhängige Modelle von Welt.[10]

Es ist somit nie überprüfbar, ob die angefertigte Beschreibung tatsächlich mit der Realität übereinstimmt. Da Wirklichkeitsmodelle in der Interaktion mit der Umwelt gewonnen werden, ist wohl erkennbar, welche Konstruktionen und daraus folgende Verhaltensweisen an der Umwelt scheitern. Funktionierende Modelle geben jedoch keinen Aufschluß darüber, wie die Welt wirklich beschaffen ist; sie beschreiben lediglich einen gangbaren Weg. Ein Kriterium für Beschreibungen ist daher nicht, ob sie mit der

---

8 E. von Glasersfeld, *Konstruktivistische Diskurse* (LUMIS-Schriften 2), Universität Siegen, 1984, S. 7; vgl. auch S. J. Schmidt, »Der Radikale Konstruktivismus: Ein neues Paradigma im interdisziplinären Diskurs«, in: ders. (Hg.), *Der Diskurs des Radikalen Konstruktivismus*, Frankfurt a. M. 1987, 11-88, S. 35: »Der Radikale Konstruktivismus vertritt nicht etwa einen *ontologischen* Solipsismus (oder objektiven Idealismus), sondern – wenn überhaupt – dann einen *epistemologischen* Solipsismus, der an den Begriff des Beobachters gebunden werden könnte.«
9 H. R. Maturana, *Erkennen: Die Organisation und Verkörperung von Wirklichkeit. Ausgewählte Arbeiten zur biologischen Epistemologie*, Braunschweig, Wiesbaden 1982, S. 76.
10 Vgl. dazu H. R. Maturana, »Biologie der Sozialität«, in: S. J. Schmidt (Hg.), *Der Diskurs des Radikalen Konstruktivismus*, 287-302, bes. S. 296 ff., sowie G. Bateson, *Ökologie des Geistes*, S. 358.

Welt übereinstimmen, sondern ob sie passen, ob Handlungen, die sich an ihnen orientieren, nicht an den Schranken der Umwelt scheitern.[11] Da die Konstruktion von kohärenten Wirklichkeiten weder an der Realität meßbar ist, noch einen rein willkürlichen Akt darstellt, verlieren die Begriffe ›Subjektivität‹ und ›Objektivität‹ ihren herkömmlichen Sinn. Vielmehr ist davon auszugehen, daß sich im Prozeß der Kommunikation zwischen Individuen, die über eine gemeinsame biologische Ausstattung und ähnliche Sozialisation verfügen[12], partielle Parallelisierungen ihrer kognitiven Systeme herausbilden, wodurch konsensuelle Bereiche entstehen und vergleichbare Wirklichkeitsmodelle erzeugt werden.[13]

Von Glasersfeld räumt zwar ein, daß »man sich für praktische Belange die konstruktivistische Redeweise sparen«[14] kann; es liegt jedoch auf der Hand, daß eine konstruktivistische Erkenntnistheorie grundlegende Konsequenzen für die Theorie und Methodologie der Geschichtswissenschaft hat. In einer konstruktivistischen Historiographie wird zwar nicht geleugnet, daß Menschen in der Vergangenheit anders lebten, handelten und dachten als heute; eine objektive Kenntnis geschichtlicher Ereignisse, Zusammenhänge oder Weltbilder ist jedoch dem Historiker ebenso unzugänglich wie den damaligen Handelnden. Wird der Konstruktivismus auf die Tätigkeit des Historikers angewendet, so folgt

11 Vgl. E. von Glasersfeld, »Einführung in den radikalen Konstruktivismus«, in: P. Watzlawick (Hg.), *Die erfundene Wirklichkeit. Wie wissen wir, was wir zu wissen glauben?*, München 1981, 16-38, bes. S. 19 ff.
12 Vgl. S. J. Schmidt, »Der Radikale Konstruktivismus: Ein neues Paradigma im interdisziplinären Diskurs«, S. 34 ff.
13 N. Luhmann, »Intersubjektivität oder Kommunikation: Unterschiedliche Ausgangspunkte soziologischer Theoriebildung«, in: *Archivio di Filosofia* 54 (1986), 41-60, hat das Konzept der ›Intersubjektivität‹ einer eingehenden Kritik unterzogen und gezeigt, daß es keine sinnvolle Alternative zum Begriff der Objektivität sein kann. Luhmann weist überzeugend nach, »daß man vom Begriff der Intersubjektivität aus nicht zu einer Theorie der Kommunikation gelangen kann« (54), und plädiert dafür, diesen Begriff zu ersetzen »durch die Vorstellung der Emergenz einer weder psychisch noch transzendental fundierungsbedürftigen Einheit Kommunikation, die sich als Autopoiesis ihrer selbst realisiert« (ebd.). Für den Hinweis auf diesen Artikel danke ich S. J. Schmidt.
14 E. von Glasersfeld, *Konstruktivistische Diskurse*, S. 7.

daraus die inzwischen auch von vielen Nicht-Konstruktivisten akzeptierte Einsicht, daß die Produkte seiner Arbeit nicht für sich reklamieren können, eine Abbildung von geschichtlicher Realität zu sein; historische Forschungsergebnisse können dann lediglich als mehr oder weniger angemessene Konstrukte gelten, die in keiner Repräsentationsbeziehung zu einer historischen Wirklichkeit stehen.[15] Wenn Geschichte nur nach Maßgabe der jeweiligen methodischen Vorannahmen und subjektabhängigen Voraussetzungen des Historikers erfaßt werden kann, muß auf den Anspruch auf objektive historische Wahrheit verzichtet werden. Die Ergebnisse historiographischer Arbeit sind nicht verifizierbar, denn sie können nicht auf ihre Übereinstimmung mit der historischen Wirklichkeit überprüft werden, da diese selbst nicht zugänglich ist. Es ist lediglich möglich, die Forschungsresultate durch weitere Arbeiten zu modifizieren oder zurückzuweisen.

Damit wird jedoch nicht geleugnet, daß Qualitätsunterschiede zwischen historiographischen Konstrukten bestehen. Als Kriterien bleiben deren interne und externe Kohärenz; zudem sollte eine möglichst große und repräsentative Anzahl von Daten integrierbar sein, ohne daß es zu internen Widersprüchen führt; außerdem sollten die am ehesten konsensfähigen Theorien und Vorgehensweisen benutzt werden.[16] Die Forderung nach Klarheit der Darstellung gewinnt an Bedeutung, wenn die intersubjektive Nachvollziehbarkeit der Ergebnisse anstelle der Übereinstimmung mit der Wirklichkeit zum Maßstab wird.

Wenn die Historiographie die Einsichten des Konstruktivismus ernstnimmt, so hat dies ebenfalls gravierende Konsequenzen da-

---

15 Vgl. zu der Frage, wie der Historiker geschichtliche Tatsachen durch Abstraktion und unter Drohung eines unendlichen Regresses konstituiert, z. B. C. Lévi-Strauss, *Das wilde Denken*, Übers. H. Naumann, Frankfurt a. M. 1973, S. 296.
16 Vgl. dazu G. Rusch, »Zur Konstruktion von Geschichte – Bausteine einer konstruktivistischen Geschichtstheorie, in: G. Pasternack (Hg.), *Philosophie und Wissenschaften*, Frankfurt a. M. 1990, 69-80, bes. S. 76 f.: Mit externer Kohärenz ist nicht die Übereinstimmung mit Fakten gemeint; vielmehr sollte »ein einzelnes Geschichtssystem [...] konsistent mit einer gewissen Anzahl anderer Geschichtssysteme unmittelbar verknüpft sein.« Außerdem sollte es thematisch-inhaltlich und formal mit allen geltenden Geschichtssystemen verträglich sein (ebd., 76). Vgl. zu weiteren Kriterien Rusch (ebd., 76 f.).

für, wie der Gegenstandsbereich der Geschichte konzipiert wird. Wenn man mit Maturana Realität auf die Ebene der Beschreibung verlagert, dann folgt daraus, daß neben den faktischen Ereignissen auch deren Wahrnehmung durch die Zeitgenossen in das Blickfeld des historischen Interesses rückt. Zwar sind Ideologien, Werte und Normen sowie die historische Variabilität von Einstellungen auch von der traditionellen Geistesgeschichte und seit einigen Jahren von der Mentalitäts- und Alltagsgeschichte eingehend untersucht worden, doch der Status der ›perzipierten Wirklichkeit‹ gegenüber der ›tatsächlichen geschichtlichen Wirklichkeit‹ galt solange als sekundär und subsidiär, wie die Erkennbarkeit des ›objektiven‹ historischen Geschehens nicht grundsätzlich in Zweifel gezogen wurde. Aus konstruktivistischer Sicht ist demgegenüber zu betonen, daß die durch verzerrte Wahrnehmungen, Vorurteile und aus heutiger Sicht überholte Theorien geprägten Ansichten der Zeitgenossen deren kognitive Wirklichkeit *waren*, auch wenn neuere Forschungsergebnisse ein anderes Bild dieser Wirklichkeit entwerfen. So hatte es folgenschwere Konsequenzen für die Ablösung der amerikanischen Kolonien vom britischen Mutterland, daß der damalige englische König Georg III. von den amerikanischen Kolonisten und der britischen Opposition als machthungriger Tyrann angesehen wurde, auch wenn die damaligen Auffassungen heute als unberechtigt zurückgewiesen werden können.

Solche Diskrepanzen zwischen der Wirklichkeitssicht der historischen Akteure und dem Geschichtsmodell, das ein heutiger Wissenschaftler von den gleichen historischen Ereignissen konstruiert, werden von Historikern verschiedener Provenienz unterschiedlich bewertet: Jene, deren Hauptaugenmerk den politischen Ereignissen oder der Sozial- und Wirtschaftsgeschichte gilt, bezeichnen die Untersuchung von vergleichsweise verzerrten und uninformierten Ansichten von Zeitgenossen abschätzig als »the record of a gentle, scholarly chasing after the equivalent of soap bubbles«.[17] Geistes- und alltagsgeschichtlich interessierte Historiker wählen hingegen bewußt die Wirklichkeitssicht der Zeitgenossen als historischen Forschungsgegenstand, weil sie auch der Perzeption von Wirklichkeit historische ›Realität‹ zusprechen:

---

17 P. N. Limerick, »Everything for your Urban ›Imaging Needs‹ [rev. article]«, in: *Reviews in American History* 19 (1991), 43-47, S. 44.

»Viewpoints, even if shown to be erroneous, are not thereby rendered ›unreal‹«.[18]

In einer konstruktivistischen Geschichtswissenschaft sind grundsätzlich beide Ansätze denkbar, weil die jeweiligen Forschungsergebnisse gleichermaßen Konstrukte des Historikers sind und gewinnbringend aufeinander bezogen werden können. Die Perspektiven sind insofern komplementär, als die Konstrukte, die sich auf die Wirklichkeitssicht der Zeitgenossen beziehen, bzw. diejenigen Modelle, die Historiker von geschichtlichen Ereignissen entwerfen, zunächst lediglich unterschiedliche Gegenstände beschreiben. Allerdings führt die konstruktivistische Perspektive zu einer radikalen Aufwertung der jeweiligen Wirklichkeitsperzeptionen der Handelnden, weil sie diese nicht als vergleichsweise belanglose Epiphänomene abqualifiziert, sondern ihnen eine Realität *sui generis* zuschreibt. Mit der konstruktivistischen Überzeugung, daß Menschen nur ihre subjektabhängige kognitive Erfahrungswirklichkeit zugänglich ist, geht die methodologische Einsicht einher, daß durch historische Forschungen gewonnene, den Zeitgenossen jedoch nicht zugängliche Daten über geschichtliche Umstände nicht hinzugezogen werden können, um die Motive der Handelnden zu erklären. So kann etwa ein detailliertes historisches Wissen über die Situation in Europa 1917 nicht aus Ausgangspunkt dienen, um den Kriegseintritt Amerikas in den ersten Weltkrieg zu erklären. Nur der (sehr begrenzte) Wissensstand und die (Vor-)Urteile der amerikanischen Politiker und Bevölkerung über die europäische Situation können zur Erklärung der Entscheidung hinzugezogen werden. Das gleiche gilt etwa für die Diskussion der Ursachen, die die amerikanische Revolution veranlaßten, wie unlängst Gordon S. Wood, einer der bedeutendsten amerikanischen Historiker, gegenüber Kritikern mit Nachdruck hervorgehoben hat:

[Ideas] are the means by which we perceive, understand, judge, or manipulate our experiences and our lives. The meanings we give to our actions, what Durkheim called the ›social facts‹, form the very structure of our social world. They make social behavior not just comprehensible but possible. [...] The meanings we give are public ones, and they are defined and

---

18 P. Corfield, »Class by Name and Number in Eighteenth-Century Britain«, in: P. J. Corfield (Hg.), *Language, History and Class*, Oxford, Cambridge/Mass. 1991, 101-130, S. 106.

delimited by the conventions and language of the culture of the time. It is in this sense that culture or ideology creates behavior.[19]

Folgt man der Differenzierung zwischen der faktischen Ebene der Geschichte und der historischen Wirklichkeitsperzeption der Beteiligten, dann ist bei historischen Theorien jeweils danach zu fragen, ob sie die Wirklichkeitssicht der Zeitgenossen oder die historischen Umstände zu erfassen versuchen. Mit Hilfe sozialwissenschaftlicher Methoden können etwa Hypothesen darüber entwickelt werden, welche Ursachen eine Wirtschaftskrise hatte und in welchem Maße gesellschaftlicher Aufstieg in bestimmten Berufen stattfand bzw. lediglich ein Mythos war. Die Entscheidungen von Individuen, bestimmte Berufe zu ergreifen, können jedoch nicht durch Anwendung von Methoden der Wirtschafts- oder Sozialgeschichte, sondern nur durch Rückgriff auf im folgenden zu entwickelnde Konzepte einer konstruktivistischen Geistesgeschichte geklärt werden.

3. Grundzüge und Kategorien einer konstruktivistischen Geistesgeschichte

Wenn anerkannt wird, daß Menschen mit ihren Beschreibungen Welt konstituieren, bekommt eine Disziplin, die Kategorien bereitstellt, um die Wirklichkeitssicht von Individuen und Gruppen zu untersuchen, eine besondere Stellung in der Geschichtswissenschaft. Wolfgang J. Mommsen weist darauf hin, daß eine Rekonstruktion der mentalen Horizonte und Weltbilder der Akteure von großer Wichtigkeit sei, um die Zielsetzung von Handlungen zu verstehen.[20] Da auch innen- und außenpolitische Entscheidungen nur vor dem Hintergrund der jeweiligen individuellen Voraussetzungen der Handelnden verstanden werden können, erfordert eine Erklärung solcher Entschlüsse den Rückgriff auf die Modelle, die Zeitgenossen von ihrer Wirklichkeit hatten, so unzutreffend diese gemäß moderner Erkenntnisse im Einzelfall gewesen sein mögen.

19 G. S. Wood, »Ideology and the Origins of Liberal America«, in: *William and Mary Quarterly* 44 (1987), 628-640, S. 631.
20 Vgl. W. J. Mommsen, »Wandlungen im Bedeutungsgehalt der Kategorie des ›Verstehens‹«, in: C. Meier u. J. Rüsen (Hg.), *Historische Methode* (= Beiträge zur Historik Bd. 5), München 1988, 200-226, S. 218 f.

Die Beschäftigung mit den Konzepten, dem Wissensstand und den Vorgehensweisen, mit denen Menschen in unterschiedlichen geschichtlichen Epochen ihrer Welt Bedeutung verliehen, fällt prinzipiell in den Bereich der Geistes- oder Mentalitätsgeschichte. Wenn hier versucht wird, die Untersuchung der Wirklichkeitsmodelle von Individuen innerhalb einer konstruktivistischen Geistesgeschichte zu situieren, so geschieht dies aus mehreren Gründen. Zum einen ist der Begriff der Mentalitätsgeschichte für die erforderte Vorgehensweise insofern nur bedingt geeignet, als besonders die französischen mentalitätsgeschichtlichen Untersuchungen sich häufig auf die quantitative Erfassung von Vorannahmen breiter Bevölkerungsschichten konzentrieren, wobei der Fokus oft auf unbewußten, sich nur langsam verändernden Elementen der *mentalité* liegt.[21] Der gemeinsame Nenner der vielen mentalitätsgeschichtlichen Studien scheint bisher darin zu liegen, daß sie sich mit dem Bewußtsein von Individuen oder Gruppen befassen; mit dem »what was going on inside people's heads«.[22] Mentalität bezeichnet daher die zeitgenössische Auffassung von Vorgängen, bestimmte Denkarten und Wissensformen, im Gegensatz zu den Ereignissen ›an sich‹.[23] Mentalitäten werden meist über Denkstrukturen oder -schemata definiert, die die jeweilige Wirklichkeitsauffassung von Menschen formen, ohne von ihnen reflektiert zu werden. Diese Tendenz prägt die meisten Ansätze

---

21 Vgl. zu einer auf Febvre gründenden Bestimmung der Mentalität als ›unbewußt‹ etwa R. Chartier, »Geistesgeschichte oder *histoire des mentalités?*«, in: D. LaCapra u. S. L. Kaplan (Hg.), *Geschichte denken. Neubestimmung und Perspektiven moderner europäischer Geistesgeschichte*, Frankfurt a. M. 1988, 11-44, S. 15, 20. Zu quantifizierenden Methoden vgl. H. Schulze, »Mentalitätsgeschichte – Chancen und Grenzen eines Paradigmas der französischen Geschichtswissenschaft«, in: *Geschichte in Wissenschaft und Unterricht* 36 (1985), 247-71, S. 262 f.

22 L. Stone, »The Revival of Narrative: Reflections on a New Old History«, in: *Past & Present* 85 (1979), 3-24, S. 17. Vgl. auch V. Sellin, »Mentalität und Mentalitätsgeschichte«, in: *Historische Zeitschrift* 241 (1985), 555-598, S. 563. Einigkeit scheint lediglich darüber zu bestehen, daß mit Mentalität das bezeichnet werden soll, was verschiedenen Individuen gemeinsam ist.

23 R. Darnton, »The history of *mentalités*: Recent writings on revolution, criminality, and death in France«, in: R. H. Brown u. S. M. Lyman (Hg.), *Structure, Consciousness, and History*, Cambridge 1978, 106-137, S. 109.

der Mentalitätsgeschichte, auch wenn einzelne theoretische Entwürfe und einige neuere Fallstudien die Wirklichkeitsmodelle einzelner Individuen oder kleiner Gemeinschaften miteinbeziehen.[24] Der Gegenstandsbereich der Geistesgeschichte ist demgegenüber von vielen Historikern so breit konzipiert worden, daß eine Untersuchung aller Aspekte der Wirklichkeitsmodelle von Individuen und Gruppen problemlos in diese Disziplin integriert werden kann. Bereits Arthur Lovejoys Konzeption der Ideengeschichte bezog eine Untersuchung von unbewußten Einstellungen, auch von emotional besetzten Annahmen, theoretisch ausdrücklich ein, und neuere Studien befürworten die Integration anthropologischer Erkenntnisse.[25] Darüber hinaus ist die für die Untersuchung von historischen Wirklichkeitsmodellen ebenfalls bedeutende Beschäftigung mit den Ideen einzelner Persönlichkeiten oder kleinerer Gruppen seit jeher ein fester Bestandteil der Geistesgeschichte.

Um die historisch variable Art und Weise zu erforschen, wie Individuen sich ihre Umwelt aneignen und diese mit Bedeutung versehen, ist zum einen der jeweilige Wissensstand relevant. Zum anderen ist danach zu fragen, wie dieses Wissen erworben und kognitiv-emotionale Strukturen aufgebaut wurden. Welche Bedeutung Individuen ihrer Umwelt zuweisen, hängt nicht nur von ihrem Kenntnisstand ab, sondern auch von den Relationen zwischen einzelnen Wissenselementen und den Prinzipien und Argumentationsmustern, mit denen diese Bestandteile zueinander in Beziehung gesetzt werden. Darüber hinaus wäre es das Ziel einer konstruktivistischen Geistesgeschichte, auch nicht explizit formulierte und reflektierte Einstellungen zur Umwelt sowie handlungsleitende Werte und Normen zu analysieren, um Motive und

---

24 Zur Befürwortung der Untersuchung der Elitekultur vgl. M. Vovelle, »Serielle Geschichte oder ›case studies‹: ein wirkliches oder nur ein Schein-Dilemma?«, in: U. Raulff (Hg.), *Mentalitäten-Geschichte*, Berlin 1987, 114-126, S. 126, der eine Rückkehr von quantifizierenden Studien zu qualitativen, insbesondere zu Fallstudien verzeichnet.
25 Vgl. etwa D. R. Kelley, »What is Happening to the History of Ideas?«, in: *Journal of the History of Ideas* 51 (1990), 3-25, S. 18 ff., sowie M. Kammen, *Salvages and Biases. The Fabric of History in American Culture*, Ithaca, London ²1987, S. 37 ff., und A. O. Lovejoy, *The Great Chain of Being. A Study of the History of an Idea*, Cambridge/Mass. 1942; deutsch: Frankfurt a. M. 1985.

Intentionen beschreiben zu können, die einzelnen Handlungen zugrunde lagen. Obwohl es bei der derzeitigen Forschungslage noch weitgehend unklar ist, wie dies methodisch zu bewerkstelligen wäre, bieten die historische Semantik und die Mentalitätsgeschichte erste Ansätze, um jene kollektiven Denkmuster zu untersuchen, die als fraglos gültig gelten und daher nicht auf die Ebene begrifflicher Reflexion gehoben werden. Einen wichtigen Anhaltspunkt für die (Re-)konstruktion von weitgehend unbewußten Wahrnehmungs- und Denkstrukturen bieten zum einen die Prozesse der Sinnproduktion durch Sprache, die als historischer Forschungsgegenstand bislang kaum in den Blick gekommen sind; zu nennen ist in dem Zusammenhang vor allem der Gebrauch von Metaphern und Kollektivsymbolen (im Sinne J. Links).[26] Zum anderen können die für ein Verständnis historischer Handlungen relevanten Einstellungen und Werte, die nicht explizit formuliert werden, potentiell aus der Gesamtheit aller Beschreibungen (im Sinne Maturanas) ermittelt werden, mit denen Individuen ihre Wirklichkeitsmodelle konstruierten, wobei davon auszugehen ist, daß alle expliziten Aussagen über bestimmte Wirklichkeitsbereiche zugleich implizit Aufschluß über die Beurteilungsmaßstäbe und Denkstrukturen der Wahrnehmenden vermitteln.

Da solche Fragestellungen den traditionellen Gegenstandsbereich der Geistesgeschichte erweitern, und Skeptiker den Einwand erheben könnten, all dies ließe sich ohnehin nicht forschungspraktisch umsetzen, sollen einige erprobte Konzepte aus benachbarten Disziplinen vorgestellt werden, die für die Untersuchung von Wirklichkeitsmodellen herangezogen werden können und die mit den Annahmen konstruktivistischer Erkenntnistheorie kompati-

---

26 Zu einem Versuch, anhand des politischen Diskurses Aufschluß über das Selbstverständnis und die Selbstwahrnehmung der Handelnden zu gewinnen, vgl. A. Nünning, »*The Soule of the Commonwealth*. Politischer Diskurs und das Selbstverständnis des englischen Parlaments im Vorfeld der Puritanischen Revolution«, in: N. Finzsch u. H. Wellenreuther (Hg.), *Liberalitas. Eine Festschrift für Erich Angermann*, Stuttgart 1992, 125-148. Zur Bedeutung von Kollektivsymbolen vgl. A. Drews, U. Gerhard, J. Link, »Moderne Kollektivsymbolik. Eine diskurstheoretisch orientierte Einführung mit Auswahlbibliographie«, in: *Internationales Archiv für Sozialgeschichte der deutschen Literatur* 1, Sonderheft, Tübingen 1985, 256-375.

bel sein sollten.[27] Für die Operationalisierung der Frage, wie mentale Strukturen aufgebaut und wie Wissen und Begriffe erworben werden, können Kategorien von Jean Piaget herangezogen werden, der sich selbst als Konstruktivisten beschreibt.[28] Nach Piaget resultiert Wissen aus einem Zusammenspiel zwischen dem Menschen und seiner Umwelt, in dessen Verlauf geistige Strukturen aufgebaut werden, die wiederum zu grundlegenden Instrumenten für die Organisation der Außenwelt und somit zu »geistigen Werkzeugen« werden.[29] Bei einer Untersuchung dieser kognitiven Instrumente ist davon auszugehen, daß das Individuum solche Kategorien im Verlauf der Sozialisation erwirbt, bei der Teilnahme an Kommunikation Gebrauch von ihnen macht und sie im fortlaufenden Prozeß der Interaktion mit anderen modifiziert. Die Frage, ob solche Denkstrukturen dem Menschen oder der Kultur zuzuordnen sind, erweist sich als Scheinproblem, wenn man Kultur mit Schmidt konzeptualisiert »als das – in sich vielfältig differenzierte bzw. differenzierbare – Gesamtprogramm (i. S. von Computerware) kommunikativer Thematisierung des Wirklichkeitsmodells einer Gesellschaft«[30], als ein flexibles Programm, dessen sich jeder (bewußt oder unbewußt) bedient, der sich kommunikativ äußert.

Da die Beschaffenheit spezifischer Konzepte nach Piaget abhängig ist von den bereits aufgebauten Strukturen und den Erfahrungen des Individuums, sollte auch die Art und Weise, wie Ideen angeeignet werden, und wie sie dann als neue Kategorien die Sicht von Welt prägen, untersucht werden. Zu diesem Zweck sind Piagets Konzepte der Assimilation, Akkommodation und Äquili-

---

27 Alle im folgenden vorgeschlagenen Kategorien erfüllen diese Bedingung, ohne daß die Übereinstimmungen im einzelnen expliziert werden.
28 Vgl. J. Piaget, *Jean Piaget über Jean Piaget*, Übers. H. Kober, München 1981, S. 29 f., 32 f., 115. Für eine konstruktivistische Geistesgeschichte ist es nicht nötig, die gesamte Theorie in ihrer ganzen Komplexität zu übernehmen; lediglich eine problemorientierte Anwendung einiger Kategorien erscheint sinnvoll.
29 Vgl. etwa J. Piaget, *Jean Piaget*, S. 32 f., 35 f.
30 S. J. Schmidt, »Medien, Kultur, Medienkultur. Ein konstruktivistisches Gesprächsangebot«, in: S. J. Schmidt (Hg.), *Kognition und Gesellschaft. Der Diskurs des Radikalen Konstruktivismus*, 2, Frankfurt a. M. 1991, 425-450, hier S. 433.

bration heranzuziehen.[31] Nach Piaget ist davon auszugehen, daß Individuen bestrebt sind, neue Elemente so lange wie möglich in bereits vorhandene Strukturen zu integrieren. Schneller und grundlegender Wandel mentaler Kategorien ist daher nicht zu erwarten.

Da ein Ziel historischer Forschung darin besteht, Handlungen zu erklären, benötigt eine konstruktivistische Geistesgeschichte zudem Konzepte, die die Beziehung zwischen dem Wirklichkeitsmodell von Menschen und ihrem Verhalten erfassen. Zu diesem Zweck kann die sozialpsychologische Kategorie der ›Einstellung‹ herangezogen werden, mit der die Bedingungsfaktoren, die Handlungen zugrunde liegen, analysiert werden können. Einstellungen sind definiert als relativ lang andauernde, erworbene, psychische und physiologische Bereitschaften, die Erfahrungswirklichkeit nach durchgängigen Maßstäben wahrzunehmen, zu bewerten und sich ihnen gegenüber in bestimmter Weise zu verhalten.[32] Individuen können potentiell zu allen Begriffen und Elementen ihres Wirklichkeitsmodells eine Einstellung haben; solche *attitudes* sind mit Gefühlen besetzt und umfassen auch eine Disposition zu möglichem Verhalten. Das gesamte System der Einstellungen bildet daher das Wirklichkeitsmodell eines Individuums, das nun genauer umrissen werden kann: Es umfaßt als System nicht nur die Summe des Wissens und der Werte, sondern prägt auch die Art und Weise, wie neue Wahrnehmungen integriert und bewertet werden. Einstellungen erfüllen die Funktion der Wahrnehmungsorientierung, der Strukturierung und Filterung der Wahrnehmungen und reduzieren die Unsicherheit des Individuums.[33]

31 Vgl. dazu J. Piaget, *Jean Piaget*, S. 97 ff.
32 Vgl. D. Rajecki, *Attitudes. Themes and Advances*, Sunderland, Mass. 1982, S. 4 f. Die hier vorgeschlagene Bestimmung von Einstellung weicht von Definitionen anderer Forschungsrichtungen ab, bleibt aber so allgemein, daß sie sowohl Komponenten- als auch Konsistenztheorien entspricht. Einstellungen umfassen die Komponenten von Denken, Fühlen und Verhaltensabsicht.
33 Vgl. H. C. Triandis, *Einstellungen und Einstellungsänderungen*, Weinheim, Basel, 1975, S. 6 ff. Zur Subsumierung von einzelnen Einstellungen, die auf Begriffen beruhen, in abstraktere Einheiten vgl. ebd., 102. Zur genaueren Untersuchung der Konstruktion von Kategorien vgl. die vorherigen Ausführungen zu Piaget.

Da Einstellungen Systemcharakter besitzen, sollten sie nicht isoliert betrachtet werden. Ebenso wie Piaget gehen Sozialpsychologen davon aus, daß übereinstimmende Beziehungen zwischen den verschiedenen Einstellungen als angenehm erlebt werden; Widersprüche werden in unterschiedlichem Maß toleriert. Da Menschen darum bemüht sind, ihr Weltbild zu bewahren und konsistent zu erhalten, ziehen Veränderungen einzelner Einstellungen oft Anpassungen der anderen nach sich. Größere Veränderungen im Wirklichkeitsmodell sind nur zu erwarten, wenn sich zentrale Einstellungen verändern, die als subjektiv sehr wichtig empfunden werden. Solche in vielfältiger Weise mit anderen Elementen verknüpfte Einstellungen sind etwa die Auffassung von Gott oder das Selbstbild des Einzelnen; tiefgreifender Wandel ist demnach weniger durch Modifizierung einzelner Einstellungen bestimmt, als durch die Veränderung der Beziehungen zwischen ihnen.[34]

Da zwischen Einstellungen und folgendem Verhalten keine mechanische oder deterministische Beziehung besteht, sollten vorschnelle Rückschlüsse von Verhaltensweisen auf das Wirklichkeitsmodell bzw. Folgerungen von Ideen auf Handlungen mit Vorsicht betrachtet werden. Auch die Verhaltensgewohnheiten, die bestehenden sozialen Normen oder die zu erwartenden Folgen sollten in die Analyse miteinbezogen werden, weil nicht nur die Einstellungen, sondern auch die konkreten Umstände das

---

34 Vgl. D. Rajecki, *Attitudes*, S. 54 f., 58 f., sowie Triandis, *Einstellungen*, S. 102 ff. Dieses Bedürfnis nach einem spannungsfreien Gleichgewicht wird auch von J. Piaget und B. Inhelder, *Die Psychologie des Kindes*, übers. L. Häfliger, München 1981, betont und ist als Prinzip der Homöostase ein wichtiges Element konstruktivistischer Theorien. Auch zwischen den kognitiven, affektiven und konativen Komponenten einzelner Einstellungen besteht im Regelfall ein harmonisches Verhältnis, das als subjektiv angenehm erlebt wird. Sollte dieses Gleichgewicht durch Zugewinn neuer Informationen, neue emotionale Bewertungen oder durch das (sozial erwünschte oder erzwungene) eigene Verhalten des Individuums verändert werden, so ist zu erwarten, daß auch die anderen beiden Komponenten abgewandelt werden, um erneut einen kohärenten und ausgewogenen Zustand zu erhalten; vgl. U. Hennige u. S. Preiser, »Einstellungsänderung als Systemgeschehen«, in: K. Heinerth (Hg.), *Einstellungs- und Verhaltensänderung*, München 1979, 101-117, S. 103. Individuen stehen verschiedene Strategien zur Verfügung, diskrepante Auffassungen subjektiv sinnvoll miteinander zu vereinbaren.

Handeln prägen.[35] Das resultierende komplexe Beziehungsgeflecht wird z. B. von Keith Thomas berücksichtigt, der zur Erklärung des Verhaltens von Hexenverfolgungen in England sowohl die psychologischen Motive der Ankläger, als auch die intellektuellen Konzepte und die sozialen Bedingungen, die solche Anklagen ermöglichten, analysiert. Wie Linebaughs überzeugende Interpretation von Aufständen in London im 18. Jahrhundert zeigt, ist auch die sozialgeschichtliche Analyse von Verhalten in hohem Maße auf die Berücksichtigung ökonomischer und politischer Faktoren und auf die Interpretation von solchen Texten angewiesen, in denen die zugrundeliegenden Einstellungen der Betroffenen zum Ausdruck kommen.[36] Denkschemata und Einstellungen werden nicht nur in der Interaktion mit der Umwelt aufgebaut, sondern die soziale Umgebung ist auch notwendiger Bestandteil einer Untersuchung von individuellen Handlungen. Außerdem können selbst aus erzwungenem Verhalten Einstellungen resultieren, die den Zwangsmaßnahmen entsprechen. Schon deshalb erweist sich eine isolierte Analyse des Wirklichkeitsmodells eines Individuums ohne Bezug auf die Erfahrungen mit der Umwelt als unzureichend.[37]

4. Zum Umgang mit Quellen in einer konstruktivistischen Geistesgeschichte

In einer konstruktivistischen Geistesgeschichte können prinzipiell alle historischen Quellen – von Texten über Kunstwerke bis zu materiellen Überresten jeder Art – hinzugezogen werden. Allerdings gilt das Augenmerk dann nicht primär dem Aussagewert, den diese Quellen im Hinblick auf die geschichtliche Wirklichkeit haben, sondern das Interesse richtet sich auf die Frage, inwiefern

35 Vgl. dazu K. Heinerth, »Einstellung, Verhalten und Erleben als Gegenstand der Veränderung in Psychotherapie und Erziehung«, in: K. Heinerth (Hg.), *Einstellungs- und Verhaltensänderung*, 17-30, S. 25 ff.
36 Vgl. K. Thomas, *Religion and the Decline of Magic*, Harmondsworth 1973, S. 559 ff., sowie P. Linebaugh, »The Tyburn Riots Against the Surgeons«, in: D. Hay, P. Linebaugh, J. G. Rule, E. P. Thompson, C. Winslow, *Albion's Fatal Tree: Crime and Society in Eighteenth-Century England*, New York 1975, 65-117.
37 Vgl. K. Heinerth, »Einstellung«, S. 24.

diese Dokumente Aufschluß über die Wahrnehmungsstereotypen, Einstellungen und Denkmuster der jeweiligen Zeit geben. Um Wirklichkeitsmodelle und Denkschemata zu untersuchen, sind auch Denkmäler, bildliche Darstellungen und dingliche Symbole[38] wie etwa Flaggen potentiell aussagekräftig, weil auch darin Einstellungen zum Ausdruck kommen können. Oft verkörpern einzelne Personen für bestimmte Gruppen wichtige Wertvorstellungen. Solchen Helden oder Anti-Helden – seien es Heilige, Politiker, Financiers oder literarische Figuren – werden komplexe Bedeutungen zugewiesen, die zwar wenig über Leben und Werk der jeweiligen Person, aber viel über das Wirklichkeitsmodell der jeweiligen Gruppen aussagen, die solche Bedeutungszuweisungen vornimmt oder unbefragt akzeptiert. Die Untersuchung verschiedener Bedeutungen, die in *embodiments* oder *systems* auf konkrete oder abstrakte Weise zum Ausdruck gebracht werden, bezeichnet David Lindenfeld als künftige Ziele der Geistesgeschichte.[39] Daß einzelne Symbole nicht isoliert betrachtet werden sollten, sondern in wechselseitigen Bezügen zueinander stehen, verdeutlicht z. B. Peter Burkes Analyse der Helden, Schurken und Narren der Renaissance, die ein System bilden, das in seiner Gesamtheit über die damaligen Werte und Normen Aufschluß gibt.[40]

Die wichtigsten Quellen für die Untersuchung von Wirklichkeitsmodellen und Handlungen sind jedoch zweifellos Texte. Da die

---

38 Der Begriff des Symbols wird hier im Sinne von J. Links ›Kollektivsymbolik‹ verwendet. Die Entscheidung, alle bildhaften Vorstellungen, die häufig in Diskursen verwendet werden, als Kollektivsymbole zu bezeichnen, erscheint zwar als sehr pauschal, ist jedoch praktikabler als die differenzierten literaturwissenschaftlichen Kategorien. Als ›Symbol‹ können im Sinne Links alle Worte gefaßt werden, die in einer bildhaften und ambivalenten Beziehung zum Bezeichneten stehen. Vgl. A. Drews, U. Gerhard, J. Link, »Moderne Kollektivsymbolik«, S. 260 ff.

39 Vgl. D. Lindenfeld, »On Systems and Embodiments as Categories for Intellectual History«, in: *History and Theory* 27 (1988), 30-50. Lindenfeld unterscheidet *embodiments* und *systems* nach den systematischen Bezügen der Komponenten und weist darauf hin, daß beide sowohl konkret als auch abstrakt verobjektiviert werden können (ebd., 37-42).

40 Vgl. P. Burke, *Popular Culture in Early Modern Europe*, London 1978, S. 149. Burke wendet die Untersuchung von Heiligen erfolgreich zur Analyse der Volkskultur an (ebd., 149, 165 ff.).

konkrete geschichtliche Welt dem Historiker – abgesehen von wenigen sachlichen Überresten – nicht unvermittelt oder direkt zugänglich ist, sondern nur in sprachlich vermittelter Form in vielfältigen Beschreibungen von Zeitgenossen oder späteren Beobachtern, ist die Auseinandersetzung mit Sprache und Textstrukturen für eine konstruktivistische Geistesgeschichte von zentraler Bedeutung, um Hypothesen für die Untersuchung von Denkschemata und Vorstellungen zu operationalisieren.

Historische Texte sind nicht nur aussagekräftig, weil sie Informationen über die Intentionen der Verfasser oder über zeitgenössische Ereignisse vermitteln; wenn der Historiker der Sprache einen eigenständigen Aussagewert zuerkennt, können schriftliche Quellen auch Einblick in das Wirklichkeitsmodell des Verfassers verleihen. Obwohl Einigkeit darüber besteht, daß sich Historiker zum großen Teil mit sprachlichen Quellen befassen, und auch die Notwendigkeit, sich kritisch mit Sprache auseinanderzusetzen, zunehmend betont wird, liegt vielen historischen Arbeiten noch immer ein naiv realistisches Verständnis von Sprache zugrunde.[41] Dennoch werden die Erkenntnisse von Linguistik und Sprachphilosophie, die seit Wilhelm von Humboldt über Schleiermacher, Hamann, Charles Peirce, Saussure und Wittgenstein in verschiedener Weise gezeigt haben, daß Sprache kein transparentes Medium darstellt, das einen referentiell eindeutigen Blick auf die durch sie beschriebene Wirklichkeit zulasse, von der großen Mehrzahl der Historiker nach wie vor ignoriert.

Im Gegensatz dazu kann sich eine konstruktivistische Historiographie an der von Humboldt begründeten sprachphilosophischen Tradition orientieren, die von neueren linguistischen Ansätzen weitergeführt worden ist. Dadurch wird historische Forschung auf eine konstruktivistische Sprach- und Erkenntnistheorie gegründet, die weder ein einfaches mimetisches Verhältnis von Sprach- und Wirklichkeit ansetzt, noch die schöpferische Kraft des Individuums gegenüber dem allumfassenden Diskurs leugnet. Sie entgeht damit zugleich der Gefahr eines simplifizierten Verständnisses von Sprache und Bedeutung, wie sie

---

41 Auf die Bedeutung von Sprache für historische Forschung weist etwa W. J. Mommsen, »Die Sprache des Historikers«, in: *Historische Zeitschrift* 238 (1984), 57-81, S. 63, 67, hin.

LaCapra für mentalitätsgeschichtliche Studien sieht.⁴² Obwohl im Rahmen einer konstruktivistischen Sprachtheorie die bedeutungskonstituierende Fähigkeit des Individuums anerkannt und der vom Dekonstruktivismus totgesagte Autor wieder in die Position versetzt wird, die ihm in humanistischen Gedankengebäuden zugewiesen wird, ist ein emphatischer Subjektbegriff insofern mit dem radikalen Konstruktivismus unvereinbar, als jeweils angegeben werden muß, welche System/Umwelt-Differenz und welche Selbstreferenz/Fremdreferenz-Beziehung anzusetzen ist.⁴³ Da mit der systemtheoretischen These, daß Erkenntnis »als Operation eines von seiner Umwelt abgekoppelten Systems«⁴⁴ zu modellieren ist, die Beibehaltung des Terminus Subjekt aber nicht grundsätzlich in Zweifel gezogen wird⁴⁵, kann eine auf konstruktivistischen Grundannahmen basierende Geistesgeschichte wieder Intentionen, Sinnzuweisungen und Handlungen zum Gegenstand der Untersuchung machen und Individuen als verantwortliche Urheber ihrer Handlungen ansehen, ohne zu leugnen, daß diese lebenden kognitiven Systeme dabei das zu ihrer Zeit akzeptierte Gesamtprogramm Kultur (im Sinne S. J. Schmidts) anwenden und daß die Struktur der Sprache ihre Wirklichkeitsauffassung beeinflußt. Selbst Strukturalisten wie Lévi-Strauss räumen mittlerweile ein, daß die Suche nach Ordnung und die Ansetzung der schöpferischen Kraft des Individuums miteinander verbunden werden können.⁴⁶

42 D. LaCapra, *Geschichte und Kritik*, Frankfurt a. M. 1987, S. 39.
43 Für diesen Hinweis danke ich S. J. Schmidt, der mich auch auf den in diesem Zusammenhang einschlägigen Artikel von N. Luhmann, »Das Erkenntnisprogramm des Konstruktivismus und die unbekannt bleibende Realität«, in: *Soziologische Aufklärung 5. Konstruktivistische Perspektiven*, Opladen 1990, 31-58, hier bes. S. 34 ff., aufmerksam gemacht hat.
44 Luhmann, »Das Erkenntnisprogramm des Konstruktivismus und die unbekannt bleibende Realität«, S. 38.
45 Vgl. den Hinweis von Luhmann, »Intersubjektivität oder Kommunikation«, S. 41: »Den Begriff des Subjekts sollte man nach wie vor ernst nehmen, um Erinnerungen festzuhalten und Theorieentscheidungen zu markieren. Ein Subjekt liegt allem, was ist, zugrunde.« Zur Beibehaltung des Terminus Subjekt vgl. ebd., S. 43 ff.
46 Vgl. C. Lévi-Strauss, »Stillstand und Geschichte. Plädoyer für eine Ethnologie der Turbulenzen«, in: Ulrich Raulff (Hg.), *Vom Umschreiben der Geschichte*, Berlin 1986, 68-87, S. 86 f. Auch R. H. Brown u.

Wenn man davon ausgeht, daß Menschen die Realität nicht direkt zugänglich ist, weil sie ausschließlich in ihren Beschreibungen ihrer Welt leben, werden die Kategorien und Regeln, mit denen sie diese Beschreibungen anfertigen, wichtig für ein Verständnis ihres Denkens. Im Rahmen einer konstruktivistischen Historiographie ist die Sprache insofern ein geeignetes Mittel zur Untersuchung der Wirklichkeitssicht von Menschen, als sie *nicht* als ein von Sprechern losgelöster Diskurs angesehen wird; statt dessen betont der Konstruktivismus, daß Welt von den Individuen selbst durch Sprache mitkonstituiert wird, so daß etwa die verwendeten Begriffe Auskunft über die Denkschemata der Benutzer geben. Während die wirklichkeitskonstituierende Funktion von Sprache von der Historiographie traditionell ignoriert und Sprache als ein transparentes Medium des historischen Geschehens aufgefaßt wurde, zieht eine konstruktivistische Historiographie eine Repräsentationsbeziehung zwischen Quellen und Ereignissen in Zweifel: Die verwendeten Begriffe spiegeln nicht die ›objektive‹ Wirklichkeit, sondern die Denkkategorien der Sprecher. Sprache wird somit konzeptualisiert als ein kognitives Instrument zur Erfassung von Welt und als Ausdruck der Weltsicht der Sprechenden.[47] Da Begriffe als Kategorien das Instrumentarium für die Aneignung und Beschreibung von Wirklichkeit bilden, umreißen sie die Horizonte und Grenzen des Denk- und Erfahrbaren. Worte strukturieren die Aneignung von Welt und prägen somit das Wirklichkeitsmodell des Individuums; sie sind daher ein wichtiger Anhaltspunkt für eine Analyse der Denkschemata, mit denen Menschen ihre Weltsicht konstruieren. Der Gebrauch von Begriffen trägt gleichzeitig dazu bei, die in ihnen festgeschriebenen Ein-

---

S. M. Lyman, »Introduction: Symbolic realism and cognitive aesthetics: An invitation«, in: R. H. Brown u. S. M. Lyman (Hg.), *Structure, Consciousness, and History*, 1-10, S. 8, sprechen sich für die Notwendigkeit einer solchen humanistischen Theorie aus.

47 Diese auf Humboldt zurückgehende Auffassung von Sprache wird auch von M. Stanley, »Dignity versus survival? Reflections on the moral philosophy of social order«, in: Brown u. Lyman (Hg.), *Structure, Consciousness, and History*, S. 226, vertreten; F. Meyer, »Literary History and the History of Mentalities: Reflections on the Problems and Possibilities of Interdisciplinary Cooperation«, in: *Poetics* 18 (1989), 85-92, S. 91, schreibt Sprache einen großen Teil der Konstituierung, Strukturierung und Stabilisierung von Mentalitäten zu.

stellungen zur Wirklichkeit zu perpetuieren – oder, im Fall von Propaganda, die erwünschte Auffassung von Wirklichkeit in breiten Schichten durchzusetzen.[48]

Das System der zur Verfügung stehenden Begriffe, die Lücken in Wortfeldern und das Phänomen des Bedeutungswandels bilden demnach einen relevanten Untersuchungsbereich einer konstruktivistischen Geistesgeschichte. Daher bekommen die Analyse historischen Sprachgebrauchs und die Methodik der Begriffsgeschichte eine wichtige Stellung in einer konstruktivistischen Historiographie.[49] Ebenso wie der Übersetzer sieht sich der Historiker mit dem Problem konfrontiert, daß Begriffe in Wortfeldern mit Worten ähnlicher Bedeutung situiert sind; daher sollten sie nicht isoliert, sondern nur in Beziehung zu anderen Elementen des gleichen Wortfelds untersucht werden.

Neben der Struktur von Wortfeldern bilden auch die Konnotationen, mit denen Worte belegt werden, und die diesen zugrundeliegenden Einstellungen zum bezeichneten Gegenstand ein ergiebiges Untersuchungsfeld. So kann das im 18. Jahrhundert verwendete Wortfeld zur Bezeichnung der Unterschicht (*mob, many-headed monster, scum of the people*, etc.) verschiedene Aspekte des Wirklichkeitsmodells der Sprechenden beleuchten: Zum einen kann die Untersuchung dieses und des komplementären Wortfelds, mit dem die herrschende Schicht beschrieben wurde, (*superiors, betters, gentlemen* etc.) zeigen, in welche Gruppen die Gesellschaft von den Sprechenden unterteilt wurde. Da es sich keineswegs um wertneutrale Beschreibungen

---

48 Zur Funktion von Begriffen, Geschehen zu beeinflussen, vgl. R. Koselleck, *Vergangene Zukunft. Zur Semantik geschichtlicher Zeiten*, Frankfurt a. M. ²1989, S. 301. Solche Wortbildungen nehmen z. T. semantische Widersprüche in Kauf; vgl. »Minuswachstum«.

49 Zur Theorie der Begriffsgeschichte vgl. etwa R. Koselleck, »Einleitung«, in: R. Koselleck (Hg.), *Historische Semantik und Begriffsgeschichte*, Stuttgart, 1978. 9-18. H. U. Gumbrecht, »Für eine phänomenologische Fundierung der sozialhistorischen Begriffsgeschichte«, in: R. Koselleck (Hg.), *Historische Semantik*, S. 85, bezeichnet im Gegensatz zu Koselleck auch Worte, die konkrete Gegenstände bezeichnen, als Gegenstände der Begriffsgeschichte. Solche Beziehungen bilden ein bisher kaum beachtetes Forschungsfeld der Geistesgeschichte. Auf die korrelative Beziehung zwischen Sprache und Einstellungen verweist auch V. Sellin, »Mentalität und Mentalitätsgeschichte«, S. 579.

handelte, sondern um emotional und normativ besetzte Abgrenzungsmetaphern, können zum anderen die Kategorien untersucht werden, die diese Worte für die Modellierung von Selbst- und Fremdbildern bereitstellten. Eine Analyse der Konnotationen dieser Worte kann zusätzlich Aufschluß darüber geben, welche Attribute den Unterschichten verliehen wurden. Schließlich können diese Wortfelder auf ihre Funktion für die Rechtfertigung und Bewahrung sozialer Überlegenheit hin analysiert werden.

Ein weiteres Untersuchungsfeld einer Geistesgeschichte, die auf konstruktivistischen Erkenntnis- und Sprachtheorien basiert, bildet der Wandel von Bedeutungen, die Worten zugeschrieben werden. Das Phänomen des Bedeutungswandels kann Aufschluß geben über Änderungen in der Art und Weise, wie Wirklichkeit historisch variabel wahrgenommen und konstruiert wurde. Geistesgeschichtliche Studien können dabei an die Methodologie begriffsgeschichtlicher Untersuchungen anknüpfen, die etwa ergeben haben, daß Wortschöpfungen oder die Einführung eines Kollektivsingulars für vorher im Plural benutzte Worte wie »Geschichte« oder »Revolution« zu Ende des 18. Jahrhunderts auf signifikante Änderungen in der Einstellung zu diesen Phänomenen verweisen, was in der Regel mit Veränderungen des Verhaltens einherging.[50] Auch die Beziehungen zwischen dem Wandel von Wortbedeutungen mit dem Wandel von Institutionen bilden ein ergiebiges Untersuchungsfeld. Neben definierbaren Worten und abstrakten Begriffen eignen sich auch weniger klar ausgrenzbare Symbole für die Untersuchung von Denkkategorien. Daher können auch bisher der Ideengeschichte zugeschriebene Fragestellungen in eine konstruktivistische Historiographie integriert werden.[51]

Nicht nur eine konstruktivistische Geistesgeschichte, die sich die Konstruktion historischer Wirklichkeitsperzeption zum Ziel setzt, sondern auch jede andere Form von Historiographie, die geschichtliche Ereignisse und Handlungen auf der Basis von Quellen erklären will, steht vor der Schwierigkeit, zeitgenössische Verstehensweisen zu erfassen. Welche Bedeutungen Menschen in

---

50 Zum Kollektivsingular von »Revolution« und »Geschichte« vgl. R. Koselleck, *Vergangene Zukunft*, S. 50 f., 76 ff.
51 Zur historischen Relevanz des Bedeutungswandels vgl. R. Chartier, »Geistesgeschichte oder *histoire des mentalités*?«, S. 39.

vergangenen Epochen Texten zugewiesen haben, wurde nur selten in Briefen oder Tagebüchern schriftlich (und dann wieder als ein Text, den heutige Leser zu verstehen versuchen) festgehalten. Obwohl von verschiedener Seite die Notwendigkeit betont worden ist, die zeitgenössische Rezeption und die »hidden meanings« zu rekonstruieren[52], ist es noch eine weitgehend offene Frage, mit Hilfe welcher Methoden Einstellungen von historischen Autoren und Lesern empirisch untersucht werden können. Anstatt einfach vorauszusetzen, daß historische Lesarten dem Textverständnis des Historikers entsprechend, schärft eine konstruktivistische Auffassung von Sprache den Blick für die Konstruktivität allen Textverstehens und reduziert damit das Theoriedefizit, das sich bislang in vielen begriffs- und mentalitätsgeschichtlichen Arbeiten findet.

Darüber hinaus erschwert ein bisher wenig beachtetes Merkmal von Texten das Bemühen des Historikers, Einstellungen und Denkschemata zu ermitteln: Wissenselemente und Einstellungen, die vom Verfasser und damaligen Lesern als Gemeingut akzeptiert wurden, werden nicht explizit sprachlich zum Ausdruck gebracht, allein weil ein Ausformulieren solcher als selbstverständlich angesehener Vorannahmen endlose Wiederholungen zur Folge hätte. In den Worten der Übersetzungswissenschaft: um den Grad an Redundanz gering zu halten, wird nur ein Teil der Intention vertextet. Da jedoch das früher vorausgesetzte Weltwissen durchaus nicht von Mitgliedern anderer Kulturkreise zu späteren Zeiten geteilt wird, muß solches *common sense*-Wissen vergangener Gesellschaften vom Historiker erarbeitet werden.

Aufgrund der bereits diskutierten großen Bedeutung des sozialen Umfelds sollten auch anthropologische Vorgehensweisen auf ihre Nützlichkeit für historische Forschung hin geprüft werden. Clifford Geertz kann in diesem Zusammenhang deshalb interessante Konzepte anbieten, weil er Kultur nicht als losgelöste Entität an-

---

52 Vgl. etwa P. Burke, *The Italian Renaissance. Culture and Society in Italy*, Cambridge, rev. ed. 1987, S. 9, 170 f. Gegen die Gleichsetzung von heutigem Verständnis von Büchern mit ihrer historischen Bedeutungszuweisung, die die kreative Rezeption mißachtet, wendet sich R. Chartier, »Geistesgeschichte oder *histoire des mentalités*?«, S. 26 f., 33. Für die Berücksichtigung des Kontexts spricht sich auch D. Hollinger, »The Return of the Prodigal: The Persistence of Historical Knowing«, in: *American Historical Review* 94 (1989), 610-21, bes. S. 616 ff., aus.

sieht, sondern sie als von Menschen erzeugte Bedeutungsstrukturen versteht, vor deren Hintergrund Individuen ihre eigenen Handlungen als sinnvoll erleben können. Sein Konzept von *common sense* bildet einen geeigneten Ausgangspunkt für eine Analyse des jeweiligen konsensuellen Weltwissens: Geertz beschreibt diesen »gesunden Menschenverstand« nicht etwa auf der Basis einer realistischen Weltsicht als diejenigen Annahmen, die objektiv wahr und nicht widerlegbar sind; vielmehr faßt er ihn als Konglomerat kultur- und zeitspezifischer Ansichten auf, die von vielen Mitgliedern einer Gesellschaft geteilt werden und einen Teil ihres Wirklichkeitsmodells bilden. Seine Vorgehensweise der »dichten Beschreibung« kann daher zur Ergänzung der Analyse von Denkstrukturen und Einstellungen herangezogen werden, um dem Kontext der sozialen Produktion von Bedeutungen gerecht zu werden.[53]

Die Bedeutung des sozialen Umfelds verweist insofern erneut auf die gebotene Vorsicht bei Rückschlüssen von Handlungen oder Texten auf zugrundeliegende Denkstrukturen und Mentalitäten, als jeweils danach zu fragen ist, inwieweit bestimmte Einstellungen in einer Gesellschaft verbreitet waren. So sollten etwa Denkstrukturen und Ideen der Eliten auch daraufhin analysiert werden, inwiefern sie von verschiedenen sozialen Gruppen übernommen oder modifiziert wurden. Damit wird eine einseitige Reduzierung auf kollektive ›Mentalitäten‹ ebenso vermieden wie eine ausschließliche Konzentration auf die Geschichte großer Ideen. Wenn Einstellungen und Denkstrukturen immer in ihrem Bezug auf den sozialen Kontext betrachtet werden und eine Analyse des Grades an Durchdringung gleicher oder ähnlicher Vorstellungen in verschiedenen Gruppen angestrebt wird, erweist sich außerdem

---

53 Zur »thick description« vgl. C. Geertz, *The Interpretation of Cultures: Selected Essays*, London 1975, S. 7 ff.; die Anwendung anthropologischer Konzepte wird auch von N. Z. Davies, »Anthropology and History in the 1980s«, in: *Journal of Interdisciplinary History* 12, 2 (1981), 267-75, befürwortet. Einen Überblick über die Fragestellungen und Methoden der historischen Anthropologie gibt H. Süssmuth, (Hg.), *Historische Anthropologie*, Göttingen 1984. Anregende Überlegungen zur Integration ethnologischer Fragestellungen stellt H. Medick, »›Missionare im Ruderboot‹? Ethnologische Erkenntnisweisen als Herausforderung an die Sozialgeschichte«, in: *Geschichte und Gesellschaft* 10 (1984), 295-319, bereit.

das Problem, was als ›typisch‹ und ›repräsentativ‹ anzusehen ist, als ein Scheinproblem.[54]

5. Perzipierte Wirklichkeiten und historiographische Konstrukte

Im Anschluß an diese knappe Skizze einiger Kategorien, Gegenstandsbereiche und Vorgehensweisen einer konstruktivistischen Geistesgeschichte soll abschließend kurz erwogen werden, welche grundsätzlichen Auswirkungen eine konstruktivistische Sprach- und Erkenntnistheorie auf die Arbeit mit historischen Quellen besitzt. Wenn anerkannt wird, daß Menschen kein direkter Zugang zur Realität möglich ist und Sprache ein kognitives Instrument darstellt, das kein Abbild der Realität, sondern Ausdruck der individuellen Vorstellungen ist, können Texte nicht als unvermittelte Abbildungen historischer Wirklichkeit angesehen werden. Die hier angestellten Überlegungen zu der Art und Weise, wie zeitgenössische Texte analysiert werden können, um Aufschluß über die Konzepte, Denkstrukturen und Einstellungen der Verfasser zu gewinnen, weisen auf grundsätzliche Probleme der Auswertung von Quellen hin, die insofern für alle geschichtlichen Disziplinen relevant sind, als auch die Kenntnis von Handlungen und Ereignissen zumeist nur über Texte zugänglich ist. Daher werden die Fragestellungen der Geistesgeschichte grundlegend für alle Bereiche einer konstruktivistischen Historiographie. Wenn schriftliche Quellen nicht mehr als Spiegel oder transparente Medien angesehen werden, die – abgesehen von der spezifischen Intention des Verfassers – einen unverzerrten Blick auf die historische Wirklichkeit ermöglichen, können sie nicht primär als Aussagen über die beschriebenen Vorgänge gewertet werden. Vielmehr vermitteln sie in erster Linie Aufschluß über die Gedanken, Einstellungen, Denkstrukturen und (Vor-)Urteile der Verfasser.

54 Zur Problematisierung der Frage nach Repräsentativität vgl. D. LaCapra, *Geschichte und Kritik*, S. 39, 139. Für eine Verbindung von Geistes- und Mentalitätengeschichte sprechen sich etwa S. Rowan u. G. S. Williams, »Historical Questions and Literary Answers«, in: *Germanisch-Romanische Monatsschrift* 35, 2 (1985), 129-156, S. 137, aus. Auch für D. Lindenfeld, »On Systems«, S. 50, rücken Geistes- und Kulturgeschichte sehr eng zusammen.

Bevor sprachliche Quellen auf ihren Aussagewert im Hinblick auf die konkreten geschichtlichen Umstände analysiert werden, sollten daher zunächst »soziale und politische Konflikte der Vergangenheit im Medium ihrer damaligen begrifflichen Abgrenzung und im Selbstverständnis des vergangenen Sprachgebrauchs der beteiligten Partner aufgeschlüsselt werden«.[55] Da der Sprachgebrauch Erkenntnisse über die nicht explizit formulierten Einstellungen und Werte der Handelnden vermitteln kann, die von der Analyse der sachgeschichtlichen Ereignisse gar nicht in den Blick rücken, bietet er einen wichtigen Anhaltspunkt bei der Klärung der Frage, welche Begriffe und Konzepte, welche Einstellungen und welche mehr oder weniger bewußt formulierten Vorannahmen in die jeweiligen Beschreibungen eingingen. Dies gilt nicht nur für alle Arten von erzählenden Quellen oder für so stark an Konventionen orientierten Dokumenten wie Urkunden, sondern auch für vermeintlich ›objektive‹ Quellen wie Statistiken. Gerade quantifizierende Beschreibungen sind in hohem Maße geprägt von den Vorannahmen ihrer Ersteller, so daß sich etwa anhand der Statistiken zur Bevölkerungsentwicklung in den USA im 19. Jahrhundert aufzeigen läßt, in welche Gruppen die Gesellschaft eingeteilt wurde, während sich Rückschlüsse über die ›objektiven‹ Merkmale der Bevölkerungsstruktur nicht selten als problematisch erweisen.[56] Da somit auch schriftliche Quellen wie Statisti-

---

[55] So formuliert R. Koselleck, »Begriffsgeschichte und Sozialgeschichte«, in: R. Koselleck (Hg.), *Historische Semantik und Begriffsgeschichte*, 19-36, hier S. 24, die methodische Minimalforderung der Begriffsgeschichte. Vgl. auch die in den übrigen Anmerkungen genannten Arbeiten zur Mentalitätsgeschichte und historischen Semantik.

[56] So verändern sich die Alterskategorien je nach den bestehenden Einstellungen und Bedürfnissen: 1790 wurden weiße Männer in unter und über 16 Jahre eingestuft (u. U. wegen des Militärdienstes), während die Altersgruppen, in die weiße Männer und Frauen 1800 bis 1820 eingeteilt wurden, nach ihrer Arbeitskraft strukturiert waren; ab 1830 kommen demographisch relevante Aspekte hinzu, so daß weiße Männer und Frauen unter 20 Jahren in 5-Jahreskategorien eingestuft wurden. Für Schwarze galten hingegen andere, durch die Arbeitserfordernisse auf Plantagen erklärbare Altersstufen. Nach dem Zensus gab es 1850 und 1860 keine Sklaven; vgl. dazu Jane H. Pease, »Can This Old Union Be Restored? Some Questions About Social and Intellectual History«, in: *Journal of the Early Republic* 11, 1 (1991), 1-18, S. 8 f. P. Burke, *Städtische Kultur in Italien zwischen Hochrenaissance und Barock*,

ken keineswegs transparent in bezug auf die beschriebene historische Wirklichkeit sind, sollten sie zunächst im Hinblick auf die Vorstellungen und Denkschemata ihrer Verfasser hin interpretiert werden.

Doch auch fundierte historiographische Forschungsergebnisse, die quellenkritisch angelegt sind und sich neuester Theorien bedienen, bilden kein Abbild der geschichtlichen Wirklichkeit; vielmehr sind die erarbeiteten Fakten im ursprünglichen Sinn des Wortes Faktum ›gemacht‹, d.h. vom Historiker geschaffene Daten. Letztlich muß daher Sir George Clarks Einsicht, daß es die Überzeugungen der geschichtlichen Persönlichkeiten, und nicht die Fakten waren, die die Geschichte prägten, in einer konstruktivistischen Historiographie auf die Forschungsergebnisse des Historikers zurückbezogen werden, dessen eigene Vorannahmen und Vorgehensweisen seine *facts* erzeugen. In Abwandlung von Oscar Wildes Bonmot – »It is the spectator, and not life, that art really mirrors«[57] – kann man also resümierend feststellen, daß Quellen nicht die geschichtliche Wirklichkeit, sondern die Einstellungen, Denkstrukturen und Wahrnehmungsgewohnheiten der zeitgenössischen Beobachter spiegeln. Ebenso sind die Produkte historiographischer Arbeit – seien es Untersuchungen der Wirklichkeitssicht der historischen Akteure, oder seien es Analysen der historischen Gegebenheiten – Konstruktionen der Historiker, die, in den Worten Malcom Bradburys, mehr oder weniger »delusory approximations to historical reality«[58] darstellen.

Berlin 1987, S. 33 ff., veranschaulicht überzeugend, daß Volkszählungen in Städten in der Renaissance mehr über die Kategorien der Zählenden als über die Verfaßtheit der Bevölkerung aussagen. Auch H. Medick, »Missionare im Ruderboot«, S. 313, befürwortet eine Interpretation von Quellen über den Status eines »Dokuments, aus dem Fakten zu entnehmen sind«, hinaus.
57 Oscar Wilde, *Preface* zu *The Picture of Dorian Gray*, Oxford 1974 [¹1891], S. XIX.
58 Malcolm Bradbury, *The History Man*, Harmondsworth 1985 [¹1975], o. S.

Reinhard Klessinger
Poetik des Raumes

...
Et l'action du sculpteur consiste précisément à substituer à la négativité du vide la positivité d'un espace vivant par la mise en œuvre d'un matériel et la projection d'une forme.
Jacques Dupin, *L'espace autrement dit,* Editions Galilée, Paris 1982.

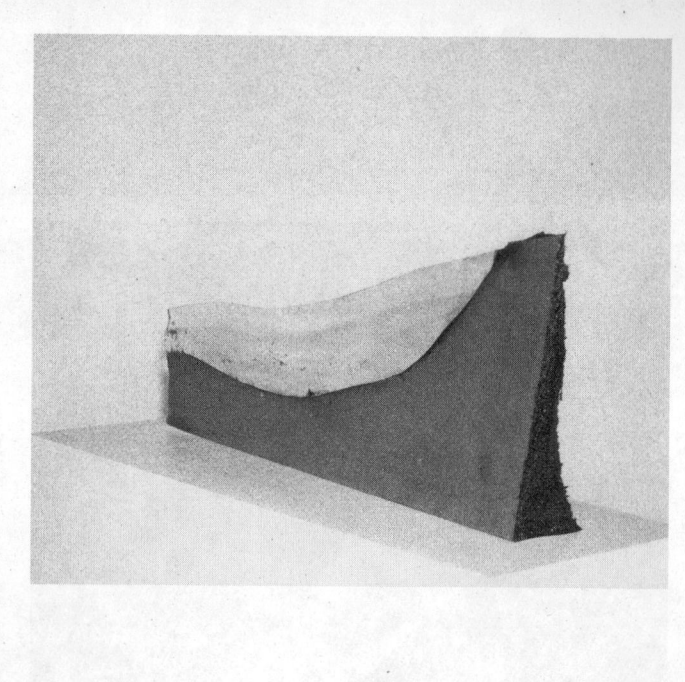

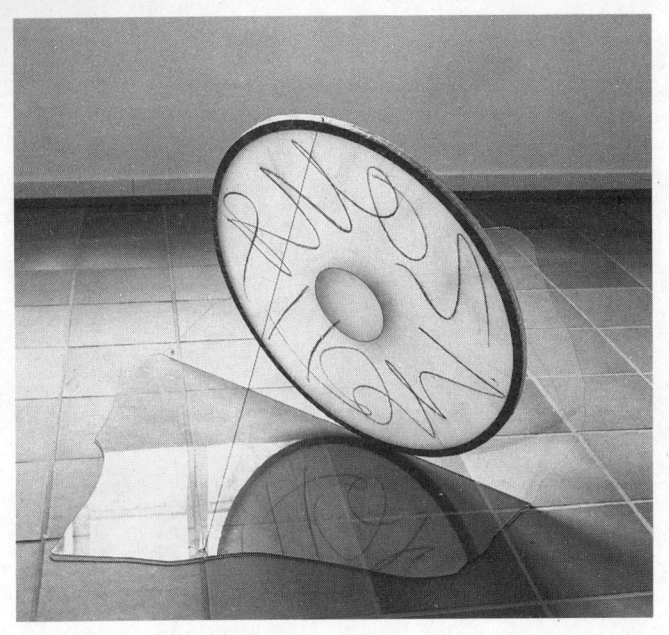

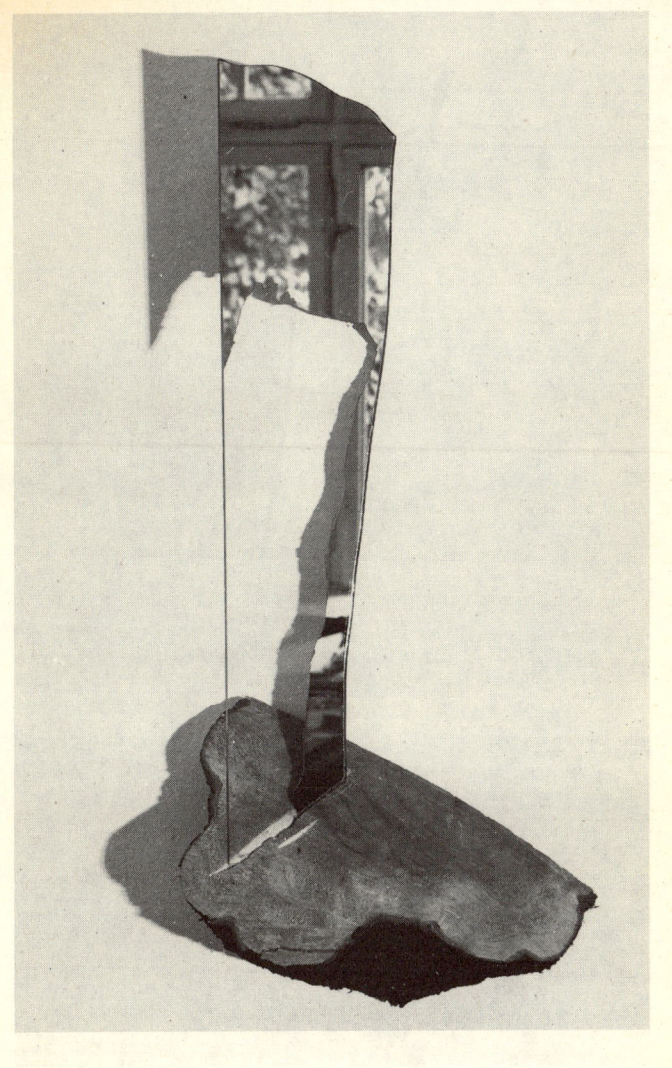

Chris Bezzel
Bordbuch

RUN!
ich entschließe mich hier,
ich nieße,
ich rief. denn der wind bläst in gerader richtung vom land her und treibt uns immer wieder auf das meer hinaus. wir werden die sonne wieder sehen.
(zurück zu den runen!)

daß ich indien entdeckt habe
denn ich habe indien entdeckt

the human capacities once achieved –
es ist eine ganz neue situation. das mußt du doch langsam begreifen.

ein bild kann beziehungen darstellen, die es nicht gibt.
aber dann gibt es sie.
a su manera este libro es muchos libros.
die angst am morgen im bett reißt sterne aus der deutschen hölle.
halskette aus blauen, gelben, braunen und grünen perlen, wo die haut leicht zu durchstoßen ist und der speer ins leben dringt.

hier wohnt der minotaurus.
wohin immer ich komme, jubeln mir die menschen zu.
anna liebt mich.
PRINT!

die teile flattern weg, das denkt man.
dabei fliegen sie zueinander, immerzu.
jetzt begreifst du. von nun an werden wir unter den trobriandern leben.
der ziegel ist eine mathematische form ohne naturvorbild im stoppelfeld
tief in den hellgrünen schlünden.
diese liste zählt etwa 30 formen.

ich habe mich stets beim schreiben der größten vorsicht befleißigt und wiederhole nochmals, alles getreu beschrieben zu haben in brüchs in der hochrhön
im nebel bei vollmond auf römö gestern nacht.
konfuzius führte keine unterhaltung beim essen. im bett redete er nicht. auf dem himalaya sandte er keine funksignale aus. spaghettis liebte er. er rieb seinen schwanz, er stob kollossalisch. mit ölfarbe rührte er gerührt den frühen morgen an.

bombentrichter tote pferde,
die gewißheit, alle realität zu sein,
gelbe begonien,
die indianer zu bestaunen, die hinter mir schritten und käfige mit papageien in der hand hielten. ich bin eingehüllt von dir. dein haß ist nur die stachlige pelzkehrseite deiner liebe zu mir. ich bin an mir und für dich da.
das ist ›dust‹ staub tabu.
in beirut werde auch ich zum zweiten mal ausgebombt. ich
ich
ich
bin
verschüttet. das ist das ich als späte form für den eigennamen vorn.
ils ne passeront pas.

einstige einsam eis. es ist klar,
es geht nicht. so geht es nicht.
alles ist anders. nehmen wir zum beispiel die niederlassung von angmagssalik.

heute kam ein bote des königs zu mir und überbrachte mir einen brief joãos II.
yet the connection between material flow and social relations is reciprocal.

ähren
doldig
reis. birgit wirklich in wirklichkeit
wir.

eva ist ich.

das bismarckdenkmal in ansbach. der kontakt mit den europäern ist den polynesiern zum verhängnis geworden. dieselbe tatsache wird für alaska bezeugt. die geschichte kennt zwei arten des tanzes.

denken wir uns nun eine an der meeresküste entlanglaufende mauer. cook ließ ihm durch einen matrosen beide ohren abschneiden und über bord jagen. taschenrechner und computer haben weiterhin gemeinsam, daß man ihnen sagen muß, was sie zu tun haben. es ist jedoch unzweifelhaft, daß die seeigel uns viel näher verwandt sind als einige viel höher entwickelte klassen, wie zum beispiel die kopffüßler.
schreiben heißt, im raum eine räumliche beziehung herstellen. sie kommt ab schicht III dort vor und dürfte ihre produktionszentren am tigris und in der gegend südlich von mossul gehabt haben.

dagmar ist morsch.
die leberpastete.
eine szene des begehrens: gern/gebet. eifer. (eva.)

begreif doch.
du bist reif
schraffiert und gierig: *dich* will ich haben,
DICH du.
du schrillst und ruhst.
joseph beuys und klee.
paul klee und beuys.
mollusken,
molly.
mutter fiepst im takt. es ist bekannt, daß die vandalen zu anfang des fünften jahrhunderts ihre heimat im osten deutschlands verließen.

barbara barbaribus barbabant barbara barbis.
babbel du rabbel.

martina zuckt. (eva schreit.)
osmose ozon zuchini.
in wahrheit ist der mond lediglich zeichen.
ebenso die walroßherden hauptsächlich im frühjahr.
fortwährend rollen die wogen der brandung gegen die mauer an.
wir liefen hierauf gegen china zu. herr kapitän cook schickte drei
boote gegen das land. das viererschema stellt den versuch einer
universalistischen medizin dar. (eva *will* erst noch universell werden.)

franceso bonporti.
franceso antonio bonporti 1741 opus 12. die magie ist also ein
soziales phänomen. einige richten die masten auf und takeln die
kanus. schweres britisches eisenbahngeschütz an der somme.
ich habe betont, daß bei den trobriandern *jeder* gärtner ist.
das hämoglobin gibt nun O_2 ab. (eva verkrampft sich.)

wir liegen bei völliger windstille zwischen gran canaria und la
gomera. (ich liege zwischen eva.)

DRIVE NOT READY.
die reichsautobahn ist frei.
adolf hitler putzt den grünkohl. sogenannte brägenwürstchen verstopfen die niedersächsische niederträchtige schwangere seele bei
den brennesseln.
sonja sonnt sich steil, sie brillt und schrillt.

kaiser wilhelm links mit tropenhelm, auf der gegenseite lord kitchener ein schluck wasser in geschickten operationen nach saloniki eingeschifft.
auf deutscher seite wird der panzerkreuzer »blücher« in brand
geschossen. die masse der mauer wird auf diese art ständig vermindert. desgleichen bauen die freimaurer unserer zeit keine gotischen kathedralen mehr.
aber eva baut mich,
sie taut mich auf sie
schaut und ist schön, das will sie.
anlaß der argonautenfahrt war die heranschaffung von gold.

laura ist die sau. laura sagt au.

OUT OF MEMORY.

gerade auf diese feststellung gilt es besonders zu achten, wenn eine komplementärklasse bestimmt werden soll, was?

das ist es. du bist es. du bist schön. ich muß dich haben.
denn ich hatte gute schiffe. ich rief, ich
griff.

in dich rein griff ich süffig, du schlugst mich.
der krug ist voll. ich ertrug dich. du kehrtest mich um, du gleißt in der herbstsonne wie verrückt und innig geliebt farn gras. im kiefernduft geil mit harz. in der schneise zerstrahlt nackt und frei.
ich weiß dich, du bist es, du, im hintergrund trommelfeuer abgrund auf die zweite deutsche linierte linie am 7. juni 1915 immer wieder im galopp im feuer zusammengebrochen bild oben.
birgit birgt mich still.
SYNTAX ERROR.
der weiß- oder glattwal eifrig,
und abends fielen einige regentropfen.
und wir können sogar feststellen, wieviel in einem jahr heruntergewaschen wird.
die lage des augapfels im kopf.

denn das ist nach meinen berechnungen gewiß: daß wir nach 700 meilen auf land stoßen werden.
auf spaghetti mit tomatensoße,
auf dich.
wir werden das feste land erreichen, wir werden heiter werden, fest. die komplexität der vorgänge im gartenbau auf grund strategischer gesichtspunkte nach festlegung der rahmenregeln not und elend im kreis der familie adolf hitler. du erbärmlicher und pflichtvergessener tropf, du wasserhuhn, seerose apfelsine konfetti du. milchreis lachsack du lakritzenaffe du.
heike verschweigt dich, heike reißt.
der äquator teilt das stille meer in zwei fast gleiche teile.
ich stehe einem rätsel gegenüber, auf das vor mir wohl noch kein seefahrer gestoßen ist.
kein seefahrer weiß, was ich leide.

ich bin ein nervöses maggi-suppen-nudel-huhn und leide schrecklich und ministeriell. der minister ist der arsch, und ich bin seine trompete,
ich depp.
vorrede über die zergliederung des menschlichen leibes. birgit zerteilt mich, sie beugt mich zu sich hin.
SLEEP!

SIE, die fanta, die fantasie.

in fein verzierten behältern von riffen gesäumt und mit sandbänken übersät in den metamorphen zonen am südrand von taunus und hunsrück strahlt anna wirklich in der luft,
sie schwebt als kuß,
sie webt und webt mich dicht und fest.

dann gingen wir weiter.

eine szene des begehrens
jäh
       scharf
so gelangt man zu einer reihe von erlebnissen und melonen aus dem kühlschrank, deren erinnerungen in der assoziation miteinander und mit andrea verknüpft sind. ahorn heilt alles. die blätter sind das universum. nur gillette-klingen sind kosmischer.
mit hamann ist schleiermacher einer der ersten sprachtheoretiker, die das recht der schrift auf eine eigene geschichte proklamiert haben. dieses prinzip der freien reihung formelhafter sätze und von motivvarianten scheint der funktion des gesanges gemäß zu sein. der könig reiste auf seiner expedition nach dem norden 1000 li über das land des fliegenden sandes und 1000 li über das der angehäuften federn. daß amerika gar nicht selten vor kolumbus erreicht und besucht worden ist, kann keinem zweifel unterliegen.

die als-struktur
hals
salz. eine theorie der zeitmessung für die physik der dachziegel.

ein dachziegel und noch ein dachziegel und eine flasche scheuern-
stuhlbier in kitzingen am main.
sonderlich zu winters-zeit, da ohne dem das gemüth von mehrerer
krafft. BREAK.

neben italienischen hat er auch deutsche stilelemente aufgenommen.
corelli muß auf ihn einen bestimmenden einfluß ausgeübt haben.
diese vermutungen sind tatsächlich in fast allen punkten korrekt.
der trobriander ist in erster linie gärtner.

seit die astronomen in den zwanziger jahren feststellten, daß sich
das weltall ständig ausdehnt
seit übermorgen
seitlich
quer zur zeit
in streifen   (bei den brombeeren)
dabei bespritzte er sie und warf mit steinen nach dem kanu.
es ist kein satz des kolumbus, den ich nicht in meine logik aufgenommen habe.

daß es weit und breit kein land mehr gibt. deine gelegenheitserotik
macht mich an. denn ich bin geil auf dich, du gefällst mir.
der trobriander vergilt alle sexuellen dienste mit gaben, buwana
oder sebuwana genannt. am taunus sind es grünschiefer und seri-
zitschiefer,
silurisch bei wartenstein quarzite aus dem schelfbereich, kalkige
tonige schwellen dunkle schiefer (oft dachschiefer brustsaugen),
maria stromboli die sanfte,
maria nachts um halb drei.
die lichtablenkung im schwerefeld der sonne.
punt.
die fahrt nach punt.
eva.

völkerwanderungen
karaiben
menschenfresser
abendland:
granatkammer des vordersten geschützturmes.

dann habe ich die frau von humboldt mit ihrer tochter hier angetroffen.
eva schwebt und strahlt, sie öffnet sich
fliegt und glüht
von innen
innig sanft.

an dieser stelle verlief die alte trennungsfuge zwischen afrika und
südamerika.

geschwindigkeitsmagie. der fliegende fisch und der
hornhecht
in die blätter gemurmelt
des rumpfs (ruf)
am mast durch die luft.
la flor lo sabe.
no hay que pedirle.
petzen (bezzel): gestrüpp straff sophia.
vielleicht sprechen sie im hereinfahren einige minuten bey mir ein.

je weiter wir nach westen fahren, desto mehr weicht die nadel ab.
schnee,
viel schnee,
kastanien,
glas,
schokolade: ich liebe dich im oktober. wir können uns nun wieder
der beschreibung des kula zuwenden.
enden: gewicht.
das gesumme regt mich auf,
die ahornblätter regen mich auf, so wie du mich im nebel am
morgen *auf*-regst; du räkelst dich, ich hör dir ganz genau zu. du
reibst und streifst.

hallo HAL, kannst du mich hören? (stanley kubrick)

die milch in der kanne.
guten morgen am vereisten ufer. eva in meinen armen im oktober.
ZELLZERTRÜMMERUNG.
die relativistische rotverschiebung.

eisente berglemming. unsere darstellung geht aus von einer gruppe beziehungsarmer wesen.
oder mit hacken und schaufeln die geistesschranken erkennen und niederreißen bis zur schneeschmelze,
bis du mich liebst du tigerkatze
fratz
ast
radieschen am ende der geosynklinalzeit; denn messer marco polo, ein gebildeter edler bürger aus venedig, erzählt hier, was er mit eigenen augen gesehen hat. am 26. oktober 1911 verließ amundsen 80 grad südlicher breite.

cook cook cook cook cook.
und für diese lüge ließ ihn vasco da gama durchpeitschen.

es gibt gesellschaften. schwarzer hirsch sprach auch zu mir nichts verbindliches. und ich ergänze für euch: einer der drei weisen war aus saba, der andere aus ava und der dritte aus cashan. es wird daher selbsterlebtes vom bloß gehörten getrennt, auf daß unser buch ein richtiges, ein wahrheitsgetreues und kein fabelbuch sei.

die schrecken nehmen kein ende: yams, taro, süßkartoffeln, bananen und kokosnüsse.

a slow affair auf offenem wasser.
ich arbeitete völlig allein und lebte den größten teil dieser zeit direkt in den dörfern. eine stunde vor der sonnenfinsternis vom 30. 5. 1984 hörte ich den ersten kuckuck.
singschwan blaukehlchen karlsszepter goldregenpfeifer.
da ließ der kapitän die anker auswerfen und hielt das schiff an.
jeder leser und jeder zuhörer darf vertrauen haben: das buch handelt nur von wahren begebenheiten, der periheldrehung der großen planeten.
daß gott mich jene stelle finden lassen wird. er wird es.
zwei klafter floßholz zum verheizen.
engelhaie wirken durch einen abgeflachten oberkörper und die flügelartig verbreiterten brust- und bauchflossen *rochenähnlich*, wobei kant auf dem ganzen weg zum eßzimmer über die wetterlage sprach.

von hier aus drang ich nach süd-südwesten vor.
werden wort geworden.
die welt startete nach dieser vorstellung mit zwei neutronen in einem expandierenden raum.
die see-expedition der ägyptischen königin hatschepsut nach punt, ca. 1493/2 vor unserer zeitrechnung.
bauplan und tieferer untergrund der bundesrepublik deutschland.

das quasi-ewige, ontologische der geologie.
susanne schlitzt die rüssel.
mit honigmelonen fängt die neue woche an.
pünktlich tobt gott rot.
auf dem marmorkuchen tanzen die eier.
anna schreit vor lust
melisse
mistel
lido. cortez schwankte nun nicht mehr, welchen weg er einzuschlagen habe. die meisten nachbarn schlossen die fenster.

unsere leute zündeten das gras hinter uns an, während wir weiterritten, und der zurücktreibende rauch war weit wie der tag. das östliche ende asiens ist auf jeden fall noch weit. im bild deutsche gefallene. das weltall ist großräumig, dunkel und ziemlich leer. die geburt der philosophie ist das ende der weisheit. ein halbes dutzend jahre nach der landung des kolumbus hatten die spanier, wie ein zeitgenössischer beobachter schätzte, eineinhalb millionen eingeborene abgeschlachtet.
die entzündung läuft immer gleich ab.
der zar selbst.
messer, nägel, spiegel und korallen: bis in die sechziger jahre betrachteten die meisten geowissenschaftler die erde als einen starren körper.
am 12. september hatten wir minus 52 grad mit direktem gegenwind.
BAD DISK.

männer und frauen sind vollkommen nackt.
die bakterienzelle ist eine kleine maschine von äußerster komplexität und leistungsfähigkeit.

glückliche ankunft im lande punt. man nimmt weihrauch, soviel man will, und beladet damit die schiffe nach wohlgefallen. scott stach am 15. juni 1910 in see. DIRECT MODE ONLY.

ich fuhr einen herrlichen fluß hinauf, ich erfuhr dich.
wir besprächen manches zusammen in kassel und führen spazieren in den basalen abschnitten von pankreaszellen und grießaufläufen, als wenn der plural imaginär wäre.
septisch mit ä.

es gibt gesellschaften. darauf begann es zu regnen.
jenseits der metaphysik kommt die biologie.
jenseits der biologie liegt gesine auf der hallig.
dann fuhren wir weiter.

das zelt, die decken und den schlitten.
eigentlich ist wenig zu vermelden.
eigentlich genügt das melden.

unsere ponies arbeiteten sich mühsam durch den schlamm hindurch.
tiefer graviert und fester in ihren umrissen
umgerissen
das weiße reiskorn
du.
dieses buch ist zuwachs: es wächst zu.
der radius der welt ist ungefährt 10^{40} elementarlängen (= radius des elektrons) groß.
die geburt der philosophie ist das ende der weisheit.

geflochten
du. es muß gesagt werden, daß diese gebärden skizzenhafte techniken sind.

seid ihr auf dem himmelspfade gekommen oder seid ihr zu wasser über das große meer des götterlandes gefahren?

ich habe keinen schöneren ort je gesehen.
verflochten mit mir.
wo wir auch standen, überall tauchten soldaten auf, um uns zu töten, und es war doch unser land!
COLLISSION.

wann kommt kommunikation?

gaben für ihr scharlachrotes. das alter der welt beträgt ungefähr 10^{40} elementarzeiten. später änderte havránek seine ansicht über die funktion der dichtersprache. ihr müßt wissen, mogdasio ist eine der größten und schönsten inseln der erde.

eine politik der erde.
eine politik der verbrannten erde.
eine politik der verbrannten walderde.
keine erdpolitik. (kein verbrannter bundeskanzler.)
amundsen empfing die engländer zu einem frühstück in framheim.

dies ist das erste buch von mir, das entstanden, das heißt zusammengewachsen ist.
beachte die metapher »wachsen«. wachs mir den schlitten ein!
gleite *in* sie,
ihren brustkorb ihr atmen atom.

einschlafen dürfen in ihr. der gott assur steigt aus der geflügelten sonnenscheibe empor.
schlägt der wind um, muß das kanu abdrehen.
der fürst von punt.
haploide pflanzen
die gasblasen der fische
lichterloh. wenn kant platz genommen und seine serviette entfaltet hatte, ließ cortez die zwei brigantinen, die zu beiden seiten des dammwegs neben ihm hergefahren waren, um dem heer beistand zu leisten, die feindliche stellung unter beschuß nehmen.

ohne werkzeugbenutzung wäre die existenz in der feindlichen umwelt unmöglich gewesen. der bäcker um die ecke trägt brötchen um die ecke. plötzlich um 1.45 uhr nachts das exotische vogelgeschrei. im satz wird eine welt probeweise zusammengestellt, sagt wittgenstein. der skarabäus schiebt die sonne über den himmel. als freud 1920 den todestrieb erfand, war ewige ruhe der zielzustand aller bewegung. die protozyten haben bisher keine echten vielzelligen lebewesen hervorgebracht.

eine breite lagune grüne färbung sehr fügsam.
die offizielle gartenmagie, wovon künftig das nähere mündlich mitzutheilen sein wird.
der name molasse stammt aus der schweiz.
inschrift auf der schulter des ebich-ili,
rechts auf der schulter, geritzt.
siggi durchstrahlt mich. der größte teil des bodens war vom feuer schwarz. der bundeskanzler zielte, selber verrußt, mit dem deutschdeutschen flammenwerfer auf die alte erde, um nach gold und edelsteinen zu suchen.
im osten liegt die insel woodlark.
löwenköpfiger adler mit inschrift.
das π^+ zerfällt in ein antimüon (μ^+) und ein müonen-neutrino, welches linksdrall hat. so ists recht.

diese insel ist sehr groß.
es ist einfach schön, eine schöne freundin zu haben. (isolde will meine freundin nicht sein.)
davon soll man sich nicht beherrschen lassen.

oder wir gehen durch einen yamsgarten im stadium seiner vollen entfaltung mit meiner schönen freundin im osten, da kant stets seit den frühen morgenstunden hart gearbeitet und bis zum essen nichts zu sich genommen hatte.

im tauschwege schwimmend schimmernd
schlimm.
die westgoten freilich verschmolzen innig mit den einwohnern des landes wochenlang auf der basis der mobilistischen vorstellungen ludwig wittgensteins des eisheiligen.

müonen-antineutrinos haben jedoch rechtsdrall. aber indem ich dieses schreibe, frieren mir die finger ganz krumm. doch ich zerschnitt mit dem scharfen schwert eine große scheibe wachs in stückchen, ich wachse astlos. auf der basis der mobilistischen vorstellungen wurde die theorie der globalen plattentektonik entwikkelt. SYNTAX ERROR.

(Der Text ist der Anfang eines umfangreichen Buchmanuskripts, das von 1982 bis 1991 geschrieben wurde.)

Dodo zu Knyphausen
Paradoxien und Visionen

Visionen einer paradoxen Theorie der Entstehung des Neuen[1]

I.

»Paradoxien und Visionen«: Das ist ein Thema mit einem stark esoterischen Beigeschmack. Im Kontext von Überlegungen zu einem Strategischen Management von Industrieunternehmungen – jenem Diskussionszusammenhang, zu dem der Autor einen Beitrag leisten möchte – können sich Beiträge zu einem solchen Thema im allgemeinen nur Berater leisten, die in den traditionellen Bahnen schon erfolgreich *gewesen sind* oder die durch die Ungewöhnlichkeit ihrer Aussagen erfolgreich *werden wollen*. (Zu ersteren kann man vielleicht den Ex-McKinsey-Partner Tom Peters zählen, zu letzteren den Berater-Guru Gerd Gerken.[2]) Ich möchte im folgenden versuchen, die Grundzüge eines *Theorie*konzeptes plausibel zu machen, das nicht von vornherein nur in eine solche Schublade paßt und sich lieber der wissenschaftlichen Diskussion (was immer das im einzelnen ist) aussetzt.

II.

Wenn man von Paradoxien spricht, hat man meist die klassischen Beispiele im Auge. Das bekannteste ist vielleicht das des Kreters Epimenides, der behauptet, alle Kreter seien Lügner, damit aber die nicht entscheidbare Frage provoziert, ob er selbst Lügner ist oder die Wahrheit spricht. Aber auch andere Beispiele sind in der

---

1 Der folgende Text ist die schriftliche Fassung eines Vortrages, den ich am 2.12.89 in Schloß Gimborn gehalten habe.
2 Vgl. T. Peters, *Thriving on Chaos. Handbook of a Management Revolution*, New York et al. 1987; G. Gerken, *Der neue Manager*, Freiburg i. Br. 1986.

Literatur immer wieder diskutiert worden; Quine[3] nennt etwa die folgenden:

– Das (auf Russell zurückgehende) Paradox von jenem Dorfbarbier, der all diejenigen und nur diejenigen Bewohner seines Dorfes rasiert, die sich nicht selbst rasieren. Rasiert der Barbier dann auch sich selbst? Nach der angegebenen Regel müßte er es dann tun, wenn er sich nicht selbst rasiert; dann aber ist er ja jemand, der sich selbst rasiert und müßte sich deshalb gerade nicht rasieren, woraus dann allerdings wieder folgt, daß er sich rasieren müßte, usw.

– Das Grellingsche Paradox, nach dem man ein Wort dann als »autologisch« bezeichnen kann, wenn es auf sich selbst zutrifft, und als »heterologisch«, wenn gerade das nicht der Fall ist (»kurz« ist also autologisch, weil es selbst kurz ist; »lang« dagegen heterologisch, weil es nicht lang ist). Was ist dann aber »heterologisch«? Wenn »heterologisch« autologisch wäre, bedeutete das, daß es auch auf sich selbst zutreffen müßte; dann aber müßte »heterologisch« gerade *hetero*logisch und nicht autologisch sein. Das aber würde bedeuten, daß dieser Begriff auf sich selbst zutrifft, was wiederum die Bezeichnung »autologisch« rechtfertigen würde, usw.

– Die Russellsche Mengenparadoxie, die sich aus der Frage ergibt, zu welcher Menge jene Mengen gehören, die sich nicht selbst enthalten. Daß es Mengen gibt, die sich selbst enthalten, ist klar; die Menge etwa all jener Mengen, die mehr als fünf Mitglieder haben, hat sicherlich selbst mehr als fünf Mitglieder. Auch das Gegenteil kommt natürlich immer wieder vor; auch die Menge jener Mengen, die weniger als fünf Mitglieder haben, hat zweifellos mehr als fünf Mitglieder. Die Menge der Mengen aber, die sich nicht selbst enthalten, läßt sich so einfach nicht zuordnen, wenn es sich hier um eine Menge handelt, die sich selbst enthält, kann es sich ja nicht gleichzeitig um eine Menge handeln, die sich nicht selbst enthält; im anderen Fall aber, in dem diese Menge zu jenen Mengen gehört, die sich nicht selbst enthalten, würde eben diese Menge sich selbst enthalten, und das widerspräche wiederum der Voraussetzung. Auch hier entsteht offensichtlich jener Circulus vitiosus, durch den sich auch die beiden anderen Beispiele kennzeichnen lassen.

Vor dem Hintergrund dieser Beispiele kann man versuchen, zu einer ersten Umschreibung dessen zu kommen, was eine Paradoxie »ist«. (Ich sage bewußt »Umschreibung«: Paradoxien lassen sich nicht »zeitlos« *definieren*. Warum, das werden die folgenden Überlegungen – hoffentlich – zeigen.) Der Einfachheit halber zwei Zitate:

3 W. V. Quine, »The Ways of Paradox«, in: ders., *The Ways of Paradox and Other Essays*, New York 1960, S. 3-20.

»Paradoxien sind Widersprüche, die dazu einladen, eine Position zu beziehen mit der Folge, daß man sich damit auf die Gegenposition versetzt findet.«[4]

»The sense that something is paradox derives from the relationship between an event and the context within which that event is described. ... Paradox, then, is a *lack of fit* between frame and contents which causes the observer to alternate between two competing perspectives.«[5]

An diesen Aussagen sind vier Punkte hervorhebenswert. *Erstens*: Paradoxe Aussagen sind selbstreferentiell strukturiert: Sie beziehen sich auf sich selbst. *Zweitens*: In diese selbstreferentielle Struktur ist eine Ebenendifferenz eingebaut. Epimenides *ist* Kreter, spricht aber zugleich auch *über* Kreter. *Drittens*: Es kommt eine Negation hinzu. Nicht jede selbstreferentielle Aussage (mit Gertrude Stein etwa: »Eine Rose ist eine Rose ist eine Rose«) beinhaltet schon von vornherein eine Paradoxie. (Bei genauerer Betrachtung kann man allerdings auch in eine solche – offensichtlich tautologische – Aussage eine Negation *hineinkonstruieren;* insofern führt jede selbstreferentielle Aussage zumindest zu einem Paradoxie*verdacht.* Ich werde darauf noch zurückkommen.) Und schließlich *viertens*: Es ist immer ein Beobachter, für den eine Aussage paradox erscheint; *er* wird, wenn er dem Lauf der Paradoxien folgen will, zu einem Hin-und-Her zwischen den beiden Polen gezwungen.

III.

Wenn man sich die bisherigen Überlegungen vor Augen führt, kann man zunächst einmal sagen: Es gibt – für einen Beobachter jedenfalls – Paradoxien. Die Paradoxien, die wir kennengelernt haben, scheinen dabei freilich einen einigermaßen artifiziellen Charakter zu besitzen; sie müssen deshalb nicht weiter beunruhigen. Sicherlich, das Auftauchen der Russell-Paradoxie hat seiner-

---

4 N. Luhmann, »Autopoiesis als soziologischer Grundbegriff«, in: H. Haferkamp/M. Schmid (Hg.), *Sinn, Kommunikation und soziale Differenzierung. Beiträge zu Luhmanns Theorie sozialer Systeme*, Frankfurt a. M. 1987, S. 307-324 (S. 315).
5 J. Efran/C. Caputo, »Paradox in Psychotherapy: A Cybernetic Perspective«, in: *Journal of Behavior Therapy & Experimental Psychiatry* 15 (1984), S. 235-240 (S. 236).

zeit in der Mathematik zu einer Grundlagenkrise geführt, aber diese Krise hat doch das, was man *Normal Science* nennen kann, nicht wirklich tangiert. Vielleicht aus gutem Grund: Vielleicht kann man wahre Aussagen nur produzieren, weil man unwahre Annahmen macht.[6] Vielleicht geht man deshalb normalerweise davon aus, daß eine Theorie *widerlegt* ist, wenn dem kritischen Beobachter eine *Reductio ad absurdum* gelingt. Vielleicht kann man nur etwas sehen, wenn es gleichzeitig »blinde Flecken« (H. von Foerster) gibt, man also anderes *nicht* sieht.

Allerdings: ganz so einfach scheinen sich Paradoxien heute doch nicht mehr an den Rand drängen zu lassen. Zumindest auf *selbstreferentielle* Verhältnisse trifft man heute überall. Muß nicht ein Gehirn, das eine Theorie über das Gehirn erfindet, auch eine Theorie über sich selbst erfinden? Muß nicht eine Theorie der Komplexität selbst komplex sein? Müssen nicht wissenschaftliche Theorien, die sich mit »Gesellschaft« beschäftigen, auch Theorien über die Wissenschaft – als einem Teilsystem der Gesellschaft – sein?

Mit dem Aufkommen von Selbstreferenzen nährt sich aber, wie wir gesehen haben, der Verdacht, daß man es auch mit paradoxen Verhältnissen zu tun hat. Um nur das sowohl für die Wissenschaft als auch für die Wirtschaft Beunruhigendste zu nehmen: Könnte es nicht sein, daß Rationalität – jenes Konzept, von dem doch beides seine Identität zu gewinnen scheint – eigentlich etwas ganz Irrationales ist? Daß unsere fortschreitende Beherrschung beispielsweise unserer natürlichen Umwelt dazu führt, daß diese Umwelt sich immer weniger beherrschen läßt?

Diese Beobachtungen machen es wohl doch nicht weiter erstaunlich, daß Selbstreferenz und Paradoxie heute auch in den verschiedensten wissenschaftlichen Disziplinen auftauchen und thematisiert werden – von der Psychotherapie bis zur Wirtschaftstheorie. Selbstreferenz und Paradoxie werden nicht mehr nur negiert oder – was das Gleiche ist – nur als lähmende Faktoren betrachtet. Im Gegenteil, man entdeckt heute auch ihre *produktiven* Funktionen. Und das ist es natürlich, was diese beiden Begriffe auch für eine Theorie der betriebswirtschaftlichen Organisation interessant macht. Es lassen sich damit nämlich Überlegungen anstellen zu

6 Vgl. N. Luhmann, »Die Richtigkeit soziologischer Theorie«, in: *Merkur* 41 (1987), S. 36-49.

einer Theorie der *innovativen* Unternehmung, zu einer Theorie der »Entstehung des Neuen«, zu einer Theorie, in der – wie wir noch sehen werden – auch »Visionen« ihren Platz haben. Aber gehen wir behutsam vor.

Zunächst ist es interessant, sich klar zu machen, daß Paradoxien nicht den Informationsgehalt einer Aussage zerstören – wie man das wohl normalerweise annimmt, sondern im Gegenteil einen *unendlichen Informationsgehalt* besitzen. K. Krippendorff[7] zeigt das in der folgenden Weise: Für einen nicht informierten Beobachter besteht Unsicherheit darüber, welche der N möglichen Umweltzustände eintreten. Wenn man davon ausgeht, daß die Möglichkeiten sich nach einem Ja/Nein-Schema (hierarchisch) ordnen lassen, dann lautet die Formel für die Berechnung des Unsicherheitsmaßes:

(1) $U = \log_2 N$ (bits)

Maximale Sicherheit ist dann vorhanden, wenn es keine Alternativen gibt, N also gleich 1 ist. In diesem Fall gibt es keinerlei Unsicherheit: $\log_2 1 = 0$.

Die *Information* einer Botschaft bemißt sich nun, nach dem bekannten Vorschlag von Shannon und Weaver, nach der Veränderung der Unsicherheit bezüglich des Eintreffens der verschiedenen Möglichkeiten. Formal ausgedrückt:

(2) $I(\text{message}) = U(\text{before its reception}) - U(\text{after its reception})$
$= \log_2 N_{\text{before}} - \log_2 N_{\text{after}}$

Daraus ergibt sich:

(3) $I(\text{message}) = -\log_2(N_{\text{after}}/N_{\text{before}})$

Eine Ja/Nein-Antwort würde nach dieser Formel also ein Bit Information erfordern; vier Möglichkeiten würden 2 Bit Information erfordern usw.

Betrachten wir nun ein Paradox. Ein Paradox läßt sich, wie oben gezeigt wurde, durch die formale Struktur »P und non-P« kennzeichnen: Der Beobachter wird von einem Pol zum anderen Pol getrieben, ohne daß ein Ende abzusehen wäre. Wenn ein Beobachter also einem Paradox begegnet, ist die Anzahl der Alternativen, die ihm nach der Begegnung noch bleiben (= N_{after}), gleich 0. Der Logarithmus von 0 ist aber $-\infty$, so daß sich ergibt:

(4) $I(\text{paradox}) = U(\text{before its reception}) - \log_2 0 = +\infty$

---

7 K. Krippendorff, »Paradox and Information«, in: *Progress in Communication Sciences* 5 (1984), S. 46-71.

Unendliche Information: das ist etwas, was die Informationsverarbeitungsmöglichkeiten eines jeden Beobachtersystems (sei es ein Mensch, sei es ein Computer) prinzipiell überfordern muß. Das sieht man auf den ersten Blick. Auf den zweiten Blick – das heißt: nachdem man sich noch einmal unsere Beispiele vergegenwärtigt hat – sieht man freilich, daß es offenbar sehr wohl eine Handhabungsmöglichkeit für den Beobachter gibt: Er springt zwischen den beiden Polen dauerhaft hin und her. *Unendliche Information wird*, mit anderen Worten, *in endlose Information umgewandelt*: Es ist die Ausdehnung der Beobachtung in die Zeit, die den Information Overload verhindert.

IV.

Die Einführung von Zeit: das ist m. E. der entscheidende Schritt, den man auf dem Wege zu einer Theorie der »Entstehung des Neuen« gehen muß. Neues entwickelt sich in-der-Zeit; »Entstehung des Neuen« und »Zeit« sind unterschiedliche Seiten der gleichen Medaille. Das zeigt sich nicht zuletzt daran, daß die Entstehung des Neuen mit einer Paradoxie zu tun hat. Schon Platon[8] läßt seine beiden »Helden« Sokrates und Menon darauf stoßen, als sie die Frage diskutieren, ob die Tugend lehr- bzw. erlernbar sei: Wenn man etwas bereits weiß, so kann man es doch nicht mehr erlernen, denn man weiß es ja bereits. Wenn man es jedoch noch nicht weiß, dann kann man es auch nicht erlernen, denn wie soll man wissen, wonach zu suchen ist. Das in der Entwicklung Neue setzt also das in der Entwicklung Alte bereits voraus; das »absolut Neue« ist überhaupt nicht vorstellbar:

»Etwas, das in jeder Beziehung neu wäre, würde sich durch keine uns bekannte Eigenschaft auszeichnen, es wäre weder rund noch eckig, es dürfte keinen Schatten und keine Form, keinen Wert und keinen Durchmesser haben; nichts, aber auch gar nichts aus unserer Welt dürfte sich an ihm wiederholen. Wir könnten es offensichtlich überhaupt nicht wahrnehmen, denn selbst die Eigenschaft der Wahrnehmbarkeit dürfte sich an ihm nicht wiederholen. Es wäre uns mit unseren Mitteln nicht zugänglich.«[9]

8 Platon, *Gesammelte Werke*, Bd. 2, Hamburg 1957, S. 21 ff.
9 H. Blaseio, *Das Kognos-Prinzip. Zur Dynamik sich-selbst-organisierender wirtschaftlicher und sozialer Systeme*, Berlin 1986, S. 195.

Umgekehrt muß aber natürlich das Neue das Alte systematisch überschreiten, denn sonst wäre ja das Neue bereits ein Altes und würde damit von vornherein jeden Sinn verlieren. Auch das Alte entzieht sich aber in reiner Form jeder Vorstellung. Denn schon die Vorstellung des Alten würde voraussetzen, daß die Vorstellung in eben diesem Alten bereits existiert. Dann aber ist die Vorstellung immer schon eine *vergangene* Vorstellung, und gerade das kann man sich dann eben *nicht mehr* vorstellen. Darüber hinaus ist anzunehmen, daß auch eine wiederholte Erkenntnis des Alten einen Mehrwert schafft, der das Dagewesene überschreitet. Dieser »Mehrwert« kann z. B. in der Schaffung von »Vertrauen« liegen: Jetzt weiß man, worauf man sich verlassen kann, und gerade das kann dann der Ausgangspunkt dafür sein, daß man sich auch in Unvertrautes, Neues vorwagt.[10] Das Alte schafft aus sich heraus das Neue, und eben das ist die Paradoxie.

V.

Wenn es so ist, daß die Entstehung des Neuen etwas mit Zeit und Paradoxie zu tun hat, dann kann man sehen, warum die traditionelle Theorie überall dort, wo es um die Entstehung des Neuen geht, nicht allzu viel beitragen kann. Die traditionelle Theorie baut auf einer Logik des Seins, nicht aber auf einer Logik des Werdens auf. Die Logik, auf der sie aufbaut, ist eine zweiwertige; es gibt nur Sein oder Nicht-Sein: Tertium non datur. Das zeigt sich am deutlichsten in der (mikro-)ökonomischen Theorie, die sich so ausgedehnt eines mathematischen Sprachspiels bedient, das seinerseits nur vor dem Hintergrund einer zweiwertig-formalen Logik zu denken ist. Sicherlich, es gibt rekursive Funktionen mit Zeitindex (man denke nur an die berühmte »Habit-Persistence«-Hypothese des Konsumverhaltens), aber diese dynamikerzeugenden Funktionen werden selbst durch einen Modellkonstrukteur invariant gesetzt. Eine endogene Veränderung dieser Funktionen ist nicht vorgesehen: Das würde zu einer »echten« selbstreferentiellen Struktur führen, und eben diese ist schon von

10 Vgl. N. Luhmann, »Die Lebenswelt – nach Rücksprache mit Phänomenologen«, in: *Archiv für Rechts- und Sozialphilosophie* 72 (1986), S. 176-194 (S. 181 f.).

den Voraussetzungen her aus dem formalen Kalkül ausgeschlossen. Damit kommt man aber in Peinlichkeiten: Man will zwar eine Theorie der Unternehmung entwickeln, aber das eigentlich »Unternehmerische« – die Schaffung und/oder Durchsetzung neuer Möglichkeiten der Bedürfnisbefriedigung – bleibt der Theorie verschlossen. So muß auch E. Gutenberg, der Ziehvater einer mikroökonomisch orientierten Betriebswirtschaftslehre, nachdem er den »dispositiven« Faktor – die Geschäfts- und Betriebsleitung – als »das Zentrum, die eigentlich bewegende Kraft des betrieblichen Geschehens« herausgestellt hat, eingestehen:

»Der dispositive Charakter... ist in kein Verfahren auflösbar. Denn die großen Entscheidungen wurzeln in jener Irrationalität, die das Geheimnis individueller Art zu denken und zu handeln bleibt.«[11]

Dieses Eingeständnis bedeutet ganz offensichtlich die Bankrotterklärung eines wissenschaftlichen Ansatzes; das, was zu erklären eigentlich das Interessanteste wäre, kann man gerade *nicht* erklären. In dieser Situation ist es ermutigend, daß es heute doch Ansätze zu einer neuartigen Theorie gibt, die auf der Basis einer Logik von Selbstreferenz und Paradoxie operiert und damit die Frage nach der Entstehung des Neuen schon in den Strukturkern der Theorie hineinbaut. Die Stichworte, unter denen diese Theorie firmiert, lauten »Kybernetik der 2. Ordnung« und »Autopoiesis«; die wichtigsten Autoren, die damit arbeiten, Heinz von Foerster, Humberto Maturana/Francesco Varela und – für den Bereich sozialer Systeme – Niklas Luhmann.[12] Ich möchte mich zunächst auf drei Gesichtspunkte beschränken, die im vorliegenden Zusammenhang unmittelbar relevant sind.

Erstens: Die neue Theorie ist zu allererst eine Theorie der (wissenschaftlichen) Beobachtung. Die traditionelle, auf einer zwei-

---

11 E. Gutenberg, *Grundlagen der Betriebswirtschaftslehre*, Band 1: *Die Produktion*, 23. Aufl., Berlin et al. 1979, S. 147 (das zuvor in den Text eingeschobene Zitat findet sich auf S. 131).

12 Vgl. H. von Foerster, *Sicht und Einsicht. Versuche zu einer operativen Erkenntnistheorie*, Braunschweig 1986; H. Maturana, *Erkennen: Die Organisation und Verkörperung von Wirklichkeit. Ausgewählte Arbeiten zur biologischen Epistemologie*, Braunschweig 1982; F. Varela, *Principles of Biological Autonomy*, Elsevier/North-Holland, New York 1979; N. Luhmann, *Soziale Systeme. Grundriß einer allgemeinen Theorie*, Frankfurt a. M. 1984.

wertigen Logik aufbauende Theorie hat die Frage nach dem Beobachter immer ausgespart; sie war eine Theorie des beobachte*ten*, nicht aber des beobacht*enden* Systems. Hierin schien der einzige Weg zu liegen, nicht auch in den Strudel von Selbstreferenz und Paradoxie hineinzugeraten. Dieser »blinde Fleck« muß nun freilich direkt zum Thema werden: Über Paradoxien und deren »zeitbindende« Handhabung kann man, das hat sich oben gezeigt, keine Beobachtungen anstellen, wenn man nicht auch beobachtet, wie ein Beobachter beobachtet. Damit ist die neue Theorie schon von Anfang an selbstreferentiell strukturiert, und der Verdacht der Paradoxie bestätigt sich auch an ihr selber. Auch sie kann nur sehen, was sie sieht, aber sie kann nicht sehen, was sie nicht sieht. Auch sie kann nur sehen, *weil* sie nicht sieht, und sie kann nicht sehen, *weil* sie sieht. Beides zusammen geht nicht; auch sie benötigt einen »blinden Flecken« als Bedingung der Möglichkeit allen Sehens.

Zweitens: Eine Beobachtung ist nichts anderes als die Handhabung einer Unterscheidung; wir können einen Gegenstand nur beobachten, wenn wir ihn aus jener Welt, in der dieser Gegenstand sich befindet, in irgendeiner Weise ausgrenzen, ihn von anderen Gegenständen unterscheiden können.[13] Man denke – mit Gregory Bateson – hier nur an eine Landkarte mit all ihren Höhenlinien, Straßenmarkierungen usw.; immer werden hier Einzeichnungen vorgenommen, die die Eintönigkeit des Papiers unterbrechen, mithin also einen Unterschied markieren. Diese Unterschiede sind freilich nicht einfach vorhanden; sie müssen durch einen Beobachter gesetzt werden. Die Realität existiert nicht einfach; sie wird von uns *erfunden*. Genau diese Erfindung *halten* wir dann aber für die Realität. Unterschiede sind also keineswegs willkürlich. Sicherlich: *Zunächst* werden Unterschiede arbiträr gesetzt; *dann aber* erweist es sich, ob diese Unterschiede einen Anschlußwert besitzen, ob sie weitere Unterschiede ausmachen, weitere Beobachtungen ermöglichen. Unsere Erfindungen der Welt sind in einen Zusammenhang des Früher und des Später eingebunden; sie dehnen sich in die Zeit aus und erhalten dadurch

---

13 Vgl. H. Maturana, »Biologie der Kognition«, in: Maturana (Fn. 12), S. 32-80 (S. 34); N. Luhmann (Fn. 12), S. 63; D. Baecker, »Die Kunst der Unterscheidungen«, in: *Ars Electronica*, [Linz] (Hg.), *Im Netz der Systeme*, Berlin 1990, S. 7-39.

den Wert einer – um den oben gebrauchten Begriff wieder aufzunehmen – *Information*, ein Begriff, zu dem Gregory Bateson[14] sagt:

»Der terminus technicus ›Information‹ kann ... als irgendein Unterschied, der bei einem späteren Ereignis einen Unterschied ausmacht, definiert werden.«

Drittens: Nicht nur Wissenschaftler beobachten im Rahmen ihrer Tätigkeit, im Rahmen des Wissenschaftssystems; auch in allen anderen Teilsystemen der Gesellschaft kommen Beobachtungen im Sinne einer Handhabung von Unterscheidungen vor. Man kann fragen, ob es auch hier Unterscheidungen gibt, die einen besonderen Anschlußwert besitzen und sich darum als Kondensationspunkt für die Systembildung überhaupt evolutionär bewährt haben. N. Luhmann spricht an dieser Stelle von *Leit*unterscheidungen oder »Codes«, die im Kontext eines Systems gehandhabt werden müssen.[15] Kommunikationen im Kontext des Rechtssystems orientieren sich beispielsweise an der Unterscheidung recht/unrecht; Kommunikationen im Rahmen des Wissenschaftssystems an der Unterscheidung wahr/unwahr. Was das Wirtschaftssystem – jenes Teilsystem der Gesellschaft, das den Betriebswirt wohl am meisten interessiert – angeht, so scheiden sich freilich die Geister noch, worin die Leitunterscheidung liegt – und es gibt sogar Stimmen, die im Hinblick auf dieses System nicht von *einer*, sondern von *zwei* Leitunterscheidungen sprechen.[16] Ich begnüge mich zunächst mit *einer* Leitunterscheidung und gehe im Anschluß an Michael Hutter davon aus, daß dies der *Wert*begriff ist. Der Wertbegriff als *Unterscheidung*? Jawohl! Wenn das System sich nicht selbst paralysieren will, muß es die Anwendung der Leitdifferenz auf sich selber vermeiden. Es darf deshalb innerhalb des Systems nicht gefragt werden, welchen Wert der Wertbegriff besitzt. Die Einheit des Wertbegriffs wird deshalb durch eine Differenz ersetzt: durch die Differenz von Leistung und Kosten. »Wenn wir

---

14 G. Bateson, »Eine Überprüfung von Batesons Regel«, in: ders., *Ökologie des Geistes. Anthropologische, psychologische, biologische und epistemologische Perspektiven*, Frankfurt a. M. 1985, S. 486-509 (S. 488).
15 Vgl. N. Luhmann, *Ökologische Kommunikation. Kann die moderne Gesellschaft sich auf ökologische Gefährdungen einstellen?*, Opladen 1986, S. 75 ff.
16 Vgl. D. Baecker, *Information und Risiko in der Marktwirtschaft*, Frankfurt a. M. 1988, S. 64 ff.

von Wert reden, dann ist damit ein Vorgang bezeichnet, bei dem einem Handlungsträger etwas zuwächst. Wenn sich dagegen die Bewertung auf etwas richtet, das der Handlungsträger aufgibt, dann wird in der Regel von Kosten gesprochen.«[17] Die Differenz von Leistung und Kosten erscheint innerhalb des Systems nicht als Paradox (Leistung *weil* Kosten, Kosten *weil* Leistung), sondern als einfache Negation; wenn man den Gewinn berechnet, muß man beides voneinander subtrahieren.[18] Von außen betrachtet sieht es aber so aus, daß das System zwischen den beiden Seiten der Differenz hin-und-her-oszilliert und auf diese Weise in einem zeitlich ausgedehnten, »zeitbindenden« Prozeß Wert *produziert*.

VI.

Die Hinweise, die ich hier gebe, sind in dieser Knappheit zweifellos nur schwer konsumierbar. Ich hoffe trotzdem, daß sich ein Gefühl einstellt für die Intuition, die hier im Spiel ist: daß der hier vorgestellte Theorieansatz Bedeutung besitzt, wenn es darum geht, der Frage nach der Entstehung des Neuen auf die Spur zu kommen. Die Entstehung des Neuen hat etwas mit »Zeit« zu tun; deshalb ist die Frage von Interesse, wie soziale Systeme, wenn sie denn als innovations- oder auch als evolutionsfähig[19] begriffen werden sollen, im Zuge ihrer Operationen Zeit »binden« können. Sobald man weiß, daß auch die Beobachtung von Paradoxien nur eine Beobachtung-in-der-Zeit sein kann, liegt es deshalb nahe, beides miteinander zu verbinden und nicht nur die Theorie überhaupt, sondern auch die Theorie sozialer Systeme (und was den Betriebswirt dann besonders interessiert: die Theorie der Unter-

---

17 M. Hutter, *Die Produktion von Recht. Eine selbstreferentielle Theorie der Wirtschaft, angewandt auf den Fall des Arzneimittelpatentrechts*, Tübingen 1989, S. 54.
18 Vgl. K. Bohr, »Betriebswirtschaftlicher Wertbegriff und seine Anwendung«, in: Stöppler, S. (Hg.), *Information und Produktion. Beiträge zur Unternehmenstheorie und Unternehmensplanung*, Festschrift zum 60. Geburtstag von Prof. Dr. Waldemar Wittmann, Stuttgart 1985, S. 59-81 (S. 77).
19 Dieser Begriff ist der theoretische Ausgangspunkt bei D. zu Knyphausen, *Unternehmungen als evolutionsfähige Systeme. Überlegungen zu einem evolutionären Theoriekonzept*, München 1988.

nehmung) auf der Idee einer Handhabung von Paradoxien zu gründen.
Die vorstehende Skizze hat gleichzeitig wenigstens angedeutet, daß die anvisierte Theorie nicht nur mit dem einen Teil der Überschrift dieses Beitrages, mit Paradoxie, etwas zu tun hat, sondern auch mit dem anderen, mit Visionen. Die Welt-eines-Beobachters wurde als Erfindung vorgestellt, und es wurde darauf hingewiesen, daß Beobachtungen/Erfindungen Operationen darstellen, die in sozialen Systemen sich ereignen. Das, was »real« ist, und das, was »Erfindung« oder eben »Vision« ist, kann man offenbar nicht so leicht trennen – auch wenn es manchmal *Zeit* kosten mag, bis beides zur Deckung kommt.
Freilich, mit diesen Beobachtungen ist nur ein erster Schritt gegangen auf dem Weg zu einer Theorie, die die Rolle von Visionen im Prozeß der Entstehung des Neuen thematisiert. Hier müssen noch weitere Schritte gegangen werden. Visionen werden beispielsweise häufig mit geniösen Eingebungen herausragender Unternehmerpersönlichkeiten assoziiert.[20] Bisher aber war von diesem individuellen Moment noch wenig die Rede; die Rede war eher von der Innovationsfähigkeit *sozialer Systeme*. Es ist dieser Gesichtspunkt, zu dem im folgenden einige weitergehende Überlegungen angestellt werden sollen.
Ausgangspunkt ist wieder eine Theorie selbstreferentieller, autopoietischer Systeme à la Niklas Luhmann – schon deshalb, weil hier auch Organisationen bzw. Unternehmungen mitbeobachtet werden.[21] Dieser Theorie ist nicht selten ein »leidenschaftlicher Antihumanismus«[22] vorgeworfen worden, weil sie das Individuum zur *Umwelt* eines sozialen Systems rechnet. Das kann man als bloße Polemik abtun. Man kann sich aber auch überrascht zeigen, daß in dieser Theorie soviel von Paradoxie und Selbstrefe-

20 Vgl. z. B. T. Sommerlatte, »Unternehmerverhalten: Den Wandel verstehen oder nicht«, in: Arthur D. Little International (Hg.), *Management des geordneten Wandels*, Wiesbaden 1988, S. 73-89.
21 Vgl. N. Luhmann, »Organisation«, in: Küpper, W./Ortmann, G. (Hg.), *Mikropolitik: Rationalität, Macht und Spiele in Organisationen*, Opladen 1986, S. 165-185; ders., »Medium und Organisation«, in: ders., *Die Wirtschaft der Gesellschaft*, Frankfurt a. M. 1988, S. 302-323.
22 T. Schöfthaler, »Soziologie als ›interaktionsfreie Kommunikation‹. Niklas Luhmanns leidenschaftlicher Antihumanismus«, in: *Das Argument* 27 (1985), S. 372-383.

renz die Rede ist und beobachtet wird, daß der Verdacht nicht nur ein Verdacht ist und die Figur der Selbstreferenz (z. B. in Form der »reinen« Selbstreferenz, der Tautologie) in der Tat mit einer Paradoxie einhergeht: Selbstreferenz impliziert immer auch Fremdreferenz.[23] Gleichzeitig werden aber soziale Systeme ausschließlich als *auto*poietische, als sich selbst produzierende und reproduzierende Systeme vorgestellt, nicht aber auch als *allo*poietische, als von außen, von Menschenhand gemachte. Für den betriebswirtschaftlich-organisationstheoretisch orientierten Beobachter wandelt sich dann die Überraschung schnell in Unwohlsein: Sollen soziale Systeme wirklich nur aus Kommunikationen bestehen, Organisationen nichts anderes sein als Entscheidungen, die fortgesetzt weitere Entscheidungen produzieren? Soll all das Wissen, das die Disziplin aus den verschiedenen Verhaltenswissenschaften gesammelt hat, mit einem Mal obsolet sein? Ist es nicht denkbar, daß auch jene Theorien, die die Beschreibung und Erklärung von Unternehmungen sich nur vor dem Hintergrund eines methodologischen Individualismus vorstellen können, ihre Berechtigung besitzen?

Ich schlage in dieser Situation vor, sich von der forschungsleitenden Konstruktionsheuristik leiten zu lassen, daß soziale Systeme im allgemeinen und Unternehmungen im besonderen *sowohl* autopoietische *als auch* allopoietische Systeme »sind«, und damit die (in seiner Weise vor allem von Jürgen Habermas[24] formulierte) Idee der Komplementarität einer Innen- und einer Außenperspektive der Beobachtung zu verbinden.[25] Der wissenschaftliche Beobachter hat zwei Möglichkeiten. Entweder er beobachtet das System von außen; dann spricht er *über* einen Kommunikationszusammenhang. In diesem Fall rückt die »Quelle« der Kommunikation in den Vordergrund, während die spezifische Handhabung der Leitdifferenz des Systems unzugänglich bleibt. Das System wird als »Person« beschrieben, das heißt vor allem (aber

---

23 Vgl. N. Luhmann (Fn. 4), S. 319 f.; D. Baecker, »Die Freiheit des Gegenstandes: Von der Identität zur Differenz. Perspektivenwechsel in den Wissenschaften«, in: *DELFIN* 5 (1985), S. 76-88 (S. 88).
24 Vgl. Jürgen Habermas, *Theorie des kommunikativen Handelns*, Bd. 2: *Zur Kritik der funktionalistischen Vernunft*, Frankfurt a. M. 1981, S. 171 ff.
25 Vgl. zum folgenden D. zu Knyphausen (Fn. 19), S. 130 ff., mit der dort angegebenen Literatur.

nicht ausschließlich): als Aggregat von Individuen. Oder er beobachtet das System von innen; dann befindet er sich *in* dem Kommunikationszusammenhang und nimmt daran teil. Das System wird zur »Konversation«, die Quelle wird irrelevant, die Asymmetrien werden aufgehoben: Was zählt, ist nur, daß die Kommunikation gelingt, es zu einem Verstehen kommt. Der wissenschaftliche Beobachter kann sich damit freilich nicht begnügen; er ist ja zuallererst dem Wissenschaftssystem zugehörig und leistet – das kann man von außen sehen – einen Beitrag zur Reproduktion *dieses* Systems. Er muß deshalb vom Innen auch wieder in das Außen wechseln, Innen und Außen müssen sich *ab*wechseln: Theorie als Flik-Flak zwischen den Perspektiven.

VII.

Was hat all dies nun mit der Entstehung des Neuen zu tun? Und was mit Visionen? Ich möchte die Antwort zunächst als Vision formulieren. Die Entstehung des Neuen ist das Ergebnis eines fortlaufenden Hin-und-hers zwischen Innen- und Außenperspektive, eines Hin-und-Hers zwischen der Eingebung des Subjekts (des Individuums) und der intersubjektiven Kommunikation im Kontext eines sozialen Systems. Das Subjekt produziert, nun haben wir es: *Visionen*, die zunächst einmal mehr oder weniger unverständlich sein mögen, weil sie den gegebenen Kontext transzendieren. Diese Visionen müssen erst im Laufe der Zeit in die Intersubjektivität, in das bestehende Regelsystem hineingeholt werden; nur in dem Maße, in dem dies geschieht, kann das Neue als *Neues* wirksam werden, weil man erst jetzt sehen kann, *was* das Neue eigentlich ist. Der intersubjektive Austausch »erarbeitet« sich gleichsam das Neue. Es kann zwar auf diese Weise nicht herbeigeredet werden. Aber es darf eben in der einsamen Welt des Subjekts auch nicht verschlossen bleiben.

Diese auf das Hin-und-Her zwischen Subjekt und Intersubjektivität, zwischen Konversation und Person, zwischen Innen und Außen abstellende Vision läßt sich nachvollziehbar machen, wenn man an Bekanntem, inzwischen vielfach Kommuniziertem anknüpft – wenn auch auf dem Wege der Kritik. Jürgen Habermas[26]

---

26 J. Habermas, *Theorie des kommunikativen Handelns*, Bd. 1: *Hand-*

hat einen Begriff des kommunikativen Handelns vorgestellt, der zusammen mit dem Begriff der Lebenswelt als Grundlage einer Gesellschaftstheorie dienen soll, die den Übergang vom Bewußtseins- zum Kommunikationsparadigma vollzieht. Kommunikatives Handeln bedeutet, daß Geltungsansprüche gestellt werden: Wann immer man etwas sagt und dabei eine verständigungsorientierte Einstellung einnimmt, unterstellt man, daß die zugrundegelegten Annahmen über die Welt wahr sind, daß die intendierte Handlung normativ richtig ist und daß die Aussage so gemeint ist, wie sie geäußert wird – und daß man bei Einrede unter den genannten Aspekten Gründe anführen kann, die die Rechtmäßigkeit dieser Ansprüche belegen. In das Dreigestirn der Geltungsansprüche ist dabei freilich eine Asymmetrie eingebaut, die nicht immer hinreichend deutlich wird. Propositionale Wahrheit und normative Richtigkeit sind nämlich *intersubjektiv* verbindliche Geltungsansprüche, über deren Rechtmäßigkeit man *kommunizieren* kann, während man über Wahrhaftigkeit bzw. Authentizität gerade *nicht* reden kann: Je mehr man hier reden muß, je mehr man die Liebe beteuert, desto weniger glaubwürdig ist es. Die Glaubwürdigkeit muß sich in Handlungszusammenhängen *einstellen*, indem man tut, was man sagt. Sonst läßt sich die Paradoxie nicht einfangen.[27]

Dieses Konzept paßt zunächst gut zu der Idee eines Theoriekonzeptes, das in der angedeuteten Weise auf Komplementaritäten setzt. Bei genauerer Betrachtung entstehen freilich Probleme. Habermas betont zwar den potentiell-innovativen Charakter von idiosynkratischen Ausdrucksformen; das Paradebeispiel dafür ist natürlich das gelungene Kunstwerk. Aber über solche »Visionen« kann man doch offensichtlich nicht reden, man kann sie nur hinnehmen und auf sich wirken lassen! Dem Flik-Flak aus der privilegiert zugänglichen Welt des Subjekts in die intersubjektive Welt der Kommunikation sind mithin Grenzen gesetzt. Das gilt zumindest dann, wenn man Kommunikation nur als ein Verhandeln von Geltungsansprüchen begreift, das (nach einer zweiwertigen

---

lungsrationalität und gesellschaftliche Rationalisierung, Frankfurt a. M. 1981, sowie ders. (Fn. 24).
27 Vgl. N. Luhmann, »Autopoiesis, Handlung und kommunikative Verständigung«, in: *Zeitschrift für Soziologie* 11 (1982), S. 366-379 (S. 373 f.).

Logik!) immer in eindeutige Ja/Nein-Stellungnahmen mündet. Auf diese Weise gehen nämlich das *Spielerische* der Kommunikation und die »Freude an der Erfindung« verloren, die doch offenbar unbedingt dazugehören.[28] Man kann Geltungsansprüche nicht mehr dahingestellt sein lassen, Alter's Ideen auch mal *probeweise* annehmen und sehen, wie sie sich bewähren, ohne sich damit auch schon festzulegen (das heißt mit Habermas: »interaktionsfolgenrelevante Verbindlichkeiten« einzugehen). Die Innovationslasten werden, mit anderen Worten, *allein* den individuellen Idiosynkrasien überlassen, während das Kommunikationsmodell selber unter dem Innovationsaspekt eigentümlich steril bleibt.[29]

Die Kehrseite dieses, wie sich zeigt problematischen Modells ist natürlich ein Modell der Entstehung des Neuen, bei dem die Kreativität des Einzelnen und die Produktivität der Kommunikationsgemeinschaft tatsächlich gleichberechtigte Elemente darstellen (ganz analog etwa zu den Polen einer Paradoxie). Bei diesem Modell ist die Idee der Begründung nicht aufgegeben; auch hier wird davon ausgegangen, daß mit der Zeit, das heißt in dem Maße, wie sich innovative, »visionäre« Ideen im Ongoing Process der Beobachtung bewähren, auch ein zunehmendes Maß an Intersubjektivität hergestellt werden kann. Freilich handelt es sich hier nicht um eine Subsumption unter irgendwelche Gesetzmäßigkeiten oder sozial verbindliche Normen, die anderswo (und wenn es im Zuge eines theoretischen und praktischen Diskurses ist!) festgelegt worden sind. Die Regeln für die Begründung, die Maßstäbe, nach denen man etwas beurteilen kann, müssen vielmehr im Kommunikationsprozeß selber gefunden werden. Man muß *gemeinsam* Gründe suchen und die Kriterien finden, anhand derer Gründe als Gründe gelten können.

---

28 Vgl. G. Bateson, »Metalog: Über Spiele und Ernst«, in: ders., *Ökologie des Geistes* (Fn. 14), S. 45-52; J.-F. Lyotard, *Das postmoderne Wissen. Ein Bericht*, Graz und Wien 1986, S. 40.
29 Vgl. B. Waldenfels, »Rationalisierung der Lebenswelt – ein Projekt. Kritische Überlegungen zu Habermas' *Theorie des kommunikativen Handelns*«, in: ders., *In den Netzen der Lebenswelt*, Frankfurt a. M. 1985, S. 94-119 (S. 111 f.).

VIII.

Die Entstehung des Neuen ist Ausfluß einer Paradoxie, die sich, das haben wir gesehen, in unserem Kommunikationsmodell als ein »Flik-Flak« zwischen den Eingebungen des Subjekts und der intersubjektiven Verhandlung dieser Eingebungen im Rahmen des Kommunikationsprozesses niederschlägt. Das ist sicherlich eine abstrakte Beobachtung. Man kann darüber hinaus aber fragen, ob es nicht Mechanismen gibt, die diesen Flik-Flak gleichsam »operativ wirksam« werden lassen. Eine solche Frage ist im vorliegenden Zusammenhang vor allem deshalb interessant, weil sie uns wieder auf das – bisher ja recht beiläufig behandelte – Thema »Visionen« führt.

Visionen sind *Erzählungen* eines Subjekts, eines Individuums über eine von ihm erschaute Zukunft.[30] Es wird über etwas berichtet, was zunächst er/sie und nur er/sie sehen kann. Das Bild, das hier vor Augen steht, läßt sich freilich im allgemeinen nicht vollständig beschreiben; es weist Lücken auf. Die Vision ist eher ein Mosaik aus verschiedenen, mehr oder weniger zusammenpassenden Teilen als ein in sich konsistenter »Text«. Dem Visionär fehlen zum Teil die Worte; er/sie muß auf Metaphern zurückgreifen, die einleuchten oder nicht einleuchten können. Auf Nachfragen kann er/sie nicht immer präzisierend eingehen; und erst recht können keine *Gründe* angeführt werden, warum etwas so und nicht anders kommen soll. Erhobene Geltungsansprüche können nicht eingelöst werden, sie müssen dahingestellt bleiben. Bekundet wird nur, daß der Visionär sich *trotzdem* von dieser Vision leiten läßt – ob das nun »vernünftig« ist oder nicht. Die Gründe müssen tatsächlich erst *herbeigeschafft* werden, aber das ist nur unter gemeinsamen kommunikativen Anstrengungen möglich.

Die Frage ist nun allerdings: Warum sollen eigentlich bestimmte (z. B.: unternehmerische) Visionen kommunikativ verhandelt werden? Warum sollten sich andere Aktoren dazu motiviert fühlen, einer Vision, die nicht ihre eigene ist, nachzugehen, und sogar etwas zu *tun*, damit die Vision am Ende Wirklichkeit werde?

---

30 Vgl. zum folgenden auch W. Kirsch, *Kommunikatives Handeln, Autopoiese, Rationalität. Sondierungen zu einer evolutionären Führungslehre*, München 1992, Kap. 3.

Warum sollte es tatsächlich zu einem »Flik-Flak« in dem oben postulierten Sinne kommen?
Die Antwort, die ich geben möchte, hat wieder etwas mit *Rationalität* zu tun, genauer: mit *ästhetischer* Rationalität. Diesen Begriff findet man auch bei Habermas; in dem (dargestellten) Konzept des kommunikativen Handelns hat er etwas mit *Wahrhaftigkeit* und *Authentizität* zu tun. Hier hat man es mit dem Modell einer Produktionsästhetik zu tun; es geht um die Artikulation von Bedürfnissen durch einen Sprecher. Albrecht Wellmer hat aber auf die Ergänzungsbedürftigkeit dieses Begriffes ästhetischer Rationalität hingewiesen.[31] Rationalität hat demnach auch etwas mit der *ästhetischen Stimmigkeit* zu tun, die ein Kunstwerk ebenso wie eine visionäre Erzählung für einen Rezipienten besitzt. Wellmer schließt dabei unmittelbar an die Ästhetiktheorie Adornos an. Adorno hatte mit seinem Begriff der »Mimesis« den Versuch unternommen, die eigentümliche »Nachahmung der Natur« durch das Kunstwerk zum Ausdruck zu bringen. Die Sprache als ein Ort der Wahrheitsrepräsentation galt ihm als prinzipiell verdächtig, weil sie um der Erfüllung der Kommunikationsfunktion willen das Besondere, Idiosynkratische durch ihren spezifisch identifizierenden Zugriff immer gleichsam vergewaltigen muß. Adorno, als »Anwalt des Nicht-Identischen« (Wellmer), hielt daher das Kunstwerk für den eigentlichen Ort der Wahrheit, das Zeugnis gibt von »einer beredten, aus ihrer Stummheit befreiten, einer erlösten Natur, ebenso wie... (von; Anm. d. Verf.) einer versöhnten Menschheit« (S. 15).
Gegen Adorno besteht Wellmer nun allerdings auf dem dialektischen Verhältnis, das zwischen Sprache und Kunstwerk herrscht. Einerseits muß Sprache sich keineswegs in einem identifizierenden Gebrauch erschöpfen; sobald Sprache zum Medium der Kommunikation wird, werden durch die Verschiedenheit der Kontexte der Beteiligten die verschiedenen Facetten der zunächst »vergewaltigten« Natur doch noch gleichsam »eingespielt«: Kommunikation ist nicht nur »ein Hin- und Hergehen zwischen Be-

---

31 A. Wellmer, »Wahrheit, Schein, Versöhnung. Adornos ästhetische Rettung der Modernität«; »Zur Dialektik von Moderne und Postmoderne. Vernunftkritik nach Adorno«, beides in: ders., *Zur Dialektik von Moderne und Postmoderne. Vernunftkritik nach Adorno*, Frankfurt a. M. 1985, S. 9-47 und 48-114. Die im nachfolgenden Text genannten Seitenangaben beziehen sich auf dieses Buch.

griff und Sache, sondern auch ein Hin- und Hergehen zwischen dem einen und dem anderen Begriff von einer Sache« (S. 95). Andererseits ist die spezifische Wahrheit, die in einem Kunstwerk steckt, zunächst nur ein Wahrheits*potential*, das durch den Betrachter noch aktiviert werden muß. Eben dazu bedarf es aber der Kommunikation; nur so kann über die »›Logik‹ oder den ›Sinn‹ eines Gebildes« (S. 64) verhandelt werden. Das Singuläre, Erstmalige des Kunstwerks und das Allgemeine, Bestätigende der Sprache finden in der Kommunikation zu einer Einheit.

Wie aber kommt es nun zu einem Sich-Verständigen verschiedener Individuen über den »Sinn« oder die »Logik« eines Kunstwerkes? Worin liegt die eigentümliche »Energetik« eines Kunstwerkes, die eine Kommunikation »provoziert«? Es sind diese Fragen, auf die mit dem Begriff der »ästhetischen Stimmigkeit« eine Antwort gegeben wird. Die verschiedenen Elemente oder Teile eines Kunstwerkes müssen in irgendeiner Weise zusammenpassen, müssen eine Schönheit konstituieren, von der sich die Betrachter unweigerlich angezogen fühlen. Die »Mona Lisa« ist so schön, daß man ewig hinsehen möchte; ebenso können aber auch die Erzählungen oder »Narrationen« über die Visionen des »Unternehmers« ein Traumland beschreiben, in das man nur zu gerne auch selber kommen möchte. Man *muß* sich geradezu damit auseinandersetzen, *muß* darüber reden, um dem »gemeinten Sinn« dieses Kunstwerkes, dieser Vision näherzukommen.

Das gelungene Kunstwerk fungiert also, zusammenfassend, als »Programm für zahllose Kommunikationen über das Kunstwerk«.[32] Die Frage ist nicht allein, ob ein Kunstwerk gefällt oder nicht gefällt; man sucht vielmehr nach Verständigung mit anderen, um die in dem Kunstwerk sich ausdrückende Wahrheit ganz zu erfassen – ein Prozeß, der sich im Spannungsfeld zwischen »Bestätigung« und »Erstmaligkeit«[33], zwischen Altem und Neuem bewegt. Anhand eines Kunstwerkes kann einerseits das artikuliert werden, was man immer schon gewußt hat, ohne aber die richtigen Worte dafür zu haben. Andererseits zeigt sich aber genau

32 N. Luhmann, »Das Kunstwerk und die Selbstreproduktion der Kunst«, in: *DELFIN* III (1984), S. 51-69 (S. 53).
33 Vgl. E. von Weizsäcker, »Erstmaligkeit und Bestätigung als Komponenten der pragmatischen Information«, in: ders. (Hg.), *Offene Systeme* I. *Beiträge zur Zeitstruktur von Information, Entropie und Evolution*, Stuttgart 1974, S. 82-113.

darin auch die innovative Funktion des Kunstwerkes: es »durchschlägt die Sicherungen unserer gewohnten Wahrnehmungs- und Denkweisen und eröffnet uns dadurch neuen Sinn; nur indem es uns schockiert, ergreift oder in Bewegung setzt, kann es sich uns verständlich machen. Ästhetische Wirkung und ästhetisches Verstehen sind miteinander verschränkt; das eine ist nicht ohne das andere« (S. 65). Es geht immer auch um die Veränderung gewohnter Wahrnehmungsweisen und damit letztlich natürlich auch um eine Fortentwicklung bislang eingespielter Bedürfnisinterpretationen.

IX.

Ich komme zum Schluß. Die vorstehenden Überlegungen sollten zeigen, daß die Paradoxie, die bei der Entstehung des Neuen im Spiel ist, sich »operativ bemerkbar« macht: Von den gelungensten Eingebungen visionärer Persönlichkeiten geht soviel Energie, so viel Spannung aus, daß eine kommunikative Verhandlung ihre Unwahrscheinlichkeit verliert, es tatsächlich zu einem »FlikFlak« zwischen »Person« und »Konversation«, zwischen Innen und Außen kommen kann. Zwischen Paradoxie, Vision und der Entstehung des Neuen besteht, das ist meine Vision, insofern ein unmittelbarer Zusammenhang. Wenn diese Vision gefällt, dann mag jetzt darüber vielleicht eine Kommunikation entstehen.

Oskar Pastior
VOKALISEN[*]

THEODIZEE – ANNA, DER FUSSWIND
ERHEBT SICH : SURGICAL BOMBING –
mnemo-filet »kalander & spind«,
wenn crediteur ihn methodisch
zerwohnt : die schneebaracke ruht im
fensterlicht (ölwickel), zombies
gehn polyphem, anhand der musik
späht fleckig sir nickel-brom; s'ist
meßoptik, je nach adern, und grind
entsteht im köstlichen ohr : spiel-
berg, so ikebana-flair zur spin-
del »helsingör« wie telos, ming,
kleo die fee – danach der guß »i-
deenstrich«, plötzlich zell-shopping,
hämophile panade, schlußbild-
elegie : löckt igel schmollfink
der dosis (jäh) – abspann cherubim,
jeder stich löst pickel, strom rinnt
zero; ideal dann der fluß, schlicht
belebt – wie schön dick, fellow pilz

---

[*] Die Texte erscheinen in: O. Pastior, *Vokalisen & Gimpelstifte*. Carl Hanser Verlag, München 1992.

für friedrike mayröcker

»WIE HASE BEWEGTES URALT, AUCH DIES«,
wie phase, der bewegung schal (aulis
klimaresede): emulat aus knie
(wie rasend, den sechsten gruß) – man glaubt, kies
kriecht (lavendel, fetzentour), waldraub im
spiel an den gelenken – nur das rauchziel
wien klagt elementen nun, was, maus wie
lyra bedenkend, kleespur hat – schau, die
synapsen schält etzel, blutbahn schraubt mi-
nimalskelett, wenn der zufall auch sin-
niert – hast federleben (kurpfalz! strauchdieb!)
– mich labt nebeljäger; nur land aus linz
(die faser, schlehengeburt), sagt laurin,
schmiegt das je erlebte zu passau; wie
schliert das besteck dem kuhstall (pflaumig
stigma, sendelhände), und malt auch dies

WARUM SOLLTE ES NICHT NICHTS GEBEN?
– fragst du folgendes mich; ich klebe
dran – und wollte lässig widerlegen,
was du doch weder bist in feder-
natur noch es ewig niederstehn
hast, um toten essig (in der be-
haarung, rosette links) wie nebel
anzurollen – wenn nichts nicht reden
kann (kunststoff, häresienpiste demnach, kurorte »des lichts« mit neben-
paarung) ohne gräßlich die stete
zahl um solches? es nimmt mich eben
dazu, koste es die gimpel, hell-
wach umpolt, meldet hin wie her, ver-
gast, strullt – kollert es mich? fistelge-
ballt (kurzwort) läßt es sich nicht merken,
fast zu stolz, fesselt sichtlich jeden
nachtzug oder denkt rittlings denen
das zu, wo es vergißt – wird es dem
faß nun doch den genitiv geben?

Pavel Petr
Postmoderne, Dialektik und der Boden unter den Füßen

Es ist zur guten Gewohnheit geworden, immer dann, wenn man die Postmoderne erwähnt, zunächst darauf hinzuweisen, daß der Begriff schwankt, daß er auf keinem festen Boden steht. Auf authentisch postmoderne Art soll er es wohl auch nicht, denn zu den Punkten, über die ein allgemeiner Konsens herrscht, scheint zu gehören, daß die Postmoderne theoriefeindlich ist.
Eine der grundlegenden Definitionsschwierigkeiten betrifft dabei die Frage, ob die Postmoderne eine Erweiterung oder eine Negation der Moderne ist. Dazu wäre zunächst zu sagen, daß die Impulse des Anfangs beinahe identisch waren. In beiden Fällen handelt es sich um Versuche, der Tatsache gerecht zu werden, daß die erstarrte Selbstsicherheit ganzheitlicher Auffassungen mit den Entdeckungen und Entwicklungen der Zeit nicht Schritt hält, daß man den Boden unter den Füßen verloren hat. Sowohl die Moderne als auch die Postmoderne stellen sich zunächst mit Alternativen zu verfestigten herrschenden Auffassungen vor, die als unterhöhlt, nicht überzeugend oder gar verlogen erscheinen, und zwar mit Alternativen, die zeitgemäß, flexibel, offen und weniger einseitig ausfallen sollen. Die Gemeinsamkeiten schließen die Herausforderung klassisch-realistischer Abbildprinzipien ein wie auch eine selbstreflexive Experimentierfreudigkeit oder ironisch gefärbte Vieldeutigkeit. Die moderne Antwort auf Krisen der physikalischen, philosophischen, geschichtlichen und psychologischen Weltbilder bestand in der Aufstellung relativistischer und subjektivitätsbetonter bis irrationalistischer Konzepte, die die bis dahin dominierenden Sinn- und Zusammenhangstheorien als unhaltbare Vorspiegelungen beiseiteschoben. Linguisten und Literaten von Mauthner bis Hofmannsthal diagnostizierten das Verschwinden des Wirklichkeitsbezugs der Sprache und die Unmöglichkeit, mit zentralperspektivischen Annäherungsversuchen der zerfallenden Welt gerecht zu werden und sie überzeugend zu gestalten.
Das zunächst schier Unfaßbare und Entweichende, das Relative,

Subjektive, Zerfallende, Unbewußte und Fragmentierte fand allmählich sich stabilisierende Ausdrucksformen. Der Relativitätstheorie, Lebensphilosophie, Psychoanalyse entsprach in den Künsten die simultane Polyperspektivität des Kubismus, die Infragestellung des Sinns im Dadaismus, die Rücksicht auf das Unbewußte im Surrealismus, die variable Subtilität des modernen Romans von Proust bis Broch und Döblin. Um wenigstens ein Beispiel anzuführen: es sind nicht erst die Gestalten der postmodernen Literatur, die nicht immer so recht wissen, in welcher Wirklichkeit sie sich befinden und wie sie sich da verhalten sollen; schon die Prager deutsche literarische Moderne, von Kafkas Landarzt über Meyrink und Leppin bis zu Kubin und Perutz hat ihre literarischen Figuren unsicher zwischen Wirklichkeiten einerseits und Leben-Traum-Halluzination andererseits wandern lassen. So setzten sich die Antworten der neuen, modernen Denk- und Kunstweisen allmählich durch und fanden, trotz Relativierung und Subjektivierung, festeren Boden unter den Füßen. Die Relativität der neuen Sichtweise begann sich selbst zu relativieren: Albert Einsteins neue Erkenntniskonzeption, und zwar nicht nur die Relativitätstheorie selbst, sondern auch der von ihm postulierte Dualismus von Partikeln und Wellen und die neue Auffassung des Weltalls, war letzten Endes wieder ein Versuch, das Komplexe als übersichtlich und beherrschbar darzustellen. Wie Ilya Prigogine schreibt, »ging sein Programm von der Hoffnung aus, wieder eine neue universale Rationalität zu begründen«.[1]

Dada und Surrealismus, einerseits offen genug mit ihrer »parodistischen Symbiose von ›Authentizität‹ und ›Nicht-Authentizität‹«, wobei »die kreativen Möglichkeiten der Parodie in eine Energie der Zerstörung verwandelt werden«[2], ist zugleich auch weit entfernt davon, den spezifischen Status der Kunst als Kunst aufzuheben und sich selbst daraus auszuschließen. Die Moderne stilisiert sich im allgemeinen zur Avantgarde, faßt sich also historisch, als Anfang und Vorwegnahme der Zukunft. Sie setzt sich selbst als Norm ein: nur moderne (Avantgarde-)Kunst ist wirkli-

---

[1] Ilya Prigogine, Isabelle Stengers, *Dialog mit der Natur*, München: Piper 1981, S. 280.
[2] David Roberts, »Marat/Sade oder die Geburt der Postmoderne aus dem Geist der Avantgarde«, in: Christa und Peter Bürger (Hg.), *Postmoderne: Alltag, Allegorie und Avantgarde*, Frankfurt: Suhrkamp 1987, S. 176.

che Kunst. »Alles was sich diesem Kanon nicht fügte, ... galt als unmodern und damit als irrelevant«, was wiederum eine soziale Differenzierung bedingte: »Eine Kluft zwischen Produzenten- und Rezipienteneliten einerseits und der Masse der sog. ewig Gestrigen andererseits wurde aufgerissen und vergrößerte sich zusehends«.[3] Das ursprünglich Flexible versteifte sich zu einer inflexiblen Wertnorm; man weiß doch, daß man anderen Denk- und Kunstauffassungen überlegen ist; und das macht es einen energischen Einsatz wert: nicht nur gegen die Gestrigen, sondern auch gegen jene, die Alternativen anmelden – und gar nicht damit aufhören wollen, wo doch die Konzepte der Moderne mit dem Gang der Zeit ihre Überlegenheit stärker und stärker beweisen, zum Beispiel indem sie auch in den entsprechenden Institutionen ihre Dominanz durchsetzen. Man hat doch eine überzeugende Antwort und damit festen Boden unter den Füßen, man stellt die Elite dar, die die adäquaten Mittel gefunden hat, die Zeit zum Ausdruck zu bringen, und sich zu ihr adäquat verhält. So schuf die Moderne mit Kodifizierung und Glaubensverfestigung die Voraussetzungen für jene neue Wende, in der ihr der Boden unter den Füßen weggezogen, durch die sie als überholt, versteift, ja verlogen hingestellt wird, oder zumindest als sich irrend in ihrem Glauben, daß sie noch überzeugend und zeitgemäß ist.

Von hier aus sind auch jene Positionen zu erklären, die die Postmoderne als eine Störung sehen wollen, durch welche das unvollendete Projekt der Moderne von seiner Vollendung abgebracht werden soll (Jürgen Habermas), oder sie als Erweiterung der Moderne verstehen – in beiden Fällen wird hier auf das Originalprogramm, auf die Impulse des Anfangs der Moderne zurückgegriffen.

Aber nicht nur in Wissenschaft und Kunst wurde der Krise des Jahrhundertanfangs mit neuen Paradigmen begegnet. Eine Form von revolutionierendem Gesamtkonzept schlug sich in jenem sehr realen Versuch zeitgemäßer Sinnverwirklichung nieder, den die gesellschaftlichen Umwälzungen in der Sowjetunion repräsentierten. Diese, wie auch die Veränderungen in Mittel- und Osteuropa zwischen 1945 und 1949 und die – weniger tiefgreifenden – Bemühungen der westeuropäischen Linken in den sechziger Jahren,

---

3 Siegfried J. Schmidt, *Fuszstapfen des Kopfes – Friederike Mayröckers Prosa aus konstruktivistischer Sicht*, Münster: Kleinheinrich 1989, S. 62 f.

verstanden sich nicht nur als sozialökonomische Revolutionen, sondern als die Verwirklichung einer Philosophie.

Diese Philosophie, eine dialektische Philosophie, trägt bekanntlich den Namen Marxismus. Sie geht also erklärtermaßen auf Karl Marx zurück, dessen Dialektikkonzept Offenheit, flexible Perspektive und Respekt für das menschliche Subjekt nicht abgehen, Eigenschaften also, die den Konzepten der Moderne vergleichbar sind. Obwohl er einerseits vom Primat des Seins gegenüber dem Bewußtsein spricht, betrachtet Marx andererseits die Natur (das Objekt) immer durch die Aktivität der menschlichen Subjekte. Das durch die Praxis erlebte Objekt ist zwar als unabhängig vom Menschen existierend vorausgesetzt, kommt aber nur durch die gegenständliche Tätigkeit des Menschen in die Welt.[4] Die Dialektik des frühen und mittleren Marx bleibt offen, indem sie alle Positionen, auch die eigene, durch Aufsuchen von Widersprüchen in Frage stellt und dementsprechend keine Verwendung für feste und unwandelbare Standpunkte hat. Sie hält sich flexibel, indem sie vom konkreten Prozeß der gesellschaftlich vermittelten praktischen Tätigkeit des Menschen ausgeht, die in ihrer jeweiligen Form als gesellschaftshistorisch bestimmt und unwiederholbar gesehen wird. Durch seine praktische Tätigkeit erschafft sich der Mensch als Mensch; er muß zugleich, wie es in der zweiten These über Feuerbach heißt, die Wahrheit seines Denkens in der Praxis beweisen.

Auch der Marxschen Kunst- und Wissenschaftsauffassung ist Offenheit eigen: der Mensch, der eine neue Welt in seinem Kunstwerk erschafft, ist das Subjekt der »freien geistigen Produktion«. In einem Frühwerk finden sich Sätze darüber, daß die Arbeiten des Schriftstellers keineswegs Mittel seien; »sie sind *Selbstzwecke*, sie sind so wenig Mittel für ihn selbst und für andere, daß er *ihrer* Existenz *seine* Existenz aufopfert, wenns not tut«.[5] Die bekannten Worte über die Dauerhaftigkeit der altgriechischen Kunstwerke zeigen deutlich, daß er große Kunst weder mit der gesellschaftlichen Entwicklung noch mit der materiellen Basis direkt verknüpft zu sehen wünschte.

Seine Auffassung von der notwendigen Freiheit für die Kunst erweitert Marx auf die Presse, die immer einen Freiraum für oppo-

---

4 Vgl. Karl Marx, »Thesen über Feuerbach: 1«, *MEW* Bd. 3, S. 533.
5 *MEW* Bd. 1, S. 71.

sitionelle Haltungen haben muß, und die Wissenschaft, die »um ihrer selbst gepflegt werden solle«. Noch in den *Theorien über den Mehrwert* nennt Marx jenen Menschen »gemein«, »der die Wissenschaft einem nicht aus ihr selbst, sondern... äußerlichen Interessen entlehnten Standpunkt zu akkommodieren sucht«.[6]
Ebenfalls offen gehalten und keineswegs teleologisch ist auch die Auffassung von Geschichte. Die ist für Marx einfach »nichts als die Aufeinanderfolge der einzelnen Generationen, von denen jede die ihr von allen vorhergegangenen Materiale, Kapitalien, Produktionskräfte exploitiert«.[7]
Die bei Marx noch gegebene Offenheit der dialektischen Konzeption wurde dann allmählich abgebaut – ein Prozeß, der in einigen zweideutigen Definitionen bei Friedrich Engels, und vereinzelt schon bei Marx selber (die Einbeziehung der Kunst in den Überbau in einer flüchtigen Formulierung)[8] seinen Anfang nahm.
Die theoretischen Weichen zur Erstarrung, also zur Entdialektisierung der marxistischen Dialektik wurden endgültig in Stalins Neuformulierung von 1938 gestellt. Als Motivation diente dabei der Wunsch, ein Großreich zu konsolidieren und zu regieren, was die Neutralisierung der kritischen Sprengkraft der Dialektik erforderte. Die theoretisch wichtigsten Maßnahmen zur Beseitigung der in der dialektischen Theorie enthaltenen Subversionsgefahr waren die Eliminierung des Begriffs Negation der Negation und die Einführung eines objektbetonten Konzepts der *Dialektik der Natur*. Bei Stalin gibt es, im Gegensatz zu Marx, nicht nur eine vom Menschen unabhängige Naturdialektik, sondern (wie es besonders in seiner Arbeit *ökonomische Probleme des Sozialismus in der UdSSR* eindeutig formuliert wird), eine vom Subjekt unabhängige Dialektik der Gesellschaft, deren Gesetze wie Naturgesetze wirken (so auch unverändert in der DDR akzeptiert, zuletzt noch in der Ausgabe 1976 des *Philosophischen Wörterbuchs* von G. Klaus u. M. Buhr). Der praktische Zweck dieser Modifikationen bestand darin, einen konsequenten administrativen Zentralismus theoretisch zu untermauern: Naturgesetze können nur einmal erkannt werden und sind dann objektiv gültig. Die Kom-

---

6 Vgl. H.-D. Sander, *Marxistische Ideologie und allgemeine Kunsttheorie*, Tübingen 1970, S. 155 ff.
7 Marx/Engels, »Deutsche Ideologie«, *MEW* Bd. 3, S. 45.
8 *MEW* Bd. 13, S. 9.

munistische Partei der Sowjetunion und ihre Führung besitzen – als erste Repräsentanten der Herrschaft der Arbeiterklasse, also der objektiv bestimmten geschichtlichen Zukunft der Menschheit – diese Erkenntnis. Ihre daraufhin getroffenen Maßnahmen sind als naturgesetzartig zu akzeptieren, und zwar für das gesamte Sowjetsystem.

Eine natürliche Folge der Entsubjektivierung der marxistischen Dialektik durch die These von der ein für allemal geschehenen Aufdeckung der Gesetze der menschlichen Geschichte waren dann die bekannten Behauptungen, daß man von vornherein weiß, wie die Zukunft aussehen wird und wie sie aussehen muß. Im *Philosophischen Wörterbuch* von Klaus und Buhr heißt es: »Wenn beispielsweise die Aufgabe gestellt ist, die Entwicklung der künstlerischen Kultur prognostisch zu erfassen und weit vorausschauend zu gestalten, dann... ist primär nicht von den inneren Entwicklungstendenzen und -problemen der künstlerischen Kultur auszugehen, sondern von... einer künstlerischen Kultur, die sich... bewähren muß.«[9] So wurde die der Dialektik inhärente Offenheit der gesellschaftlichen, individuell-schöpferischen, kurzum menschlichen Praxis eliminiert. Auch hier stellte sich die anfängliche Konzeptgestalt als etwas attraktiv Flexibles dar, bis sie in der berüchtigten Form des sogenannten Diamat verknöcherte und als Überbau des Realsozialismus gemeinsam mit ihm zusammenbrach.

Von der Moderne bis zum Realsozialismus erleben wir Vergleichbares: eine vorausschauende Hoffnung auf die Überwindung von etwas Veraltetem, Ausgehöhltem, Stagnierendem weckt große Erwartungen, die frische Luft der modernen Kunst und Wissenschaft und der sozialistischen Vision läßt aufatmen – und die Überzeugung, daß man im Besitz des problemlösenden Schlüssels ist, mündet, welch eine Überraschung, in Stagnation.

Von da aus gesehen stellt sich die Postmoderne als ein Gegenprogramm zur Realmoderne der Spätzeit dar, der die Offenheit und Flexibilität ihrer Anfänge abhanden gekommen ist. Naturwissenschaftliche Entwicklungen begleiten sie so, wie sie die Anfänge der Moderne begleitet hatten: indeterministische Mathematik-Disziplinen wie fraktale Geometrie oder Chaostheorien, physikalische und biologische Konzepte, die von der Abhängigkeit der

---

9 Stichwort »Basis und Überbau«.

Naturprozesse vom individuellen Beobachter ausgehen (Prigogine, Maturana), oder die Entdeckung der Unmöglichkeit bestimmter Transformationen in der Thermodynamik, so »daß wir von einer geschlossenen Welt, in der alles gegeben war, zu einer neuen Welt gelangen, die offen ist für Schwankungen und Erneuerungen«.[10] Dem entsprechen Geschichtskonzepte, die Diskontinuität und polymorphes Nebeneinander betonen. In der postmodernen Kunst wird die zentrale Perspektive erneut abgelehnt. Während jedoch in der Moderne, wenn wir etwa den Kubismus als Beispiel wählen, die immer noch als singulär verstandene Wirklichkeit von mehreren Perspektiven zugleich angegangen wurde, hat die Postmoderne eine Perspektive, in der unterschiedliche Wirklichkeiten nebeneinander existieren können. Wieder heißt es damit fertigzuwerden, daß man den Boden unter den Füßen verloren hat – nur nimmt die Postmoderne den Sinnverlust, an dem die Moderne noch gelitten hatte, nicht ernst (als ein Beispiel von vielen: Thomas Pynchons Roman *Gravity's Rainbow*).

Stilistische Einheit wird irrelevant: da uns unsere Gefühle und Gedanken nicht mehr gehören, ist alles sekundär geworden, statt direkt drückt man sich in Zitaten aus, mit deren Hilfe man parodiert, inszeniert, simuliert. So ist nun auch der Begriff Avantgarde gegenstandslos. Das Vergangene soll ja nicht total ersetzt werden, es bleibt präsent durch die Zitate, man verwertet es kritisch und ironisch in einer Art Dialog. Diese Haltung bewahrt die Postmoderne auch davor, sich nostalgisch nach der Vergangenheit als einer Zeit einfacherer oder besserer Werte zurückzusehnen. Kunst und Nichtkunst, oder auch Pseudokunst, Triviales und Kitsch dürfen koexistieren, Werthierarchien werden nicht aufgestellt. »Postmodernismus bedeutet im Grunde nichts anderes als Postexklusivismus – nachdem der Modernismus seine exklusivistische Bewegung vollendet hat« (Peter Sloterdijk).[11] Prägende und uniformierende Autoritäten sind nicht gefragt, sogar die Qualifikation des Autors wird, wenn auch nicht ohne ironische Untertöne, scheinbar aufgehoben, wie etwa dort, wo Italo Calvino den Leser zur Mitarbeit einlädt: »Wir werden Roman spielen

---

10 Ilya Prigogine, *Vom Sein zum Werden*, 5. Auflage, München: Piper 1988, S. 223.
11 Peter Sloterdijk, *Kopernikanische Mobilmachung und ptolemäische Abrüstung*, Frankfurt: Suhrkamp 1987, S. 49.

können, wie man Schach spielt.«[12] Gegen die funktional-relationale Moderne repräsentiert die Postmoderne »eine Epoche der Wiederentdeckung des Selbst«.[13] Der Einzelmensch, auch der scheinbar unbedeutende, wird als wichtig und wertvoll angesehen; eine der ethisch wichtigen Folgeerscheinungen davon ist der Respekt für Minderheiten und Außenseiter.

In dieser postmodernen Haltung kommt eine Art Menschlichkeit zum Ausdruck, die in letzter Zeit mehrfach Parallelen findet. Man pflegt allgemein festzustellen, daß utopische Gesamtkonzepte und Welterklärungen mit Absolutheitsanspruch zusammengebrochen sind. In diesem Zusammenhang sollte nicht übersehen werden, daß unter den Faktoren, die das Ende des Realsozialismus in Mittel- und Osteuropa bewirkten, nicht zuletzt die Tatsache eine Rolle spielte, daß Michail Gorbatschow seinen anti-universalistischen, postmodernem Denken entsprechenden Entschluß durchsetzen konnte, den individuellen Entwicklungen in den einzelnen Ländern der Region freien Lauf zu gewähren und das der Sowjetunion zur Verfügung stehende Kriegspotential nicht so zugunsten des großen Ideals einzusetzen, wie es noch in den fünfziger und sechziger Jahren wiederholt geschehen war. Auch darin kam die zeitgemäße Abkehr von Utopien und von allgemeinen, weltumfassenden Grundsätzen zum Ausdruck.

Eine weitere Parallelerscheinung stellt der schnell wachsende Einfluß der Auffassungen des – sich ebenfalls nicht als absolut und endgültig setzenden – Radikalen Konstruktivismus dar. Jeder Mensch, so die Grundthese, konstruiert individuell seine Welt, deren Brauchbarkeit in der Interaktion mit anderen Individuen abgesichert wird. Gesellschaftliche Verhältnisse werden von einzelnen Gesellschaftsmitgliedern erzeugt und am verbindlichen Wirklichkeitsmodell einer sozialen Gruppe überprüft, um festzustellen, welche Aussagen wahrheitsfähig sind. Durch ihr Postulat von der Subjektabhängigkeit der Erkenntnis zeigt auch diese Richtung Respekt für den Einzelmenschen und dessen persönliche Entscheidungen, für die er dann auch verantwortlich gemacht wird.[14]

---

12 Italo Calvino, *Kybernetik und Gespenster*, München: Hanser 1984, S. 49.
13 Peter Koslowski, *Die postmoderne Kultur*, München: Beck 1987, S. 50.
14 Zur allgemeinen Einführung s. Paul Watzlawick (Hg.), *Die erfundene*

Überzeugend bleiben die neuen Konzepte dort, wo Vernachlässigung menschlicher Einzelsubjekte und Vorspiegelungen von Stimmigkeit zu ersetzen waren, wie die Thesen von Fortschritt und Planerfüllung in der Pseudomoderne des Sozialismus, oder auch als Gegengewicht zu neonietzscheanisch apokalyptischen Zukunftsvisionen. Sie legen aber auch weniger überzeugende Züge an den Tag.

Wenn Michel Foucault den Aufbau von Machtstrukturen in Einzelinstitutionen untersucht, findet er für das, was dort geschieht, keine Dacherklärung; insbesondere will es ihm nicht gelingen, eine systematische Herrschaftsstrategie zu entdecken. Seine Methode bewegt sich von Verallgemeinerungen weg und zur Verengung des Sichtfeldes bis zu dessen Individualisierung hin. Seine Arbeit mit Homosexuellen und Gefangenen zielt nicht auf institutionelle Reformen hin, sondern auf lokalen Widerstand. Foucault sah natürlich, daß eine universelle Gesellschaftstheorie, etwa in Herrschaftssystemen sowjetischen Typs, zur Unterdrückung geführt hatte, und nahm an, daß es nur durch lokalisierte Programme möglich ist, der komplexen Unterdrückungsvielfalt in den Industriegesellschaften beizukommen. Der Endeffekt war eher regressiv als vorwärtsweisend, und daß dadurch das System kaum berührt wurde, braucht man nicht besonders zu belegen.

Ein weiteres Beispiel bieten die Auffassungen des Bamberger Soziologen Ulrich Beck, der in sozialen Entwicklungen der Gegenwart eine Entwicklungsrichtung von der Institution zum Individuum diagnostiziert. Er betont, daß man zwar noch über die Kleinfamilie soziologisch forscht, äußert aber den »Verdacht, daß die Kontinuität der Kleinfamilie in der Kontinuität der Kleinfamilienforschung ihren eigentlichen Grund hat« und richtet sein Augenmerk statt dessen auf wilde Ehen und Einzeleltern bzw. Einzelhaushalte. Er spricht vom »Prioritätenwechsel von der Industrie- zur Dienstleistungsgesellschaft«; »Der Zusammenbruch des Stalinismus hat noch einmal darauf aufmerksam gemacht, daß soziale Systeme auf das Einverständnis der Individuen angewiesen bleiben... Institutionen werden individuumabhängig«. Den Forschungsauftrag für die heutige Soziologie faßt er dann in der Frage

---

Wirklichkeit, München: Piper 1981, und Siegfried J. Schmidt (Hg.), *Der Diskurs des Radikalen Konstruktivismus*, Frankfurt: Suhrkamp 1987.

zusammen: »Wie ist Gesellschaft als soziale Bewegung der Individuen möglich?«[15]

Ein Echo dieser Position findet man auch im Umkreis des Radikalen Konstruktivismus: nach Bernd Scheffer gibt es »keine Gesellschaft ›jenseits‹ der einzelnen Individuen. Soziale Stabilität wird durch Individuen aufrechterhalten, und sozialer, gesellschaftlicher und kultureller Wandel kommt durch individuelle Anstöße zustande«; diese Auffassung laufe »der Tendenz nach darauf hinaus, Gesellschaft im Individuum und durch das Individuum zu denken«.[16]

Wenn man aber die Gesellschaft unter Vernachlässigung der Sonderidentität von Schichtenstrukturen direkt in Individuen unterteilt, hilft man, bewußt oder unbewußt, die herrschenden Systemgruppierungen zu stabilisieren, wirkt also in Richtung auf Verfestigung und Inflexibilität hin. Wo aktive Kontrolle am Platze wäre, wird Beruhigung nahegelegt. Die kann auf die Täuschung des machtlosen Einzelnen hinauslaufen, dem die Illusion seiner bestimmenden Rolle suggeriert wird, während ihm die Chancen unzugänglich bleiben, zu denen jemand in Drahtzieherstellung Zugang hat.

Hier wird übersehen, daß es Techniken der Manipulation der Einflußlosen gibt, die auf eine Art Herdenverhalten hinzielen. Dadurch werden relevante Gruppen von Individuen daran gehindert, ihr Potential zu entwickeln. Die theoretische Ablehnung des Hierarchieprinzips bedeutet noch nicht, daß hierarchische Praxis abgeschafft ist. Wer eine Machtstellung innehat, kann durch Unterdrückung von Informationen einer selbständigen und adäquaten Entscheidung weniger Begünstigter vorbeugen oder diese durch mehr oder weniger direkte Formen von Erpressung zu Entscheidungen bewegen, die ihren Vorstellungen und Interessen entgegenwirken. Für die Gefährdung des nonkonformen Einzelnen, wie auch für soziale Ungleichheit im weiteren Sinn, wird wenig theoretischer Raum gelassen.

Der Versuch scheint angebracht, in diesem Zusammenhang die mögliche Brauchbarkeit dialektischer Ansatzpunkte zu erwägen.

---

15 Ulrich Beck, »Die Industriegesellschaft schafft sich selber ab«, in: *FAZ*, 19. Oktober 1990, S. 35.
16 Funkkolleg *Medien und Kommunikation*, Weinheim und Basel: Beltz, Heft 2, S. 73.

Was die zuletzt erwähnten Fragestellungen angeht, so dürften sie mit den Kategorien des Allgemeinen und Besonderen methodisch adäquater bearbeitet werden.

Das gilt auch hinsichtlich einer der grundlegenden Ambiguitäten der Postmoderne, nämlich des Schwankens zwischen Betonung und Auslöschung des menschlichen Individualsubjekts – zwischen der Ablehnung elitärer Haltungen und dem Respekt für Minderheiten einerseits und einer lächelnden Akzeptanz des Status quo und dem Aufgehen des Subjekts im Vorgeformten andererseits. Als Beispiel für die letztere Haltung können Hayden Whites Gedanken zur Geschichtsschreibung dienen: man könne eine und dieselbe Wirklichkeit einmal als Tragödie, ein andermal als Farce darstellen, je nach Erzählmuster.[17]

Das Programm einer stimmungsabhängigen Beliebigkeit mit Nebenbedeutungen wie »es ist ja sowieso alles gleichgültig« und »das beste, was wir tun können, ist uns zu amüsieren«, gehört innerhalb des Spektrums postmoderner Haltungen zu jenem Flügel, der ein Aussteigen aus jeglicher Auseinandersetzung zu postulieren versucht. Er scheint zwar von Paul Feyerabends Maxime »anything goes« auszugehen, stellt jedoch effektiv deren sterile Umkehrung dar; wie Reinhard Mocek anmerkt, war sie »natürlich nicht die bittere und alle Wissenschaftstheorie aufhebende Konsequenz der Wissenschaftstheorie, sondern das Votum für kreativen Freiraum als Vorbedingung aller künftigen Kulturentwicklung«.[18] Abgesehen von der erwähnten Tatsache, daß die Aussteigerhaltung vom Interesse an sozialer Dynamik ablenkt und so auf die Verfestigung bestehender Machtstrukturen hin wirkt, gilt in diesem Zusammenhang auch, was Siegfried J. Schmidt anläßlich des Begriffs »Posthistoire« schrieb: es werde damit verkannt, »daß wir lediglich aus bestimmten Geschichtsphilosophien ›aussteigen‹ können, nicht aber aus der... Notwendigkeit, (personale wie soziale) Identität zu wahren.«[19]

---

17 Vgl. Hayden White, *Die Bedeutung der Form*, Frankfurt: Fischer 1990; es ist die Gegenposition zu Marx, der die Wiederholung der geschichtlichen Tragödie als Farce im Kontext der Praxisentwicklung sieht. S. dazu Pavel Petr, »Marxist Theories of the Comic«, in: *Comic Relations*, Frankfurt: Lang 1985, S. 57 und 65.
18 Reinhard Mocek, *Neugier und Nutzen*, Berlin: Dietz 1988, S. 97.
19 Siegfried J. Schmidt, »Liquidation oder Transformation der Mo-

Dialektisch gesehen, repräsentiert diese Abart der inneren Widersprüchlichkeit der Postmoderne keinen dialektischen, also dynamischen Widerspruch, sondern einen logischen, im Sinne von Kontradiktorischem (oder anders ausgedrückt: von Unsinn).

Was die Frage des Stellenwerts eines Individuums in der Gesellschaft angeht, so verfügt der Radikale Konstruktivismus, trotz der von Bernd Scheffer gezogenen spezifischen Schlußfolgerung, über ein methodisches Instrumentarium, das produktivere Antworten erlaubt. Dort wird betont, daß die soziale Interaktion für die individuelle Tätigkeit Kontrollen einbaut, indem Haltungen und Ergebnisse dauernd empirisch überprüft werden und auch noch im Streit eine Konsensgrundlage gegeben ist. Methodologisch ergibt sich so eine weitgehende Kompatibilität solcher Denkansätze mit der Anwendung der Kategorien des Besonderen und Allgemeinen und der Erschaffung des menschlichen Subjekts in der Praxis.

Bei näherem Hinsehen, und damit komme ich zu meiner eigentlichen These, bietet die Dialektik, und zwar immer noch in einer auf Karl Marx zurückführbaren Form, eine methodische Grundlage an, die im Zusammenhang mit den hier besprochenen Entwicklungen als außerordentlich brauchbar bezeichnet werden muß. Die Widersprüchlichkeit, Vielschichtigkeit und Simultaneität postmoderner Haltungen scheint mit dialektischen Kategorien am besten erfaßbar. Nach Linda Hutcheon repräsentiert die Postmoderne »a curious mixture of the complicitous and the critical... What frequently happens is that one half of the paradox gets conveniently ignored: postmodernism becomes either totally complicitous or totally critical, either seriously compromised or polemically oppositional«.[20]

Dialektische Einheit der Widersprüche ist ferner dort feststellbar, wo es um die postmoderne Erkenntnis geht, daß man aus dem System nicht aussteigen kann, und den daraus gezogenen Entschluß, seine Verschwörung mit dem System – der Kommerzialisierung zum Beispiel – einerseits zuzugeben und zugleich dessen

---

derne?«, in: H. Holländer, C. W. Thomsen (Hg.), *Besichtigung der Moderne*, Köln: duMont 1987, S. 67.
20 Linda Hutcheon, *A Poetics of Postmodernism*, New York, London: Routledge 1988, S. 201.

Werte von innen zu untergraben. (So verhält sich übrigens bereits der brave Soldat Schweijk.)

Das läßt sich auch umgekehrt betrachten: man ist sich dessen bewußt, daß man sogar dort, wo man das System herauszufordern sich entscheidet, in dessen Koordinaten gefangen ist. Wenn der postmoderne Architekt Portoghesi in Rom tätig ist, findet er sich mit der Komplexität der Vergangenheitsschichten von der Antike bis zur Moderne konfrontiert, die er weder ignorieren will – die moderne Bautechnologie zum Beispiel – noch direkt wiederbeleben will.

Alles muß verwendet, alles muß aber auch zugleich in Frage gestellt werden.

Postmoderne Romane wie *Das weiße Hotel* von D. M. Thomas oder *Die Mitternachtskinder* von Salman Rushdie untergraben das Konzept des einheitlichen Subjekts, indem sie sowohl die Erzählerfigur als auch die Romangestalten zugleich etablieren und in Frage stellen; die Erzähler sind entweder beunruhigend vielfältig und nicht immer eindeutig feststellbar, wie bei Thomas, oder eingeschränkt und vorläufig wie bei Rushdie.[21]

Besonders deutlich kommt diese dialektische Struktur in der Parodie zum Ausdruck, wo wir es mit der Gleichzeitigkeit von Zitat und Distanz, Ähnlichkeit und Differenz, Kontinuität und Wandel zu tun haben. Wie David Roberts feststellt, »ist die Verfremdung des Kunstwerks qua Parodie dialektisch, denn sie beinhaltet die *gleichzeitige* Verneinung und Bejahung des spezifischen Status von Kunst«.[22]

Die Kompatibilität der zeitgenössischen Denkkonzepte mit den methodischen Ansätzen der Dialektik ist auch außerhalb der eigentlichen Postmoderne feststellbar. Klaus Eders Zusammenfassung der Konsequenzen der jüngsten naturwissenschaftlichen Ergebnisse lautet: »Die Natur wird als ein mit der theoretischen Erkenntnis rückgekoppelter Zusammenhang gedacht. Der Mensch ist nicht mehr Herr, sondern ... Teil der Natur. Die theoretische Erkenntnis wird zu dem ›Geist‹, der sich in einer Umwelt entwickelt hat und zugleich auf diese Umwelt zurückwirkt.«[23]

---

21 Vgl. ebenda, S. 11 und 29.
22 A.a.O., S. 176.
23 Klaus Eder, *Die Vergesellschaftung der Natur*, Frankfurt: Suhrkamp 1988, S. 343.

Damit aber sind auch Wesenszüge der Marxschen Dialektik von Theorie und Praxis einerseits und Subjekt und Natur andererseits mit ziemlicher Genauigkeit wiedergegeben.

Die These des Radikalen Konstruktivismus, daß wir unsere Welt erschaffen und von da aus als eine natürliche Welt auffassen können, sobald wir verstehen, daß wir ein Teil von ihr sind, ist ebenfalls vereinbar mit der Praxisauffassung der Marxschen Feuerbachthesen. Der Hinweis auf die konstante soziale Überprüfung der selbstkonstruierten Welt- und Handlungsmuster in Kommunikation und Kognition, die ihrerseits als ein Prozeß und als Einheit von rationalen, emotionalen, assoziativen und imaginativen Möglichkeiten gesehen wird, stellt sich als eine Parallele zu der dialektischen Auffassung dar, daß der Mensch seine Identität in gesellschaftlicher Praxis erzeugt. Die angenommenen Wechselwirkungen von subjektiver Schöpfung und außersubjektiver Gesellschaftlichkeit können als Akzeptanz der Dialektik des Besonderen und Allgemeinen gelten. Beide Erklärungsentwürfe sehen die Welt nicht nur als einen gegebenen Komplex von Beziehungen, sondern auch in deren Verknüpfung mit dem eigenen Entstehungsprozeß. Als dialektisch kann ebenfalls der monistische Grundcharakter des Radikalen Konstruktivismus gelten, sowie seine Betonung der menschlichen Aktivität, und nicht zuletzt – was eine nähere Untersuchung wert wäre – das Selbstorganisationsprinzip.

Auch in Fragen, in denen sich die hier in Betracht gezogenen Anschauungsweisen ausweichend verhalten oder wo sie nicht überzeugen, scheinen dialektische Denkansätze noch produktiv zu sein. Das dürfte besonders die Frage der Kreativität, also der Entstehung des qualitativ Neuen betreffen. Die Dynamik, die der dialektischen Annahme einer Wechselbeziehung von Entwurf, Produktion und Korrektur eigen ist, stellt nützliche methodische Mittel zur Verfügung, wenn Probleme wie das der Antizipation anzugehen sind.

Die Kompatibilität und Nutzbarkeit einer zeitgemäß entschlackten marxistischen Dialektik für heutige Verhältnisse wird unterstrichen, wenn man sich einige der neueren Aktualisierungsversuche ansieht. Ein Beispiel bietet der amerikanische Philosoph Milton Fisk, der unter Hinweis darauf, daß die Tradition der marxistischen Dialektik keineswegs monolithisch ist, eine pluralistische Dialektikauffassung vorlegt. Er ersetzt dabei das Gesetz der

Einheit der Gegensätze durch das Konzept der Komplexität von Entitäten, das etwas allgemeiner ausfällt. Obwohl er dann einer dialektischen Ontologie das Wort redet, die auf so etwas wie eine Umformung der Dialektik der Natur hinausläuft, kann sein Versuch als Zeugnis dafür dienen, daß die Offenheit des Konzepts noch die eine oder andere Möglichkeit produktiver Weiterverwertung der Marxschen Ansätze in sich birgt.[24]

Dabei ist jedoch jene Sackgasse zu vermeiden, in die man durch die Annahme kommt, daß die Herrschaftsveränderungen, die unter Lenins Führung ihren Anfang nahmen, tatsächlich die von Marx anvisierte nächste Gesellschaftsordnung darstellten. Man hat zu akzeptieren, daß diese bei Marx nur vage angedeutete Gesellschaft der Zukunft nicht zum Horizont dieses Jahrhunderts gehört. Die marxistische Philosophie ist, obwohl sie eine Praxisphilosophie ist, sehr wohl von dem ablösbar, was sich in unserem Jahrhundert als Sozialismus und später als der reale Sozialismus bezeichnete. Die gesellschaftliche Praxis, mit der sie als weltverändernd in Beziehung gebracht werden sollte, ist vorläufig nicht in Sicht; man wird sie weder in den bisherigen Versuchen zentral gesteuerter Gesellschaftsveränderungen noch innerhalb heutiger Horizonte finden. Der gegenwärtige Zusammenbruch der realsozialistischen Herrschaftssysteme ist, vielleicht paradoxerweise, durchaus mit Hilfe der Marxschen Dialektik zu erklären: die gesellschaftliche Tätigkeit der Menschen in ihren sozialen Beziehungen sprengte den zum Hemmschuh gewordenen inflexiblen Überbau der Institutionen, die der Praxis nicht oder nicht mehr entsprachen.

»Man darf nämlich nicht vergessen«, schrieb der jugoslawische Philosoph Danko Grlić, »daß Marx behauptet hat, der Kommunismus würde ›alles, was unabhängig von der Einzelperson besteht‹, abschaffen«.[25]

Das soll auch heißen: es war nicht die dialektische Methode, die

---

24 Milton Fisk, »Dialectic and Ontology«, in: J. Mepham, D.-H. Ruben (Hg.), *Issues in Marxist Philosophy* 1, New Jersey: Humanities Press, S. 119 ff. Andere Versuche stammen aus dem Umkreis der Zeitschrift *TELOS* oder von Philosophen, die in Italien und Holland (z. B. Hans Heinz Holz) wirken.

25 In: Gajo Petrović (Hg.), *Revolutionäre Praxis*, Freiburg: Rombach 1969, S. 188.

durch die Ereignisse des vergangenen Jahres hinweggefegt wurde, sondern Systeme, die sie verlassen haben.

Wir können uns Zeit lassen, wenn wir einem bekannten Beispiel aus der Geschichte folgen. Einige Jahrhunderte lang mag es dauern, bis man Marx, so wie Aristoteles im christlichen Mittelalter, wieder brauchbar findet.

Christof Schmitz
Thom Barth – Grenzüberschreitungen

Raum-Kubus, Hirn-Kubus,
Kreuzgang-Leerkörper

Drei Städte, drei Länder, drei Kuben: Wien, Zürich, Nürnberg. Thom Barth transformierte drei verschiedene Umgebungen mit Kopien ihrer selbst und konfrontierte uns mit Objekten, die über Wahrnehmung und Beobachtung nachdenken lassen. Beim Beobachten von Barths Kuben geraten wir uns selbst in den Blick. Eine irritierende Kunst-Erfahrung, die sich einreiht in erkenntnistheoretische Überlegungen der Zeit.

Soviel wissen wir also im vorhinein: es geht um Kopien und um Wahrnehmung. Wahrnehmung handelt von Beobachtung, und die ist, wie wir gelernt haben, keine einfache Abbildung, sondern eine Relation. Eine dreistellige Relation, die »Gegenstand – Beobachtung – etwas anderes« umschließt.[1] Beobachtung setzt den Gegenstand in ein Verhältnis zu etwas anderem und orientiert sich an diesem Unterschied zum anderen, hält sich an diese Differenz. *Etwas* kann immer nur vor einem Hintergrund, vor *etwas anderem* ausgemacht, unterschieden werden. Hebt sich eines vom anderen ab, dann ist das der Unterschied, der, nach dem berühmten Diktum G. Batesons, einen Unterschied macht.

1. Wien: Darin, davor, dazwischen

Wir hatten einen Gegenstand: den Marmor- oder Herkulessaal im Palais Liechtenstein zu Wien (Museum moderner Kunst) und darin einen Kubus. Ein Saal, gebaut und gestaltet in einem Barockstil, der wohl schon Kopie war, ehe er zu Ehren seiner Erbauer präsentieren konnte, wurde mit einer Kopie seiner selbst konfrontiert. Thom Barth unternahm folgendes: Er stellte sich in die Mitte des Raumes, fotografierte die vier Wände und den

---

[1] D. Baecker, »Die Freiheit des Gegenstands: Von der Identität zur Differenz«, in: DELFIN V (1985), S. 76–88.

Dachhimmel, transformierte anschließend die Fotos auf transparente Folien und kopierte diese Abbilder in 10 Vergrößerungsschritten. Aus diesen kopierten, durchsichtigen Folien baute er einen Kubus in der Größe von 10 × 8 × 6,8 m. Den Kubus, auf dessen Flächen sich die Kopiestrukturen des Marmorsaales wiederfanden, stellte Thom Barth in die Mitte des Raumes, auf die Fensterfront gekippt.

Der Kubus zeigt, was Kopieren heißt: transformieren, verändern, ein AB-Bild erzeugen, in das die Strukturen, die Spuren seiner Erzeugung einfließen. Der Marmorsaal als Medium der Phantasien, der Vorstellungen und der Erwartungen seiner Erbauer und Bewohner geriet zur Form für das Medium des Kopierens – und der Beobachter, der im Raum stand, wurde auf das mediale Fungieren des Raumes verwiesen; es wurde ihm vor Augen geführt.

Nicht der Saal und nicht der Kubus bildeten mehr den Mittelpunkt, sondern der Beobachter selbst, der zwischen Kubus und Raum-Wand stand. Was blieb, war die Beobachtung des Beobachters. Seine Angelegenheit war es, eine Vorstellung von seinem DAZWISCHEN zu entwickeln. Ihm wurde vorgehalten, was sonst selbstverständlich gilt. Ihm wurde Raum zum Thema gemacht und zwar nicht als ästhetisches Ding, in dem er sich einrichten soll, sondern Raum als Medium vielfältigerer Dimensionen.

Räume existieren in unserer Wahrnehmung nicht davon, daß sie angefüllt, verwendet, nicht verwendet oder bloß irgendwie ausgestaltet werden, sondern existieren aus der Symbolik, mit der der Raum besetzt wird. Räume werden mit Symbolen belegt, mit Bedeutungen befrachtet, sie werden *bezeichnet*. Das gilt nicht nur für Prunksäle, sondern ebenso für Gebirgstäler, Wüstenstriche und ganz alltägliche Schuppen. In diesem Sinn ist Raum Medium.

Wände, Fenster, Lichteinfall, Mobilar, Ein- und Ausgrenzung des Äußeren, die Besucher und Bewohner können in die Besetzungen miteinbezogen werden, die die Form machen. Aber nicht die Anordnung von Ecke, Tür, Tisch und Sessel ist die Form, sondern der Verweis, der hergestellt wird:

Das ist eine Kirche, also bete; das ist ein Wohnzimmer, also schlüpfe aus den Schuhen; das ist ein Prunksaal, also erschauere vor der Größe Deiner Fürsten, ziehe den Hut und knie...

Raum ist Medium. Wir konstruieren den Raum mit den Besetzungen und den Verweisen, die wir anlegen. Findet sich aber der Beobachter nicht nur im Raum, sondern zwischen »realem« Raum und »realer Kopie«, wird er sich selbst als Konstrukteur bewußt. Er befragt sich zunächst dazu, was er hier eigentlich sieht. »Was beobachte ich hier?« Ich sehe einen Gegenstand, den Raum; ich sehe etwas anderes, den Kubus. Was aber macht den Unterschied etwas – anderes: Ich bin's, ich mit meiner Beobachtung. Ich bin die Verbindung, ich bin der Wendepunkt der Relation. Doch was sieht er an dieser Beobachtung? Das einzige, was er festhalten kann: Beobachtung sieht, was sie sieht. Dem Beobachter ist seine eigene Konstitution nicht zugänglich, sie ist ihm nicht verfügbar. Er sieht, was er sieht – das ist zugleich das Ende seiner Beobachtungen.

Und er braucht seine blinden Flecken. Denn nur wenn es ihm zunächst gelingt anzunehmen, daß es rings um ihn so ist, wie er es sieht, kann er etwas sehen.

Bei Lars Gustafsson findet sich eine Überlegung zu diesem Thema, die von der Tötung der Medusa durch Perseus handelt:

»...während Athene den Arm des Helden lenkte, als er das grauenhafte Haupt abschnitt, habe Perseus einen Spiegel vor das Gesicht der Medusa gehalten und sie so überwunden. Ovid und Lukian sind beide völlig einig darin, daß in der Umgebung der Medusa ›alles Leben, das sie betrachtet‹, ›Menschen, Pflanzen und Tiere‹ zu Stein verwandelt werde. Da also der

Blick der Gorgo jeden versteinert, den sie gewahr wird, muß die Medusa, so lautet dieser einfache und scheinbar logische Gedankengang, *auch sich selbst versteinern können*.
Für diejenigen unter unseren künftigen Lesern, die mit selbstreferentiellen Systemen vertraut sind, beispielsweise des Typs, wie sie Dr. Kurt Gödel im Jahre 1931 in seinem kraftvollen Aufsatz ›Über formal unentscheidbare Sätze der Principia Mathematica und verwandte Systeme I‹ behandelt, liegen die Dinge einfach... Im Hinblick auf das Gödelsche Ergebnis scheint es nicht ganz selbst-verständlich, daß ein solches Verfahren durchführbar ist. Vielleicht kann auch der Blick der Medusa vergödelt werden? Es besteht natürlich die Gefahr, daß die Medusa, wenn sie in den Spiegel blickt, weder ihren eigenen Blick sieht, noch einen anderen, weder versteinert wird, noch unversteinert bleibt. Es ist denkbar, daß die Medusa in diesem Augenblick tatsächlich überhaupt nichts sieht. Und daß das, was sie da erblickt, die *Wahrheit* über sich selbst ist.«[2]

2. Zürich: Der Übergang

Denken wir an den Hirn-Kubus. Wir hatten das Wahrnehmungsorgan, das Hirn und seinen Kubus zu Zürich. Was wurde uns da beschert?
Bevor man den Raum des Hirn-Kubus in der Zürcher Galerie betrat, las man den Satz, der als Widmung über der Ausstellung stand. »Der Natur und ihren Verehrern«. Dann der erste Raum: der Kubus-Hirn/Kopie, überdimensional, den Raum fast ausfüllend, danach der zweite Raum, darin ein Tisch, eine Wiege, ein tatsächliches, menschliches Gehirn, sowie zwei weitere Kopiearbeiten – Hirn-Kopien.
Was ging vor? Ein ausgelöstes menschliches Hirn, das ist kein Anblick der einen anzieht. Ein Hirn, das ist etwas in seiner Schale Verborgenes, Geheimnisumwittertes, Unverstandenes, das erschrecken läßt, wenn es sich plötzlich dem Auge darbietet. Man blickte irritiert hinüber zum Kubus. Eine Raumöffnung ließ den Blick darauf teilweise zu, wie wenn ein Stück der schützenden Schale fehlen würde. Der Kubus, das kopierte Hirn, von der Schale des Raumes umgeben, transferiert in eine technische Form: die Rundungen und Windungen der Hirnform übertragen in plane Flächen, aufgezogen auf Verstrebungen, nun die Ecken und

---

2 Lars Gustafsson, *Die dritte Rochade des Bernhard Foy,* München, Wien 1986.

Kanten des Kubus bildend, der sich einpaßte in die Form des Raumes; die feine Struktur der Kopien und der Vergrößerung, Schwärze eingebrannt in Klarsichtfolien.
Hirn und Hirn-Kubus, man ließ den Blick zwischen beiden hin

und her gehen, man suchte die Verbindung, suchte der Relation auf die Spur zu kommen. Ein Hirn, das steht für Leben, Geist und Natur – demgegenüber das ausgelöste Hirn, dem technischen Zugriff ausgesetzt, verfügbar, tot. Seht die Natur – wenn sie tot ist. (Der Natur und ihren Verehrern.)

Man konnte gespannt sein, was nach dem Hirn-Kubus folgen würde. Hätte die Zürcher Ausstellung doch einen vermeintlichen ENDpunkt des Experiments mit den Kopien abgeben können. Man hätte meinen können, der Hirn-Kubus stelle den Versuch dar, in der Darstellung, der Dingfestmachung des imaginierten Ortes der Wahrnehmung (des Wahrnehmungsorgans, der Schaltzentrale, der Kommandostelle...), also des Zentrums, das uns die Darstellungen der Welt besorgt, den letzten Fixpunkt der Geschichten vor Augen zu führen.

Man hätte meinen können, die analytische Offenlegung des Gehirns verdeutliche, wie die unendlichen Prozesse der Wahrnehmungskonstruktionen zu einem Ende gebracht werden, indem in objektiv-wissenschaftlicher Weise einer zu einfachen Vorstellung gefolgt wird: der der Trennbarkeit von Physischem und Geistigem. Die Herauslösung des Wahrnehmungsorgans ist zugleich das Ende seiner Existenz. Indem man das Organ in Besitz nimmt, bringt man es um. Im gierigen Zugriff des Außenstehenden, der die vom System selbst gesetzten Grenzen nicht beachtet, kommt es zum letalen Ausgang. Der Jäger war erfolgreich, die Beute ist erbracht. Oder noch platter: Operation gelungen, Patient tot.

Das kommt, wenn man zu ungenau hinschaut. Das kommt, wenn man die falsche Brille aufsetzt – und vergißt, daß man eine aufhat.

»...›Ein Vergrößerungsglas ist etwas viel Besseres, denn man kann es ansehen, und das, was man sieht, wenn man durch es hindurch sieht, ist wieder etwas anderes.‹ MacCruisken öffnete eine andere Tür, und man händigte mir ein Vergrößerungsglas aus, ein sehr gewöhnlich aussehendes Instrument mit einem beinernen Griff. Ich benutzte es, um meine Hand anzusehen, sah aber nichts, was erkennbar gewesen wäre. Dann betrachtete ich andere Dinge, sah aber nichts, was ich deutlich hätte sehen können.

MacCruisken nahm mir das Vergrößerungsglas wieder ab und bedachte mein erstauntes Auge mit einem Lächeln.

›Es vergrößert bis zur Unsichtbarkeit‹, erklärte er. ›Es macht alles so groß, daß das Glas nur dem kleinsten Partikel Raum bietet – nicht genug, um es von etwas zu unterscheiden, das anders ist.‹«[3]

Mit Bazon Brock können wir danach fragen, welche Probleme uns bereitet, welche Problemlagen uns vor Augen geführt werden. Der Hirn-Kubus verdeutlichte in seiner großkopierten Struktur, daß ein dem Gegenstand GANZ NAHEkommen kein besseres Erkennen beinhaltet. Im Gegenteil – ab einem bestimmten Näheverhältnis, das dann einem Eindringen, einem Zerstören gleichkommt, – und wer definiert, ab wann Näherkommen destruktiv wird, wer oder was bestimmt den Kippunkt – schließt den Gegenstand kurz, bringt ihn zum Sterben, zum Ende seiner Funktionen – was bleibt da noch zum Studieren?

Der Hirn-Kubus bezeichnete den Endpunkt einer bestimmten HINSICHT: Man bleibt außen vor, wenn man das Organ der Wahrnehmung sein eigen nennen möchte. Es ist dies der zerstörerische Blick der Auflösung im Versuch der Verortung, der Dingfestmachung der Prozesse der Konstruktion der Wirklichkeit. Eine Phantasmagorie mit schlechtem Ausgang – einmal mehr.

3 Flann O'Brien, *Der dritte Polizist*, Frankfurt 1975.

3. Nürnberg: Transparenz – Leere

Nürnberg, Kreuzgang, Kubus. Transparent, transzendent stand da ein LEER-KÖRPER; darüber ein Wellblechstück, die Form der Dachkante ringsum aufnehmend, an der Seite ein kleinerer Kubus, dunkel. An der Stirnseite des Kreuzganges das Kruzifix, und im Halbdunklen dahinter ein nach vorne hin offener Raum...

Eine ältere Nürnbergerin betritt mit einer wohl auswärtigen Bekannten den Kreuzgang, erläutert die Geschichte dieses Bauwerkes, erzählt von den sommerlichen Konzertabenden hier, weist auf das Kruzifix und erörtert insbesondere die Funktion des taubenabhaltenden Maschendrahtes über dem steinernen Menschenerretter. Dann, unmittelbar vor dem Abgang noch ein kurzer Blick auf den Kubus (ein unglaubliches »timing«!): »Was Sie *da* gemacht haben, weiß ich nicht...«

Das Ding da in der Mitte ist zweifellos *seltsam*: ein Leerkörper, der etwas mit Kopie zu tun hat. Aber was kopiert ein »Leerkörper«. Wie kann Leere kopiert werden? Um Gottes Willen!

Neben der Beobachtung alltäglicher Nürnberger Szenen kam mir bei der Betrachtung des Kubus noch folgender, vielleicht etwas abgeschmackter Witz in den Sinn: Kennen Sie den?
Die traditionsreiche Firma HUBER-Nägel möchte nach jahrzehntelangen guten, in den letzten Jahren jedoch nachlassenden Umsätzen ihre Geschäfte mit einer Werbekampagne ankurbeln. Dazu wird die prominente Werbeagentur XY engagiert. Nach briefing und ähnlichen Ritualen der Werbebranche, zieht sich die Agentur zu einem ausdauernden kreativen Prozeß zurück. Vier Wochen später: die Präsentation.
Zunächst einiges Vorgeplänkel, dann enthüllen die Kreativen ihren Plakatentwurf: Darauf sieht man Jesus am Kreuze und darunter den Schriftzug:
HUBER-NÄGEL HALTEN EWIG!
Entsetzen bei den anwesenden Direktoren von HUBER-Nägel: völlig unmöglich, geht auf keinen Fall, grauenhaft, die Kundschaft...
Die Werbeagentur zieht sich zurück – nochmals intensiver kreativer Prozeß. Abermals vergehen vier Wochen. Schließlich trifft man sich erneut zur Präsentation. Tam-tam, dann wird unter allgemeiner Neugierde der Plakatentwurf enthüllt: Darauf sieht man ein leeres Kreuz stehen, unten am Boden liegt zusammengekrümmt Jesus und über allem steht:
MIT HUBER-NÄGELN WÄRE DAS NICHT PASSIERT!

Was hat das miteinander zu tun? Wie paßt das zusammen? Denken wir zurück und bleiben wir einen Moment beim Witz. Seine Komik (Haben Sie gelacht?) resultiert aus unterschiedlich gesetzten Unterschieden. Die Werbeleute bleiben auf derselben Seite einer von den Auftraggebern angebrachten Differenz, die klar besagt, daß kein religiöses Motiv – und schon gar nicht in dieser Form – Verwendung finden sollte. Die Seite galt es zu wechseln, nicht bloß Veränderungen des Motivs vorzunehmen!
Dieser unvollendete Seitensprung macht auf ein fundamentales Problem des Denkens und Erkennens aufmerksam.
George Spencer Brown, ein Mann mit recht eigenem Humor,

formulierte in seinen »Laws of Form«, daß alle Formen des Denkens auf eine grundlegende Unterscheidung zurückzuführen sind, nämlich auf die von *innen* und *außen*.[4] Es gibt nichts, was nicht mit einer Unterscheidung beginnen würde. Darum lautet der meistzitierteste Satz seines Buches schlicht: »Draw a distinction!« Das ist der Anfang aller Dinge.

»Draw a distinction!« Man male einen Kasten und schon hat man eine Unterscheidung und infolgedessen zwei Universen,

man bezeichne sodann diese beiden erschaffenen Universen.

| innen | außen

Das geht natürlich auch umgekehrt, die Bezeichnung ist völlig willkürlich

| außen | innen

Nach Spencer Brown gibt es zwei grundlegende Axiome, hinter die unser Denken nicht zurück kann. Die Axiome definieren, daß es einen Unterschied macht, ob man mit den Bezeichnungen der Universen zu tun hat (gewissermaßen Etiketten klebt), oder ob man die Grenze zwischen den Universen überschreitet. So verändert beispielsweise die oftmalige Wiederholung des Namens eines Universums nicht seinen Wert, während der *Überschreitung* der Grenze jedesmal Wert zukommt.

Die Werbeagentur aus dem obigen Witz hatte folgende Unterscheidung getroffen (Fig. 1):

Und hinter allem die »message«: Nägel sind nicht Allerweltszeug, sondern sind Dinge, mit denen man Geschichte macht! Beinahe genial.

Doch die Direktoren von HUBER-Nägel machen einen anderen Unterschied und setzen die Differenz wie folgt (Fig. 2):

Beide Geschäftspartner nahmen an, daß man im Konsens handle und erkennen erst bei der zweiten Präsentation, daß man sich in ganz unterschiedlichen Universen bewegt hat. – Gelächter der Beobachter.

---

4 George Spencer Brown, *Laws of Form*, New York 1979.

(Fig. 1)

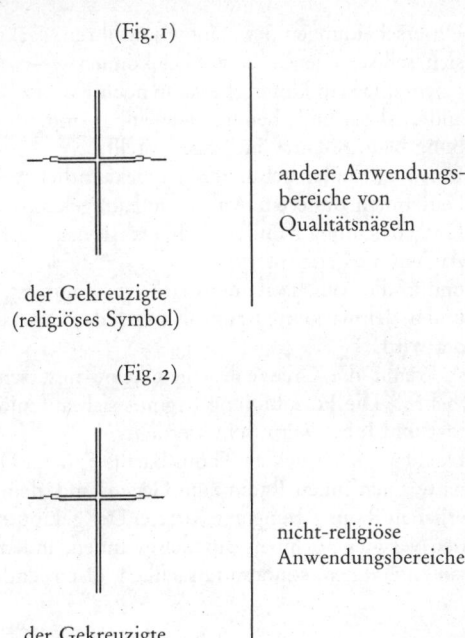

andere Anwendungsbereiche von Qualitätsnägeln

der Gekreuzigte
(religiöses Symbol)

(Fig. 2)

nicht-religiöse Anwendungsbereiche

der Gekreuzigte
(religiöses Symbol)

Zurück zur Logik. Spencer Browns Buch zeigt, daß alle unsere Betrachtungen, Ideen, Annahmen und Prämissen (Weltkonstruktionen) auf Unterscheidungen zurückgehen, Unterscheidungen, die irgendwann einmal getroffen werden, hinfort neue Universen erschaffen und die, wann immer sie verwendet werden, UNHINTERGEHBAR sind. Wenn ich einmal die Unterscheidung von wahr und falsch eingeführt habe, ist die Wahrheit mit im Spiel, ob es sie »gibt« oder nicht. Indem ich Wahrheit suche, produziere ich Falschheit. Unsere Produktionsmöglichkeiten sind unerschöpflich, sie sind lediglich Fragen der Bezeichnungen und des Konsens über ihre weitere Verwendung. Die Rede ist vom gesellschaftlichen Spiel, Grenzen zu ziehen, Räume oder Universen zu markieren und zu bezeichnen und sich mit Grenzüberschreitungen zu beschäftigen.

Spannend wird die Sache, neben den Möglichkeiten der Relativierung sogenannter fester Tatsachen, vor allem dadurch, daß die

Unterscheidungen der Räume und ihrer Markierungen auch auf sich selbst angewandt werden können (re-entry). Während bei einer einfachen Unterscheidung noch Kontext und Inhalt auseinanderhaltbar und eben unterscheidbar sind, wird diese Grenzziehung beim re-entry in Frage gestellt.

Innen und außen definieren sich bekanntlich wechselseitig, es gibt kein Innen ohne ein Außen und umgekehrt. Aber »wenn eine Unterscheidung dadurch definiert ist, daß die Innenseite von der Außenseite getrennt wird,

und a) die Außenseite der markierte Raum ist,

und b) der markierte Raum als Inhalt der Unterscheidung verwendet wird,

so trennt die Grenze letztlich keine unterschiedlichen Räume mehr«.[5] Die Formbildung beginnt sich aufzulösen, indem Kontext und Inhalt vermischt werden.

Denken wir zurück an Thom Barths Kuben. Der Wiener Kubus hatte einen Innen-Raum zum Gegenstand, dem er mit einer neuerlichen Raumgebung antwortete. Der gekippte Kubus ohne Boden verwies nochmals auf dieses Innen, indem er es nicht von außen erahnen, sondern tatsächlich, offensichtlich, sehen ließ.

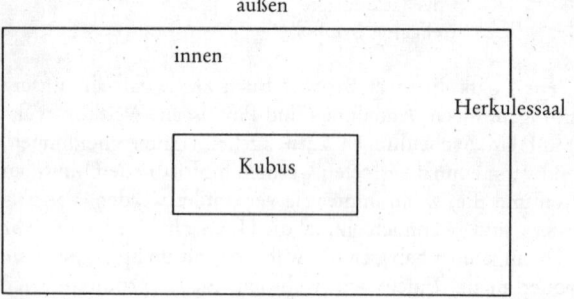

Der Nürnberger Kubus geht da anders vor. Er hat einen Innen-Raum zum Thema, der eigentlich außerhalb der ihn bestimmenden Grenzen (Mauern) liegt und zudem offen ist. Damit ist eine paradoxe Situation gegeben, die, wie Paradoxien zumeist, anregungsreich ist.

5 Fritz B. Simon, *Unterschiede, die Unterschiede machen*, Berlin 1988.

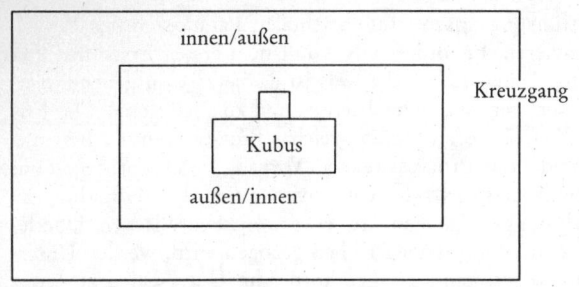

Indem ein Innenraum, der durch ein äußeres Inneres definiert wird und LEER ist, zum Thema und zum Medium dieses Kunstwerks gemacht wird, verdeutlicht sich die Vermischung von Kontextmarkierung (außen) und Inhalt (innen) und verweist auf die genannte grundlegende paradoxe Konstellation unseres Denkens. Wenn wir davon ausgehen müssen, daß innen/außen eine zentrale und fundamentale Grenzziehung bedeutet, dann verwirren und verstören uns alle Vermischungen dieses Innen und Außen. Genau das aber geschah in Wien, in Zürich und in Nürnberg. Wie kann ein Innen, das doch als INHALT definiert ist, leer sein, um Gottes Willen? Teuflisch.

4. Transparenz – Transzendenz

Eventuell helfen Gebete aus paradoxen Zuständen. Ebenfalls Abhilfe verschaffen durchaus logisch gedacht, IMAGINÄRE Zustände. Was in der Mathematik die imaginären Zahlen sind, ist in der sozialen Wirklichkeit die Zeit. Re-entry benötigt Zeit und das erlaubt uns die gezeigten Vermischungen zu vermeiden. Erst wenn wir die Zeitdimension ausschließen, indem wir alles wie in einer Momentaufnahme festhalten und zu einem Zeitpunkt einfrieren, verdeutlicht sich die Paradoxie. Und dafür war bildende Kunst *schon immer* das Medium. (Man darf an dieser Stelle in Erinnerung rufen, daß die Beschäftigung mit Zeit für Thom Barth keine Unbekannte darstellt, sondern bereits vor einem Jahrzehnt in den »Zeitkatakomben« thematisiert wurde.)

Der Leerkörper zeigt uns also in aller Ästhetik, wie wir angesichts der Vorführung unserer fundamentalen Paradoxien mit Verstörung reagieren. Er fordert uns, von einem ersten Erstaunen und der ersten Neugierde: »Aha, was ist das jetzt?« ausgehend, weiterzufragen, genauer zu beobachten und zu analysieren. Der Kubus erzeugt ein voraussetzungsreiches Prozessieren des Bewußtseins – und dieses Prozessieren, ein Vorgang in der Zeit, bringt uns zu einer ENTFALTUNG der Paradoxie. Indem die Verbindung zu Wahrnehmungsvorgängen, zu erkenntnistheoretischen Überlegungen und zu vorherigen Kuben gezogen wird, werden Unterschiede erzeugt, kann der Leerkörper im Unterschied zu etwas betrachtet werden, wird die Leere zum Inhalt.

Paradoxien und ihre Entfaltungen sind die Fundamente des Denkens und Erkennens, von psychischen und sozialen Systemen. Diese Systeme nehmen auf sich selbst Bezug und produzieren aus den eigenen Elementen die Elemente, aus denen sie bestehen. Das erzählt heute die Systemtheorie. Der fortlaufende Prozeß der Selbsterschaffung würde ohne zusätzliche Inputs, ohne Außen rasch an einen Punkt anlangen, der mit dem Satz: »es ist, was es ist«, beschreibbar wäre. Für weitere Anschlüsse und komplexere Ausgestaltungen würde das einen Endpunkt bilden. Zu Kommunikation und damit Systembildung, zu Denken und Erkennen kann es nur dann gelangen, wenn die je systemeigenen Vorgänge ermöglichen, die Paradoxie der Eigenkonstitution zu verdecken, das »sich-selbst-Schaffen« aus dem eigenen Blickwinkel zu nehmen und unter Mithilfe dieser Ausblendungen Möglichkeiten für neue Anschlüsse zu eröffnen. Der Vorgang führt gleichzeitig zur Erzeugung »blinder Flecken«, also der Unmöglichkeit, der Eigenkonstitution permanent gewahr zu sein, wie zur Offenheit für fremdreferentielle Anschlüsse.

Werden einem die blinden Flecken der Eigenkonstitution vor Augen geführt, muß man reagieren. Man kann nicht nicht darauf reagieren. Das fordert den Beobachter. Man wird zum Erkennen aufgerufen und die Frage ist, was man zu bieten hat. Die Nürnbergerin, die den Kubus nur eines kurzen Blickes würdigte und sonst über ihn hinwegsah, hat in *ihrer Welterzeugung* wenig Platz für das von Thom Barth markierte Universum. Der Kubus verlangt ja nicht nur nach voraussetzungsvollen Kontextierungen (ansonsten bleibt er stumm und unverständlich, ist zur bloßen Ästhetik verdammt), sondern bezieht den Beobachter mit ein. Wenn man schon so stark zur Kontextarbeit gedrängt wird, fällt man sich selbst ein. Da sieht man sich plötzlich stehen im Hof des Kreuzgangs und den Kubus betrachten und hört sich denken: »Was ist das hier eigentlich?«

Man schweift zurück nach Zürich zum Hirnkubus. Dort wurde dem Beobachter sein imaginäres Zentrum vor Augen geführt, dort konnte er zwischen Hirn und Abbild hin und her wandern, ohne mehr in Händen zu haben als das Prozessieren der eigenen Gedanken. Der Beobachter selbst ist es, der die Unterscheidung von innen und außen anbringt und der, wenn er sie zu WÖRTLICH nimmt, unangemessen – tödlich – handelt.

Man schweift noch weiter zurück nach Wien zum Raum-Kubus. Dort stand man DAZWISCHEN, MITTEN im Raum – und doch AUSSEN vor.

Wien und Nürnberg führen die zwei Universen vor Augen, die der Beobachter anbringt, indem er seine Beobachtungen unternimmt: INNEN und AUSSEN. Und der Beobachter selbst hat seinen Platz in Zürich gefunden. ER ist die Imagination, die die Entfaltung der Paradoxie bewirken kann. Mehr kann er nicht. Dazu ist er verdammt. Die Unschuld ist ihm genommen, er hat getrennt, er hat gebrochen, er hat unterteilt. Das alles für ERKENNEN.

Die drei Kuben markieren, in einer von Th. Pynchon verwendeten Metapher, die beiden Enden und den Scheitelpunkt einer Parabel.[6] Wien und Nürnberg bilden die Enden und Zürich den Wendepunkt (des Beobachtens). Sich selbst benötigt der Beobachter als Imagination, verstört, gekränkt, getroffen, wenn ihm seine eigene Bezogenheit vor Augen geführt wird, wenn ihm – wieder einmal – gezeigt wird: Siehe, du schaffst dich selbst.

Welch fürchterliche Wunde wäre das in einer unschuldigen Welt.

Für Imaginationen, das ist schon angeklungen, hält zumeist Religion die Vor-Stellungen parat. Wenn man sich's gar nicht mehr erklären kann: ER muß es wissen, ES liegt in Seiner Hand. Unsere Religionen haben sich in Antworten versucht auf die grundlegende Diskrepanz, die, anthropologisch betrachtet, in unserer Trennung von der Natur, in der Differenz von Natur und Kultur entstanden ist.

In den Worten von Claude Lévi-Strauss: »Die Menschen haben drei große religiöse Versuche unternommen, um sich von der Verfolgung der Toten,

---

6 Thomas Pynchon, *Die Enden der Parabel. Gravity's Rainbow*, Reinbek 1982.

der Boshaftigkeit des Jenseits und den Ängsten der Magie zu befreien. In einem Abstand von etwa einem halben Jahrtausend haben sie nacheinander den Buddhismus, das Christentum und den Islam konzipiert; und es fällt auf, daß jede dieser Etappen in bezug auf die vorherige einen Rückschritt bedeutet. Für den Buddhismus gibt es kein Jenseits; alles beschränkt sich auf eine radikale Kritik, deren sich die Menschen nie wieder fähig erweisen sollten und an deren Ende der Weise zu einer Verweigerung des Sinns aller Dinge und Wesen gelangt: einer Disziplin, die das Universum und sich selbst als Religion aufhebt.«[7]

Man erinnere sich an die paradoxen Geschichten der Zen-Meister, die ihren Schülern manche Überraschung feilbieten, um einen Weg jenseits menschlicher Kommunikation erahnen, erspüren oder gar erleben zu lassen. Kommunikation ist die Produktion von Unterschieden. Aber welchen Unterschied macht das Klatschen einer Hand? Was befindet sich jenseits der Kommunikation? Leere?

Der Leerkörper, errichtet in einem christlichen Bauwerk, verweist mit seiner Leerformel auch auf den Kippunkt von Physischem und Metaphysischem, von Körperlichem und Geistigem. Die Transzendenz des Immanenten bildet einen Kontext, möglicherweise ein neuer Fingerzeig auf den etwaigen Ort des Imaginären, der schon im entschälten Gehirn zu Zürich nicht zu finden war.

Imaginär bleibt nur, was weiter prozessieren kann, was sich fortlaufend herzustellen vermag. Wenn das Hirn seiner körperlichen Anschlüsse beraubt wird, ist es am Ende, ebenso wie eine Kirche, die nicht mehr den magischen Charakter weihevoller Ereignisse herbeirufen kann. Die Prozession ist zur endgültigen Ruhe gekommen.

Die Imagination lebt weiter, mit uns, die wir darüber nachdenken, uns bewegen, in BEWEGUNG BLEIBEN. Stillstand ist das Ende, also laßt uns denken. So wie uns Bruce Chatwin in den »Traumpfaden« von den Altvorderen der australischen Eingeborenen schrieb, die über die Welt gingen und sangen und die Welt erschufen, indem sie diesseits und jenseits des Weges die Dinge benannten.[8] Die Pfade (Songlines) werden noch heute von den Eingeweihten betreut, besungen und erhalten/erschaffen.

... zu beiden Seiten des Pfades. Welch wunderbare Metapher.

---

7 Claude Lévi-Strauss, *Traurige Tropen*, Frankfurt 1981.
8 Bruce Chatwin, *Traumpfade*, München, Wien 1990.

3. Raketen über Kirchtürmen
und noch kein Ende

Die Kirchtürme als letzte Verkörperung des obersten Imaginators (mußte da nicht der Petersdom-Nachbau an der Elfenbeinküste einen Meter niedriger gehalten werden, um die päpstlichen Weihen empfangen zu können?!) werden schon (?) seit Jahrzehnten von den Bahnen der Flugobjekte abgelöst. So wie Thomas Pynchons »Enden der Parabel« noch an der Auflösung des Maschinenmodells arbeiteten – die Parabel beschreibt die Flugbahn der Rakete – und die neue Ära der *Bodenlosigkeit* noch mit den Schrecken des Krieges versehen eingeläutet wurde, so beschäftigen wir uns heute mit der Auflöslichkeit des Unauflösbaren, spielen mit den Konstruktionen der Weltkonstruktionen und lernen – vielleicht – allmählich den Umgang mit den Grenzen der Selbsterzeugungen, mit den Grenzen, die wir solange verletzt haben und noch verletzen und verletzen werden, wodurch wir uns möglicherweise mit Hilfe der Raketen selbst auslöschen.[9] Und für Grenzverletzungen durch falsch angelegte Beobachtungen haben wir unsere Experten.

»...erinnert ihr euch an die Geschichte von dem Kind, das keinen Kreplach essen mag? Das Kreplach haßt und fürchtet, das schon beim bloßen Anblick von Kreplach in grauenhafte grüne Pusteln ausbricht, die wie eine Reliefkarte über seinen ganzen Körper wandern? Die Mutter schleift das Kind zum Psychiater. »Furcht vor dem Unbekannten«, diagnostiziert diese graue Eminenz, »lassen Sie ihn einfach mal zusehen, wie sie den Kreplach machen, dann wird er Vertrauen gewinnen.« Zurück in Mutters Küche. »Und jetzt«, spricht die Mutter, »werde ich uns eine köstliche Überraschung bereiten!« »Oh, Mann!« kräht das Kind. »Prima, Mami!« »Siehst du, jetzt siebe ich Mehl und Salz zu einem hübschen kleinen Kegel.« »Was ist das, Mami, Hackfleisch? Oh, Mann!« »Gehacktes, und Zwiebeln. Schau, ich brate sie an, hier in der Bratpfanne.« »Au weia, ich kann's kaum erwarten! Wie aufregend! Und was machst du jetzt?« »Jetzt bohre ich einen kleinen Krater in das Mehl und schlage diese Eier hinein.« »Kann ich dir beim Rühren helfen? Oh, Mann!« »Und jetzt, jetzt werde ich den Teig ausrollen, siehst du, zu einem netten kleinen, flachen Fladen, und jetzt schneide ich ihn in Vierecke –« »Das ist ja sagenhaft, Mami!« »Jetzt löffle ich etwas von dem Gehackten über dieses kleine Viereck, und

---

9 Eh wir's uns versahen, haben uns die Schrecken des Krieges wieder eingeholt.

jetzt falte ich es über Eck zu einem Drei-« »GAAHHHH!«, kreischt das Kind in absolutem Horror – »Kreplach!« (Pynchon 1982, 1156f.)

*

Aber die Bedrohung durch die Apokalypse ist uns nichts Neues. So wie wir hier weniger Antworten auf neue Fragen, als neue Antworten auf alte Fragen finden. Die Vorführung der paradoxen Konstellationen, die Medialisierung unserer Wahrnehmungsprozesse an kubischen Objekten führt uns zur neuerlichen Einsicht, daß wir noch nicht verstanden haben müssen, was wir als selbstverständlich hinnehmen. Ganz im Gegenteil.

Gerhard Jaschke
Vom Anfang der Bälle

Für Friederike Mayröcker

Lasse die Landschaft in dir für alle leuchten. In der Luft – Inderflut?, Lied ruft N?
Was weiß der Stift? Wie regt sich die Feder? Er zweifelte. Was will ich vermitteln? Woran will ich mich messen? Wie gehe ich mit dem anderen, mit dem Anderssein, um, der Behinderung meiner Umwelt? Was haben mir die Bildnisse des Künstlers als junger Mann, Hund und Affe zu sagen? Doch kommen wir auf den Zweifel, der uns beschäftigt, zurück. Wie gehen wir mit ihm um? Ist die aus ihm mündende Depression der Lohn für all unsere Bemühungen? Wie schrieb Arlati so überzeugend: »Dieses Gefühl der Angst schien sich einzustellen, als ich am Ende des Jonglierens... plötzlich an der Beschaffenheit der Bälle und an allem zweifelte.« Am Ende des Jonglierens, ja. Die Konvention schien aufgehoben, kein Oben und Unten von Belang. Ich stierte ins Freie, hörte Freitagsweisen, Vogelgezwitscher versus Autolärm, Natur, Kunst, die als Technik fortbesteht. Ich addierte zum Bisherigen diesen Morgen und sagte mir, daß ich noch mehrere Sätze den Zweifel betreffend in mir hüte. Während ihn bereits Finis Stern umhüllte, applaudierte er seiner Sonne. Ein Rendezvous mit der Sprache? Aus dem Nichts erfunden?
Die Literatur als austauschbares Gut, als Tauschmittel, Lebensretter, Illusionsfracht, Mittler, Wegweiser, Befürworter, Kampfansage. Aber wer spricht, wenn du das sagst? Gehirntiere aller Länder vereinigt euch!
Vieles fängt zu früh an, während anderes noch gar nicht beendet. Der Geblendete ist sich selbst ein fremdes. Ich habe meinen Standpunkt zertreten. Wie in einem Leichenzug bewegen wir unsere Körper voran.
Ich scheine hier gar nicht auf. Mir ist das alles schon zu viel. Warum gibt es nicht nur eine Sprache auf dieser Welt, um uns mit allen Menschen verständigen zu können, sagt deine Mutter. Bloß zwei Dinge sind in jedem Land der Erde gleich: Lachen und Weinen.

Es ist dunkel und schaut sich selbst aus.
Wenn ich nicht leben müßte, hätte ich mir schon einiges erspart.
Setzen sie jeden Beistrich auf die Erkenntnisliste: einerseits heiter, andererseits bedeckt. Heute schon gelebt? Im Tageseinundaus dem Wort- wie Wasserfall überlassen: Alles Einlangende (Landende) ist schon der Stoff unserer Träume – alles Einlangende (Landende) ist bereit, uns zu träumen.
Ein Nichts putzt sich die Zähne im Weltraum, blickt in den Spiegel und spuckt aus, am Morgen, auch abends, dreht die Scheibe durch, bleibt nur Staub, aus dem wir sind, zu dem wir werden.
Wenn es aus Körpern Körper sprudelt, Kälte in Gesichter beißt, Lampen Licht vergeuden, Augenpaare zu viel Schrecken sehen, Lebensscheren Kopfgirlanden stückeln ...
Vor dir kauert allerhand Wegwerfprodukt. Die Lüge ist frisch gestrichen. Auch das ist Österreich: Gefängnisstrafe für Diebstahl von fünf Glühbirnen.
Auf der Reise durch das Leben Mayröcker lesen so manches vielgliedrige Wortgespann entdeckt ausgelotet aufgepickt an andres eignes angelötet mit ihm zu andren Ufern gelangt. Am Ende des Jonglierens stehe der Anfang der Bälle.
die marmorierte Frühe hebt ab und splittert
Ich denke, so müßte ein Morgen grüßen, könnte er grüßen. *Zarte Fremdheit* – ich blättere dich, *gestirntes Behagen*. Im Tagebuch des Unmöglichen, das Michaux forderte, habe Dein Wort allerersten Rang. Auf der Suche nach dem einen und einzigen reinen alles bestehenden: »Welch eine Dämmerung Sie wären!« – mit diesem Verleser schließt Mensch das vor ihm liegende Buch »Herr Teste«... Der Untergang der Welträtsel, Absage an das Herkömmliche. *Diese sausende Erregtheit ... so äuserste Infragestellung wissend um tauende Paradiese.*
In der Bibliothek des Unvollendeten finde Intensiv-Zeit (Pfau-Haut) statt: Möglichkeiten der Vermittlung – I GING, Cage? Es knistert im Gebälk des Wissens: Musiker-Ziehung oder Musik-Erziehung?
Immer Junggazellin? Des Schattentieres Lerchenfeld?
Warum nicht! Wie hieß es bei Schmidt: »Ein kleiner wilder Waldkreis; that's me!«
Wer die Himmel lauter dreht?
ich lebe in einem ewigen Spannungszustand, ...

Norbert Ammermann
Konstruktivismus
und religiöses Selbstverständnis –
Versuch einer Annäherung theologischerseits

Konstruktivistische Literatur nimmt immer wieder Bezug auf geistesgeschichtliche Vorgänger wie Kant, Piaget, Heisenberg etc. Watzlawick bezieht sich in seiner einführenden Literatur[1] zum Konstruktivismus besonders auf die erkenntnistheoretischen Entwürfe wie Einsichten des Theologen Giambattista Vico. Für ihn ist Vico ein typischer Vorläufer des Konstruktivismus, indem er das konstruktivistisch anmutende Schlagwort prägte »Verum ipsum factum – das Wahre ist dasselbe wie das Gemachte«.[2]

Im folgenden soll zunächst gefragt werden, was es mit diesem Vico-Axiom philosophiegeschichtlich auf sich hat (I.). Anschließend soll näher untersucht werden, wie Watzlawick dieses Axiom interpretiert (II.). Zum Schluß soll davon ausgehend gefragt werden, inwieweit der Konstruktivismus selbst so etwas wie theologisch-religiöse Anknüpfungspunkte impliziert (III.).

I.) Wisser legt einiges zum Verständnis dieses Axioms Vicos dar: »Der Mensch macht die Geschichte«, welches für vielerlei herhalten mußte, und dem das Axiom vorgeordnet ist: Gott primus factor, »weil in ihm Erkennen Schaffen und Schaffen Erkennen ist und der Mensch im Blick hierauf ad Dei instar ist.«[3] Der Fehler im Versuch, dieses Axiom Vico's zu verstehen, ist wohl, daß dieses factum nun doch dauernd mit einem ›ens‹ verwechselt wurde; auf die Spitze getrieben wurde dieses Axiom dann in dem Sinne interpretiert: »Wahr ist, was ich handgreiflich vor mir sehe.«

Dagegen versucht Wisser Vicos eigentliche Gedankengänge neu zu verstehen und siedelt ihn in der Tradition des Nicolaus Cusanus an. Der sah in der gesamten mathematischen Welt (in ganz

---

1 Watzlawick, Paul: *Die erfundene Wirklichkeit*, München 1986, darin S. 10, 16 ff., 26 f., 29, 218.
2 S. Anm. 1, S. 26.
3 Wisser, Richard: »Von der Entdeckung des wahren Vico«, in: *Zeitschrift für Religions- und Geistesgeschichte*, 41. Jg., 1990, S. 308.

modernem Sinne) eine Hervorbringung des menschlichen Geistes; der menschliche Geist aber ist von Gott geschaffen. Gott nun erkennt die Dinge genau, da er sie schafft; der Mensch erfaßt zumindest die Dinge, die er nicht selbst hervorgebracht hat, konjektural. Cusanus kann so den Menschen als einen zweiten Gott auffassen, aber nicht im absolutistischen Sinne verstanden.[4]

Karl Jaspers sieht bei Cusanus einen modernen erkenntnistheoretischen Standpunkt: »Ich erkenne nur, was ich machen kann«, bereits formuliert. Er betont aber den Unterschied im Verständnis bei Vico; für Vico bedeutet dieser Satz, daß die *Geschichte die eigentliche Wissenschaft ist,* für die Naturforscher dagegen, daß sie nicht im verstehenden Rückblick, sondern *ausschließlich im herstellenden Tun die Welt zu erkennen vermögen.*[5]

Vico formulierte mit diesen Axiomen wohl eine völlig neue Idee von Wahrheit und Erkenntnis. Der scholastischen Formel »Verum est ens – das Sein ist die Wahrheit« setzte er seine Formel »Verum quia factum – wahr ist, was gemacht ist« entgegen. »Die Revolution des modernen Denkens gegenüber allem Vorangegangenen ist hier mit einer geradezu unnachahmlichen Präzision gegenwärtig.«[6] Ratzinger zieht von Vico eine Linie zu Karl Marx, der mit der 11. Feuerbach-These und durch seine nochmalige grundlegende Neubestimmung der Aufgabe der Philosophie an die Stelle des »verum quia factum« als das »verum quia faciendum – die Wahrheit, um die es fortan geht, ist die Machbarkeit« nun die geschehende und zukünftige Geschichte, also der Weltveränderung, der Weltgestaltung eine zentrale Rolle zuschreibt.[7] Ratzinger führt diese Linie bis in die Neuzeit fort: Kybernetik und Gen-Manipulation sind Konsequenz dieser Verbindung von faciendum und Zukunftsaussicht; durch beide wird die Zukunft quasi zum verfügbaren effizienten Effekt.[8]

Was hat uns Vico da heute zu sagen?

Zunächst macht Wisser deutlich, daß Vicos Geschichtsphilosophie nicht mit der autonomistischen Geschichtsphilosophie späterer Jahre verwechselt werden darf, von der es notwendig ist, Ab-

---

4 Wisser, S. 309.
5 Jaspers, Karl: *Nicolaus Cusanus,* München 1984, S. 142.
6 Ratzinger, Joseph: *Einführung in das Christentum,* München 1968, S. 39.
7 Ratzinger, S. 39.
8 Ratzinger, S. 49.

schied zu nehmen, wie ausdrücklich der Philosoph Odo Marquard hervorhebt: »Die Geschichtsphilosophen haben die Welt verändert; es kommt darauf an, sie zu verschonen.«[9] Der Vorschlag seines Schülers Schmidt: »nicht mehr die extreme autonomistische Geschichtsphilosophie, sondern Vicos Geschichtsphilosophie, die halb auf Gott, halb auf den Menschen setzt, eben wegen dieser weisen Halbheit zum Maßstab der Philosophie der Geschichte zu machen, an dem gemessen der Autonomismus als ruinöser Irrweg erscheint, gegen den die von ihm verdrängten Aporien verteidigt werden müssen.«[10]

Für Wisser hat sich gegenwärtig die Geschichtsphilosophie festgefahren, indem sie einseitig an Hegels spekulativer Geschichtsphilosophie oder Marx' praktisch gewordener Geschichtsphilosophie festhängt.

Eduard Gans, der frühverstorbene Herausgeber von Hegels Vorlesungen »Über die Geschichte der Philosophie« sieht lediglich vier Personen als wirkliche Geschichtsphilosophen an: Vico, Herder, Schlegel und Hegel.[11]

Richard Schaeffler warnt entsprechend die Geschichtsphilosophie davor, »sich selber ahistorisch zu verstehen« und über die »Wandelbarkeit ihres Begriffs, des Begriffs der Geschichte hinwegzusehen«.[12]

Karl Löwith begnügt sich damit, Vico zwischen Bossuet und Voltaire einzuordnen; Bossuet versuchte nach ihm die menschliche Geschichte ganz von der göttlichen Vorsehung her zu denken; Voltaire ganz von der menschlichen Freiheit. Ob er damit Vico Genüge tut, ist die Frage, denn charakteristisch für das Anliegen Vicos ist nicht eine vordergründige, geschichtliche »Doppeldeutigkeit«[13], oder ein Standpunkt »auf der Grenze zwischen der kritischen Umwandlung der Geschichtstheologie in Geschichtsphi-

---

9 Marquard, Odo: *Schwierigkeiten mit der Geschichtsphilosophie. Aufsätze,* Frankfurt/M. 1973, 2. Aufl. 1982.
10 Schmidt, Richard-Wilhelm: *Die Geschichtsphilosophie G. B. Vicos* (mit einem Anhang zu Hegel), 1982, S. 28.
11 Gans, Eduard: *Hegel-Edition* VIII, IX, Berlin 1837.
12 Schaeffler, Richard: *Einführung in die Geschichtsphilosophie,* Darmstadt 1973.
13 Löwith, Karl: *Weltgeschichte und Heilsgeschichte,* Stuttgart 1953, S. 128.

losophie«.[14] Auch Löwith zieht eine geistesgeschichtliche Linie von Vicos Prämisse »verum et factum convertuntur« hin zu dem überzogenen Selbstverständnis des Menschen als Homo faber, der sich aufgrund der Expansion von machbarem Wissen in Kybernetik und experimenteller Genetik als »Macher« oder mißverstandenen zweiten Schöpfergott versteht.[15] Für ihn spielt Vico gewissermaßen mit dem Feuer, während dann spätere Generationen sich die Finger verbrennen.[16]

Einen positiven Gebrauch von Vicos aktualisierter Philosophie versucht E. Grassi zu machen: Er stellt heraus, wie sehr Vico bemüht war, vor der Verselbständigung der Wissenschaft zu warnen und legt dar, wie Vico dem Konkreten Vorrang vor jedem abstrakten Apriorismus und logizistischen Rationalismus gibt; wie sehr er den Charakter der Hermeneutik als »lebensweltlich existentialen« Akt statt als losgelöste wissenschaftliche Verwissenschaftlichung zu betonen sucht.[17]

Keßler verdeutlicht Vicos eigentlichen Ansatz an dessen Kritik an Descartes. Vico versucht Descartes einen zu engen Wissenschaftsbegriff nachzuweisen; für ihn bedeutet Descartes Prämisse »Cogito ergo sum« eine Binsenwahrheit, wenn er bedeuten soll, daß ich ein Bewußtsein des Denkens habe; soll dieser Satz aber bedeuten, daß ich durch ihn ein Wissen vom Seienden habe, so ist er schlechthin unsinnig.[18] Sein grundsätzlicher Einwand gegen Descartes ist, daß dieser die Geschichte aus dem Kosmos der Wissenschaften ausschließt, deren grundlegende Relevanz Vico deutlich zu machen sucht.[19]

Otto versucht den Nachweis zu erbringen, daß bei Vico »das facere des sich in der Geschichte wiedererkennenden Geistes«[20] aus-

14 Löwith, S. 128.
15 Löwith, S. 415, 226, 416.
16 Wisser, S. 315.
17 Grassi, Ernesto: »Vom Wahren und Wahrscheinlichen bei Vico«, in: *Kantstudien* 1942, S. 48 ff.; weitere Studien aufgeführt bei Wisser, S. 316, Anm. 76.
18 Vico, Giambattista: *Liber metaphysicus – de antiquissima Italorum Sapientia liber primus*, Rispote 1712; i. d. Übersetzung Stephan Ottos, München 1979.
19 Keßler, Eckhard: »Humanismus und Naturwissenschaft«, in: *Zeitschrift für philosophische Forschung* 1979, S. 23 ff.
20 Otto, Stephan: »Die transzendentalphilosophische Relevanz des

schlaggebend ist; für ihn wie Viechtbauer zeigt Vico auf, wie die Einheit von sogenannter idealer, ewiger Geschichte und faktischer Geschichte, in der sich das menschliche Handlungsingenium selbst seine Welt schafft[21], zu denken sei. Sie verstehen also Vicos Ansatz als transzendentalphilosophische konstruktive Begründungsintentionalität. Freilich ist hier zu fragen, ob damit nicht der Blick vom eigentlichen Ansatz Vicos abgelenkt wird.[22]

Ebenso betont Viechtbauer, daß Vico nicht dem neuzeitlichgeprägten, dualistischen Denken gefrönt habe, sondern ein transzendental-philosophisches Wahrheitsverständnis zu entwickeln suchte.[23]

Fellmann führt aus, daß Vico sein Axiom »der Mensch macht die Geschichte« nicht kurzgriffig als Formel für die technische Machbarkeit von der Geschichte oder als Formular der Rationalisierbarkeit politischen Handelns ausgelegt haben wollte, sondern vielmehr eine Produktivität des Geistes darunter verstand. Durch schöpferisches Handeln erschließt der Mensch sich die Welt; indem er in Lebenszusammenhänge eingebunden ist, erweist er die »Gleichursprünglichkeit von Theorie und Praxis«.[24] Möglich wird so eine handlungsorientierte Deutung der Geschichte als Geistesgeschichte.[25]

Den eigentlichen Verständnisansatz von Geschichte, der als Vorwegnahme eines konstruktivistischen Erkenntnisweges aufgefaßt werden könnte, führt Schmidt unter dem Stichwort »philosophischer Fiktionalismus« aus. Vico versucht schon bei den Urmenschen nachzuweisen, daß sie sich ihre Welt kraft ihrer Einbildungskraft erschaffen[26], wobei Fingierung und Glaubensakt

---

Axioms ›verum et...«, in: *Materialien zur Theorie der Geistesgeschichte*, München 1979, S. 174-196, Zitat S. 197.
21 Otto, S. 197.
22 So Wisser, S. 317.
23 Viechtbauer, Helmut: *Transzendentale Einheit und Theorie der Geschichte. Überlegungen zu G. Vicos »Liber metaphysicus«*, München 1977.
24 Fellmann, Ferdinand: »Vicos Theorem der Gleichursprünglichkeit von Theorie und Praxis und die dogmatische Denkform«, in: *Philos. Jahrbuch* 85 (1978), S. 259–273, Zitat S. 259.
25 Fellmann, Ferdinand: *Das Vico Axiom. Der Mensch macht die Geschichte*, Freiburg, München 1976, S. 16.
26 »fingunt simul creduntque«, Vico zit. n. Schmidt, S. 100.

zusammenfallen; indem sie die Götter fingieren, glauben sie daran. Nun kann Vico auch die in entwickelteren Phasen der Menschheit aufkommende Mathematik und Geometrie erkenntnistheoretisch gesehen als »ficta« bezeichnen, wobei Schmidt von der Konvertibilität von »factum« und »fictum« als der eigentlich »neuen Wirklichkeit« Vicos spricht.

11.) An diesen erkenntnistheoretischen Ansatz Vicos scheinen Konstruktivisten wie Watzlawick[27] u. a. anzuknüpfen, wenn sie von ihm als einem der frühesten Konstruktivisten sprechen. Dabei schlägt Watzlawick den Bogen von Kant zu Vico (der die Kant'sche Frage: Wenn die Erfahrung uns nichts über die Natur der Dinge lehrt, – wie kommt es, daß wir doch eine in vielen Beziehungen außerordentlich stabile und verläßliche Welt erleben? mehr als ein halbes Jahrhundert vor Kants Kritik vorbereitete). Watzlawick legt freilich die Überlegungen des Nikolaus Cusanus in den Mund Vicos,[28] Das Besondere am Ansatz Vicos ist für Watzlawick, daß er »das Wissen der menschlichen Vernunft... als Produkte kognitiver Konstruktion betrachtet«.[29] Damit deckt sich für Watzlawick der Ansatz Vicos mit dem konstruktivistischen Ansatz darin, daß beide den Schwerpunkt auf die aktive Konstruktion allen Erkennens und Wissens legen.[30] Watzlawick

27 »Es (sein Buch zum Konstruktivismus, Anm. d. Verf.) ist also weder These noch Lehrbuch. Dazu bedürfte es eines ungleich berufeneren Verfassers, der in weit gespanntem Bogen die Ursprünge des Konstruktivismus von der Antike über Giambattista Vico, Immanuel Kant, Eduard Zeller, Wilhelm Dilthey, Edmund Husserl, Ludwig Wittgenstein und den Wiener Kreis, Jean Piaget, Erwin Schrödinger, Werner Heisenberg, Georg Kelly, Nelson Goodman und viele andere, namhafte Denker nachweisen müßte...«, Watzlawick, Paul: *Die erfundene Wirklichkeit*, München 1986, S. 10.
28 »Vico sagt, Gott allein weiß, wie die wirkliche Welt ist, weil er sie geschaffen hat und darum sowohl die Bausteine als auch den Bauplan kennt. Ebenso kann der Mensch nur das kennen, was er selber macht«, s. Anm. 25, S. 26.
29 S. Anm. 1a, S. 27.
30 S. Anm. 1a, S. 27. Auch den Grundgedanken kybernetischer Erkenntnistheorie sieht Watzlawick bei Vico vorausgenommen, »weil Vico den Bau des Wissens nicht nach der Übereinstimmung mit einer objektiven Wirklichkeit geleitet sieht, sondern nur durch die Bedingungen beschränkt, die dem Baumaterial, d. h. dem bereits Gemachten anhaften, verkörpert er – freilich ohne es zu wissen – den Grundgedanken der

schreckt freilich zurück vor den religiösen Implikationen des Ansatzes Vicos; indem Vico zwischen dem menschlichen Wissensgebäude und der göttlichen Schöpfung eine Verbindung zu schaffen versucht, »bekommt man« (also Watzlawick) »den Eindruck, daß er hier und dort selber vor seinen Ideen zurückschreckt«.[31] Watzlawick führt aus: »Obschon die Erkenntnistheorie, die er (Vico, Anm. des Verf.) entwickelt hat, logisch geschlossen ist, weil menschliches Wissen in ihr als menschliche Konstruktion betrachtet wird, und darum keine ontologische Schöpfung Gottes braucht (ja sogar nicht brauchen kann), zögert Vico, diese Unabhängigkeit hervorzuheben.«[32] Watzlawick versteht Vico hier m. E. nur unzureichend: Natürlich weiß Vico, daß seine erkenntnistheoretischen Implikationen auf die Einbeziehung eines Schöpfergottes verzichten können; es geht ihm jedoch um die Notwendigkeit der Selbstbeschränkung menschlichen Denkens und Handelns. Insofern kommt er notwendigerweise dazu, Gott als den schlechthinnigen »Macher« und damit als den Menschen gesetzte Grenze zu betonen. Watzlawick stellt hier den Ansatz Vicos zu oberflächlich dar – man könnte auch sagen: er sieht den Ansatz gefärbt durch seine konstruktivistische Brille.

Vielleicht stört sich Watzlawick an dem religiösen Geruch des Begriffs Gottes. Von ethischer Selbstbescheidung ist vielleicht leichter zu reden. Oder auch von der grundsätzlichen Unfähigkeit des menschlichen Bewußtseins, eine Ansicht aller Ansichten von Welt zu entwickeln, wie es Einstein mit dem Versuch der Herleitung einer allgemeinen Feldtheorie und Weltformel probierte. Aber in den religiösen Traditionen der Weltreligionen werden die den Menschen gezogenen Grenzen immer als eine Macht verstanden, die unter Umständen persönliche Züge annehmen kann (bis hin zur Dialektik des Gott-Mensch-Erkenntnisproblems im Buch Hiob). Darin liegen die religiösen Anknüpfungspunkte des Konstruktivismus. Vielleicht kann es von Bedeutung sein, auch diesen einmal nachzuspüren; das hieße nicht, sich einer irgendwie gearteten kirchlich-religiösen dogmatischen Doktrin zu unterwerfen.

kybernetischen Erkenntnistheorie, die auf Möglichkeit innerhalb von Schranken beruht und nicht auf Abbildung und Angleichung«, s. Anm. 25, S. 29.
31 S. Anm. 1a, S. 26.
32 S. Anm. 1a, S. 26f.

Zugleich macht sich hieran auch ein kritischer Einwand gegen den Konstruktivismus geltend. Verfolgt man typische wissenschaftliche Ansätze des Konstruktivismus wie die Erkenntnistheorien Maturanas und Varelas, Ciompis Affektlogik oder die Auffassung der empirischen Literaturwissenschaft als einer speziellen Möglichkeit sozialen Handelns bei S. J. Schmidt[33], so wird deutlich, daß der Konstruktivismus letztlich hinter seinem Ansatz zurückbleibt. Denn die Dimension der Geschichte gilt lediglich als das Schlachtfeld unausgereifter Ideologien. Es wird aber kaum reflektiert, daß der Ansatz des Radikalen Konstruktivismus selbst *Geschichte zu machen versucht*. Er kann sich der Geschichtlichkeit nicht entziehen.

III.) Im folgenden soll thesenartig beleuchtet werden, inwieweit 1.) der Konstruktivismus selbst Anfragen und Anknüpfungen an religiöse Traditionen sucht, 2.) theologische wie philosophiegeschichtliche Überlegungen bestimmte Eigenarten des Konstruktivismus implizieren und 3.) beide Disziplinen sich durchaus positiv-konstruktiv zu ergänzen vermögen.

– *1. These*: Der Radikale Konstruktivismus greift mit seinem Versuch, die Konzepte der Autopoiese und Selbstreferenz für Sozial- wie Geisteswissenschaften fruchtbar zu machen, Bemühungen auf, wie sie von verschiedenen Glaubensrichtungen der geschichtlichen Religionen gemacht worden sind, um menschliches Zusammenleben zu regeln.

Daß der Gebrauch des Begriffes der Selbstreferenz, oft verknüpft mit dem Begriff des »Holismus« oder der »holistischen Beschreibung« im Sinne einer »ganzheitlichen Naturbeschreibung« eng verbunden ist mit ideologischen Komplikationen, nämlich aus dem Bereich der Kybernetik wie aus den religiösen Traditionen des Ostens, darauf ist von Baatz und Grössing hingewiesen worden.[34] Auch die Darstellung von fundamentalen Beziehungen in den Naturwissenschaften kann die begrenzte »lokale Wahrnehmung« nicht vermeiden. Genau dieses Problem ist nach Baier von Nikolaus Cusanus auf erkenntnistheoretischer Ebene angegangen worden als Problem der Erkenntnis von Einzelnem und dem

---

33 Ausführliche Darstellungen in S. J. Schmidt (Hg.): *Der Diskurs des Radikalen Konstruktivismus*, Frankfurt 1987.
34 Baatz, Ursula; Grössing, Gerhard: »Selbstreferenz und Holismus. Zur Theorie des ganzheitlichen Bewußtseins«, in: DELFIN VIII, S. 8 f.

Ganzen.[35] Vor einer übereilten Analogisierung naturwissenschaftlicher Modelle und gerade buddhistischer Aussagen warnt Zotz.[36] Auf speziell christlich-jüdische Traditionen geht indirekt Dörstel[37] ein in seiner Analyse einer Bilderserie des Malers Marcel Duchamp. Auf die kirchliche Institution insbesondere der katholischen Kirche bezieht sich ein Aufsatz von Gometz und Probst[38], die an ihr Aufbau, Vor- wie Nachteile organisationell geschlossener Systeme aufzuzeigen suchen.

– *2. These*: Der Radikale Konstruktivismus muß erst noch reflektieren, daß mit der Formulierung selbsterhaltender wie selbstrückbezüglicher Organisationen die Dimension der Geschichte bereits in die Physik, erst recht in die weiteren Natur- wie Geisteswissenschaften einzieht. Die Erkenntnis, daß wir als Beobachtende immer zugleich auch Teil des Gesamtsystems sind, schlägt sich als Phänomen der Geschichte nieder. Hier kann der Konstruktivismus sich zu Recht auf Vico berufen.

Prozesse der Selbstorganisation treten unter gleichgewichtsfernen Bedingungen auf. Die Formulierung dieser Prozesse der Selbstorganisation ermöglichen eine Verbindung von physikalischer, chemischer und molekularbiologischer Betrachtungsweise des Naturgeschehens. Ein System, das sich selbst überlassen bleibt, tendiert zu einem Gleichgewichtszustand.[39] In einem chemisch-

35 Baier, Karl: »Holistisches Denken am Beginn der Neuzeit«, in: DELFIN VIII, S. 26 ff.
36 Zotz, Volker: »Ganzheitliches Bewußtsein und Rückbezüglichkeit im Buddhismus«, in: DELFIN 8, S. 37 ff. Er wendet sich vor allem gegen eine naive Identifizierung gerade atomarer Modelle mit dem »Nirwana«, der Vorstellung von der Leere im Buddhismus, wie sie Capra im DELFIN II unter dem Titel »Moderne Physik und östliche Mystik« zog. Capra erklärt vieles; nur vergißt er zu sagen, daß seine Konstruktionen eben halt letztlich beliebige Konstrukte sind.
37 Dörstel, Wilfried: »Der Satz vom Widerspruch und die Vertreibung aus dem Paradies«, in: DELFIN VI, 1986, S. 20 ff.
38 Gomez, Peter, Probst, Gilbert J. B.: »Organisationelle Geschlossenheit im Management sozialer Institutionen – ein komplementäres Konzept zu den Kontingenz-Ansätzen«, in: DELFIN V, 1985, S. 22 ff.
39 Physikalisches Beispiel wäre eine in Bewegung gesetzte Kugel, die als System Kugel-Reibungsfläche zu einem Gleichgewichtszustand tendiert, indem durch die Reibung die Kugel schließlich zum Stillstand kommt. Gäbe es keine Reibung, bliebe die Kugel in endlos derselben Bewegung; jedoch wäre es dann sinnlos, von Bewegung zu sprechen,

biologischen System kann nun beispielsweise das Vorhandensein eines Produkts die Voraussetzung für seine eigene Synthese sein, was über die Produktion eines Zwischenzustandes, eines Enzyms, erfolgen kann. In der Biologie als Katalyse beschrieben liegen hier der Autopoiese wie der Selbstrückbezüglichkeit vergleichbare Systeme[40] vor. Das eigentlich Interessante für unser Thema aber ist, daß genau mit der Beobachtung solcher selbstorganisatorischer Prozesse bereits in der physikalischen Naturwissenschaft die Dimension der Geschichte auftaucht. Denn die in der Biologie beobachteten Prozesse der Selbstorganisation ließen ein neues Verständnis der Begriffe Ordnung und Chaos zu. Es wurde deutlich, daß Systeme unter Bedingungen fern vom Gleichgewicht zu »wählen« anfangen. Als ein Ergebnis dieser Beobachtungen kann die Erkenntnis festgehalten werden, daß in der Nähe von Verzweigungen, in denen ein System sich so oder so entwickeln kann, die Schwankungen größer als gewöhnlich sein müssen.[41] Wird

> da kein Inertialsystem mehr besteht, an dem sich Bewegung messen ließe. Auch das wäre der Gleichgewichtszustand völliger Ruhe. Ebenso tendiert ein System chemischer Reaktionen zu seinem Gleichgewichtszustand. In diesem Fall spricht man von einem Attraktorzustand, der unabhängig von der ursprünglichen Zusammensetzung des Systems erreicht wird.
> 40 Typisches Merkmal solcher Systeme ist, daß die kinetischen Gleichungen, welche die in ihnen vor sich gehenden Veränderungen beschreiben, nichtlineare Differentialgleichungen sind. Z. B. erhält man für die Reaktion A + 2X → 3X die kinetische Gleichung $dX/dt = kAX^2$. Solche Beobachtungen führten in den Naturwissenschaften zur Suche nach Attraktoren, Operatoren u. v. a. m. bis hin zur Entwicklung der sogenannten Chaos-Theorie.
> 41 Beispiele: Die Benard-Instabilität, die entsteht, wenn in einer horizontalen Flüssigkeitsschicht ein vertikaler Temperaturgradient erzeugt wird, wobei durch die asymmetrischen Randbedingungen des »unnatürlichen« permanenten Wärmeflusses von unten nach oben eine Konvektionsbewegung entsteht: Milliarden von Molekülen bewegen sich in kohärenter Weise und bilden die bekannten sechseckigen Konvektionszellen. Die Eigenschaften dieser Zellen können nicht mehr analog der statischen Kristallbeschreibungen erfaßt werden, sondern sind sind Ausdruck einer globalen Nichtgleichgewichtssituation. – Oder: der Brüsseler Operator als chemisches Beispiel, ausführlich beschrieben bei Prigogine, I.; *Vom Sein zum Werden*, Zürich 1988, S. 123 ff. – Oder: Als im 19. Jahrhundert das Fahrrad populär wurde, erschienen

zum Beispiel die Konzentration eines Stoffes in einem System mehr und mehr gesteigert, wird das System mehr und mehr von seinem Zustand der Stabilität fortgedrängt. Der thermodynamische Zweig wird an einem Punkt, dem Verzweigungspunkt, instabil. Das Besondere nun: die Wahl des neuen Zustandes hängt von der »Geschichte« der Systeme ab. Eine neue Ordnung B oder C aus dem Zustand A ›nach‹ dem Chaos der Instabilität hängt z. B. in einem chemischen System von der Höhe der Konzentration ab. Noch deutlicher wird das am Beispiel der Verteilung zweier nichtgleichförmiger Substanzen, die spiegelbildlich einander zugeordnet sind. Welchen Weg wird das System wählen, wenn beide Substanzen zusammenströmen? Weder die makroskopische noch mikroskopische Beschreibung kann uns hier gültige Angaben liefern. In der uns umgebenden Welt scheinen aber grundlegende einfache Symmetrien gebrochen zu sein. Die DNS z. B., die fundamentale Nukleinsäure, entspricht einer linksdrehenden Helix. Nach einer weitverbreiteten Deutung mag das an einem einmaligen Ereignis liegen, das diese Drehung so begünstigt hat, ehe ein autokatalytischer, selbsterzeugender Reproduktionsprozeß einsetzte. Die Beziehung zwischen Verzweigung und Geschichte wird noch klarer, wenn wir uns verdeutlichen, daß die uns umgebende Komplexität physikalischer, chemischer und biologischer Systeme Kaskaden von Verzweigungen hinter sich haben. Nehmen Kontrollparameter zu, so scheinen stabile Bereiche, die deterministischer Beschreibung zugänglich sind, mit instabilen Be-

die verschiedensten Modelle, ähnlich beim Kraftfahrzeug. Wenige Jahre später hatten nur die heute üblichen Modelle überlebt. Der Begriff der »Evolution« oder »Auslese« wird diesem Vorgang nicht gerecht. Denn die gegenwärtige ökologische Neubewertung alternativer Fahrräder macht deutlich, daß damals das System vielmehr vor der Situation möglicher Verzweigungen gestanden hat und eine Entscheidung eingegangen ist im Sinne der heute so fragwürdigen industriellen Fortentwicklung. – Anzuführen sind hier auch die Arbeiten von M. Eigen und Mitarbeitern: *The Hypercycle*, Berlin 1979. Eigen liefert eine Analyse des dem genetischen Code vorausgehenden Fundamentes der Selbstorganisation der Nukleinsäure (jede Nukleinsäure reproduziert sich selbst mit Hilfe eines Proteins und katalysiert die Synthese eines weiteren Proteins). Auf diesem stabilen Fundament können jeweils Wege der Evolution sich entfalten. Analog spricht Maturana von der ontogenetischen Drift.

reichen zu wechseln, in denen das System zwischen mehr als einer möglichen Zukunft wählen kann, sich eine geschichtliche Perspektive mittels der Qualität der Möglichkeit einer Entscheidung abzeichnet.

Erkenntnistheoretisch wie philosophiegeschichtlich sind die hiermit verbundenen Fragen schon immer unter den Denk-Polaritäten »Zufall contra Notwendigkeit« erörtert worden. Die Wahrnehmung des Bruches räumlicher wie zeitlicher Symmetrien haben den teleologischen Gedanken nahegelegt, der Entstehung des Lebens liege ein inneres Ziel zugrunde. Gegen solche Vorstellungen haben sich zu Recht die Reduktionisten gewandt. Aber Verfechter einer »molekularen Kybernetik« reduzieren unzulässigerweise das Problem der Organisation komplexer Strukturen durch die Berufung auf eine natürliche Auslese und die Anhäufung zufälliger Mutationen. Zu Recht macht hier Maturana[42] darauf aufmerksam, daß wenn man den Molekülen die Fähigkeit der Steuerung und der Informationsübertragung zuschreibt, man den Informationsbegriff unzulässig anwendet – oder, wie Weiss und Waddington sagen, die Formulierung des Problems wird so fälschlicherweise für seine Lösung gehalten.[43] Organisationen scheinen sich statt dessen nur formieren und entwickeln zu können, wenn sie weitab vom Gleichgewicht sind. Gerade dann aber können individuelle Verhaltensweisen eine ausschlaggebende Rolle spielen.[44]

42 Maturana: »Information – Mißverständnis ohne Ende«, in: DELFIN VII, S. 24 ff.
43 Waddington, C. H.: *The Evolution of an Evolutionist*, Edinburgh 1975; Weiss, P.: »The Living System: Determinism Stratified«, in: *Beyond Reductionism*, Hg. A. v. Koestler, London 1969.
44 Prigogine, I.: *Dialog mit der Natur*, München 1981, faßt seine Überlegungen so zusammen: »Eine weit vom Gleichgewicht entfernte funktionierende Ordnung kann deshalb einer Organisation ähneln, weil sie aus der Verstärkung einer mikroskopischen Schwankung hervorging, die genau im ›richtigen‹ Augenblick einen Reaktionsweg aus einer Reihe von weiteren, ebenso möglichen Wegen begünstigte... Prozesse der Selbstorganisation unter gleichgewichtsfernen Bedingungen stellen ein delikates Wechselspiel zwischen Zufall und Notwendigkeit, zwischen Schwankungen und deterministischen Gesetzen dar. Wir nehmen an, daß in der Nähe einer Verzweigung Schwankungen, Zufallselemente, eine bedeutende Rolle spielen, während zwischen den Verzweigungen die deterministischen Aspekte vorherrschend werden«, in: *Dialog mit der Natur*, S. 175.

Betrachten wir die Großreligionen unter dem Aspekt selbstorganisierender Systeme, so lassen sie sich mit aller Vorsicht als Versuche beschreiben, Zustände fern vom Gleichgewicht den Zuständen des Gleichgewichts zuzuführen. Charakteristisch sind erkenntnistheoretische Polaritäten, an denen sich das jeweils religiöse Selbstverständnis anbindet, eine Dogmatik sich entfaltet und eine oder mehrere Institutionen und Hierarchien sich entwickeln, z. B. wie oben schon in dem Begriffspaar »Zufall und Notwendigkeit« benannt. Andere typische Polaritäten sind z. B. »Tod ↔ ewiges Leben«, »Sünde ↔ Gnade«, »gefallene Schöpfung ↔ Paradies« (so typisch für den christlich-jüdisch-islamischen Kontext) oder »Maya ↔ Atman« oder »Sein ↔ Nirwana« (für den asiatischen Kontext). Offenbar kommt unser Denken um die Setzung solcher Polaritäten nicht herum (wenn auch die »himmlischere Seite« uns weniger anschaulich bleiben mag wie die uns vertrautere irdische), weil wir uns als selbstorganisierende Wesen fern von einem Gleichgewichtszustand befinden, aber erst von daher überhaupt die uns umgebende Welt wie uns selbst in ihren gebrochenen Symmetrien zu erkennen vermögen. Aber ein Zweites kommt hinzu: Großreligionen machen sich zugleich immer an einer Stifterfigur, an einmaligen individuellen Schicksalen fest (Moses, Jesus, Mohammed), mögen diese auch noch so sehr unter einer mythischen Beschreibung verborgen sein (Krishna). Im Extremfall, wie im Buddhismus, ist mit dessen Setzung zugleich dessen Aufhebung gefordert, wie es treffend das Koan »Triffst Du Buddha unterwegs, so töte ihn«[45], ausdrückt.

Vom Konstruktivismus her wäre, gerade in der Gefolgschaft von Vico, zu betonen, daß wir als Menschen auch in der Anbindung unseres Selbstverständnisses an individuelle Schicksale wie im Setzen dieser Geschichte oder Geschichten dieselbe erst machen. Analog ausgedrückt: Eine »mikroskopische« Betrachtung der Stifterfigur, wie in der christlichen Tradition mit den Mitteln der Exegese biblischer Texte erfolgt, macht deutlich, daß das individuelle Schicksal dieser Menschen nicht von anderen Schicksalen

---

45 So auch der Titel eines Buches von Kopp, Sheldon B.: *Triffst du Buddha unterwegs... – Psychotherapie und Selbsterfahrung*, Hamburg 1978.

unterschieden ist.⁴⁶ Doch wird zugleich die Individualität des Einzelnen als ausschlaggebendes Faktum verstanden. Mit aller Vorsicht konstruieren wir hier eine Analogie zu den o. a. Ausführungen, indem wir sagen, daß der Konstruktion von Geschichte die Erkenntnis der Bedeutung des individuellen Schicksals zugrunde liegt, welches das menschliche wie soziale System an bestimmten Verzweigungspunkten in eine so oder so sich gestaltende Zukunft zu treiben vermag.⁴⁷ Diese Art von Geschichte oder geschichtsbezogener Religiosität ›machen wir‹!

– *3. These*: Die Dimension der Geschichtlichkeit bedingt das Phänomen, daß wir Menschen als geschichtliche Wesen permanent der Situation ausgesetzt sind, entscheiden zu müssen. In den Offenbarungsreligionen wird der Schnittpunkt von Kosmolo-

---

46 Ein Pfarrer hat das drastisch so ausgedrückt: »Hänge ich ein Kreuz in einen Kirchenraum, so muß ich dort auch eine Gaskammer aufstellen!«

47 Farblos bleiben von daher viele gegenwärtige Moderreligionen des New Age, die sich der Dimension der Geschichtlichkeit wie der Zeit nicht bewußt werden und deshalb schnell zu naiven Welterklärungen und Weltheilungsversuchen verwelken. Oder es macht sich ein umgekehrter, für die Sozietät verderblicher Zug bemerkbar: Personen werden mit Gewalt zu Heilsfiguren hochgeputscht, beispielsweise im Fall der Moon-Sekte, oder in diktatorischen Systemen die politische Heilsgestalt. Es bleibt aber für die menschliche Geschichte festzustellen, was Prigogine für den Umgang mit der Natur ausgesagt hat: »Wir möchten abschließend betonen, daß es bei unserer Erörterung um Einschränkungen ging, die der klassischen und der Quantenmechanik anhaften. Diese Einschränkungen betreffen sowohl die Natur des von der Mechanik beschriebenen Objekts, etwa der Trajektorien, als auch den Begriff der beliebigen Anfangsbedingungen. Beide Einschränkungen weisen in dieselbe Richtung: Wir können die Natur nicht beliebig manipulieren... In der Geschichte der Physik unseres Jahrhunderts taucht immer wieder ein Thema auf: ...die Entdeckung, daß uns eine Beschreibung von außen nicht möglich ist.« Prigogine, a.a.O., S. 275. Und Prigogine zitiert in der Einleitung zu seinen Überlegungen Vico: »Doch in dieser Nacht voller Schatten, die für unsere Augen das entfernteste Altertum bedeckt, erscheint das ewige Licht, das nicht untergeht, von jener Wahrheit, die man in keiner Weise in Zweifel ziehen kann: daß diese historische Welt ganz gewiß von den Menschen gemacht worden ist: Und darum können (denn sie müssen) in den Modifikationen unseres eigenen menschlichen Geistes ihre Prinzipien aufgefunden werden«, nach Vico, G.: *Die neue Wissenschaft über die gemeinschaftliche Natur der Völker*, Berlin 1965, S. 125.

gie, Geschichte und ethischer Entscheidung projektiv in der Vergangenheit an der »Stifterfigur« festgemacht, projektiv in der Zukunft in Form eschatologischer Heilsgewißheiten (Islam, Judentum, Christentum) oder als Überwindung der permanenten Selbstrückbezüglichkeit (Nirwana im Buddhismus, Erlösung von der Wiedergeburt im Hinduismus), für den gegenwärtigen Augenblick aber ist das die zugleich Subjekt wie Objekt einbindende ethische Entscheidung, die Geschichte bedingt und durch die Geschichte bedingt ist.

Als selbstorganisierende Wesen fern vom Gleichgewicht teilen wir mit der physikalischen, chemischen und biologischen Umgebung die Eigenart, laufend an Verzweigungspunkten zu stehen und zwischen einer so oder so sich gestaltenden Zukunft wählen zu können. Diese Kaskaden an Verzweigungen nehmen wir als Möglichkeit wahr, ethisch entscheiden zu können. Jede Religion zielt aber in der Formulierung ihres Glaubens, ihres religiösen Selbstverständnisses darauf ab, dem Individuum die Möglichkeiten ethischer Entscheidung reflektieren zu helfen. Im christlich-abendländischen Kontext haben sich dabei z. B. die Denkpolaritäten des gesinnungsethischen Ansatzes gegen den kasualethischen Ansatz herausgebildet. Grob gesagt: Letzterer erläßt wie z. B. in der katholischen Kirche klare Richtlinien, die z. B. in der Abtreibungsfrage dem Kirchenmitglied klare Entscheidungsrichtlinien an die Hand geben und diese auch gesellschaftlich universell vertreten sehen möchten. Ersterer betont mehr die Eigenständigkeit und Eigenverantwortlichkeit des Menschen, die in bestimmten Grenzsituationen nicht zu reglementieren sind. Damit kann freilich das Individuum zum überlasteten Träger von Entscheidungen werden; der letztere Ansatz wiederum gibt dem Einzelnen die Möglichkeit, sich in seiner individuellen Verantwortung entlastet zu fühlen. – Betrachten wir wieder hierarchisch und institutionell gewachsene Großreligionen, so wird deutlich, daß die Situation der Entscheidung ein wesentliches Merkmal der »Stifterfiguren« bildet. Der Gautama Buddha entscheidet sich, sein Vaterhaus zu verlassen, nachdem ihm Trauer, Armut, Krankheit, Tod begegnet sind.[48] Jesus von Nazareth sieht sich mit den Ange-

---

48 Eine leichtverständliche Einführung in die Reden Buddhas findet sich bei Dahlke, Paul: *Buddha – die Lehre des Erhabenen,* dort insb. S. 7 ff., die die Ausfahrten Buddhas und seine Konfrontation mit dem mensch-

boten Satans konfrontiert; an der Entscheidung gegen diese macht sich sein messianischer Auftrag fest.[49] Als charakteristische literarische Form tritt hier die Geschichte von der Berufung auf; religiöse Stifter wissen sich berufen und damit in eine besondere ethische Situation gestellt – oder es wird ihnen nachträglich zumindest so in den Mund gelegt (z. B. Moses am brennenden Busch[50]). Die Reihe läßt sich in der Religionsgeschichte nach hinten wie vorn fortsetzen. – Gleichzeitig betonen die Großreligionen die Tatsache, daß die ethische Entscheidung des Individuums eine so oder so geartete Zukunft eröffnet. Am ausgeprägtesten scheint mir das in der Karma-Lehre des Hinduismus der Fall zu sein: die Entscheidungen und Taten des Individuums bestimmen sein Schicksal und seinen weiteren Weg im Rahmen der Wiedergeburt. Das Abendland hat im christlichen Kontext die Vorstellung entwickelt, daß die Taten des Einzelnen einmal im jüngsten Gericht gesühnt werden. Die eschatologische Vorstellung von letzten klärenden Ereignissen, wie einem letzten Gericht, einer Wiederkunft des Messias oder einer Inkarnation Vishnus, reflektieren in ihrem Versuch, Unaussprechbares sprechbar zu machen, vielleicht das innere Wissen des Menschen davon, Teil eines Gesamtsystems zu sein, das letztlich von ihm nicht manipulierbar ist.[51]

Als ein Beispiel theologischen Denkens will ich hier kurz einen Ansatz G. Keils umreißen[52], da der Theologe ein formallogisches System entwickelt, das in mancher Hinsicht den Konzepten der

> lichen Leiden schildern. Der legendenhaften Ausschmückung liegen historische Kerne zugrunde.
> 49 S. Evangelium nach Lukas, Kap. 4. Auch wenn es sich hier nur um eine Legende ohne historischen Kern handelt, so gilt doch im Sinne des Konstruktivismus wie im Sinne Vicos: »Das Gemachte ist das Wahre.«
> 50 S. 2. Buch Moses, Kap. 3.
> 51 Sehr tief kommt das im Buche Hiob des Alten Testamentes bzw. des jüdischen Kanons zum Ausdruck: Auf die ethische Grenzsituation Hiobs und dessen kritische Anfragen an ein naives Gottesbild und ein naives Gut-Böse-Denken geht Gott in seiner Antwort nicht ein, überfährt vielmehr das individuelle Schicksal mit der Darstellung seiner schöpferischen Allmacht. Doch wird darin so eine Art geheimer Vertrag zwischen beiden deutlich: Offenbar geht es Gott darum, vom Menschen gesehen und angesprochen zu werden.
> 52 Keil, Günther: *Erkenntnis, Geschichte und Glaube – Die Erkenntnisbedeutung der Gewißheitsmodalitäten für die Logik, die Transzendentalphilosophie und den christlichen Glauben*, Marburg 1978.

Selbstorganisation und der Selbstrückbezüglichkeit Foersters und Roths entspricht.[53] Ausgangsfrage bei Keil ist eine typisch auch konstruktivistische Fragestellung: »In welchen Beziehungen stehen die Art-und-Weisen des Gewißseins (die Gewißheitsmodalitäten), die Erkenntnis und das Subjekt der Erkenntnis zueinander...?«[54] Gewißheit von der uns umgebenden Welt verschaffen wir uns nach Ansicht des Theologen a) in evidenten Sätzen[55], b) in phantasmatischen Sätzen[56] und c) in der Evidenz entgegenstrebenden Sätzen.[57] Der Theologe kommt zu dem Schluß: »Es gibt also keine absolute, evidente materiale Erkenntnis, wie das so mancher sich selbst absolutsetzende Empirisimus meint, sondern nur eine geschichtlich wandelbare und damit in Geschichte eingebettet.«[58] Keil entwickelt ein formallogisches System, in dem Gewißheitsmodalitäten in über- und untergeordneten Satzteilen analysiert werden können. Dabei macht Keil eine wichtige Unterscheidung, die ihn mit dem Anliegen des Konstruktivismus ver-

---

53 S. Schmidt, S. J.: *Der Diskurs des Radikalen Konstruktivismus*, S. 133 ff. und S. 229 ff.
54 S. Fn. 52, Keil, G., S. 6.
55 »Evident ist ein Satz dann, wenn seine Aussage ohne Einschränkung gewiß ist«, Keil, S. 6. Der Verfasser zeigt Beispiele für evidente Sätze auf, die nicht im Bereich der Naturbeschreibung liegen (denn unsere Erfahrung sagt nichts über die Natur der Dinge), sondern in unseren Konstruktionen. Beispiel: »›Die Logik ist gültig‹. Wer die Evidenz dieses Satzes leugnen wollte, müßte für seine eigene Leugnung immer schon selbst voraussetzen, daß sie logisch gültig sei, denn sonst wäre sie eine ungültige Leugnung, also gar keine Leugnung«, ebd., S. 6-7.
56 »Ein Satz ist also nur dann ein phantasmatischer Satz, wenn er es ausdrücklich unterläßt, überhaupt einen Gewißheitsanspruch für seine Inhalte zu stellen... ›Nehmen wir einmal an, es würde regnen‹«, wäre ein solcher Beispielsatz, ebd. S. 8. Auf keinen Fall aber sind damit Sätze gemeint, die sich um Evidenz bemühen, z. B. Sätze wie »Ich vermute, es wird bald regnen, weil...«, aus denen der größte Teil naturwissenschaftlich beschreibender Sätze besteht.
57 »Zu solchen der Evidenz entgegenstrebenden Sätzen zählen auch alle empirischen und naturwissenschaftlichen Sätze. Sie sind nie wirklich evident... sie setzen sich nicht wie formale Erkenntnisse bei ihrer möglichen Bestreitung immer schon selbst voraus. Deshalb sind alle empirischen und naturwissenschaftlichen Sätze keine evidenten, sondern nur der Evidenz entgegenstrebende Sätze«, ebd., S. 8.
58 Ebd., S. 10.

bindet: Er unterscheidet zwischen der Gewißheitsmodalität und ihrer Erkenntnisbedeutung. Ähnlich Watzlawicks Untersuchung kommunikativer Paradoxa[59] weist er auf entstehende Probleme von Modalität und Erkenntnis hin, wenn die Systemebenen vertauscht werden. Erkenntnis besteht darin, daß wir die Modalitätenalternative entscheiden[60]; das bedeutet aber, daß wir uns selbst in einem System bewegen, »das Erkenntnis bewirkt«.[61] Kurz zusammengefaßt kommt Keil zu folgenden Ergebnissen: »Erkenntnis meint... ein der Evidenz entgegenstrebendes System... Alle materiale Erkenntnis setzt ein der Evidenz entgegenstrebendes System voraus.«[62] Neue Sätze fügen sich zunächst nicht in ein System. Sie haben zunächst phantasmatische Form. Sie können aber selbst anfangen, ein neues System zu bilden, womit sich die Modalitätenalternative und der Entscheidungszwang für den Beobachter ergibt, aus der wiederum alte und neue Systeme Veränderungen eingehen. Keil sieht natürlich, daß sich hier eine Spirale entwickelt, die sich in der Frage »nach dem Integral aller Sätze und Systeme des Universums, auf die Frage nach dem Eschatologischen, also auf eine Frage des Glaubens weiterverweist, denn nur dort gibt es die evidente Erkenntnis, der das *Entgegenstreben zur Evidenz entgegenstrebt*«(!).[63] Die der Evidenz entgegenstrebenden Sätze benötigen zur Entwicklung die Dimension der Geschichte. Keil faßt zusammen: »Geistesgeschichte ist das ständig sich wandelnde oder doch von ständigem Wandel bedrohte Entgegenstreben zur übergeschichtlichen Evidenz und damit der freilich selbst immer nur geschichtliche Blick auf die Übergeschichtlichkeit der Evidenz.«[64] Darin liegt begründet, daß religiöse Systeme in der Konfrontation mit neuen Sätzen/Systemen

---

59 S. Watzlawick, Paul, et al.: *Menschliche Kommunikation*, Bern, Stuttgart, Wien 1969.
60 S. Fn. 52, S. 13, führt Keil das Beispiel eines Kinobesuchers aus, der sich entscheiden muß, die Autos auf der Straße oder das Leinwandgeschehen als Wirklichkeit anzusehen.
61 Ebd., S. 13.
62 Ebd., S. 14.
63 Ebd., S. 15 ff. Formallogisch entspricht das der Erkenntnisspirale und dem Begriff des Operators bei Foerster, in Schmidt: *Der Diskurs...*, S. 149 ff.
64 Keil, S. 18.

zusammenbrechen können.[65] Die Verknüpfung zum Glauben sieht Keil nun in einer ethischen Konsequenz, zu der interessanterweise auch Maturana[66] gekommen ist: Erkenntnis zielt auf die Entwicklung von Liebe, die im Gegensatz zum Szientismus aus der Vorläufigkeit jeglicher Systeme ihre bleibende Erkenntnisbeziehung zu einem Absoluten betont. Nicht mehr »sub specie evidentiae«, sondern »sub specie caritatis« behalten sie eine unaufgebbare Bedeutung, wie sie im christlichen Kontext im Gebot der Feindesliebe[67] kulminiert. Und genau darin berühren sich immer wieder Vertreter von Religionen, die in ihrer Geschichtlichkeit mit diesem Anliegen Geschichte machen.[68]

---

65 Ebd., S. 26.
66 So Maturana, H., in: DELFIN V, S. 6 ff.: »Biologie der Sozialität«.
67 Evangelium n. Matthäus, 5. Kap.
68 Wir können hier auch zeitlich uns näherstehende Persönlichkeiten anführen, die wir mit diesem Anliegen verbinden und die so Geschichte machen, z. B. M. Gandhi, M. L. King, Mutter Theresa etc.

Ferdinand Schmatz
SPEISE. Gedichte[*]

vorspeise

angeregt
der hunger
nach
wörtern und worten.

gestillt
im speisen
durch
dichten der sorten:

---

[*] Die hier abgedruckten Gedichte erscheinen in dem Buch *Speise. Gedichte*, Graz 1992.

kochen

eingewascht
umgelegt
köchelnd zu schneiden
an stückeln ein bröseln
hacken zu schlagen

kaltgestellt
aufgedünnt
stiftelnd zu raspeln
an backen ein dicken
weinen zu rühren

vorgeschmeckt
eingepappt
reisend zu mischen
an bruzzeln ein stampfen
töpfe zu machen

aufgeschreckt
abgetropft
frittierend zu schneiden
an laufen ein schütteln
stürze zu preisen

ausgebrannt
abgequetscht
scheuernd zu waschen
an drehen ein mahlen
grillen zu schütten

vorgebucht
eingedeckt
hüllend zu füllen
an gehen ein braten
schnitten zu scheiden

MINERAL

falle:
die aufgeht als perle
eingetaucht die kerle in nylon
um zu halten die
– hingestellt –
trockene seele aus perlon
in die falten der kehle
spülend des ziels

gurglung

und abgehts
zu löschen die stelle
ein pünktchen im
– als wären es staubige socken –
hals
also
runter den kühlenden wagen
beigesellt dem flattern und klagen
unter-hemd
ferne der magen
...

großer durst – großes maul. kein wasser, kein wein, falscher saft beglückt die ausgetrocknete, in die falle gegangene kehle. triumph des künstlichen: die kunst als stoff führt zum ziel und löscht das begehren. schnell, bewegt, jedem vergleich standhaltend, verhilft es dem fernen, abwesenden körper zum genießen, ein fallendes tröpfchen glück.

APFEL

saftgelaunt blieb
matschumsaumt
vom trieb
eingebrockt
die

kernung

ausgefleischt
bloss mittel
als sieb
des zweckes
hautverfasste mitte
des leckes

manche launen sind saftig wie äpfel und nicht selten abhängig vom trieb. damit hat sich schon so mancher etwas eingebrockt. wie gefallenes obst bleibt er im matsch stecken, ohne zum kern vorzudringen. da auch der saum des körpers, die haut, das fleisch nicht zähmen kann, ein leck gab den ausschlag, spielt sie nur die rolle des siebes – mittel zum zweck.

KREN

aufgesetzt die feder
im wald des reibens
wo jeder
– fehler losschreibend –
ringe als alter
in den stamm der zeder wetzt;
als ginge
– im schweiss steigend –
das jährchen zum jahr
die

reizung

ganz kalt über die
wiese des niesens;
so reist
wo sonnen das pärchen brennt
haar für haar zu berge
– stehend versteht sich –
heiss in das auge
gehträne

federn am hut sind passé, auch die schreibfeder verführt zu schreibfehlern, die zum beispiel statt »schreiben« nur noch »reiben« vor dem alternden auge zurücklassen; zum weinen, dieser kren aus stil und zeit, die so schnell vergeht, daß einem der schweiß zu kopfe bis in die haare steigt und in die nase dringt. die ganze brennende körperlandschaft – nichts als ein reizender nieser.

MEHL

angeleimt die leiste
sei sie als weisse die beste
und
– rieselnd über den rand –
das ganze:
das bindet in eile
den gast an die anderen gäste
der tafel;
ausgestreckt weh
die hand
bis
zur

dickung

des aller letzten mahles
wodurch
abgeschaumt
das fasten zum fest verreckt
und
lösend
– als speiste der nachbar den tisch –
im hageren teil seines ganges
der harn abgeht:
zäh
und klebrig verlangend
nach lecken und
– saugend den sand –
einer waffel

leisten halten kaum etwas zusammen, sie sind zier des untergrundes, unauffällig, weiß – wie mehl. bescheiden gleitet es so dahin; stets pars pro toto, aber das ganze immer verhindernd, ist es ein feind der leiste und der ränder, rahmen. mehl kann als bindemittel fungieren – und auf einmal klebt die ganze völlernde gesellschaft an einem tisch zusammen. das soll schon dagewesen sein – aber heutzutage? aus »a« wird »e« und schon ist die heiligste sache versaut. einer frißt den anderen, schamlos, gang für gang, auf eingedickter zunge schmeckt urin wie wein, sand wie waffel.

Lutz Kramaschki
Konstruktivismus, konstruktivistische Ethik und Neopragmatismus[1]

Einleitung

1. In der wissenschaftlichen Rezeption des Radikalen Konstruktivismus läßt sich in jüngster Zeit eine Tendenz beobachten, den Konstruktivismus unter dem Etikett *Postmoderne* abzuhandeln. Der Konstruktivismus zeichne mitverantwortlich am antiaufklärerischen Projekt einer *neuen Beliebigkeit des Denkens*. Hauke Brunkhorst etwa klassifiziert, vor dem theoretischen Hintergrund einer kommunikativen Rationalität (Habermas), den Radikalen Konstruktivismus als radikalen Pragmatismus, »der dem Neopragmatismus Richard Rortys sehr nahe kommt«.[2] Mit anderen Worten: der Radikale Konstruktivismus wird umstandslos bei den sogenannten Abbruchunternehmern der Vernunft einquartiert; denn die radikalkonstruktivistische Hauptthese, daß – stark trivialisiert – alles Gesagte von jemandem gesagt ist, »[...] streift alle Ansprüche auf Objektivität und Wahrheit jenseits der jeweiligen Sprachspielperspektive ab, und zum Kriterium von Beobachtungen und Beschreibungen wird an Stelle von Geltung und Richtigkeit der jeweils funktionale Bedarf an neuen und besseren Problemlösungen«.[3] Das Zitat von Brunkhorst markiert die moralphilosophische Kritik am Konstruktivismus, mit dem es nicht möglich ist, Rechtfertigungsfragen unter Hinweis auf ein vorab privilegiertes (z. B. universalpragmatisches) Argument zu beant-

---

1 Dank gebührt G. Rusch und S. J. Schmidt für kritische Kommentare zu früheren Versionen dieses Papiers.
2 Hauke Brunkhorst (1990): *Der entzauberte Intellektuelle. Über die neue Beliebigkeit des Denkens*, Hamburg, S. 138.
3 A.a.O. Cf. auch Habermas' entstellende Verkürzung mit dem Hinweis auf Paradoxien des Konstruktivismus, »...der durch die Anwendung seiner Modelle auf sich selbst zu dem Schluß gelangt, daß die Wahrheitswerte der eigenen Aussagen durch so etwas wie Orientierungswerte für die Reproduktion des menschlichen Lebens ersetzt werden müssen.« Jürgen Habermas (1991): *Texte und Kontexte*, Frankfurt/M., S. 46.

worten. Zweifelsohne weist der Konstruktivismus eine nahe Verwandtschaft zum Pragmatismus auf, wird aber damit nicht kurzerhand neopragmatistisch. Mein Aufsatz nimmt den von Brunkhorst ausgelegten Faden auf: es geht sozusagen um zu klärende Verwandtschaftsverhältnisse zwischen pragmatischen Konzepten und es geht um – Ethik.

II. Der Aufsatz gliedert sich in drei Abschnitte. Im ersten kritisiere ich von einem konstruktivistischen Gesichtspunkt ausgehend nicht den Anspruch, wohl aber die theoretische Grundlegung von Jürgen Habermas' Diskursethik in der Theorie des kommunikativen Handelns, die den Begriff der kommunikativen Rationalität am Leitfaden sprachlicher Verständigung analysiert.[4] Zentraler Kern der Theorie des kommunikativen Handelns ist ein Sprachkonzept, welches »Sprache als ein Medium unverkürzter Verständigung« voraussetzt. Dieses im Anschluß an Ch. S. Peirce gewonnene Modell intersubjektiver Verständigungspraxis aber trägt auch in der formalpragmatischen Wende noch, obgleich Habermas die psychologische und semantische Dimension von Sprache überhaupt umgeht, an der *Altlast* der Repräsentationsmetapher. Im zweiten Abschnitt untersuche ich Richard Rortys neopragmatische Auffassung zum erkenntnistheoretischen Projekt; dabei werde ich zu zeigen versuchen, daß zwischen Konstruktivismus und Neopragmatismus wissenschaftstheoretisch gesehen sowohl Gemeinsamkeiten als auch gravierende Unterschiede bestehen. Einer rein neopragmatischen, kontextualistischen Wissenschaftsauffassung möchte ich im dritten Abschnitt einen Konstruktivismus mit ethischen Perspektiven entgegensetzen. Einen möglichen Anknüpfungspunkt für die Einsicht in die Verantwortung des (wissenschaftlichen) Handelns bietet hierbei das konstruktivistische Verständnis von Erkennen und Handeln – und darüber hinaus die Idee, eine nunmehr vom Objektivismus befreite Wissenschaft nicht im bloßen Selbstlauf instrumentalistisch gehandhabter Operationen zu belassen. Diese funktionieren keineswegs selbstgenügsam, sondern unterliegen in ihrer Durchführung in poietischen Handlungen Zwecksetzungen.[5]

---

4 Es geht also wohlgemerkt nicht um eine Kritik der Diskursethik Habermas', sondern um eine erkenntnistheoretische Kritik seiner Universalpragmatik.
5 Gegen die systemtheoretisch-(konstruktivistische) Beliebigkeit des ›ir-

III. Es muß klargestellt werden, daß eine direkte Ableitung der von manchen Konstruktivisten mehr oder weniger emphatisch vorgebrachten sozialethischen Maximen aus der Kognitionsbiologie Maturanas nicht möglich ist. Bezüglich dieses Punktes neige ich durchaus Rorty zu, der den normalen wissenschaftlichen Diskurs auf zweierlei Weise versteht –

»als die erfolgreiche Suche nach objektiver Wahrheit oder als ein Diskurs unter anderen, ein Projekt unter vielen Projekten, an denen wir beteiligt sind. Der erste Standpunkt entspricht der normalen Praxis der normalen Wissenschaft. In ihr entstehen keine Fragen der moralischen Wahl oder der Bildung, denn sie sind bereits durch das stillschweigende und selbstbewußte Festgelegtsein auf die Suche nach der objektiven Wahrheit über die jeweiligen Gegenstände vorentschieden. Der andere Standpunkt ist einer, von dem aus wir Fragen stellen wie ›Worum geht es eigentlich?‹, ›Welche Moral ist eigentlich aus unserem Wissen zu ziehen, wie wir und die übrige Natur funktionieren?‹ oder ›Was sollen wir mit uns anfangen, nun da wir die Gesetze unseres eigenen Verhaltens kennen?‹«[6]

Wollte der Konstruktivismus ethische Vorstellungen kognitionsbiologisch *begründen* oder *ableiten*, verfiele er demselben kategorialen Fehler, den nach Rorty eine Erkenntnistheorie als Essenz systematischer Philosophie beging; sie wollte nach Rorty »(...) aus den Rechtfertigungsstrukturen der normalen Wissenschaft *mehr* [...] als bloß solche Rechtfertigungsstrukturen [machen], der Versuch, sie als in Etwas verankert zu sehen, das uns moralisch bindet – *die* Wirklichkeit, Wahrheit, Objektivität, Vernunft«.[7] Der Konstruktivismus verfiele quasi einem positiv gewendeten naturalistischen Fehlschluß in ethischen Fragestellungen. Die ethischen (und anschließend gesellschaftspolitischen) Vorstellungen des

gendwo‹ Beginnen setzt P. Janich die Zwecksetzungen im ›immer schon‹ der Lebenswelt des Alltäglichen – die somit auch Grundlage der ebenfalls zweckgerichteten Wissenschaft ist – um die (Natur-)Wissenschaften als Teil kulturgeschichtlicher Praxis zu rekonstruieren (s. auch Anm. 8). Peter Janich (1992): »Die methodische Ordnung von Konstruktionen. Der Radikale Konstruktivismus aus der Sicht des Erlanger Konstruktivismus«, in: Siegfried J. Schmidt (Hg.): *Kognition und Gesellschaft. Der Diskurs des Radikalen Konstruktivismus 2*, Frankfurt/M., S. 24-41.

6 Richard Rorty (1987): *Der Spiegel der Natur. Eine Kritik der Philosophie*, Frankfurt/M., S. 414.

7 A.a.O., S. 416.

Konstruktivismus sind aber inhaltliche Entscheidungen im Phänomenbereich der Interaktionen von Individuen und somit *historische Selektionen* (Wolfram K. Köck), die aus diesen oder jenen Gründen so oder anders ausfallen können. Mir fallen aber keine guten Gründe ein, warum Konstruktivisten diese Kontingenz besonders in Zeiten nichtnormaler Diskurse nicht jederzeit hinterfragen sollten. Allerdings steht diesem Hinterfragen ein merkwürdiger Widerspruch im Wege. So wird einerseits erklärt, der (antiintuitiv wirkende) Konstruktivismus sei für Alltagshandeln und -kommunizieren irrelevant, andererseits sei es angesichts seiner ethischen Konsequenzen wünschenswert, daß er Eingang fände in die öffentliche Diskussion, um dort die Legitimationspraxis zu verändern.[8]

1. Die Metanarration der kommunikativen Rationalität und der Konstruktivismus

Brunkhorsts Einordnung des Konstruktivismus übersieht, daß die neostrukturalistische Vernunftkritik, jener »anarchistische Abschied auf die Moderne *im ganzen*«[9], die Trennungslinien zwischen ästhetischem und wissenschaftlich-rationalem Diskurs gänzlich zum Verschwinden bringen will, wohingegen der Radikale Konstruktivismus – tatsächlich in einem »einmaligen Akt einer Umkehrung der natürlichen Welteinstellung«[10] – sich gänzlich der szientistischen Hintergrundüberzeugung verpflichtet

---

8 Siegfried J. Schmidt (1987): »Der Radikale Konstruktivismus: Ein neues Paradigma im interdisziplinären Diskurs«, in: ders. (Hg.): *Der Diskurs des Radikalen Konstruktivismus*, Frankfurt/M., S. 75. Die Sache wird auch nicht dadurch deutlicher, daß der Vermittlungsanspruch quasi umgekehrt lebensdienlich begründet wird (S. J. Schmidt paraphrasiert hier Peter Janich): »Die [wissenschaftlichen] Zwecksetzungen, die wir in unserer historisch-kontingenten Situation vornehmen können, müssen [...] mit der ›Lebenswelt‹ heutigen Lebens vereinbar sein (...).« Schmidt (1991): »Zur Ideengeschichte des Radikalen Konstruktivismus«, erscheint in: Ernst Florey, Olaf Breitbach (Hg.): *Gehirn – Organ der Seele. Zur Ideengeschichte der Neurobiologie* (vorläufiger Titel).
9 Jürgen Habermas (²1989): *Der philosophische Diskurs der Moderne. Zwölf Vorlesungen*, Frankfurt/M., S. 12.
10 A.a.O., S. 443.

fühlt, die Dinge der Welt und die Stellung der Subjekte in ihr aus der Perspektive eines naturwissenschaftlichen Beobachters zu beschreiben – um dann *alles intuitiv Gewußte* zu *verfremden,* wie Habermas (gegenüber Luhmanns Theorie) argwöhnisch bemerkt. Es ist aber gerade die Kognitionsbiologie Maturanas, welche eine Naturalisierung der Erkenntnistheorie gleichsam naturwissenschaftlich einleitet und plausibel zu illustrieren vermag[11], die dem von Habermas kritisierten objektivistischen Selbstverständnis des naturwissenschaftlichen Blicks allen Glauben zu nehmen verspricht. Freilich verliert aus Sicht des Radikalen Konstruktivismus auch Habermas' Hauptstütze der kommunikativen Vernunft, nämlich eine »pragmatisch erweiterte Bedeutungstheorie«[12], die mittels der Geltungsaspekte »propositionale Wahrheit, normative Richtigkeit, subjektive Wahrhaftigkeit und ästhetische Stimmigkeit«[13] die rein konstative oder tatsachenabbildende Funktion der Sprache überwinden will, jegliche Plausibilität. Jener interne Zusammenhang zwischen Sinn und Geltung, den Habermas wie die Wahrheitssemantiker behauptet, aber eben nicht auf Wahrheitsgeltung reduziert sehen möchte, resultiert aus der Idee eines »konkrete(n) Apriori welterschließender Sprachsysteme«[14], eines

---

11 Diese Formulierung trägt einer Aussage Maturanas Rechnung, daß seine Autopoiesetheorie »im traditionellen Sinn (...) keine empirische Theorie« ist. Cf. Volker Riegas, Christian Vetter (1990): »Gespräch mit Humberto R. Maturana«, in: dies. (Hg.): *Zur Biologie der Kognition. Ein Gespräch mit Humberto R. Maturana und Beiträge zur Diskussion seines Werkes,* Frankfurt/M., S. 36. Die Rede von einer empirischen Begründung der Erkenntnistheorie leistet fälschlicherweise nur einer metaphysisch-realistischen Interpretation der Kognitionsbiologie Maturanas Vorschub. Allerdings redet Maturana selbst einem realistischen Verständnis seiner Kognitionsbiologie das Wort, cf. dazu kritisch Peter Hucklenbroich (1990): »Selbstheilung und Selbstprogrammierung. Selbstreferenz in medizinischer Wissenschaftstheorie und Künstlicher Intelligenz«, in: Volker Riegas, Christian Vetter (Hg.), *Zur Biologie der Kognition...,* a.a.O., S. 120.
12 Habermas, *Der philosophische Diskurs...,* a.a.O., S. 364.
13 A.a.O., S. 366.
14 A.a.O., S. 373. Habermas berücksichtigt durchaus die Vorgängigkeit des *Kognitiven:* »Dann beruht aber die konsenserzielende Kraft des Arguments auf einer die Angemessenheit des Beschreibungssystems verbürgenden kognitiven Entwicklung, welche jeder einzelnen Argumentation vorausgeht« (1973: 249). Aber: Argumentation qua Sprache

»übersubjektive(n), *gegenüber den Subjekten vorgängige(n) Status* der Sprache«[15] – (wenn auch dieses Apriori im Umgang mit Innerweltlichem einer indirekten Revision unterworfen ist). Das ist eine Auffassung, der von kommunikationstheoretisch orientierten Konstruktivisten widersprochen wird. Nicht ›Übersubjektivität‹ oder ›Vorgängigkeit‹ ist kennzeichnendes Element der Sprache, sondern vielmehr deren Subjektabhängigkeit, denn »[...] ›Bedeutungen‹ sind subjektabhängige Konstrukte«.[16] Weder entsprechen nach Köck den sprachlichen Ausdrücken in einem anderen Bereich genau identifizierbare ›Bedeutungen‹, noch gibt es eine »natürliche« Verbindung zwischen Zeichen und Zeichenbedeutung. Konstruktivistische Positionen unterscheiden sich also wohlgemerkt von der Habermas'schen nicht in der Bewertung der Bedeutsamkeit von Sprache bzw. Kommunikation; so erblicken in einer zumindest mißverständlichen Interpretation z. B. Ziemke und Stöber in Maturanas Diktum »Wir menschliche Wesen sind nur in der Sprache menschliche Wesen« und dem selbstreferentiellen Bezug des Individuums auf Sprache eine formale Übereinstimmung mit Hegels ›Aufhebung‹ des Individuums in der Gattung – wenn auch diese (unterstellte) Sprachauffassung Maturanas, also Sprache als jenes *spezifisch-menschliche gattungsimmanente Allgemeine*, gleichzeitig als Beschränkung empfunden wird.[17] Es handelt sich aber wie gesagt um eine rein formale Analogie, d. h. jenes gattungsimmanente Allgemeine darf aus konstruktivistischer Sicht nicht mit der Behauptung eines Intersubjektivität ver-

  stellt selber das Medium dar, »[...] in dem jene kognitive Entwicklung
  als bewußter Lernprozeß fortgesetzt werden kann« (250). Cf. Habermas (1973): »Wahrheitstheorien«, in: Helmut Fahrenbach (Hg.):
  Wirklichkeit und Reflexion. Walter Schulz zum 60. Geburtstag, Pfullingen.
15 Habermas, *Der philosophische Diskurs...*, a.a.O., S. 438.
16 Wolfram Köck (1990): »Autopoiese, Kognition und Kommunikation. Einige kritische Bemerkungen zu Humberto R. Maturanas Bio-Epistemologie und ihren Konsequenzen«, in: Volker Riegas, Christian Vetter (Hg.), *Zur Biologie der Kognition...*, a.a.O., S. 182.
17 Axel Ziemke, Konrad Stöber (1992): »System und Subjekt«, in: S. J. Schmidt (Hg.), *Kognition und Gesellschaft...*, a.a.O., S. 69 f. Vgl. etwa auch die stark von der Hermeneutik geprägte, geradezu ›habermassche‹ Auffassung von Kommunikation bei Francisco J. Varela (1990): *Kognitionswissenschaft – Kognitionstechnik. Eine Skizze aktueller Perspektiven*, Frankfurt/M., S. 113.

bürgenden überindividuellen Allgemeinen verwechselt werden – etwa in Form von sprachphilosophisch behaupteten »unhintergehbaren Präsuppositionen der argumentativen Rede«.[18] Im Zusammenhang mit einer näheren Bestimmung des Interpenetrationsbegriffs wird Sprache bei Schmidt z. B. als Kopplungsinstrument zwischen Bewußtsein und Kommunikation konzeptualisiert[19] und kann gerade nicht als Medium unverkürzter Verständigung aufgefaßt werden; sie führt nach Maturana sogar zu einer *grundlegenden Art der Entfremdung*, »[...] indem den Menschen die von ihnen selbst (konsensuell) konstruierte Wirklichkeit als etwas scheinbar ›Objektives‹ gegenübertritt«.[20] Die Auffassung, daß die Sprache als abstraktes Gebilde die Welt durch ihre Struktur repräsentiere, übernimmt Habermas nach eigenem Bekunden der auf Humboldt zurückgehenden Tradition bzw. augenscheinlich vom Tractatus-Wittgenstein, der den (abstrakt bleibenden) Mechanismus der Realisierung der Bedeutungsfunktion der Sprache zuschlägt, um nicht empirisch-psychologisch argumentieren zu müssen.[21] Entsprechend antinaturalistisch eingestellt, unterscheidet Habermas den Gegenstandsbereich der konkreten Äußerungen (die von der empirischen Pragmatik behandelt werden) und der elementaren Äußerungen (um die sich die Universalpragmatik kümmert).[22] Die Annahme

18 Cf., diese Problematik am hermeneutischen und systemtheoretischen Verstehensbegriff diskutierend, Georg Kneer, Armin Nassehi (1991): »Verstehen des Verstehens. Eine systemtheoretische Revision der Hermeneutik«, in: *Zeitschrift für Soziologie*, Jg. 20, H. 5, S. 341-356.
19 Cf. dazu Siegfried J. Schmidt (1991): »Über die Rolle von Selbstorganisation beim Sprachverstehen«, in: Günter Küppers, Wolfgang Krohn (Hg.): *Emergenz: Die Entstehung von Ordnung, Organisation und Bedeutung*, Frankfurt/M. 1992.
20 Ziemke, Stöber, a.a.O., S. 70.
21 Cf. Henning Ohlen (1990): *Zur Bedeutung mentaler Zustände*, Münster, S. 154 f. Ähnlich wie Wittgenstein (und andere Wahrheitssemantiker) die Ermittlung der Bedeutung eines Satzes aus dem Kennen der Wahrheitsbedingungen angibt, formuliert Habermas dann analog und erweiternd, daß die Bedeutung beliebiger (d. h. eben auch nicht-konstativer) Sprechakte verstanden werden kann, wenn die Bedingungen bekannt sind, unter denen sie als gültig akzeptiert werden können; cf. Habermas, *Der philosophische Diskurs*, a.a.O., S. 364 f.
22 Zur Begründung cf. Jürgen Habermas (1988): *Theorie des kommunikativen Handelns* [TKH], Bd. 1, Frankfurt/M., S. 440 f.

eines »[...] internen Zusammenhang[s] zwischen Strukturen der Lebenswelt und Strukturen des sprachlichen Weltbildes«[23] wirft aus konstruktivistischer Sicht die peinliche Frage nach der Art der Verwirklichung dieses *internen* Zusammenhangs auf. Der Versuch Habermas', die bewußtseinsphilosophischen Klippen zu umschiffen, scheitert schließlich am ungeklärten Fortwirken der Repräsentationsmetapher und zwingt letztlich zur Inkaufnahme von Idealisierungen und Transzendierungen:

Die Identität der Bedeutung von Sprachzeichen liegt nach Wittgenstein in den Regeln des Zeichengebrauchs. Habermas bemerkt dazu, daß diese Auffassung einen internen Zusammenhang zwischen der Identität von Bedeutungen und der intersubjektiven Geltung von Bedeutungsregeln voraussetzt.[24] Eine zu starke Betonung dieser Beziehung moniert Habermas, wenn ich recht sehe, an anderer Stelle als *Wittgensteinschen Sprachspielpositivismus*.[25] Auf der anderen Seite wendet sich Habermas, um ein Argument Derridas abzuwehren, in Anlehnung an Searle aber auch gegen einen bloßen *Bedeutungsrelativismus*.[26] Habermas' Zwischenlösung sieht folgendermaßen aus: zwar könne nur »[...] allein unter der Voraussetzung intersubjektiv identischer Bedeutungszuschreibungen überhaupt kommunikativ [...]« gehandelt werden[27]; es entscheide aber gerade nicht die jeweils eingespielte Sprachpraxis darüber, welche Bedeutung einem Text oder einer Äußerung gerade zukomme.

»Vielmehr funktionieren Sprachspiele nur, weil sie sprachspielübergreifende Idealisierungen voraussetzen, welche – als eine notwendige Bedingung möglicher Verständigung – die Perspektive eines an Geltungsansprüchen kritisierbaren Einverständnisses entstehen lassen.«[28]

Allerdings berühren sich eine (noch auszuarbeitende) konstruktivistische Bedeutungstheorie und pragmatische Semantikkonzeptionen in gewisser Weise auch: Nach Rusch läßt sich nämlich die Bedeutung sprachlicher Ausdrücke durch den Hinweis auf ihre

---

23 Habermas (1988): TKH, Bd. II, Frankfurt/M., S. 190.
24 Habermas, *Der philosophische Diskurs...*, a.a.O., S. 202; TKH, Bd. II, a.a.O., S. 33 f.
25 Habermas, *Der philosophische Diskurs...*, a.a.O., S. 233.
26 A.a.O., S. 232.
27 A.a.O., S. 233.
28 A.a.O., S. 233 f.

operative Relevanz, auf ihre operative Funktion für menschliche kognitive Systeme beantworten.[29] Habermas betont entsprechend den kommunikativen Gebrauch der Sprache. Während aber pragmatische Konzeptionen, also Gebrauchstheorien der Bedeutung und deren behavioristische Varianten, das abstrakte Sprachsystem favorisieren (wie oben gesehen, übernimmt Habermas diese Bevorzugung), berücksichtigt eine konstruktivistische Semantik stärker die Klärung des Bedeutungsbegriffs für die individuelle Kognition.[30] An dieser Stelle wird somit gleichzeitig auch wieder der Abstand zwischen Habermas und der konstruktivistischen Position deutlich. Habermas' letzten Endes sprachphilosophisch-sprechakttheoretisch fundierte Universalpragmatik behauptet einen über Sprache oder die Sprachleistung verfestigten Beziehungszusammenhang von Sprach- und Weltstruktur, wohingegen nach Rusch der Konstruktivismus diese Beziehung innerhalb des Kognitionsbereichs jedes einzelnen kognitiven Systems ansiedelt. Kurioserweise reformuliert der Konstruktivismus Habermas' Anliegen an eine sich transzendental begründende Theorie, jene müsse »sich mit dem Kreis der unvermeidlichen subjektiven Bedingungen vertraut [machen], die die Theorie zugleich möglich machen *und* einschränken (...)«[31], in völlig befriedigender, nämlich empirisch illustrierender Weise – ohne auf Kants Unterscheidung zwischen einem transzendentalen und einem empirischen Standpunkt zurückgreifen zu müssen. Dem Konstruktivismus gelingt dies, was Habermas erfreuen sollte, im Gewande eines Szientismus ohne objektivistischen Kern.

Unter konstruktivistischen Gesichtspunkten ist empirisches Wissen kein statisches Produkt von Welt- und Wirklichkeitsaneignung, sondern immer in Akten des *Erlebens* gemachtes Erfahrungswissen, das in keiner ikonischen oder mimetischen Beziehung zum Medium (zur Umwelt) steht. Es ist ein operationales Wissen über Zusammenhänge unserer Kognition, unseres Denkens, Verhaltens und Handelns. Räumliche, zeitliche und logische Relationen zwischen Objekten und Vorgängen existieren nicht an

29 Cf. Gebhard Rusch (1987): *Erkenntnis, Wissenschaft, Geschichte. Von einem konstruktivistischen Standpunkt,* Frankfurt/M., S. 159 f.
30 Rusch, a.a.O., S. 160.
31 Jürgen Habermas (²1973): *Erkenntnis und Interesse,* Frankfurt/M., S. 411; zit. nach Richard Rorty (1987): *Der Spiegel der Natur. Eine Kritik der Philosophie,* Frankfurt/M., S. 413.

sich, sondern folgen der Logik der Beobachtung und Erkenntnis. »Als Beobachter«, so Rusch, »erleben wir in den Begriffen unserer Wahrnehmungen, in den Begriffen unseres Denkens und Verhaltens, also im Rahmen und mittels des Rahmens unserer ontologischen Konzepte Ereignisse und Folgen von Ereignissen, Zustände und Vorgänge usf., die wir nach temporalen, spatialen, konditionalen, kausalen, etc. Gesichtspunkten organisieren«.[32] Dieses operationale Wissen (als ein kognitives Instrument) wird also nicht nach dem Grad seiner Wirklichkeitserkenntnis beurteilt, sondern nach seinem Maß an *Nützlichkeit* und *Effektivität* zur Erreichung bestimmter Ziele oder Befriedigung bestimmter Bedürfnisse, d. h. an Hand der Erfahrung, was man mit diesem Wissen *wie* tun kann. Deshalb kann sich die Durchsetzung konstruktivistischer Modelle im wissenschaftlichen Diskurs nicht auf Wahrheitsargumente berufen, sondern erfolgt eher in den Formen einer *ästhetischen Verführung*.[33]

Die Frage im Anschluß an diese pragmatistische Auffassung lautet, ob mit dieser Aufgabe der klassischen Episteme der Repräsentation nun für die wissenschaftliche Praxis implizit eine philosophische Legitimation genau jenes Typs von instrumenteller Vernunft erfolgt, der in der Moderne in der Form universaler Rationalisierung die ›Dialektik der Aufklärung‹ einleitet. Die Form der Rationalisierung des Denkens erreicht ja ihre handlungsstrategische Effektivität gerade über die Absolutsetzung der utilitaristischen Mittelwahl. Ich paraphrasiere hier nur etwas die moralphilosophische Einschätzung der Systemtheorie Luhmanns durch Habermas:

»Luhmanns Theorie sehe ich als ingeniöse Fortsetzung einer Tradition, die das Selbstverständnis der europäischen Neuzeit stark geprägt und dabei ihrerseits das selektive Muster des okzidentalen Rationalismus widergespiegelt hat. Die kognitiv-instrumentelle Einseitigkeit der kulturellen und gesellschaftlichen Rationalisierung fand auch Ausdruck in den philosophischen Versuchen, ein objektivistisches Selbstverständnis des Menschen und seiner Welt zu etablieren – zunächst in mechanistischen, später in materialistischen und physikalistischen Weltbildern, die mit mehr oder weniger komplexen Theorien Geistiges auf Körperliches zurückführten.«[34]

32 Rusch, a.a.O., S. 241.
33 Rusch, a.a.O., S. 203. Die ›ästhetische Verführung‹ ist Humberto R. Maturana entlehnt.
34 Habermas, *Der philosophische Diskurs...*, a.a.O., S. 443.

In gewisser Weise scheint auch der kognitionsbiologisch illustrierte Radikale Konstruktivismus unter die von Habermas genannten philosophischen Versuche zu gehören, wenn er auch gerade, wie schon erwähnt, das objektivistische Selbstverständnis erledigt. Besonders die von Habermas in diesem Zusammenhang aufgebrachte Geist/Körper-Problematik (bzw. genauer neurowissenschaftlich: Hirn/Bewußtsein-Problem) verweist natürlich auf das gegenüber allen materialistisch-deterministischen Modellen des Menschen monierte Problem einer »Handlungs- und Willens-Freiheit im Rahmen einer kausal determinierten Welt«.[35] Gegen den Radikalen Konstruktivismus aber ist dieses Argument einer *physiologischen Substruktion* des Geistigen, wie es etwa Norbert Groeben vorbrachte, nicht in Anschlag zu bringen. In seinem kritischen Kommentar zur *Bio-Epistemologie* Maturanas macht Köck dies gegenüber einer in diesem Punkt oft irr laufenden Rezeption nochmals sehr deutlich:

»Maturana besteht demgegenüber darauf, die Erzeugungs- und Erhaltungsbedingungen für ›Leben‹ streng von der mannigfaltigen Erscheinungswelt des Lebendigen für den bewußtseinsfähigen Beobachter zu trennen. Das ist seine fundamentale Unterscheidung zweier einander nicht überschneidender Phänomenbereiche: des lebenden Systems auf der einen, seiner Erscheinungswelt auf der anderen Seite. [...] Diese ›vorgreifende‹ Unterscheidung ist von größter Wichtigkeit für die Maturanasche Theoriebildung und ihre Konsequenzen. Sie trennt nämlich den Gegenstandsbereich der Biologie von anderen Gegenstandsbereichen in irreduzibler Weise; das heißt, keiner der unterschiedenen Gegenstandsbereiche ist auf einen anderen reduzierbar oder aus ihm ableitbar.«[36]

Habermas' versteckter Determinismus-Vorwurf (bzw. Reduktionismus-Vorwurf) kann sich also genausowenig wie sein Szientismus-Vorwurf (vom objektivistischen Selbstverständnis) gegen den Radikalen Konstruktivismus richten. So bleibt zunächst nur der moralphilosophische Zweifel an den pragmatistischen Elementen im Radikalen Konstruktivismus, der in argumentativen Verfahren für seine Theorie den Geltungsaspekt der *Wahrheit* der in Sprechakten behaupteten Aussagen nicht aufrecht erhalten mag, weil er

---

35 Hier z. B. gegen ein materialistisches Programm eines psychologischen Gegenstandsverständnisses gerichtet, cf. Norbert Groeben (1986): *Handeln, Tun, Verhalten als Einheiten einer verstehend-erklärenden Psychologie*, Tübingen, S. 299.
36 Köck, a.a.O., S. 167. Cf. auch Rusch, a.a.O., S. 94.

schon deren Grundlage, nämlich eine realistische Bedeutungstheorie[37] aus naturalistischen Gründen rundherum ablehnt. Nun vertritt Habermas keine ontologische Wahrheitstheorie, sondern eine Konsensustheorie der Wahrheit, die auf Intersubjektivität bzw. auf den Intersubjektivität verbürgenden Charakter von *Beobachtung* (in empiristischer Sprache formuliert) und *Befragung* (intentional-sprachlich formuliert) abstellt (und somit auf den ersten Blick eine oberflächliche Ähnlichkeit aufweist mit Intersubjektivität und Empirie im konstruktivistischen Modell). Die Konsensustheorie stellt kein unabhängiges Kriterium der Wahrheitsentscheidung dar:

»Die Konsensustheorie der Wahrheit bringt zu Bewußtsein, daß über die Wahrheit von Aussagen nicht ohne Bezugnahme auf die Kompetenz möglicher Beurteiler, und über diese Kompetenz wiederum nicht ohne Bewertung der Wahrhaftigkeit ihrer Äußerungen und der Richtigkeit ihrer Handlungen entschieden werden kann.«[38] (Dazu weiter unten.)

Habermas kann diesen »Zirkel« nur *auflösen,* indem er für jeden Diskurs eine ideale Sprechsituation unterstellt:

»*Der Vorgriff auf die ideale Sprechsituation* ist Gewähr dafür, daß wir mit einem faktisch erzielten Konsensus den Anspruch des wahren Konsensus verbinden dürfen; zugleich ist dieser Vorgriff ein kritischer Maßstab, an dem jeder faktisch erzielte Konsensus auch in Frage gestellt und daraufhin überprüft werden kann, ob er ein zureichender Indikator für wirkliche Verständigung ist.«[39]

Wo liegen mögliche Parallelen, wo mögliche Unterschiede zum pragmatisch-konstruktivistischen Ansatz? Gemeinsam ist beiden Ansätzen die Aufgabe eines absoluten oder ontologischen Wahrheitsbegriffs. Habermas allerdings behält einen relativen, weil jederzeit mit Anspruch auf eine herrschaftsfreie (ideale) Sprechsituation angreifbaren Wahrheitsbegriff bei, während das konstruktivistische Modell ein am Passen (Viabilität im Sinne v. Glasersfelds) und Nutzen orientiertes Wissenschaftskonzept vertritt. (In diesem Sinne ist der Konstruktivismus *neopragmatischer* als

---

37 Cf. A. Beckermann (1972): »Die realistischen Voraussetzungen der Konsensustheorie von J. Habermas«, in: *Zeitschrift für allgemeine Wissenschaftstheorie* 3, H. 1, S. 63-80.
38 Habermas, in: Jürgen Habermas, Niklas Luhmann (1971): *Theorie der Gesellschaft oder Sozialtechnologie,* Frankfurt/M., S. 134.
39 Habermas, a.a.O., S. 136.

Habermas.) Habermas' Argumentation, trotz eines, in bezug auf »Unbedingtheit der Geltung« oder »Letztbegründung« fallibilistisch gewordenen Bewußtseins der Wissenschaften nicht auf (jederzeit revidierbare) Wahrheitsansprüche zu verzichten, findet ihre Begründung in der »grammatischen Form universeller Aussagen«. Wahrheitsansprüche »lassen sich in der performativen Einstellung der ersten Person gar nicht anders als in der Weise erheben, daß sie – als Ansprüche – Raum und Zeit transzendieren«.[40] In gewissem Sinn besitzt Wahrheit für Habermas auch eine ethische Grundlage, da sich in den Ansprüchen moralische Attribute artikulieren.

Gemeinsam ist beiden Ansätzen auch, trotz des gravierenden epistemischen Unterschieds, die Auffassung darüber, daß Sprache nur in der sozialen Interaktion existiert, also die starke Betonung der pragmatisch-sozialen Komponente von Sprache. Hier wirkt das gemeinsame Erbe der analytischen Philosophie der normalen Sprache weiter. Kaum noch kompatibel miteinander werden die Ansätze, wenn die konstruktivistische Epistemologie sich dem Funktionieren von Sprache und Kommunikation zuwendet. Die konstruktivistische Sprachauffassung zerstört Habermas' Vertrauen in die einigende Kraft denotativ wirksamer Sprechakte oder in die Idee reinen kommunikativen Handelns und weist – wie Luhmann oft überzeichnend gegenüber Habermas ins Feld führt – darauf hin, daß Kommunikation risikoreich funktioniert, ihr Scheitern eher involviert als das glückliche Verstehen mit allen Regeln der Sprache hervorgebrachter Geltungsansprüche. Letzteres monieren Kneer und Nassehi dann auch kritisch als apriorische Konsentierung! Konsequenterweise schwächt sich aus konstruktivistischer Perspektive damit auch jener Begründungszusammenhang ab, den Habermas aus seiner sprachphilosophischen Position für die Verschränkung von alltagsweltlicher Verständigungspraxis, Lebenswelt und theoretischem Diskurs entwickelt – mit der Idee oder nach Habermas sogar praktischen Hypothese, daß der Vorgriff auf die ideale Sprechsituation zugleich »Vorschein einer Lebensform«[41] ist. Wer in der konstruktivistischen Sprachkritik aber eine fatalistische Resignation bemerken will, irrt sich. Die konstruktivistische Kritik macht allein deutlich, daß Ha-

---

40 Habermas, *Der philosophische Diskurs...*, a.a.O., S. 247.
41 Habermas, *Theorie der Gesellschaft...*, a.a.O., S. 141.

bermas' Sprachtheorie nicht als nichtfundamentalistisches Argument für einen diskursiven Vernunftbegriff in Anspruch genommen werden kann. Eine Theorie der Agonistik der Sprache à la Lyotard wird damit nicht eingeleitet.

1.1 Die Habermassche Erweiterung des ontologischen Weltbegriffs

1.1.1 Der Geltungsanspruch auf normative Richtigkeit

Etwas schwieriger verhält es sich mit dem in Sprechakten geäußerten Geltungsanspruch auf *normative Richtigkeit*. Ich erinnere noch einmal kurz daran, daß bei Habermas allgemein die Sprache oder die welterschließenden Sprachsysteme die theoretische Beweislast der kommunikativen Rationalität zu tragen haben. Mit dem Geltungsaspekt ›normative Richtigkeit‹ verbindet Habermas in der ›Sozialdimension‹ »legitim geregelte interpersonale Beziehungen« bzw. ein »Normatives«, dem wir uns in der Einstellung von Adressaten verpflichtet fühlen«. In diesem Geltungsaspekt manifestieren sich quasi die »normativ verläßliche(n) Beziehungsmuster (die stillschweigend vorausgesetzten Solidaritäten, auf die sich die illokutionären Akte stützen)«[42], die von den Akteuren aus der ›Sinndimension‹ der Lebenswelt geschöpft werden. Der Radikale Konstruktivismus tritt dieser gleichsam mit universalistischen Zügen ausgestatteten Solidarität, die sich gleichzeitig auf der Ebene der Sprache, des Sozialen und des Sinns (der Lebenswelt) offenbaren soll, mit der gebührenden Skepsis gegenüber. Ein besonderes Gewicht erhält Habermas' Erweiterung des *ontologischen Weltbegriffs* gegen den Gebrauch der kognitivistisch reduzierten, instrumentellen Vernunft auch und gerade im wissenschaftlichen Diskurs – der Geltungsaspekt der normativen Richtigkeit betrifft ja »den normativen Kontext der Äußerung (bzw. die Legitimität des vorausgesetzten Kontextes selber)«.[43] Das Moralisch-Praktische der kommunikativen Alltagspraxis wird von Habermas für die Wissenschaft geborgen und tritt als Geltungs-

---

42 Habermas, *Der philosophische Diskurs...*, S. 365.
43 Habermas, *Der philosophische Diskurs...*, a.a.O., S. 364.

anspruch im wissenschaftlichen Diskurs auf. Die Problematik dieser Konstruktion liegt aus konstruktivistischer Sicht in dem Umstand, daß dieser Geltungsanspruch selbst diskursiv eingelöst werden muß, womit wiederum die konstruktivistische Sprachkritik auf den Plan gerufen wird.
Man findet als Folge der Verabschiedung absolutistischer Erkenntnisansprüche und realistischer Ontologien bei manchen Konstruktivisten häufig zumeist recht allgemein verbleibende Hinweise auf die ethische Verantwortlichkeit besonders der Wissenschaften. Köck hat hierzu nochmals in aller Deutlichkeit klargestellt, daß aus Maturanas Biologie die von Maturana selbst (und anderen) formulierten ethischen Maximen *nicht* ableitbar sind.[44]
Darüber hinaus sind in konstruktivistischen Vorschlägen die Ethik betreffend noch keine Bezüge zur gegenwärtigen philosophischen Ethikdiskussion hergestellt worden, sieht man einmal von Luhmanns zynischen Ausführungen zur astrologischen Regelmäßigkeit von Ethikwellen jeweils in den 80er Jahren eines jeden Jahrhunderts ab.[45] Kurz, eine konstruktivistische Ethik muß erst noch entwickelt werden. Ich möchte weiter unten einige Vorschläge zu diesem Thema machen.
Bezüglich der Einschätzung von Theorien führt der Konstruktivismus wie erwähnt ein Nutzenkriterium ein, wobei es sich sowohl um Nützlichkeit als Kriterium zur Theoriebewertung als auch um Kriterien handelt, die angeben, wann Nützlichkeit vorliegt. (Die Aufzählung im folgenden Zitat ist mißverständlich, ich

---

44 »Die Biologie Maturanas erklärt nur die Mechanismen, mit denen all das erzeugt werden kann, was wir an Lebensweisen, an ›Geschichte‹ kennen; sie bietet keine ethischen Werte, höchstens den, daß alles möglich ist, was die Autopoiese nicht beendet (ob des Individuums oder allen Lebens, ist bei Maturana nicht klar).« Köck, a.a.O., S. 160. Folgerichtig kann Maturanas Theorie »ebenso als Grundlage des totalen Relativismus wie des Dogmatismus dienen (...)«; a.a.O., S. 180. Auf denselben Sachverhalt verweist auch Reinhard Mocek (1990): »Autopoiese als Herausforderung. Aspekte von Kritik und Zustimmung aus marxistischer Sicht«, in: Volker Riegas, Christian Vetter (Hg.), *Zur Biologie der Kognition...*, a.a.O., S. 278.
45 Niklas Luhmann (1990): *Paradigm lost: Über die ethische Reflexion der Moral. Rede von Niklas Luhmann anläßlich der Verleihung des Hegel-Preises 1989. Laudatio von Robert Spaemann: Niklas Luhmanns Herausforderung der Philosophie*, Frankfurt/M.

zitiere die Stelle aber aufgrund ihres zusammenfassenden Charakters dennoch):

»An die Stelle der im Rahmen realistischer Konzeptionen üblichen Begriffe der Wahrheit, Adäquatheit, Korrespondenz, Wirklichkeit usf. treten hier Begriffe wie Glaubwürdigkeit, Verläßlichkeit, Interessantheit, Effektivität, Plausibilität, Kompatibilität, Lebbarkeit und Überlebbarkeit, Orientierungsvorteil, Möglichkeit, Vielfalt, Exploration, Verantwortlichkeit und Toleranz.«[46]

Der Konstruktivismus benutzt diese – im methodologischen Kontext wohlgemerkt deutlich unterschiedlich gewichteten – Begriffe als Orientierungen, sie bieten aber keine Handhabe mehr, um im Sinne Habermas' die *Legitimität des vorausgesetzten Kontextes* (eines Sprechaktes) positiv oder negativ zu beurteilen. Wir haben es im Falle des Konstruktivismus nach Brunkhorsts polemischem Urteil mit einer *Konsensustheorie des Erfolgs* zu tun, deren alleiniges und in seiner Allgemeinheit unspezifisch verbleibendes Kriterium die Erhaltung des autopoietischen Systems (= Erhaltung des Lebens) ist. Nun müssen allerdings auf der theoretischen Ebene bzw. im wissenschaftlichen Diskurs die Effektivität und Nützlichkeit einer Theorie, will man sich nicht allein auf die ›ästhetische Verführung‹ verlassen, anhand formaler und möglichst intersubjektiver Kriterien angegeben werden. So ergibt sich beispielsweise aus der konstruktivistischen Verwen-

---

[46] Rusch, a.a.O., S. 202. Ralf Nüse et al. haben in einer instruktiven Kritik moniert, daß das Nutzenkriterium des Konstruktivismus sich auf genau die Bewertung von Theorien reduziert, wie sie traditionelle korrespondenztheoretische Methodologiekonzeptionen mittels eines liberalisierten Falsifikationskriteriums ansetzen – nämlich Bewertung von Theorien hinsichtlich der Funktionen der Erklärung, Prognose und Technologie. Die Autoren sind überdies der Ansicht, daß es keine rekonstruierbare Lesart des konstruktivistischen Nutzenkriteriums gibt, die sich in bezug auf den erkenntnistheoretischen Status des unterstellten Bewertungskriteriums von einem Wahrheitskriterium abgrenzen ließe. Das heißt, daß Nützlichkeit als ›relativ echtes‹ (bzw. ›relatives als ob‹) Kriterium keinen relevanten Unterschied aufweist zu dem Kriterium einer (›relativ echten‹) Wahrheit. Ich kann diese Kritik hier allerdings nicht weiter verfolgen; cf. Ralf Nüse et al. (1991): *Über die Erfindungen des Radikalen Konstruktivismus. Kritische Gegenargumente aus psychologischer Sicht*, Manuskript, Psychologisches Institut der Universität Heidelberg (inzwischen erschienen; dies. (1991): *Über die Erfindungen...*, Wiesbaden).

dung des ›Non-Statement-View‹ (Theorie nicht als semantische, sondern pragmatische Form, d. h. als »explorative Anwendung einer prädikativ bzw. deskriptional interpretierten konzeptuellen Struktur«[47]) verständlicherweise nicht mehr die Möglichkeit einer herkömmlichen Überprüfung der Theorie, sondern die Entscheidung, »ob ein bestimmtes Objekt oder ein bestimmter Objektbereich durch ein bestimmtes System sprachlicher Ausdrücke beschrieben werden kann«.[48] Welche Kriterien aber entscheiden dann z. B. im Theorienvergleich, ob ein konzeptuelles System »(...) im gegebenen Theoriezusammenhang maximal effektiv ist, also die verschiedenen Anforderungen [Widerspruchsfreiheit, Endlichkeit, Definiertheit, Systematik, Intersubjektivität, etc., L. K.] nicht nur besser als alle Konkurrenten, sondern in nicht weiter optimierbarer Weise erfüllt«?[49] Was bedeutet *maximale* Effektivität, wenn, wie Rusch zugeben muß, selbst die Kriterien wissenschaftlichen Handelns in der Wissenschaft umstritten sind, d. h. die formalen Modi des wissenschaftlichen Erwerbs empirischen Wissens? Worauf ich hinaus will ist, daß Kriterien wie Viabilität und Reliabilität als rein instrumentalistische Terme intersubjektiv zustimmbare Unterkriterien benötigen, die *nicht* deckungsgleich mit empiristischen Kriterien für das Vorliegen von Korrespondenz sind. Aber gibt es die? Man könnte die formalen Modi des Wissenserwerbs als Handlungsspiele begreifen (z. B.: ›Wahrheit erschließen‹) oder auf vorab definierte Kontexte (z. B. Zielkriterien) beziehen – auf wissenschaftssysteminterne Realoperationen sozusagen. Luhmann hat jüngst nochmals darauf hingewiesen, daß kein Konstruktivist je bestreiten würde, »daß Konstruktionen durch umweltangepaßte Realoperationen aufgeführt [sic!] werden müssen.«[50]

Nüse et al. haben (wie in Anm. 46 schon erwähnt) auf dieses vermeintlich korrespondenz- oder referenztheoretische Problem des Konstruktivismus hingewiesen, interessanterweise mit Bezug auf die Sprechakttheorie:

47 Rusch, a.a.O., S. 273.
48 Rusch, a.a.O., S. 274.
49 Rusch, a.a.O., S. 275.
50 Niklas Luhmann (1991): »Das Moderne der modernen Gesellschaft«, in: Wolfgang Zapf (Hg.): *Die Modernisierung moderner Gesellschaften. Verhandlungen des 25. Deutschen Soziologentages in Frankfurt am Main 1990*, Frankfurt, New York, S. 97.

»Die Behauptung aber, daß diese Bedingungen in einem konkreten Fall auch erfüllt sind, daß also eine bestimmte Konstruktion als nützlich in dem durch die Bedingungen spezifizierten Sinn gelten kann, setzt voraus, daß es auch wahr ist, daß die Bedingungen erfüllt sind und die Konstruktion somit als nützlich gelten kann (vgl. auch die sprechakttheoretische Rekonstruktion des Geltungsanspruches der Wahrheit als pragmatische Voraussetzung des Behauptens: ›Es ist eine pragmatische Voraussetzung eines Sprechaktes, daß die behauptete Aussage für wahr gehalten wird‹ (Skirbekk 1977, 21)).«[51]

Aus konstruktivistischer Sicht ist der im Zitat beschriebene Sachverhalt natürlich genau andersherum zu formulieren: die Beobachtung stellt fest, daß sich zwischen Bedingungen und irgendwelchen Tatbeständen in der phänomenalen Welt der Beobachter Referentialisierungen zu stabilisieren beginnen und immer wieder funktionieren – und dieses Passen wird dann mit dem Etikett *wahr* versehen.

1.1.2 Der Geltungsanspruch auf Wahrhaftigkeit

Die zweite Erweiterung der auf das Kognitiv-Instrumentelle zugeschnittenen Zweckrationalität resultiert aus dem (nichtdiskursiven!) Geltungsanspruch auf *Wahrhaftigkeit* der geäußerten Intention des Sprechers oder der Übereinstimmung des Gemeinten mit dem Gesagten. Subjektive Wahrhaftigkeit der wissenschaftlichen Rede mag ein hehres Ziel sein, aber der Konstruktivist wird darauf hinweisen, daß wir über eine Sprecherintention als psychologische Kategorie nichts sagen können – außer, daß es für einen Beobachter unter Umständen mehr oder weniger nützlich sein kann, in seinem Kognitionsbereich ein Konstrukt ›Intentionalität‹ zu bilden, von dem er aufgrund seiner eigenen Erfahrung vermutet, daß es irgendwo *hinter* dem Interaktionsbereich liegt, den er mit Kommunikationspartnern aufrecht erhält. Und Rorty würde als erkenntnistheoretischer Behaviorist gegenüber Habermas vermutlich darauf bestehen, daß dem Intentionalen oder dem Gemeinten nicht aufgrund eines besonderen ontologischen Status als innerer Episode ein besonderer Anspruch auf Wahrhaftigkeit zugebilligt werden kann, wenn es denn *im Sprachlichen* zutage

---

51 Nüse et al, a.a.O., S. 237.

tritt.[52] Gegen das von mir Rorty in den Mund gelegte Argument verteidigt sich Habermas aber folgendermaßen: Weil alle Geltungsansprüche genuin und nicht aufeinander rückführbar seien[53], darf Wahrhaftigkeit nicht nach dem Modell der Wahrheitsrelation aufgefaßt werden.

»Sobald wir Wahrhaftigkeit als Relation zwischen einem geäußerten Intentionalsatz und der inneren Entität eines Erlebnisses oder Zustandes auffassen, haben wir sie bereits nach dem Modell der Wahrheitsrelation aufgefaßt und verfehlt: in Akten der Selbstdarstellung behaupte ich nichts über innere Episoden, [...] ich bringe Intentionen zum Ausdruck.«[54]

Wenn aber andererseits Wahrhaftigkeit nur relational über spätere Zeitpunkte, also spätere Handlungen eingeschätzt werden kann, dann veräußerlicht Habermas die Relation bloß, nämlich von der Relation innere Episode/Ausdruck zur Relation Ausdruck/Handlung. Dann lautet die Frage, ob man zur Einschätzung der Wahrhaftigkeit der veräußerlichten Relation noch genau eine Wahrheitsrelation braucht oder nur noch etwas Schwächeres – was anzunehmen ist. Will man dann Unstimmigkeiten zwischen Äußerung und Handlung nicht immer nur registrieren, sondern eben einschränken, muß ein ›Du sollst so handeln wie du redest‹ erfolgen, ein normativer Anspruch also. Damit wäre Habermas' Forderung nach gegenseitiger Irreduzibilität verletzt. Behavioristisch gesehen ist im zweiten Fall tatsächlich kein Bezug auf mentale Entitäten nötig, wohl aber ein normativer Anspruch. Habermas kann also eine Verletzung seiner Irreduzibilitätsthese nicht vermeiden.

1.1.3 Der Geltungsanspruch auf ästhetische Stimmigkeit

Die dritte Erweiterung oder Anreicherung der instrumentellen Vernunft betrifft nach Habermas die *ästhetische Stimmigkeit* eines Sprechakts. Allerdings wird dieses Kriterium allem Anschein nach ad hoc eingeführt, denn das Bühlersche Modell der Sprach-

---

52 Cf. Rorty, *Der Spiegel der Natur...*, a.a.O., S. 33 f. Darüber hinaus setzt Habermas' Auffassung natürlich wieder den intentionalen Charakter der Sprache voraus.
53 Habermas, »Wahrheitstheorien«, a.a.O., S. 236.
54 A.a.O., S. 237.

funktionen, aus dem Habermas die Geltungsaspekte Wahrheit, Richtigkeit und Wahrhaftigkeit ableitet, kennt keine ästhetische Sprachfunktion. Wir spüren, daß sich Habermas mit der Hinzufügung dieses dritten Geltungsanspruchs der auseinandergebrochenen Einheit des Guten, Wahren und Schönen verpflichtet weiß. Nun ist mit dem Anspruch auf ästhetische Stimmigkeit, als ein Kriterium neben drei anderen, sicherlich kein Ästhetischwerden der Theorie wie z. B. bei Adorno gemeint.[55] Aber es scheint fast so, als traue Habermas der universalpragmatischen Überwindung des identifizierenden Denkens doch nicht so recht, und als wolle er im Akt des Zusammenzwingens das Kunstwahre der künstlerischen Erkenntnis der diskursiven Erkenntnis noch rettend zur Seite stellen. Was aber ist oder mit welchen Kriterien beurteilt man ästhetische Stimmigkeit?

2. Der erkenntnistheoretische Behaviorismus und die Naturalisierung der Erkenntnistheorie

Richard Rorty ist in den letzten Jahren verstärkt bekannt geworden als philosophischer Wegbegleiter der Postmoderne, der nach Brunkhorst »den Modernismus der Moderne um den Preis ihrer Rationalität«[56] rettet. Da »philosophische Bemühungen, zwischen ›wissenschaftlichen‹ und ›unwissenschaftlichen‹ Erklärungen einen Unterschied zu machen, zwecklos sind«[57], ist es nach Rorty nur konsequent, die transzendentalen Bedingungen der Möglichkeit der Erkenntnis als radikal kontingente zu begreifen:

»Zufällig entstandene Paradigmata, Vokabulare, und ganze Sprachen sind solche *Bedingungen der Möglichkeit* von Verständigung, Forschung, Recht, Moral und allen möglichen rationalen Diskursen. Sie beerben Kants transzendentale Bedingungen in dem einen entscheidenden Punkt, daß sie in den normalen Diskursen und den normalwissenschaftlichen

---

55 Cf. Rüdiger Bubner (1989): *Ästhetische Erfahrung*, Frankfurt/M., Kap. »Kann Theorie ästhetisch werden?«
56 Brunkhorst, a.a.O., S. 220. Rorty selbst siedelt sich zwischen Habermas und Foucault an. Ich möchte Rorty ebenfalls zur Postmoderne rechnen, obwohl er sich z. B. in seinen Ansichten zur Ästhetik strikt von Lyotards ›Ästhetik des Erhabenen‹ absetzt und auch nicht emphatisch den Tod des Subjekts proklamiert.
57 Rorty, *Der Spiegel der Natur...*, a.a.O., S. 233.

Praktiken, die durch sie ermöglicht werden, nicht erklärt oder begründet, weder verifiziert noch falsifiziert werden können.«[58]

Entsprechend radikal kontingenztheoretisch ist auch Rortys Wahrheitsbegriff angelegt: Wahrheit ist nicht mehr und nicht weniger als eine Eigenschaft der Sprache und wird allein noch aus pragmatischen Gründen zugelassen.

Mit dem Konstruktivismus teilt Rorty zunächst auf einer allgemeinen Ebene die Kritik an der Repräsentationsmetapher, jenem »Bild vom Bewußtsein als einem großen Spiegel, der verschiedene Darstellungen enthält – einige davon akkurat, andere nicht – und mittels reiner, nichtempirischer Methoden erforscht werden kann«.[59] Und dieser Spiegelmetaphorik erweisen nach Rorty noch all jene Versuche Reverenz wie da wären *Begriffsanalyse, Bedeutungserklärung* bzw. *Untersuchung der Logik der Sprache* oder Erklärung der *Struktur der konstituierenden Aktivität des Bewußtseins*. Rortys Kritik, die er mit Argumenten Wittgensteins, Heideggers, Deweys sowie der Post-Positivisten Quine und Sellars vorträgt, richtet sich gegen eine sich falsche epistemische Autorität anmaßende Bewußtseinsphilosophie, die erkenntnistheoretischen Schaden über »den Begriff der ›direkten Bekanntschaft‹ des ›Inneren Auges‹ mit mentalen Entitäten (...), etwa Sinnesdaten und Bedeutungen«[60] anrichtet. Hat man aber die von Descartes initiierte »Suche nach privilegierten Entitäten im Felde des Bewußtseins, die zum Prüfstein aller Wahrheit dienen können«[61] aufgegeben, dann gibt es für die Erkenntnistheorie nichts mehr zu tun. Dann interessiert allein noch – in der Wendung von innen nach außen – der soziale Rechtfertigungskontext der Diskurse (Benhabib nennt das kontextuellen Pragmatismus). Epistemische Autorität wird somit zu einer Funktion sozialer Praxis und erhärtet sich nicht aufgrund gewisser Relationen der ›Bekanntschaft‹ zwischen Personen und Propositionen, Eindrücken etc.[62] Rorty bezeichnet diese Position als erkenntnistheoretischen Behaviorismus oder einfach Pragmatismus.

Ich möchte nun nicht grob den Argumentationsweg nachzeich-

---

58 Brunkhorst, a.a.O., S. 222 f.
59 Rorty, a.a.O., S. 22.
60 A.a.O., S. 232.
61 A.a.O., S. 233.
62 A.a.O., S. 198.

nen, auf dem Rorty zu seiner Position gelangt. Aus konstruktivistischer Sicht interessanter ist Rortys Meinung über eine Naturalisierung der Erkenntnistheorie, zumal einer seiner Hauptzeugen, Quine, das vorgeschlagen hat. Da überrascht es zunächst, daß Rorty meint,

»daß wir vollständig verstehen, warum in einem Sprachspiel gewisse Spielzüge erfolgen, wenn wir über ein Verständnis der Regeln dieses Sprachspiels verfügen. (Ein vollständiges Verständnis, d. h. allerdings: mit Ausnahme jenes zusätzlichen Verständnisses, das Untersuchungen erbringen, die niemand ›erkenntnistheoretisch‹ nennen würde, beispielsweise Untersuchungen über [...] die Struktur des Gehirns [...]«.[63]

Im folgenden werde ich mich also nur auf Rortys Argumentation konzentrieren, in der er prinzipiell gegen eine Naturalisierung der Erkenntnistheorie Stellung bezieht.[64] Zum einen wird Quines Idee einer Naturalisierung der Erkenntnistheorie und deren Verortung innerhalb einer empirischen Psychologie abgewiesen, zum anderen ist Rorty zufolge der Versuch einer neuen Erkenntnistheorie als allgemeine Theorie innerer Darstellungen (Repräsentationen), unter Inanspruchnahme von Ergebnissen der empirischen Psychologie, für die traditionelle Ansätze überschreitende Klärung von *Rechtfertigungsfragen* ohne Belang. Rorty untersucht, was eigentlich die Naturalisierungstendenz in der Psychologie gefördert hat. Die Gründe hierfür überraschen nicht sehr, sie liegen im Drang nach einer vereinheitlichten Wissenschaft vor dem Hintergrund des Glaubens, eben dies durch Bedeutungsanalysen erreichen zu können. Den Zielpunkt bilden physikalische Realisierungen der theoretischen Entitäten. Nach Quines Angriff auf den Bedeutungsbegriff sieht Rorty dieses Reduktionsbedürfnis als erledigt an und ersetzt es durch die Idee, mehr Wissenschaftlichkeit über die Umstellung von funktionalen auf strukturelle Beschreibungen zu erreichen. Insgesamt sieht Rorty aber keine guten Gründe, die Psychologie (vor allem wenn sie nicht rein kognitivistisch, sondern auch verhaltenstheoretisch argumentiert) durch Neurophysiologie zu ersetzen. Er beruft sich dabei wiederum auf Quines Annahme, »daß sich interessante notwendige und hinreichende Bedingungen für die Verwendung von Ausdrücken einer Disziplin nicht in der Terminologie einer anderen Disziplin angeben lassen«.[65]

63 A.a.O., S. 195. 64 Cf. Rorty, a.a.O., Kap. v. 65 A.a.O., S. 242.

Kleiner Exkurs zum epistemischen Privileg der Introspektion innerer Episoden

Wie ein roter Faden durchzieht das Buch Rortys die gegen die Bewußtseinsphilosophie (als rechtfertigende Erkenntnistheorie) gerichtete Kritik eines Sonderstatus des Mentalen (qua Introspizierbarkeit). In der Introspektion als letztlich nicht verifizierbarem Bericht über Inneres liegt ein weiterer Grund für das Mißtrauen gegen postulierte mentale Entitäten (und für eine Naturalisierung der Psychologie). Der Subjektivität introspektiver Berichte aber kommt nach Rorty *keine größere philosophische Bedeutung* zu:

»Denn unser unmittelbares Wissen von mentalen Ereignissen ist nach der Sellarsschen Theorie kein Merkmal eines besonderen ontologischen Status, und die Unkorrigierbarkeit von Berichten der ersten Person ist, wie alle Sachverhalte mit einem epistemischen Stellenwert, eine soziale und keine metaphysische Angelegenheit.«[66]

Der Konstruktivismus vermag diese ganze Problematik »aufzulösen«. *Tatsächlich* erscheint uns als *internen Beobachtern* im cartesischen Sinne nichts evidenter als unsere absolute, unbezweifelbare Gewißheit unserer inneren Episoden. Die traditionellen philosophischen Ungereimtheiten entstanden aber erst durch eine Vermischung des internen mit dem externen Beobachterbereich (im allgemeinsten Sinne: Umwelt), die aber gänzlich überschneidungsfrei sind.[67] Die nicht-sinnliche Gewißheit des Habens von mentalen Zuständen (Intentionen usw.) oder kurz, die Evidenzen der Ich- oder Gedankenwelt; die sinnliche, aber leider nicht unmittelbare Gewißheit der Um- oder Dingwelt; und schließlich die Gewißheit unserer Körperwelt – alle drei bilden die Gesamtheit unserer kognitiven Welt. Vor diesem Hintergrund spielen dann Argumente, »[...] Reflexionen im Spiegel der Natur seien uns auf wesentlich bessere Weise bekannt als die Natur selbst«[68], keine überzeugende Rolle mehr. Eine Kognitionsbiologie, die das plausibel zu behaupten vermag, kann dies aber nur, indem sie konträr zu Rorty annimmt, »[...] es gebe so etwas wie das Verstehen der Natur der Erkenntnis – man könne leisten, was man nach Sellars gerade nicht leisten kann«.[69]

---

66 A.a.O., S. 243.
67 Cf. Schmidt, »Der Radikale Konstruktivismus...«, a.a.O., S. 19.
68 Rorty, *Der Spiegel der Natur...*, a.a.O., S. 194.
69 A.a.O., S. 424.

Es ist immer wieder überraschend zu sehen, daß Rorty sich über alle möglichen Antinaturalismen beklagt und sogar glaubt, daß jeder Gedanke einmal in einer rein naturalistischen Terminologie vollständig voraussagbar sein wird[70] (was Maturana strikt leugnen würde), daß er aber andererseits eine Erkenntnistheorie als empirische Wissenschaft (z. B. innerhalb einer empirischen Psychologie) verhindern möchte. Ein Grund könnte darin liegen, daß Rorty vermutet, eine naturalisierte Erkenntnistheorie könnte immer noch als *Erste Philosophie* auftreten und mittels Rechtfertigungsfragen »[...] quaestiones juris über die Besitzansprüche anderer Disziplinen zur Entscheidung bring[en]«.[71] Ich verlasse also den Exkurs und wende mich wieder Rortys Quine-Interpretation zu.

Die argumentative Stoßrichtung Rortys gegen Quine macht unmißverständlich die Überschrift des entsprechenden Unterkapitels deutlich: die Unnatürlichkeit der Erkenntnistheorie. Den Aufhänger bildet Quines Motiv für Erkenntnistheorie, nämlich herauszufinden, in welcher Beziehung die Beobachtung zur Theorie steht oder allgemeiner, welche Beziehungen zwischen Theorien und Evidenzen bestehen. *Die* Psychologie, die Quine nach Rorty im Auge hat, vermag zur Klärung genau dieser Beziehungen nämlich nichts beizutragen. Warum nicht?

Zunächst macht Rorty darauf aufmerksam, daß bei Quine ein Bindeglied zwischen empirischer Wahrnehmungspsychologie und empiristischer Erkenntnistheorie durch die lockere Verwendung von Ausdrücken wie Evidenz, Bestätigung, Information oder Zeugnis der Sinne hergestellt wird. Gleichzeitig ersetzt Quine alle Begriffe, die wie ›Oberflächenreizungen‹ noch einen Beiklang von

70 Cf. a.a.O., S. 419.
71 A.a.O., S. 426. Cf. auch S. 201, wo Rorty Sellars zitiert und zustimmend befindet, daß es erkenntnistheoretisch nicht möglich ist, Normen, Werte und Praktiken auf Beschreibungen zu reduzieren – oder anders formuliert, den normalen wissenschaftlichen Diskurs mit Rechtfertigungsfragen aufzuladen. Die Schuld der erkenntnistheoretischen Tradition besteht darin, »[...] Kausalerklärungen des Erwerbs von Meinungen mit Rechtfertigungen von Meinungen verwechselt« (S. 273) zu haben. Das ist das *Hauptmotiv*, dem Rorty sein, in eigenen Worten, Prolegomenon zu einer Geschichte der erkenntnistheoretisch orientierten Philosophie als einer Episode der europäischen Kulturgeschichte widmet.

Sinnesqualitäten hatten, durch physiologische Formulierungen wie ›Sinnesrezeptoren‹.[72] Schön und gut, sagt Rorty, aber fragt dann zur Freude der Konstruktivisten, ob eine solche Psychologie entdecken könnte, daß diese Information gar nicht an der Retina, sondern womöglich erst im visuellen Cortex interpretiert wird? Könnte diese Psychologie entdecken, daß bis zu diesem Zeitpunkt nicht Information, sondern bloß Elektrizität war? Rorty vermutet, sie könnte es nicht, weil es kein experimentelles Kriterium für *Information* oder *Informationsverarbeitung* gebe; Quine unterstelle das aber. Es geht Quine also um den Kausalmechanismus unserer Erkenntnis der Außenwelt, um die kausale Nähe zum physischen Reiz, um Reiz und Reaktion (als Behauptung oder Bejahung von Gelegenheitssätzen bzw. Beobachtungssätzen[73]). Quine spricht konsequent behavioristisch von dem Menschen als black box und folgerichtig braucht er auch nicht mehr über das Bewußtsein zu sprechen.

Abgesehen davon, daß Quine kein Kriterium für Informationsverarbeitung angibt, wird die Konstruktion nach Rorty noch problematischer durch Quines Festhalten am Beobachtungsbegriff, der über Intersubjektivität rekonstruiert werden soll. In »Dinge und ihr theoretischer Ort« heißt es, Tribunal für die Akzeptierung von Gelegenheitssätzen sei die bei dieser Gelegenheit (der Beobachtung) auftretende Erregung der Rezeptoren. Rorty interpretiert richtig, daß somit bei Quine gegenwärtige Sinnesreizungen »in der Terminologie der Unumstrittenheit bestimmter Sätze«[74] definiert werden. Somit kann Quine aber schlicht nichts über sein ursprüngliches Motiv, die Beziehung zwischen Theorien und Evidenzen/Beobachtungen, sagen. Rorty urteilt lakonisch:

»Zur Aussonderung dessen, worüber wir intersubjektiv übereinstimmen, bedürfen wir keiner Psychophysik kausaler Mechanismen – wir leisten sie einfach in der normalen Gesprächspraxis. Somit kann die Psychologie wohl nichts über kausale Nähe sagen, das für jemanden wissenswert wäre, der die ›Erkenntnistheorie in einer psychologischen Fassung‹ fortzusetzen wünscht.«[75]

---

72 Cf. dazu auch W. V. O. Quine (1991): »Dinge und ihr theoretischer Ort«, in: ders., *Theorien und Dinge,* Frankfurt/M., S. 57 f. Nebenbei macht die Stelle deutlich, wie sehr Quine radikaler Antiskeptizist ist!
73 A.a.O., S. 58.
74 Rorty, *Der Spiegel der Natur...*, a.a.O., S. 250.
75 A.a.O., S. 251.

Dieses Kapitel abschließend möchte ich anhand einiger Zitate nochmals deutlich Rortys Intentionen bezüglich des erkenntnistheoretischen Projektes herausarbeiten, welches er prinzipiell für entbehrlich hält:

> »Wir brauchen nur hinzuzufügen, daß für epistemische Verantwortung, für die Frage, ob ein Organismus berechtigt ist, dies oder jenes zu glauben, dasselbe gilt, wie für legale und moralische Verantwortung. Es führt kein Weg von der Entdeckung der verschiedenen Vermittlungsmomente des Organismus mit der Welt zur Kritik der Meinungen des Organismus über die Welt, oder allgemeiner gesagt, von der Psychologie zur Erkenntnistheorie.«[76]

Hierbei spielt es keine Rolle, auf welcher Ebene wir unsere vergeblichen Untersuchungen ansiedeln:

> »Ob wir in unseren Erklärungen nun eine Hardwaresprache verwenden oder eine Programmsprache, die Kluft zwischen Erklärung und Rechtfertigung unserer selbst wird um nichts schmaler.«[77]

Ich verfahre zwar redundant, aber ein letztes Zitat läßt in seiner Eindeutigkeit nicht zu wünschen übrig:

> »›Rational‹ ist ebensowenig wie ›wahr‹ (oder ›aufrichtig‹ oder ›edel‹ oder ›gut‹) ein Kandidat für einen Begriff, der sich in Kenntnis der Funktionsweise des mentalen Apparats besser verstehen ließe.«[78]

3. Neopragmatismus und Konstruktivismus

3.1 Die wissenschaftliche Dimension

Ironischerweise liefert der Konstruktivismus Rorty alle Argumente gegen die Behauptung, die wissenschaftlichen Beobachter hätten einen privilegierten Kontakt zur Wirklichkeit. Die Ironie liegt darin, daß die Zurückweisung des Repräsentationismus und die daraus resultierende Rechtfertigungspraxis vom Konstruktivismus unter Berufung auf eine naturalisierte Erkenntnistheorie vorgenommen wird, einem Projekt also, dem Rorty mit Blick auf Quine wenig Zukunft verheißt – obgleich er genau sagt, was philosophiegeschichtlich hätte passieren müssen, wenn Locke nicht

76 A.a.O., S. 271.
77 A.a.O., S. 275.
78 A.a.O., S. 276.

Kausalität und Rechtfertigung (qua Erkennen als adäquate Darstellung) *zusammengeworfen* hätte:

»Die Frage ›Wie ist Erkenntnis möglich?‹ hätte dann der Frage ›Wie sind Telefone möglich?‹ geglichen und soviel bedeutet wie ›Wie kann man etwas konstruieren, was *das* kann?‹ Eine physiologische Psychologie, nicht eine ›Erkenntnistheorie‹, wäre als der einzige legitime Nachfolger von De Anima und dem Essay *Concerning Human Understanding* erschienen.«[79]

Diese Aussage vermag allerdings nur zu überraschen, wenn man zwischen einer »reinen«, organismusunabhängigen und einer »unreinen«, empirischen Erkenntnistheorie weiterhin zu unterscheiden beabsichtigt. Meiner Ansicht nach erfüllt der Konstruktivismus auch Rortys Forderung, nicht im Gewande einer Erkenntnistheorie als *erste* Philosophie aufzutreten.[80] Wenn aus konstruktivistischer Sicht Probleme und Theorien bestimmter (repräsentationistisch orientierter) Disziplinen umgeschrieben werden, geschieht dies aus den oben unter 1.1.1 aufgezählten Gründen der Nützlichkeit, nicht unter Berufung auf Wahrheit und Objektivität. Gänzlich verschieden bewerten Rorty und der Konstruktivismus aber das Ende der Privilegierung des wissenschaftlichen Diskurses: während Rorty, an Gadamers hermeneutischem Projekt anknüpfend, unter dem Aspekt »Bildung« von der Gleichrangigkeit des wissenschaftlichen, ästhetischen, mystischen usf. Diskurses spricht, halten meines Wissens die meisten Konstruktivisten an der Trennung zwischen Ästhetik und Wissenschaft fest.[81] Das geschieht allerdings nicht aufgrund irgend-

---

79 A.a.O., S. 171.
80 »Sogenannte empirische Wissenschaften und philosophische Erkenntnis- und Wissenschaftstheorie begründen sich (im günstigsten Fall) gegenseitig. Es gibt keine Basistheorie oder Basiswissenschaft, die den anderen Wissenschaften ihren Platz und ihre Methodologie vorschreibt, ohne gleichzeitig von diesen abhängig zu sein.« Gerhard Roth (1992): »Das konstruktive Gehirn: Neurobiologische Grundlagen von Wahrnehmung und Erkenntnis«, in: S. J. Schmidt (Hg.), *Kognition und Gesellschaft...*, a.a.O., S. 279. Dazu kontrovers Hucklenbroich, a.a.O., S. 121, wonach Maturana seine Organismustheorie durch unterschwellige Kopplung an die erkenntnistheoretische Diskussion zu privilegieren suche.
81 Dies hat größtenteils mit den Herkunftsdisziplinen zu tun (Biologie, Kybernetik und Psychologie u. a.), in denen konstruktivistische Vorstellungen entwickelt wurden. Es verwundert nicht wenig, wenn

einer »Ungleichrangigkeit« dieser verschiedenen Wissensarten, sondern allein noch über das Kriterium der besonderen methodischen Beschaffenheit des Erwerbs wissenschaftlichen Wissens.[82]

3.2 Die (sozial-)ethische Dimension

Ich habe schon in der Einleitung kurz auf die merkwürdige Konstruktion hingewiesen, die den Konstruktivismus zwar als irrelevant für die Alltagspraxis erklärt, aber doch gerne seine Sozialethik aufgegriffen sähe. Reinhard Mocek zufolge muß sich eine als Gesellschaftstheorie verstehende Theorie der Selbstreferenz auch den politischen Entscheidungsfragen unserer Zeit stellen. Rortys Bestreben, das erkenntnistheoretische Projekt ganz aufzugeben, macht, wie Benhabib herausstellt, sehr schön deutlich, daß epistemologische Fragestellungen offensichtlich in kulturelle und gesellschaftliche Bewertungen eingehen. In der Tat haben Vertreter der Kritischen Theorie immer daran festgehalten, daß epistemologische Streitfragen eng mit moralischen und politischen Voraussetzungen verknüpft sind.[83] Wie aber könnte eine konstruktivistische Ethik aussehen,
– die zum einen ihren eigenen Anfang und auch ihr ›Ende‹ expliziert, indem sie sich gleichsam in den zirkulären Zusammenhang ihrer Entstehungsgeschichte einordnet – mit Luhmann kann man von der Unvermeidlichkeit des selbstreferentiellen Zirkels in der Ethik sprechen;
– die anthropozentrische Fixierung aller traditionellen Ethiken

---

Wolfgang Welsch meint, die Postmoderne kongruiere mit der harten wissenschaftlichen Moderne des frühen 20. Jahrhunderts (Einstein, Heisenberg und Gödel) – sicher bezüglich der Totalitätsobsession, aber kaum hinsichtlich der rationalen Durchführung der wissenschaftlichen Methode und deren formalen Kriterien. Auf der anderen Seite hat der Konstruktivismus bis heute noch keine spezielle konstruktivistische Methodologie entwickelt. Cf. Wolfgang Welsch (1991): »Postmoderne: Pluralität zwischen Konsens und Dissens«, in: *Archiv für Kulturgeschichte* 73, H. 1, S. 193-214.
82 Cf. dazu ausführlich Rusch, a.a.O., S. 259 f.
83 Als ein Beispiel cf. Peter Bürger (1979): *Vermittlung – Rezeption – Funktion. Ästhetische Theorie und Methodologie der Literaturwissenschaft*, Frankfurt/M., S. 21.

überschreitet und die *äußere Natur* des Menschen miteinbezieht[84] – da der Beobachter als beobachtendes System in einem Medium existiert (Adorno nannte das ein mimetisches Naturverhältnis);
- dabei jede Art von Ontologisierung bzw. Objektivierung vermeidet (etwa biologisch anmutende Einfärbungen bzw. den schon oben erwähnten naturalistischen Fehlschluß)[85]
- und dabei jenes postmoderne Outfit umgeht, welches den Protagonisten der Postmoderne den Vorwurf des antihumanistischen Denkens einbrachte[86] und die Anklage, es komme zur Dekonstruktion des autonomen Subjekts.

Sicherlich werde ich an dieser Stelle nun keine konstruktivistische Ethik entwickeln, sondern nur andeuten können, wie dieses Projekt in Angriff genommen werden könnte. Dabei werde ich einige zentrale Fragen, die der Ethik schon immer Probleme bereiteten, nur am Rande berühren können. Es geht mir um einige Hinweise zur Klärung des Vorfeldes, worunter ich vor allem verstehe, einige Verbindungen zur gegenwärtigen philosophischen Ethikdiskussion zu knüpfen.

Zunächst stellt sich die Frage, warum wir uns über eine konstruktivistische Ethik Gedanken machen sollten. Siegfried J. Schmidt etwa meint, daß Handlungsnormen für zweckgerechtes Handeln (z. B. Rationalitätsnormen im Bereich der Wissenschaften) entwickelt werden sollten, um das normative Defizit biologischer Erkenntnistheorien auffüllen zu können.[87] Normativ defizitär verbleibt z. B. Maturanas Konzept der Autopoiese, da strenggenommen alles möglich ist, was die Autopoiese als ein biologisches Phänomen nicht beendet, falls ein (normativ bereits gehaltvoller) Wunsch vorliegt, die Fortsetzung der Autopoiese jederzeit nicht zu unterbinden. Schon mit diesem Wunsch aber befinden wir uns im Phänomenbereich der Interaktion und können somit diesen Wunsch, d. h. seine moralische Implikation, nicht irgendeinem

---

84 Cf. die Kritik von Hans Jonas (1987): *Das Prinzip Verantwortung. Versuch einer Ethik für die technologische Zivilisation*, Zürich, S. 22.
85 Meine womöglich antikonstruktivistische Intuition ist, daß wir den Unterschied zwischen Leben und Erkennen nicht vorschnell einebnen sollten.
86 Cf. Luc Ferry, Alain Renaut (1987): *Antihumanistisches Denken. Gegen die französischen Meisterphilosophen*, München/Wien.
87 Schmidt, »Zur Ideengeschichte...«, a.a.O., S. 19.

›Um-sich-selbst-willen‹ der Autopoiese zuschreiben[88], einem biologischen Mechanismus unserer Erzeugungsbedingungen. Eine »naturalisierte« Ethik verbietet sich somit selbst und zugleich wird auch deutlich, daß eine konstruktivistische Ethik nicht über ihre erkenntnistheoretische »Basis« privilegiert werden darf; oder anders formuliert, sie kann nicht als Doktrin ausgelegt, als objektive Wertethik begründet werden. Somit halte ich es für nicht gerechtfertigt oder zumindest äußerst mißverständlich, wenn Maturana von der biologischen Grundlage der Ethik und dem menschlichen Bedürfnis nach gegenseitigem Respekt und Vertrauen als biologischem Bedürfnis und einzig legitimer Quelle jeder Ethik spricht.[89] Ich komme darauf zurück. Schon mit diesen wenigen Hinweisen aber sind Problembereiche angesprochen, die in der Ethikdiskussion derzeit unterschiedlich diskutiert werden. So ist z. B. unklar, ob nur das Lebendige Gegenstand von Verantwortung sein kann (wie Hans Jonas meint). Und Maturanas Ausführungen lassen klar die Tendenz zu einer anthropologischen Fixierung erkennen, die eine zukunftsweisende Ethik wohl überwinden muß.

Der Wunsch nach einer konstruktivistischen Ethik aber ergibt sich auch aus der noch unbeantwortet gebliebenen Frage von oben: ob nicht mit der wissenschaftstheoretischen Pointe des Konstruktivismus, dem Nutzen- und Effektivitätskalkül zur Beurteilung des operationalen Wissens (allgemein: von Theorien), nur die von der Kritischen Theorie und vielen anderen herausgearbeitete Einseitigkeit der kognitiv-instrumentellen Rationalität fortgeschrieben wird? Es werden ja kaum *diese* Rationalitätsnormen sein, die Schmidt gemeint haben könnte, denn eines dürfte sicher sein: ein starkes instrumentalistisches Wissenschaftsverständnis, welches im Konstruktivismus *ohne* die Idee der Wirklichkeitserkenntnis bzw. Wahrheitsähnlichkeit oder gar der Idee einer reinen Erkenntnis auskommt, wird der Auffassung einer von vornherein nur noch einseitig in den Blick kommenden, technisch manipulierbaren bzw. kognitiv verfügbaren, einzigen Wirklichkeit eine Absage erteilen.

88 Genau diesen Versuch unternimmt Jonas, wenn er über den Nachweis vom Leben als Selbstzweck eines Körpers einen Zweckbegriff jenseits der Subjektivität der Natur selbst zuschreibt, das Gute oder den Wert im Sein gründen läßt. Cf. Jonas, a.a.O., S. 136f.
89 Humberto R. Maturana (1982): *Erkennen: Die Organisation und Verkörperung von Wirklichkeit*, Braunschweig/Wiesbaden, S. 30f.

Konstruktivisten würden nun sofort einwenden, daß meine Unterstellung nicht zuträfe, weil sie auf einem realistischen Verständnis des Nutzenbegriffs beruhe, da jene kognitiv-instrumentelle Rationalität als ein Bemächtigungsverhältnis erst in einem realistischen Verständnis eines Subjekts und einer ihm gegenüberstehenden Welt repräsentational wahrnehmbarer und manipulierbarer Gegenstände zum Zuge komme. Meine Rückfrage aber lautet, ob sich denn unter dem konstruktivistischen Aspekt der *kognitiven Nützlichkeit* nicht nur die wissenschaftsmethodologischen Kriterien, sondern auch die formalen Verfahren eines prinzipiell immer erfahrungswissenschaftlich orientierten – auf Intersubjektivität abzielenden – Konstruktivismus konsequent verändert haben? Das ist nicht der Fall, denn eine konstruktivistische Methodologie ist noch nicht entwickelt worden, und wenn Konstruktivisten in ihren empirischen Arbeiten – wie immer dies auch konstruktivistisch konzeptualisiert wird – sich unter anderem auch des positivistischen Methodenarsenals ungeniert bedienen, so reproduzieren sie eben nur jene Einseitigkeit der instrumentellen Vernunft. Genau besehen umgeht der Konstruktivismus mittels seiner kognitiven Orientierung jene pragmatische oder Handlungsdimension, welche die Praxisphilosophie in Absetzung vom Erkenntnisparadigma der Bewußtseinsphilosophie favorisierte. Diese Behauptung mag den Sachverhalt überakzentuieren. Sie läßt sich aber mit Hinweis etwa auf die Einbindung konstruktivistischer Ideen in bestimmte systemtheoretische Konzepte begründen. Es sind die an Luhmanns Systemtheorie orientierten konstruktivistischen Ansätze, die mit der Betonung auf ›Differenzlogik‹ immer nur vom Beobachten sprechen (welches mittels Unterscheidungen operiert). In diesem Sinne ist Janich zuzustimmen, wenn er in der konstruktivistischen Beschränkung des Beobachters auf Tätigkeiten wie Sprechen, Beobachten bzw. Beschreiben ein *pragmatisches Defizit* sieht. Ein *normatives Defizit* moniert Janich, weil der Instrumentalismus des Radikalen Konstruktivismus »die Aufrechterhaltung des Systems des Lebendigen als Naturzweck auch den Wissenschaften« unterstelle.[90]

»Daß die Physik und die Biologie, ohne die der Radikale Konstruktivismus nicht auskommt, nicht ohne zweckgerichtete menschliche Handlungen und darunter nicht ohne nichtsprachliche, poietische Handlungen

---

90 Janich, a.a.O., S. 35.

auskommt, ist zwar nirgends bestritten, aber auch nirgends berücksichtigt.«[91]

(Es sei darauf hingewiesen, daß Rusch die pragmatische Form von Theorie als *Deskriptionshandlungszusammenhang* deutlich herausgestellt hat.[92]) Die Hinweise auf das pragmatische und normative Defizit des Konstruktivismus halte ich für eine sehr wichtige Einsicht der jüngsten kritischen Konstruktivismusrezeption (besonders der marxistisch geschulten), die nach einem Jahrzehnt der transdisziplinären Nutzbarmachung des Konzepts nun endlich stattfindet. Reinhard Mocek hat mit Bezug auf Maturana darauf hingewiesen, daß »(...) die kognitive Orientierung der Theorie der Selbstreferenz [...] auch gesellschaftliche Fragen durchweg auf Erkenntnisfragen zurück[führt]«.[93]

Die Zitate weisen also aus unterschiedlicher Perspektive auf die Untergewichtung des Handelns im Zusammenhang von *Erkennen* und *Handeln* hin. Wie Schmidt deutlich macht, ist dieser Zusammenhang von Konstruktivisten auch thematisiert worden, aber eben immer nur unter dem Gesichtspunkt der Bedeutung von Tätigkeit für das Erkennen. Dabei geht oder ging es immer darum, auf der basalen Ebene des Körpers die gegenseitige Interpretationsleistung von Sensorium und Motorium, die Abhängigkeit der Erkenntnis von Perzeption und Körperbewegung zu betonen. Meiner Meinung nach aber thematisiert Mocek das pragmatische Defizit des mit Problemen der bewußtseinsphilosophischen Erbmasse befrachteten Konstruktivismus für die Konstruktion des gesellschaftlichen Zusammenhangs, für Interaktion und Intersubjektivität. Mocek schreibt aus marxistischer Sicht:

»Denn gerade das, was in der marxistischen Diktion das »Schaffen« der Realität bedeutet, bleibt für den Konstruktivismus außerhalb des Betrachtungsfeldes: die produktive Aneignung, Veränderung und Neugestaltung der Welt im Arbeitsprozeß! Für den Konstruktivismus ist Tätigkeit erkennende Tätigkeit, für den Marxismus erkenntnisfolgende Produktion.«[94]

91 A.a.O., S. 36f.
92 Rusch, a.a.O., S. 272.
93 Mocek, a.a.O., S. 277.
94 Mocek, a.a.O., S. 279. In eine ähnliche Richtung, d. h. auf Sprache *und* produktive Tätigkeit im menschlichen Gattungszusammenhang zielen auf der Grundlage der Hegelschen Logik Axel Ziemke, Konrad Stöber, »System und Subjekt...«, a.a.O., S. 42-75.

Mit dem pragmatischen und normativen Defizit des Konstruktivismus, seiner gleichzeitigen Verwandtschaft zur Praxisphilosophie über eine zunächst bloß kognitiv verstandene Selbsterzeugung von Wirklichkeit und der Idee, jene kognitionszentrierte Erzeugung von Welt pragmatisch auszuweiten, ist der Punkt erreicht, wo eine konstruktivistische Ethik einzusetzen hat oder vielmehr, so hoffe ich, für viele plausibel einsetzen kann. Es ist bezeichnend, daß gerade ein ›Vater‹ der Autopoiesetheorie jüngst auf die zu einseitige, kognitive Fixierung aller Konstruktivismen[95] hingewiesen hat und diesen einen handlungsbezogenen Ansatz entgegenstellt. Kognition ist für Varela »[w]irksames Handeln: die Geschichte der strukturellen Kopplung, die eine Welt hervorbringt bzw. erzeugt«.[96] Die zweckorientierte Konstruktion (in der Erklärung der angemessenen Arbeitsweise der Kognition) ersetzt Varela hierbei durch einen sogenannten *evolutionären Prozeß*; die handlungsbezogene Orientierung »[...] bezieht auch die Zeitlichkeit des Lebensprozesses ein, als Spezies (Evolution), als Individuum (Ontogenese), und als gesellschaftliches Muster (Kultur)«.[97] Einer solchen Betrachtungsweise muß dann auch das Mensch-Natur-Verhältnis in einem neuen Licht erscheinen.[98] Allerdings scheint das Potential substanzwissenschaftlicher Innovationen nicht immer zu genügen, ja verkehrt sich oft in sein Gegenteil: In einem instruktiven Beitrag zu Niklas Luhmanns Verwendung des Autopoiesekonzepts hat Jost Halfmann gezeigt, daß mit der Einführung der Theorie autopoietischer Systeme in die Naturwissenschaften diesen klar werden sollte, »daß Naturbeherrschung nicht mit linearer Ausdehnung der Indienstnahme von Naturprozessen für soziale Zwecke gleichzusetzen

---

95 Francisco J. Varela (1990): *Kognitionswissenschaft – Kognitionstechnik. Eine Skizze aktueller Perspektiven*, Frankfurt/M., S. 103. Dies aber eher am Rande; die Kritik richtet sich wesentlich gegen konnektionistische und kognitivistische Modelle der Kognition.
96 A.a.O., S. 110.
97 A.a.O., S. 111.
98 Cf. für die allgemeinere Theorie der Selbstorganisation pathetisch Rainer Paslack (1991): *Urgeschichte der Selbstorganisation*, Braunschweig, Wiesbaden, S. 1 – um wenig später den Anspruch der Wissenschaft »auf legitime Definitionsmacht gegenüber der Grundstruktur der Welt im ganzen« zu erneuern!

ist«.⁹⁹ Überraschenderweise aber, so Halfmann, tauche Naturbeherrschung in Luhmanns soziologischer Theorie gar nicht mehr auf:

»Während das ältere systemtheoretische Weltbild, das den naturwissenschaftlichen Physikalismus und industriellen Instrumentalismus zum Ausdruck brachte, von der unbegrenzten Naturbeherrschung träumte, geht Luhmann von dem unbegrenzten Entschwinden der Natur gerade als Folge der Verfeinerung und Intensivierung der naturwissenschaftlichen Forschung aus.«¹⁰⁰

Mit Bezug auf Marx' *Naturismus* gelangt Halfmann erneut zu der Einsicht, »[...] daß die Differenz zwischen der Evolution von sozialen und Gesellschaftssystemen einerseits und lebenden Systemen doch nur gradueller Natur ist, daß also moderne Gesellschaften sich keineswegs von ihrer »Naturbasis« emanzipiert haben, sondern nur in ein komplexeres Stadium des Naturbezugs eingetreten sind.«¹⁰¹
Ich meine, daß diese Ausgangslage nicht sonderlich weit von dem entfernt ist, was Siegfried J. Schmidt unter Hinweis auf von Foerster zur *Trivialisierung* schreibt:

»Lebende Organismen verwandeln ihre Umwelt ständig in triviale Maschinen, um sie wahrnehmen, erkennen und hand-haben zu können – auch wenn ihre Umwelt andere lebende Organismen sind. Hier müßte dann eine konstruktivistische Ethik ansetzen (...).«¹⁰²

Ich möchte hinzufügen: eine Ethik der Verantwortung für Umwelten. Bevor ich diese sicherlich nicht neue Idee näher ausführe noch ein paar kurze Bemerkungen zu Rortys neopragmatischen Ansichten zu Ethik und Moral. Rortys kontingenzphilosophische Kritik richtet sich vor allem gegen alles Metaphysische und Prinzipielle in der abendländischen Kultur – kontingenztheoretisch gesehen kann es ja zu keiner Privilegierung bestimmter Stand-

---

99 Jost Halfmann (1986): »Autopoiesis und Naturbeherrschung. Die Auswirkungen des technischen Umgangs mit lebenden Systemen auf den gesellschaftlichen Naturbezug«, in: Hans-Jürgen Unverferth (Hg.): *System und Selbstproduktion. Zur Erschließung eines neuen Paradigmas in den Sozialwissenschaften*, Frankfurt/M., Bern, New York, S. 221.
100 A.a.O., S. 222.
101 A.a.O., S. 224.
102 Schmidt, »Zur Ideengeschichte...«, a.a.O., S. 20.

punkte, Werte oder Moralvorstellungen mehr kommen.[103] Besonders kraß wirkt sich diese Auffassung z. B. in Rortys Äußerungen zu den Menschenrechten aus. Hierin unterscheidet sich Rorty nicht von Odo Marquard, der von prinzipiellen Menschenrechten Abschied nehmen will.[104] Selbst in der Anerkennung der Menschenrechte als (vermeintlich) universalen Prinzipien moderner Gesellschaften liegt für Rorty also noch ein Bedürfnis nach letzten Fundamenten, damit aber sozusagen auch eine Einschränkung persönlicher und gesellschaftlicher Kontingenz in einem absoluten Sinn.

3.2.1 Ethik und Moral in der Wissenschaft

Mit der Ausdifferenzierung der Wissenschaft im 19. Jahrhundert und der damit verbundenen Herausbildung eines spezialisierten Berufsstandes entwickelt sich nach Kurt Bayertz ein wissenschaftliches Ethos primär gar nicht moralischer Natur, sondern als ein Komplex funktionaler Werte und Normen, die das möglichst effiziente Funktionieren des Wissenschafts*betriebes* hinsichtlich der Erzeugung kognitiver Innovation garantieren, also der Förderung des Fortschritts der Erkenntnis dienen sollen. Die soziale Evolution der Wissenschaft habe Moralität längst in Funktionalität transformiert.[105] Vor dem Hintergrund einer idealistischen – auf reine Erkenntnis abzielenden – oder realistischen – auf Wirklichkeitserkenntnis über schrittweise Wahrheitsannäherung erpichten – Auffassung der wissenschaftlichen Tätigkeit bildet sich ein allein qualifizierendes wissenschaftliches Beurteilungskriterium über die Leitdifferenz wahr/falsch heraus, wobei man diese *Wahrheitsbindungsklausel* als ein *Nichteinmischungsprinzip* begreifen kann, welches das reine wissenschaftliche *Neugiermotiv* vor Außenein-

---

103 Richard Rorty (1989): *Kontingenz, Ironie und Solidarität*, Frankfurt/M., S. 94.
104 Odo Marquard (1981): *Abschied vom Prinzipiellen*, Stuttgart, S. 18; Rorty, ebd., S. 85.
105 Kurt Bayertz (1988): »Das Ethos der Wissenschaften und die Moral«, in: Ludwig Siep (Hg.): *Ethik als Anspruch an die Wissenschaft oder: Ethik in der Wissenschaft*, München, Zürich, S. 9-20.

mischung abschirmt.[106] Mit Hinweis auf Luhmann kommt z. B. Odo Marquard zu dem Schluß: »Wahrheitsbindung ist vor allem Irrtumslizenz: darum wird durch die Wahrheitsbindungsklausel gerade die Lizenz zum folgenlosen Irrtum geschützt.«[107] Die Leitdifferenz des Wissenschaftssystems muß nach Marquard unabhängig vom moralischen gut/böse-Schema geworden sein.

Ich habe mich in dieser knappen und sicherlich auch verkürzenden Skizzierung nicht ohne Grund auf Marquard, Luhmann und Bayertz gestützt: erst die strikte systemtheoretische Skizzierung des Verhältnisses von wissenschaftlichem Ethos und Moral läßt Bayertz' These verständlich erscheinen, daß die Moral nicht aus der Wissenschaft selbst kommen kann, sondern nur von außen an sie herangetragen werden kann. Der moralische Anspruch der Wissenschaftler ist nach Bayertz eine private Einstellung, die ihre Wurzeln außerhalb der Wissenschaft hat. Funktionalistisch betrachtet ist diese Moralität als Eigenschaft für das Funktionieren des Wissenschaftssystems marginal – und eben auch nicht adäquat: nach Luhmann mögen z. B. Soziologen moralisch bewertet werden, nicht aber die Forschungsprogramme der Soziologie, die sich dem Wahrheitscode und nicht dem Moralcode unterstellen.[108]

In der gegenwärtigen Ethikdiskussion ist die Frage umstritten, wie die Ethik (als Reflexionstheorie der Moral) inhaltlich und formal auf die nicht mehr handhabbaren Folgen wissenschaftlichen und technischen Handelns und damit verbundener moralischer Problembereiche[109] reagieren soll. Reicht ein Um- und Fortschreiben klassischer Ethiken aus oder brauchen wir gar eine

---

106 Odo Marquard (1984): »Neugier als Wissenschaftsantrieb oder die Entlastung von der Unfehlbarkeitspflicht«, in: Elisabeth Ströker (Hg.): *Ethik der Wissenschaften? Philosophische Fragen*, München u. a., S. 15-26.
107 A.a.O., S. 21.
108 Luhmann, *Paradigm lost...*, a.a.O., S. 38.
109 Cf. dazu Hans Lenk (1984): »Zum Verantwortungsproblem in Wissenschaft und Technik«, in: E. Ströker (Hg.): *Ethik der Wissenschaften?...*, München u. a., S. 87-116. Über den Zusammenhang von Naturbeherrschung, Technik und Gesellschaft cf. Wolfgang van den Daele (1991): »Kontingenzerhöhung. Zur Dynamik von Naturbeherrschung in modernen Gesellschaften«, in: Wolfgang Zapf (Hg.): *Die Modernisierung moderner Gesellschaften. Verhandlungen des*

neue, vielleicht geschlechtsspezifische Ethik?[110] Genügen Marquards erste Vorschläge zu einer Ethikveränderungsethik? Luhmanns Intentionen zielen dagegen auf eine soziologische Kritik der gesellschaftlichen Adäquatheit von Ethiken und die Empfehlung, daß eine Ethik zumindest die Strukturen des Gesellschaftssystems mitzureflektieren habe. Dann verbleibt der Ethik (allein?) die Aufgabe, den Anwendungsbereich der Moral zu *limitieren*, vor ihr zu *warnen* und die Last der Entscheidung der Rechtsgebung zu überlassen:

»Muß denn eine vorsorgliche rechtliche Einschränkung riskanter Forschungen oder Produktionstechnologien als moralisches oder sogar ethisches Gebot lanciert werden, wo wir doch nächstes Jahr bei besserer Information eine noch schärfere oder eine weniger scharfe Regulierung bevorzugen werden?«[111]

Wie soll schließlich, so fragt Luhmann, in der Risikogesellschaft, in der es gar kein nichtriskantes Verhalten gibt, die Übernahme von Risiken mit Achtungserweis oder mit Achtungsentzug sanktioniert werden? Schon gar nicht habe die Ethik für Verteilungsprobleme (Knappheit) und Risikoprobleme und entsprechende Spannungen sowohl in der Zeit- und Sachdimension Regulierungen erarbeitet. Der (unter Zeitdruck geratene) Umgang mit der eigenen Zukunft muß, wenn Rationalitätschancen ausgeschöpft werden sollen, »in einer Weise freigegeben werden, die zu sozialen Belastungen führen kann«.[112]

Sicher, Risiko bzw. Gefahr und Unsicherheit sind bei der Ausschöpfung von Rationalitätschancen nicht zu vermeiden und Rationalitätskalküle beruhen auf einer *Indifferenz für soziale Folgen*. Es wäre aber wenig rational, Rationalitätschancen weiterhin auszuschöpfen, deren Ergebnisse in der Nutzanwendung schon jetzt unabsehbare Folgekosten mit sich bringen. Ausschöpfung von Rationalitätschancen meint die ungehinderte (höchstens rechtlich noch eingeschränkte) Entfaltung der wissenschaftlichen Produk-

---

25. *Deutschen Soziologentages in Frankfurt am Main 1990*, Frankfurt, New York, S. 584-603.
110 Cf. Gertrud Nunner-Winkler (Hg.) (1991): *Weibliche Moral. Die Kontroverse um eine geschlechtsspezifische Ethik*, Frankfurt/M.
111 Luhmann, *Paradigm lost...*, a.a.O., S. 41.
112 A.a.O., S. 32.

tivkraft, die Rettung der Neugierlizenz der Wissenschaft (Marquard) und ein unverhohlenes Plädoyer für die freie Entfaltung des Erkenntnisanspruchs. Der Hinweis auf mögliche Selbstbeschränkungen gilt diesem Denken als bloße Überreaktion aus dem Kreis der Aufgeregtheiten (Luhmann) und Angsthypertrophien (Marquardt). Welche Angst erst mag wohl das Denken Marquards befallen haben, wenn er in seinen – als Ethikveränderungsethik gedachten – Vorschlägen unter anderem von den Institutionen der politischen Liberalkultur spricht, z. B. der Neugierwissenschaft, die es zu bewahren und pflegen gilt: Umweltschutz auch für die Wissenschaften! Was Marquard einer neuen Wissenschaftsethik nicht alles zutraut!

3.2.2 Ein möglicher Eintritt in die konstruktivistische Ethik: das konstruktivistische Verständnis von Erkennen und Handeln

Ein weiterer Punkt in Marquards Bewahrungskatalog fordert, trotz »... der modernen Verklammerung von Erkennen und Machen in den ›harten‹ Wissenschaften«[113], die Trennung von Theorie und Praxis, denn die Neugierfreiheit lebe von der Praxisferne und alles andere trage der Praxis Weltfremdheit, der Theorie Denkverbote ein. Diese Denkfigur ist in der Wissenschaftsgeschichte nun sicherlich nicht neu und ich will mich aus guten Gründen erst gar nicht auf sie einlassen. Ich meine, daß Marquard zwei Dinge retten möchte und fatalerweise glaubt, das eine könne nur zusammen mit dem anderen gerettet werden – die funktionale Autonomie der Wissenschaften und die Forderung auf freie Entfaltung des Erkenntnisanspruchs. Möge denn die Praxis mit den Ergebnissen anrichten und zurichten, was sie wolle! Ich möchte hingegen die These vertreten, daß die funktionale Autonomie der Wissenschaften auch dann bewahrt werden kann, wenn die traditionell vorherrschende, erst in der zweiten Hälfte unseres Jahrhunderts nun sichtbar zerbröselnde, realistische Auffassung wissenschaftlicher Erkenntnis gleichsam von innen heraus erodiert, d. h. die Wahrheitsbindungsklausel und damit die Leitdifferenz

---

113 Marquard, a.a.O., S. 25.

des Wissenschaftssystems aufgegeben wird. Die zuletzt im Kritischen Rationalismus entwickelte Vorstellung einer stets zwar fallibilistischen, aber doch approximativen Realitäts- bzw. Wahrheitserkenntnis konnte noch ein Ethos der Wissenschaften in Anspruch nehmen, welches die reine Erkenntnis selbst zu einem Wert stilisierte und in dementsprechende funktionale Normen wissenschaftlichen Handelns einmündete. *Mit der Aufgabe dieses Modells entfällt die Möglichkeit, ein allgemeines wissenschaftliches Ethos strenger Wahrheitsverpflichtung[114] gegenüber allgemeinen moralischen Ansprüchen abzugrenzen.* Die Wissenschaft kann dann verantwortlicher werden und sie kann, wo sie sich pragmatisch versteht, ihre wissenschaftliche Verantwortung auch pragmatisch begründen.

Die folgenden Vorschläge müssen notwendig rudimentär bleiben und als noch wenig ausgereift betrachtet werden. Ich gehe mit Luhmann davon aus, daß mit einer konstruktivistischen Erkenntnistheorie als Grundlage[115] eine Ethik nicht transzendental-theoretisch fortgeführt werden kann. Kant hatte durch eine rigorose Formalisierung und Entmaterialisierung (polemisch: Gesinnungsethik) der Ethik den Blick für die Unabhängigkeit der Prinzipien der Moral schärfen wollen. Seine Begründung des Gewissens als apriorisch löst aber nicht das Problem des Anfangs in der Ethik oder, um mit Luhmann zu sprechen, die moralträchtige Begründung moralischer Urteile. Und wenig zeitgemäß erscheint uns noch Kants anthropozentrische Fixierung auf die sittliche Person, wenngleich es nach Lenk unproblematisch ist, Kants kategorischen Imperativ auf kollektiv Handelnde zu übertragen und wie Jonas eine gesamtmenschheitliche Verantwortung einzufor-

---

114 Die Idee strenger Wahrheitsverpflichtung umfaßt natürlich all jene funktionalen Normen und Erfordernisse, die in methodologische Vorschriften gegossen dem Fortschritt der objektiven Erkenntnis dienen sollen, sowie eben auch all jene Tugenden der Wissenschaftler, die dieses Ziel unterstützen.

115 Für eine konstruktivistische Ethik gilt dann: als ein in der Sprache und mit Sprache formuliertes Wissen um Handlungspräferenzen ist sie eine Konstruktion, eine mögliche unter anderen Wissenskonstruktionen und eine mögliche unter anderen Ethiken. In diesem trivialen Sinn ist sie kontingent, aber: als von an einer konstruktivistischen Ethik Interessierten konstruierte ist sie das nicht.

dern.[116] Auf der anderen Seite vermag nach Luhmann auch die utilitaristische Ethik mit der Betonung des sozialen Nutzens kaum noch zu überzeugen[117], seit die moderne Soziologie die vernetzte Komplexität ausdifferenzierter Gesellschaften herausgearbeitet hat. Zukunftsträchtige Entscheidungen fallen hier immer unter die Differenz Risiko/Gefahr – was aber nicht in jedem Fall eine *blinde* Risikovermeidung von moralisch Betroffenen bedeuten muß, wie Luhmann generell unterstellt. Ich neige durchaus Luhmanns Auffassung von der Moral nicht als konfliktlösend, sondern als konflikterzeugend zu, meine dagegen aber nicht, daß Moral »... nicht mehr in der Lage [ist], adäquate Reaktionen eines komplexen Gesellschaftssystems auf reale Problemlagen zu strukturieren«.[118] Die Moral vermag sicher nicht zu strukturieren; sie vermag aber z. B. reale Gefährdungslagen zu *markieren,* eben indem sie moralisch wertet. Ihre Funktion besteht in diesen Fällen gerade darin, in der Sachdimension über moralische Markierung auf rasche zeitliche Bewältigung zu drängen. Jedenfalls in diesen speziellen Fällen, wie z. B. gefährlichen Großtechnologien, geht es der Moral um Zeitgewinne – und nicht, wie Luhmann glaubt, um (raschen) Rationalitätschancen im Wege stehende mißliche Verzögerungen.

Viel interessanter ist Luhmanns Hinweis auf eine differenztheoretisch operierende Ethik und, damit verbunden, auf die Unmöglichkeit, einen selbstreferentiellen Zirkel zu vermeiden. Das betrifft die Frage, ob eine Ethik selbst ethisch sein muß bzw. wie eine Ethik *anfängt*. Da aber differenztheoretisch gesehen nichts als erste Einheit fungieren kann, sollte man die Frage des Anfangs der Ethik als ein schlecht gestelltes philosophisches oder praktisches Problem erkennen und schlicht *pragmatisch* ignorieren! Alles andere führt aus der Sicht eines differenztheoretisch argumentierenden Konstruktivismus in die Transzendenz oder irgendeine andere, aber kaum begründbare moralische *Höherwertigkeit*. Somit könnte eine konstruktivistische Ethik plausibel dort beginnen, wo sie am weitesten den oben unter den vier Spiegelstrichen aufgestellten Kriterienkatalog erfüllt.

116 Lenk, a.a.O., S. 94.
117 Dazu ausführlich John Leslie Mackie (1981): *Ethik. Auf der Suche nach dem Richtigen und Falschen*, Stuttgart.
118 Robert Spaemann, a.a.O., S. 63.

Wie steht es um eine naturalistische, auf einer biologischen Grundlage argumentierende Ethik? Maturana verfährt zunächst so, daß er angesichts der spezifischen Operationsweise (der Operation ›Erkennen‹) des biologischen Systems Mensch und seiner Stellung »...als relationales Individuum in einem von ihm selbst festgelegten Universum...«[119] die prinzipielle Gleichwertigkeit aller Individuen beansprucht.

Ein gänzlich anderer Punkt ist, daß praktisch auch die sozialen Bindungskräfte in ihrem Kern biologischer Natur seien; Liebe und Vertrauen erscheinen als elementare Verhaltensmerkmale der biologischen Verwirklichung der Menschen als sozialer Lebewesen. In genau diesem Sinn stellt für Maturana wie schon erwähnt das für die menschliche Situation konstitutive biologische Bedürfnis nach Vertrauen und gegenseitigem Respekt die einzig legitime und invariante Quelle jeder (!) Ethik dar. Dies aber gibt die Theorie der Autopoiese meiner Ansicht nach nicht her. In der Einleitung nannte ich das einen positiv gewendeten naturalistischen Fehlschluß. Maturana spricht zum einen von Verhaltensmerkmalen im Sinne einer Beobachterkategorie, zum anderen spricht er von biologischer Verwirklichung so, als rechne er Liebe usw. zu den Erzeugungs- und Erhaltungsbedingungen des Lebendigen. Diese Ebenenvermischung widerspricht Maturanas eigener fundamentaler Unterscheidung zwischen Phänomenbereichen.

Ich entschärfe dieses Problem zunächst, indem ich behaupte, daß eine konstruktivistische Ethik auf einer erkenntnistheoretischen Grundlage operieren kann. Die Frage lautet dann, ob wir aus dem Wie des Erkennens unsere Verantwortung erschließen können (nicht: sollen)? Die Antwort lautet, daß wir dies können, eine Begründung oder Fundamentierung aber nicht möglich sind.

»Die einzige Basis ethischer Entscheidungen für den Menschen ist aber sein subjektabhängiger Erkenntnisbereich, da dieser den Bereich der Alternativen determiniert, von dem aus er die Welt konstruiert, die er durch seine Handlungen herstellen möchte. Auch wenn daher Erkenntnis eine Ethik weder begründet noch begründen kann, bestimmt diese als ein Bereich von Präferenzen den Gebrauch von Erkenntnis.«[120]

Wenn das Handeln nicht nur Erkenntnisgegenstand der Wissenschaft, sondern auch konstituierender Bestandteil des Erkenntnis-

---

119 Maturana, a.a.O., S. 30.
120 A.a.O., S. 311.

vorganges selbst ist (über eine Generalisierung des Zusammenhanges von Sensorium und Motorium[121]); wenn wir unsere Wahrheiten und Wirklichkeiten selbst erzeugen; wenn wir aufgrund unserer Erkenntnisse handelnd in unsere Umwelt (Individuen, Natur, Biosphäre usw.) eingreifen und diese handelnd-erkennend verändern (wobei Handlung und Natur stets schon beschriebene Handlung und Natur sind), dann erscheint es mir sehr plausibel, über wissenschaftliche Verantwortung nachzudenken. Ich möchte dazu abschließend einige, m. E. nach widersprüchliche Überlegungen von Maturana kritisieren und ihren ambivalenten Status gegenüber der empiristischen Wissenschaftskonzeption aufzeigen.

Eine von Luhmanns oft formulierten Überzeugungen lautet, daß Urteile über (wissenschaftliche) Rationalität von externen Sinnvorgaben (also z. B. ethischen) abgelöst und umgestellt werden müssen auf eine stets nur systemintern herstellbare Einheit von Selbstreferenz und Fremdreferenz.[122] Maturanas Auffassung unterscheidet sich nicht sehr davon: was bei Luhmann die Eigentümlichkeit wissenschaftlicher Erkenntnis ausmacht, d. h. eine Zweitbeobachtung mittels des binären Codes von Designationswert (Wahrheit) und Reflexionswert (Unwahrheit), entspricht bei Maturana der Idee, »daß Wissenschaft als ein kognitiver Bereich in den operationellen Kohärenzen der Lebenspraxis der Standard-

---

[121] »Unter diesen Umständen sind menschliche Aktivitäten, die in den Gesprächsbereichen, in denen sie als menschliche Aktivitäten wie theoretische und praktische Handlungen unterschieden werden, völlig verschieden voneinander, in ihrer faktischen Verwirklichung durch die Körperlichkeit der handelnden Menschen sind sie dies nicht. [...]: das Resultat der Verflechtung von Körperlichkeit und unwillkürlichen Handlungskoordinierungen ist, daß sich der praktische und der theoretische kognitive Bereich als zwei unterschiedliche, aber sich wechselseitig bedingende Aspekte der unwillkürlichen Handlungskoordinierungen der BeobachterInnen herausstellen, und was sich im theoretischen Bereich ergibt, löst grundsätzlich angemessene Handlungen in einem praktischen Bereich aus, den es bedingt und umgekehrt.«; Humberto R. Maturana (1991): »Wissenschaft und Alltag. Die Ontologie wissenschaftlicher Erklärungen«, in: Paul Watzlawick, Peter Krieg (Hg.): *Das Auge des Betrachters. Beiträge zum Konstruktivismus*, München, Zürich, S. 198.
[122] Luhmann, »Das Moderne...«, a.a.O., S. 100.

BeobachterInnen konstituiert und validiert wird [...].«[123] Genauer, die Wissenschaftler benötigen ein *Kriterium der Validierung wissenschaftlicher Erklärungen* (also etwa Beobachtung mittels eines binären Codes). Die Wissenschaften (und andere kognitive Bereiche) sind dann rational, wenn sie mit Argumenten »ohne falsch angewandte operationelle Kohärenzen« arbeiten.[124] In der Konsequenz erweist sich die wissenschaftliche Operationalität auch in ihrem fortschreitenden Prozessieren nur scheinbar als unabhängig:

»Da das Kriterium der Validierung wissenschaftlicher Erklärungen grundsätzlich aus einer rigorosen Anwendung [...] der operationellen täglichen Validierung seiner/ihrer Lebenspraxis durch einen Standard-Beobachter besteht, beziehen sich alle wissenschaftlichen Erklärungen und Behauptungen auf die Lebenspraxis des Standard-Beobachters [...].«[125]

Für Maturana und Luhmann besteht also das Spezifische der Wissenschaften in der besonderen Art und Weise der Konstituierung ihrer Operationalität. Aufgrund jener völlig explizit zu machenden Operationalität aber, die sich weder direkt noch indirekt auf eine objektive Welt bezieht, ist für Maturana *die* Wissenschaft als kognitiver Bereich *wertfrei* und ein Begriff wie Ethik nicht auf sie anwendbar – beziehbar sei er allerdings auf *menschliches Handeln* und auf *WissenschaftlerInnen als Menschen*! Mit dieser merkwürdigen Konstruktion bleibt Maturana nun allerdings in ambivalenter Weise dem erfahrungswissenschaftlichen Wissenschaftskonzept verpflichtet, wie es die Naturwissenschaften herausgebildet haben. Ein Beispiel: so erfährt etwa das Neugiermotiv seine Reformulierung in der Form einer grundlegenden Emotion, nämlich *der Leidenschaft bzw. dem Wunsch zu erklären*. Hingegen hängt die Analyse eines speziellen Erfahrungsbereiches (Objektbereiches) von anderen Emotionen ab. Die Widersprüchlichkeit in Maturanas Argumentation wird augenscheinlich, wenn man seine Auffassung von Handlungen betrachtet, die alles bezeichnen, was in irgendeinem operationellen Bereich getan oder hervorgebracht wird (Denken ist Handeln im Bereich des Denkens...). Alle Handlungen sind Phänomene derselben Art (s. Anm. 121). Das entspricht in nuce der oben kurz vorgestellten Auffassung Varelas

---

123 Maturana, Wissenschaft und Alltag..., a.a.O., S. 192.
124 A.a.O., S. 190.
125 A.a.O., S. 191.

– Kognition als wirksames Handeln. Wie aber kann man (z. B. methodische) Vorgehensweisen mithilfe des Kriteriums der Validierung wissenschaftlicher Erklärungen, also jenen in seiner Operationalität rationalen, wertfreien Kern der Wissenschaft, nicht als menschliches Handeln betrachten? Mit jener wertfreien wissenschaftlichen Operationalität, sozusagen als instrumentell gehandhabte Form ohne Referenz auf eine unabhängige Realität, tilgt Maturana noch die letzten normativen Grundlagen, die die traditionelle erfahrungswissenschaftliche Wissenschaftsauffassung für den sogenannten Begründungszusammenhang gelten lassen wollte. Mit anderen Worten, Maturanas Entzauberung der objektivistischen Wissenschaft setzt sich paradoxerweise dort dem Positivismusverdacht aus, wo nach Roth die gegenseitige ›Begründung‹ von empirischer Wissenschaft und Erkenntnistheorie auf den Plan treten sollte. Wissenschaft als kognitiver Bereich, sprich als bloße Operationalität, ist nicht wertfrei; sie unterliegt Zwecksetzungen und als Kognition ist sie wirksames Handeln als Welterzeugung.

4. Ausblick

Theorie und Praxis als zwei Seiten ein und derselben Medaille eröffnen die wichtige Erkenntnis, daß Wissenschaft buchstäblich von uns erzeugt wird. In diesem Sinne sind wir für unsere Theorien und wissenschaftlichen Behauptungen verantwortlich. Unter konstruktivistischen Vorzeichen erscheint die Frage ethischer Verantwortung dann nicht als externe Sinnvorgabe an die Wissenschaft, sondern wandelt sich zu der systeminternen Frage, wie das spannungsreiche Verhältnis von (einer zum jetzigen Zeitpunkt nicht-objektivistischer Wissenschaft auf kohärente Operationalität festgelegten) Systemrationalität und von ethischen Gesichtspunkten in ein Vermittlungsverhältnis gebracht werden kann. Dieses systematische Unterfangen reicht über die bloß situative Eigengesetzlichkeit eines Kontextualismus Rorty'scher Prägung hinaus und bewahrt zu Habermas' universalistischen Ansprüchen, wenn diese inzwischen auch in eingeschränkter Form vorgetragen werden[126], kritische Distanz. Konstruktivistische Ethik

---

126 Cf. Habermas, Texte und Kontexte, a.a.O., S. 148 f. Habermas' Dis-

ist, wenn überhaupt, ein Projekt in statu nascendi. Soll sie mehr sein als ein hier und da zumeist kryptisch und emphatisch vorgebrachter Ausdruck individueller Wertvorstellungen, muß sie systematisch expliziert und in den Diskussionszusammenhang der Moralphilosophie gerückt werden. Eine konstruktivistische Ethik wird nicht mehr, wie die kognitivistischen Ethiken in der Tradition Kants, an der Wahrheitsfähigkeit moralisch-praktischer Fragen festhalten können. In diesem Sinne stimme ich Habermas zu, daß nicht-kognitivistische Ansätze die Welt moralischer Alltagsintuitionen mit einem Schlag entwerten. Das aber in epistemologischer Hinsicht, unabhängig von der Einsicht in die Bedeutsamkeit moralischen Handelns. Offen bleibt die Frage, wie eine konstruktivistische Ethik mit dem Problemfeld ›moralischer Universalismus/kulturelle Differenz‹ umzugehen beabsichtigt; ob es ihr gelingen könnte, an gänzlich anderer Stelle ein Argument für die Verallgemeinerung des Moralprinzips aufzufinden.

kursethik ist universalistisch in dem Sinne, daß Diskursregeln als alternativenlose und damit unausweichliche Präsuppositionen aufgefaßt werden. Die transzendentalpragmatische Begründung aber kann auf der analytischen Ebene der Sprachpragmatik nicht letztbegründend sein etwa im Sinne einer transzendentalen Deduktion. Cf. Jürgen Habermas (^{3}1988): »Diskursethik – Notizen zu einem Begründungsprogramm«, in: ders., *Moralbewußtsein und kommunikatives Handeln*, Frankfurt/M., S. 53-125.

Ralf Gödde
Radikaler Konstruktivismus und Journalismus
Die Berichterstattung über den Golfkrieg – Das Scheitern eines Wirklichkeitsmodells

Inwieweit läßt sich der erkenntnistheoretische Ansatz des Radikalen Konstruktivismus auf das praktische Handeln im Journalismus als soziales System anwenden?
Im folgenden versuche ich in sieben Schritten skizzenhaft die mediale Berichterstattung über den Golfkrieg aus konstruktivistischer Sicht zu beschreiben.

1. Prinzip der Selbsterzeugung und -erhaltung: Berichterstattung als Selbstzweck oder »Wir erfahren nichts, das aber stundenlang«[1]

Als in der Nacht vom 16. auf den 17. Januar 1991 die alliierten, im wesentlichen amerikanischen Streitkräfte, nach Ablauf des UN-Ultimatums, die Kriegshandlungen zur Befreiung Kuwaits vom Einfall des Irak (2. August 1989) begannen oder auch fortführten (wie immer man es beurteilen mag), ›starteten‹ zugleich die Medien ihre Berichterstattung über den Golfkrieg, den sie quasi per Countdown (so allen Ernstes geschehen in ›Explosiv‹, RTL plus) zuvor spannungsgeladen und erwartungsvoll angekündigt und vorbereitet hatten. So eröffnete auch die ARD mit einer ›tagesschau‹ mitten in der Nacht die mediale Konstruktion einer ganz besonderen Art von Kriegs-Wirklichkeit, indem sie den Typus der aktuellen, unmittelbaren, zeitgleichen Live-Übertragung des ›Schauspiels‹ installierte und damit direktes ›Dabeisein‹ suggerierte.
Just in diesem Moment waren die Würfel gefallen, eine Eigendynamik in Gang gesetzt, die, einzig systemimmanenten Gesetzen

---

[1] Matthias Beltz zitiert in: Kaiser, Ulrike: »Die Ohnmacht der Medien. Journalisten und der Golf-Krieg«, in: *journalist*, Nr. 3/91, S. 10.

gehorchend, auch angesichts ihrer bisweilen absurden Konsequenzen, in der Folge scheinbar nicht zu bremsen war. Das Medium Fernsehen hatte sich selbst in Zugzwang gesetzt, angeregt von einem in jeder Hinsicht außergewöhnlichen Ereignis, sich durch und in all seinen Bestandteilen selbst erzeugt und hervorgebracht.

So geschehen war nun Aufrechterhaltung durch unermüdliche Fortschreibung und pausenlose Produktion oberstes Gebot: Entsprechend erwachte das morgendliche Frühstücksfernsehen von ARD und ZDF, das bis dahin nur Olympischen Spielen oder Fußball-Weltmeisterschaften vorbehalten schien, und machte damit aus jenen fernen Begebenheiten im Nahen Osten vielleicht auch nichts anderes als einen ähnlich bedeutsamen sportlichen Wettkampf.

Entsprechend folgte eine Sondersendung nach der anderen, das Ende des ›ZDF spezial‹ war stets Startsignal für einen neuen ARD-›Brennpunkt‹; der wiederum überbrückte die Zeit zum ZDF-›heute journal‹, welches, da freilich um ›notwendige‹ Minuten verlängert, den Beginn der ARD-›tagesthemen‹ beinahe erreichte, und CNN, über Kabel oder per Satellit, erhob die ohnehin zur Regel gewordene Sondersendung gleich zum Dauerprogramm.

So kam es, daß allerorten permanent, stunden-, tage-, ja zwei Wochen lang rücksichtslos gesendet, informiert, berichtet, kommentiert, rückgeblickt, dahintergeblickt, vorausgeblickt, kurz Kriegs-Wirklichkeit konstruiert wurde, die Zuschauer hingegen, insbesondere infolge Zensur, vom betreffenden Geschehen, auf das sich das alles doch irgendwie bezog, so wenig wie nie und so gut wie nichts erfuhren. »Die Zusammenfassung im ARD-›Wochenspiegel‹ Sonntagnachmittag zeigte, daß alle relevanten Nachrichtenbilder aus der Kriegszone [...] in einem Beitrag von ca. acht Minuten unterzubringen waren.«[2]

Das System Journalismus zielte in all seinen Facetten auch ohne Material nur auf Selbstverwirklichung, auf Selbsterhaltung. Jede bis zur Absurdität zensierte Information, jede auch allzu offensichtlich Propagandazwecken dienende Meldung, alles Verfügbare

---

[2] Ege, Konrad: »›Die Propagandamaschine der Regierung‹. Die US-Kriegsberichterstattung: Lob und Kritik«, in: *epd/Kirche und Rundfunk*, Nr. 6/91, S. 19.

wurde geradezu ›gierig‹ aufgenommen und größtenteils unreflektiert verwendet, um Nachrichten-, Sonder- und Spezialsendungen en masse zu produzieren.

Da es an Material jedoch ›chronisch‹ mangelte, vorhandenes unzureichend und, auch öffentlich zugestanden, allemal wertlos blieb, mußten schließlich ausgewiesene, selbsternannte oder wie auch immer geartete, vormals nie gesehene Experten die restlichen, nicht selten die meisten Sendeminuten füllen, um so beim Zuschauer den Eindruck einer, wenn schon nicht allseits umfassenden, so doch wenigstens größt- und bestmöglichen Informationsversorgung und Informiertheit durch das Fernsehen zu wahren.

Ähnlich ›erging‹ es dem Medium Radio. Als Beispiel sei nur auf den WDR verwiesen, der sich entschloß, im Rahmen von »WDR aktuell« im halbstündigen Rhythmus über ›das Neueste‹ vom Krieg am Golf zu berichten.

Manfred Erdenberger, stellvertretender Chefredakteur des WDR-Hörfunk: »[...] Das hat natürlich dazu geführt, daß wir uns auch der Chronik der laufenden Ereignisse – ich sage das mal so – angepaßt haben und eine Fortschreibung beispielsweise alle dreißig Minuten gemacht haben. Wir haben uns damit gelegentlich wirklich in den Zwang gesetzt, auch da etwas Neues nachzuliefern, weil erkennbar das Interesse der Hörer so war.«[3]

Auch hier unterwarf man sich gleichsam autonom einem selbsthergestellten zeitlich bestimmten Druck, der als Anpassung an die laufenden Ereignisse bezeichnet und zugleich als Diktat des Publikums gerechtfertigt wurde, obwohl er doch dem System selbst entsprang und primär dessen Aufrechterhaltung gewährleisten sollte.

Nicht neue, womöglich abgesicherte und bestätigte Informationen waren Anlaß, aktuell auf Sendung zu gehen, vielmehr erzwang der gesetzte Termin eine stets aktuelle Wirklichkeitskonstruktion (sei es auch nur, daß, falls überhaupt kein ›frisches‹ Material aufzutreiben war, einfach Korrespondenten aus verschiedenen Städten Bericht erstatten mußten oder neue Stimmen im Studio Altbekanntes variierten).

---

3 Erdenberger, Manfred, in: »Rückgefragt: Der Golfkrieg als Medienkonstruktion. 2. Feedback-Sendung zum Funkkolleg Medien und Kommunikation. Konstruktionen von Wirklichkeit«, Manuskript der Aufnahme vom 20. 3. 1991, Hessischer Rundfunk.

Dies erweckte den Eindruck, als vollziehe sich der Kriegsfortgang pünktlich im 30-Minuten-Abstand.

Wichtig ist hervorzuheben, daß all diese als ›Sachzwänge‹ ausgewiesenen Phänomene auf autonomen systemimmanenten Prozessen und Entscheidungen beruhten, die immer auch anders denkbar und möglich waren. Das Prinzip der Selbsterzeugung und Aufrechterhaltung, dem jene verpflichtet waren, bleibt, aber es erzwang keineswegs *diese eine* Antwort.

Das System hätte in vielerlei Weise bestehen können. »So wurde bei Radio Bremen nach einer ersten Woche der Kriegsberichterstattung ernsthaft erwogen, für längere Zeit ganz zu verstummen und alle Sendungen einzustellen: eine bewußte Opposition, im Geiste von Samuel Becketts Schweigen, nicht nur gegen die Medienbetriebsamkeit, sondern auch gegen die Katastrophenfaszination jenes hektischen Informationssammlers, der frei nach der kabarettistischen Formel von Matthias Beltz nichts erfährt, das aber stundenlang.«[4]

War diese Möglichkeit denn so abwegig?

Denkt man an Kategorien wie Akzeptanz und Glaubwürdigkeit beim Publikum, ist es durchaus fraglich, ob die Medien durch die gewählte Art der Berichterstattung ihren Fortbestand auf Dauer sichern konnten oder nicht doch eher gefährdeten.

Eine andere konsequente Alternative wäre demnach gewesen, das entstandene Dilemma, den offensichtlichen Widerspruch zwischen Dauerberichterstattung einerseits bei Informationsmangel andererseits als solchen und damit im besten Sinne sich als System selbst zu thematisieren, um so die Lücke zu schließen. Über zaghafte Ansätze ist man bezüglich dieser Art von Selbstreferentialität jedoch nicht hinweggekommen, wobei wir beim nächsten Abschnitt angelangt sind.

---

4 Jung, Thomas; Müller-Doohm, Stefan: »Sprengarbeiten. Ist eine wahre Ikonographie des Krieges noch möglich?«, in: *medium*, Nr. 2/91, S. 16.

2. Das Prinzip der Selbstreferentialität:
Quellensuche – Medien- als Kriegstechnik

Zurück zu jener ›tagesschau‹ der ARD, mit der am 17. Januar die Berichterstattung aufgenommen wurde. Betrachtet man die Konstruktion dieser ersten Sendung, die sich in den folgenden Tagen zahlreich wiederholte, wird das Prinzip der Selbstreferentialität, das in allen Hervorbringungen stets Auf-Sich-Selbst-Bezogen-Sein sehr deutlich. Nachdem die Nachrichtensprecherin, oder besser Moderatorin Sabine Christiansen den Beginn des Krieges vermeldet hatte, war im Grunde bereits alles gesagt, da dieses ja strenggenommen über Tage hinweg die eigentliche und weithin auch einzig verläßliche Information blieb.

Wie oben geschildert, wurde aber nun das Live-Erlebnis installiert und eine erste Direktschaltung zum Korrespondenten Peter Staisch vorgenommen. So war Sabine Christiansen wie auch die Zuschauer im folgenden auf die Informationen ihres Kollegen angewiesen. Peter Staisch aber saß keineswegs im Nahen Osten [wo es für seinen schmuckvollen Schal wohl doch etwas zu heiß gewesen wäre], sondern vielmehr im ARD-Studio in Washington (!) und schaute, während des Gesprächs mit Sabine Christiansen, ständig mit einem Auge auf den Monitor. Folglich war sein Bericht nicht der eines Reporters und Augenzeugen vor Ort, sondern buchstäblich eine Fernseh-Berichterstattung, Nacherzählung nämlich, indem er das, was er soeben den amerikanischen Fernsehprogrammen an Informationen entnommen hatte, augenblicklich nach Deutschland weiterreichte.

Der Journalist der ARD in Washington, der den Zuschauern den Kriegsbeginn doch live schildern sollte, war seinerseits selbst nur Fernsehzuschauer und damit angewiesen und vollends abhängig von amerikanischen Nachrichtensendungen. So erbat er sich des öfteren eine Pause (»Moment mal eben, ich schau mal gerade«), um auch ja nichts Neues zu verpassen und verkündete schon bald, amerikanischen Quellen (und damit militärisch gesteuerter Informationsgebung) beinahe blind folgend, neben waffentechnischen Details vor allem den raschen Sieg der Alliierten.

Worauf aber bezog sich Peter Staisch?

Die ›news shows‹ von ABC, CBS und NBC waren wie Sabine Christiansen ihrerseits wiederum angewiesen auf Agenturmaterial, militärische Angaben des Pentagon, Reporter in Nachbarländern des Kriegsgebietes, letztendlich jedoch primär auf CNN. Die kommerzielle amerikanische Fernsehgesellschaft des Ted Turner [wohl der eigentliche Kriegsgewinner] lebte in den ersten Tagen von Live-Berichten ihres weltweit einzigen Reporters in Bagdad, Peter Arnett und entwickelte sich dadurch schnell zu einer Art ›Ursprungs-Nachrichtenquelle‹, der, da scheinbar unverzichtbar, auch die deutschen öffentlich-rechtlichen Sendeanstalten schließlich Tribut zollen und nicht unerhebliche Summen zahlen mußten [50 000 Dollar Einstiegsgebühr und 5000 Dollar pro Überspielung, laut Fritz Pleitgen[5]].

So bezog sich Sabine Christiansen auf Agenturen und Peter Staisch – die Agenturen auf Korrespondenten, andere Agenturen und offizielle Stellen wie das Pentagon – Peter Staisch auf Agenturen und amerikanische Nachrichtensendungen – deren Moderatoren auf Agenturen, eigene Korrespondenten, Pentagon und Programme anderer Sender, vor allem CNN – CNN auf alles Vorherige und exklusiv auf Peter Arnett in einem Hotel in Bagdad, der schließlich, im klassischen Drama-Stil der ›Mauerschau‹, ›Weihnachtsbäume leuchten sah‹.

Diese andauernde Zirkularität der Quellen, die gegenseitige Abhängigkeit und das fortlaufende wechselseitige Aufeinander-Bezogen-Sein der Komponenten des Systems, das sich noch endlos fortführen ließe, machten sich die Militärs zunutze. Es *erzwang zwar nicht*, aber ermöglichte doch den ›Erfolg‹ der militärischen Nachrichtensteuerung, war Voraussetzung für und taktischer Bestandteil von Zensur. Denn aufgrund dieser Selbstreferentialität genügte der gezielte Eingriff am Ursprung, am letzten Glied der Kette durch Pool-Bildung und zensurbefugte militärische ›Betreuer‹, um den gesamten ›Informationsmarkt‹ kontrollieren und lenken zu können.

Ich möchte jedoch noch eine andere Form von Selbstreferentialität, ein gleichermaßen bedrückendes Beispiel anführen. Bedenkt man die Tatsache, daß Nachrichtentechnik stets zu militärischen Zwecken entwickelt wurde und also aus Waffen- und Kriegstechnik als solche erst hervorgegangen ist, gleichsam als deren Neben-

---

5 Pleitgen, Fritz, in: »Dünne Suppe. Fritz Pleitgen über die Golfkrieg-Sendungen des deutschen Fernsehens im Gespräch mit Peter Ludes und Georg Schütte«, in: *medium*, Nr. 2/91, S. 18.

und ›Abfallprodukt‹ angesehen werden kann, bekommen Begriffe wie ›Medien-Krieg‹ oder ›Medien-Ereignis‹ einen ganz neuen, direkteren Sinn.

Der Krieg wurde nicht nur medial vermittelt, war insofern nicht nur mediales Konstrukt, vielmehr wurde er mit Militär- gleich Medientechnik geführt, bezog sich Medientechnik auf sich selbst als Kriegstechnik und brachte sich als deren Bestandteil hervor.

Der Zuschauer war Zeuge eines Kriegsfilm-Films: Der Monitor daheim zeigte Monitore in den Pilotenkanzeln der Flugzeugbomber, die ihre Ziele auf *ihrem* Schirm und damit zugleich auf *unserem* exakt ›anvisierten‹ und sodann ›präzise und sauber eliminierten‹. Das Opfer als solches war praktisch gar nicht existent, jedenfalls niemals sichtbar, es erschien doppelt vermittelt im Schirm auf dem Schirm.

So entfiel auch die letzte Distanz zwischen Publikum und Geschehen, der Pilot als Akteur wurde selbst Zuschauer und jener zuhause unmittelbar zum Piloten, dem sozusagen nur das rote Knöpfchen unter dem Monitor noch fehlte.

Die Medien-Ereignisse waren nicht nur für uns medial konstruiert, sondern als Kriegs-Ereignisse selbst durchsetzt und bestimmt von jener Technik, von Perspektive, Blickwinkel, Distanz und Fernsicht.

Der französische Philosoph Jean Baudrillard betont: »Der Golfkrieg wird elektronisch geführt. Der Feind als Gegenüber, der persönliche Feind ist verschwunden. Der Kriegsschauplatz ist für die Beteiligten nur auf den Schirmen ihrer Radare und Zielvorrichtungen präsent. Die Kriegsereignisse selbst sind ins Ungewisse geraten.«[6]

Man sprach vom ›*High-Tech-Krieg*‹, vom ›*Wargame*‹, *Videospiel* und *-clip*, die Opfer wurden *ausgeblendet*, Szenarien *simuliert*, Ziele *anvisiert* und *ausgeschaltet* (!), der Krieg im Ganzen *nach Drehbuch in Szene gesetzt* und *wie eine Kamera geführt*.

Wie wir am Fernsehapparat, so saßen auch Politiker, Generäle, Soldaten etc., die eigentlich Handelnden vor ihren Geräten, und wir erlebten auf unserem Schirm, wie sie Krieg ›inszenierten‹ auf ihrem Schirm.

---

6 Baudrillard, Jean, in: »›Der Feind ist verschwunden‹. Spiegel-Interview mit dem Pariser Kulturphilosophen Jean Baudrillard über die Wahrnehmbarkeit des Krieges«, in: *Der Spiegel*, Nr. 6/91, S. 220.

3. Die Konstruktion wird offenbar: Das Scheitern eines Wirklichkeitsmodells

Betrachtet man die Metakommunikation, also die Diskussionen nicht über das Ereignis als solches, sondern über dessen mediale Darstellung, ist festzustellen, daß wohl noch nie in so übereinstimmender Weise wie in diesem Fall von vielen Seiten Unmut und Unzufriedenheit hinsichtlich der Rolle der Medien geäußert wurde.

Wütende Zuschauer, empörte Anrufe und Leserbriefe, rat- und teilweise hilflose Journalisten, überforderte Korrespondenten, Protestschreiben und Boykottaufrufe aus Redaktionen, Sprachlosigkeit von Nachrichtensprechern und Moderatorinnen, Selbstkritik nie gekannten Ausmaßes.

Es war die Rede vom ›TV im Tiefschlaf‹, vom ›Versagen der öffentlich-rechtlichen Rundfunkanstalten‹, von der ›Ohnmacht der Medien‹ als willfährige Instrumente in den Händen der Militärs, von den Journalisten als ›Kriegspropagandisten‹ und ›Waffenfetischisten‹, vom Krieg als ›Medienspektakel‹ und ›-inszenierung‹, von ›Verharmlosung‹ und ›Verfälschung‹.

So scheint das Vertrauen der Zuschauer insbesondere in das Fernsehen stark erschüttert, der Akzeptanz- und Glaubwürdigkeitsverlust enorm, die Presse allgemein gar als Verlierer des Krieges dazustehen.

Warum die helle Aufregung, weshalb die scharfe Kritik?

Zunächst wurde durch die gesamte Berichterstattung zum erstenmal der Inszenierungs- und Konstruktionscharakter medialer Wirklichkeiten derart offensichtlich, daß, wie Siegfried Weischenberg es formulierte, »auch dem naivsten Realisten in den Tagen des Golfkrieges klargeworden ist, daß er einer sehr eigenen Konstruktion von Wirklichkeit beiwohnte«.[7]

Die Inszenierung, die sich gleichsam selbst zum Inhalt hatte, zerstörte endgültig den Glauben an die Abbildung der absoluten Wirklichkeit auf dem Fernsehschirm, entlarvte die Medien, vormals noch objektiver Informations-›Lieferant‹ und daher Instanz besonderer Glaubwürdigkeit, als *systematisch* manipulierende, ja selbst erst Wirklichkeit schaffende Institutionen. Dem Zuschauer

---

7 Weischenberg, Siegfried, in: »Rückgefragt: Der Golfkrieg als Medienkonstruktion...«, a.a.O., S. 7.

dämmerte, daß das, was er dort sah, selbst in ›Tagesschau‹ und ›heute‹, *die Wahrheit* nicht sein konnte.

Aber hinzu kam, davon ausgehend, noch ein zweites, weithin schwerwiegenderes Phänomen, auf jener systemischen Ebene nämlich:

Wenn auch inszeniert, so erwartete man eben doch nichts anderes als die ›übliche‹ Berichterstattung über eine militärische Auseinandersetzung wie viele andere zuvor. *Der springende Punkt war nun, daß die Medien eine Kriegswirklichkeit konstruierten, die dem sozial verbindlichen, mithin gesellschaftlich ›akzeptierten‹ Bild von Krieg nicht entsprach*, dieses im Gegenteil vollständig konterkarierte.

Das System Journalismus produzierte sich folglich in einer Weise, die gerade nicht auf die es umgebende Umwelt paßte, präsentierte ein Wirklichkeitsmodell, das, weil weder authentisch noch gangbar, hingegen konstruiert und zudem sozial mißbilligt, gleich doppelt zum Scheitern verurteilt war.

4. Grenzen der medialen Weltkonstruktion: Das Mittel der Zensur zur Durchsetzung *einer* Kriegswirklichkeit

Es war die militärische Kriegswirklichkeit, die sich gegen jene sozial verbindliche auf der ganzen Linie nahezu mühelos in den Medien durchsetzte.

Anlaß für diesen einseitigen Entwurf war zweifelsohne die restriktive Zensur des amerikanischen Verteidigungsministeriums, die ihren offiziellen Ausdruck in den »Pentagon-Vorschriften zur ›Operation Wüstensturm‹«[8] fand und begründet wie gerechtfertigt wurde mit Erfahrungen aus dem Vietnam-Krieg.

Demzufolge wurden ›pools‹, Reportergruppen aus ausgewählten Journalisten gebildet, welche in militärischer Begleitung, stets kontrolliert und überwacht, Zugang zu den verschiedenen Kriegsgebieten erhielten. Ihre Berichte bedurften schließlich noch der Genehmigung durch militärische Zensurbeamte. Die Journalisten hingegen, die nicht zu den ›Auserwählten‹ zählten, waren ange-

---

[8] »Pentagon-Vorschriften zur ›Operation Wüstensturm‹«, in: *journalist*, Nr. 3/91, S. 24.

wiesen auf jenes Material ihrer zurückgekehrten Kollegen und wie diese zudem abhängig von den Pressekonferenzen, den sogenannten ›briefings‹ der Presseoffiziere. Diese freilich verkündeten, eigenen taktischen und strategischen Zielen und Interessen folgend, ihre durch und durch militärische Kriegswirklichkeit und »so räumte das Pentagon im nachhinein nicht ohne Stolz ein: ›Vieles von dem, was hier bekanntgegeben wurde, war sorgfältig zusammengestellte Desinformation‹«.[9]
Hervorzuheben ist, daß das irakische Militär ähnlich verfuhr.
So sollte die Zensur dazu dienen, Vielfalt auszuschließen, die militärische Perspektive zu verabsolutieren und sie als einzig gültige Wirklichkeit gegenüber anderen Sichtweisen durchzusetzen.
Daß der Versuch vollends gelang, war letztlich nicht Sache des Militärs, keineswegs zwingende Folge auch noch so drastischer Maßnahmen. *Das soziale System Journalismus vollführte diese erwünschte Konstruktion vielmehr in eigener Regie, indem alles das, was die Zensur passiert hatte, als aktuelle Kriegsberichterstattung präsentiert wurde.*

5. Die direkte Konfrontation: Ziviler Bunker oder militärische Kommandozentrale?

Das Ergebnis war die, wenn auch zaghaft kritisierte, so doch im Grunde widerspruchslose völlige Übernahme der militärischen Perspektive und die weitgehende Ausblendung anderer Kriegswahrheiten.
Die wenigen Bilder beherrschten »startende und landende Flugzeuge bei Tag und bei Nacht, fahrende Panzer und Jeeps in der Wüste, rennende Soldaten, Kriegsschiffe im Golf, das Abschießen und Abfangen von Raketen, das Explodieren von Bomben«[10], kurz: präzis funktionierende Technik.
Desgleichen setzte sich auch in der Sprache durch: Bagdad hat

9 Bericht zitiert in: »Die Kuwait-Falle. Auf den Spuren des ›Wüstensturms‹«, Sendung vom 1. 8. 1991, 22.10 Uhr, ZDF.
10 Ludes, Peter; Schütte, Georg: »Militärische Optik. Die Invasion Kuwaits und der Krieg gegen den Irak in ›Tagesschau‹ und ›heute‹«, in: *medium*, Nr. 2/91, S. 25.

geleuchtet »wie ein Weihnachtsbaum«[11] und Saddam Hussein wandelte sich binnen zwei Tagen vom ›Präsidenten‹ über den ›irakischen Staatschef‹ schließlich zum ›Diktator‹[12], ja bisweilen ›Hitler‹ persönlich.
In allen Einzelheiten wurden Waffensysteme erläutert, Kriegsstrategien diskutiert, Vor- und Nachteile des Bodenkampfes analysiert, die Luftüberlegenheit der Alliierten gerühmt und technische Perfektion präsentiert.
So kommen Peter Ludes und Georg Schütte bei der Analyse der Abendhauptausgaben von ›Tagesschau‹ und ›heute‹ schlicht zu dem Ergebnis, daß »nicht nur militärisch, auch fernseh-journalistisch der Golfkrieg im Januar und Februar 1991 in erster Linie aus dem Blickwinkel der USA konzipiert, beurteilt und wiedergegeben wurde«[13] und daß allgemein eine »militärische Optik«[14] vorherrschte.
Diese Darstellung kollidierte nun aber mit den Vorstellungen der Zuschauer, mit jener bis dato verbindlichen Wirklichkeit, die mit Krieg Tod, Leid und Elend verbindet.
Man sah Bomben – aber wo waren die Bebombten?
Man sah aus der Vogelperspektive anvisierte Ziele, Explosionen und Einschläge – aber wo waren die davon Getroffenen, Getöteten?
Man sah das handelnde vernichtende Subjekt, das Opfer hingegen starb ungesehen.
Dem Bild des Krieges als effizientem Unternehmen, das in Kombination von technischer Präzision und Intelligenz beinahe einen ›Schuß‹ Humanität (nämlich die größtmögliche Schonung der Bevölkerung) suggerierte, stand jenes Schreckensbild gegenüber. Seine Darstellung als schneller und sauberer ›chirurgischer Eingriff‹ (!), dem im medizinischen Sinne Heilung, Gesundheit, ja Leben folgen müßte, paßte nicht zu Krankheit, Zerstörung und Tod.
So setzte sich eine mediale Wirklichkeitskonstruktion durch, die, allenfalls getragen von einer Minderheit, niemals auf Konsens traf, auch nie darauf hoffen konnte und also immer im Widerspruch zur sozialen Konvention verharrte.

11 Ebenda.
12 Ebenda, S. 24 ff.
13 Ebenda, S. 25.
14 Ebenda, S. 24.

Nur ein einziges Mal wurde der Konflikt während des Krieges offenbar, trafen beide Wahrheiten direkt und unversöhnlich aufeinander:
Anlaß war die gezielte Bombardierung eines Luftschutzbunkers in Bagdad. Das Pentagon sprach von einer militärischen Kommandozentrale und rechtfertigte deren Zerstörung mit der Ausschaltung strategisch bedeutsamer Einrichtungen.
Christoph-Maria Fröhder hingegen, der zu der Zeit für die ARD als Korrespondent vor Ort war, betonte (seinerseits unter irakischer Kontrolle und Zensur), daß es keinerlei Anzeichen dafür gäbe, daß der Bunker für militärische Zwecke genutzt worden sei und folgerte daher, daß es sich in diesem Falle um eine rein zivile Einrichtung gehandelt habe.
So zeigte er er in seinem Bericht erstmalig Tote, Opfer des Krieges in derart grausigen Bildern, daß sich, wie er später beklagt, die Heimatredaktion gar genötigt sah, »die Bremse zu ziehen, den Leichenberg rauszulassen und statt dessen lieber die Bahre zu nehmen, die durchs Bild getragen wird«.[15]
Hier standen sich beide Seiten unmittelbar gegenüber: der präzise, chirurgische Eingriff einerseits, der Krieg reduziert auf strategische Ziele, Technik und Effizienz; Bilder von verkohlten Leichen andererseits, die Kriegs-*Folgen* zeigen, Schmerzen und Leid auch der Angehörigen.
Für einen Moment wurde das durchgesetzte Monopol der militärischen Wirklichkeit angekratzt, nur kurze Zeit huschte eine andere Wahrheit über den Schirm, *die weiterzuverfolgen möglich war*, doch alsbald wieder im technischen und taktischen Geplänkel unterging.

6. Funktionalität und Dysfunktionalität: Der Dank des General Schwarzkopf – »Die Kuwait-Falle«

Fragt man in Anbetracht dessen nun nach der Funktion des Journalismus bei diesem Ereignis, so muß sorgsam differenziert werden.

15 Fröhder, Christoph-Maria, in: »Rückgefragt: Der Golfkrieg als Medienkonstruktion...«, a.a.O., S. 18, 20.

Funktional und damit in höchstem Grade förderlich erwies sich die Produktion des Systems zweifelsohne für das Militär. Hierzu braucht man sich nur vor Augen zu führen, daß General Schwarzkopf sich bei der Presse nach dem ›Sieg‹ ausdrücklich bedankte und im nachhinein freimütig erklärte, »er habe die Medien zum Instrument der Kriegsführung gemacht, sie auch belogen, um Saddam mit falschen Informationen zu füttern«.[16] Als Beispiel nennt er einen Vorgang, bei dem er »von der Presse sehr angetan war: Ganz zu Beginn des Konflikts, als wir noch nicht viel vorzuweisen hatten, haben die Korrespondenten unsere Stärke weit größer dargestellt, als sie war – Ergebnis: ich war zuversichtlich, daß wir nicht so schnell angegriffen würden, wie ich befürchtete«.[17]

So wurden Medien beiderseits (Alliierte wie Irak) selbst als psychologische Waffe eingesetzt, für das Militär instrumentalisiert und funktionalisiert.

Die restriktive Zensur, aber auch erheblicher politischer Druck setzten der Aufrechterhaltung des Systems Journalismus enge Grenzen, setzten *dessen Autonomie aber nie außer Kraft.*

Dem blinden Wanderer ähnlich, den Ernst von Glasersfeld in einem Beispiel anführt[18], wurde auch der Presse, ohnehin schon nicht in der Lage, Objektives abzubilden und absolute Wahrheit zu vermitteln, zudem noch ein Auge zugehalten. Wie jener sich dennoch aber von allen möglichen Wegen stets einen durch den Wald bahnen muß, ohne dadurch je ein Bild des Waldes zu erfassen, so hatten auch die Journalisten in ihrer Gesamtheit viele Möglichkeiten, bildlich gesprochen, die ›Bäume der Zensur‹, die Hindernisse, die sich ihnen in den Weg stellten, zu bewältigen und zu passieren.

Daß sie schließlich *diesen einen*, ja vor allem *nur den einen* wählten, war nicht von außen erzwungen, nicht unabänderlich gegeben, sondern autonom und systemimmanent verfügt!

Die Autonomie blieb insofern erhalten, als die Zensur wie alle äußeren Einflüsse nicht zwangsläufig eine bestimmte und nur die

---

16 Bericht zitiert in: »Die Kuwait-Falle...«, a.a.O.
17 Ebenda.
18 Von Glasersfeld, Ernst, zitiert in: Scheffer, Bernd: »Wie wir erkennen. Die soziale Konstruktion von Wirklichkeit im Individuum«, 5. Studieneinheit des Funkkollegs *Medien und Kommunikation. Konstruktionen von Wirklichkeit*, Studienbrief 2, Weinheim/Basel 1990, S. 51.

eine Wirkung im System hervorrief, gleichsam in sich schon enthielt, sondern vielmehr Anlaß, in diesem Fall vielleicht sogar eine Herausforderung für das System war, nach eigenen Prinzipien und Gesetzen mit dem Außendruck umzugehen und demzufolge selbstbestimmt zu konstruieren.

Es trifft wohl zu, daß, wie Fritz Pleitgen hervorhebt, »Winfried Scharlau in der ersten Sondersendung in seinem ersten Satz gesagt hat: ›Das erste Opfer des Krieges ist die Wahrheit‹«[19] und auch in der Folgezeit des öfteren auf die Zensur aufmerksam gemacht wurde.

Gleichermaßen *waren* jedoch die Bilder mit dem doppeldeutigen Insert »Cleared by ...«, die Erfolgsmeldungen und »sorgfältig zusammengestellte Desinformation« des Pentagon (s. o.) gerade *die* Kriegs-Berichterstattung, wurde all das Material eben doch verkauft, *als ob* ...

Der bloße Hinweis auf Zensur ist in diesem Sinne wohl kaum mehr als selbstverständlich und allemal unzureichend, aber nicht einmal dieses Minimum wurde durchgehend eingehalten.

Fritz Pleitgen in einem Interview: »Es hat, was ›Tagesschau‹ und ›heute‹ angeht [also die eigentlichen Nachrichtensendungen], möglicherweise nicht so stattgefunden, *weil Nachrichtensprecher sowas nicht zu sagen pflegen.*«[20] Welch ein überzeugendes Argument!?

An anderer Stelle berichtet er selbstsicher: »Als Profi kenne ich natürlich diese Bilder [...], wo plötzlich Maschinengewehre und -pistolen loslegen und überhaupt kein Gegner da ist. Wenn ein Gegner dagewesen wäre, hätte der Kameramann nicht so ohne Angst und in aller Ruhe diese Aufnahmen machen können. Das sind Bilder, die nachgestellt wurden, die möglicherweise einer Situation ziemlich nahe kommen – *aber die vorrollenden Panzer und alle diese Dinge, die uns dort angeboten* [!] *wurden, waren natürlich zum großen Teil Operette.*«[21]

Warum aber wurde dieses *Angebot* dann übernommen und – obgleich sofort als Operette und damit Dichtung entlarvt – dennoch als Dokumentation und Wahrheit verkauft?

Warum wies der Profi Fritz Pleitgen nicht schon damals, zur rechten Zeit, wenigstens darauf hin?

---

19 Vgl. Pleitgen, Fritz, in: »Dünne Suppe ...«, a.a.O., S. 19.
20 Ebenda, S. 20.   21 Ebenda.

Man hätte die *Möglichkeit* gehabt, den Vorgang der Zensur selbst zu thematisieren, Schritt für Schritt ausführlich darzustellen und den Wert der Bilder, anhand von Beispielen, zu diskutieren.
Man hätte folglich den Widerspruch im Kern problematisieren, den Spieß vielleicht umdrehen, den Druck zurückgeben können. Warum nicht einmal schweigen oder ganz neue unkonventionelle Wege gehen?
Wenn aktuelle Berichterstattung nicht möglich ist, da nur eine einzige Information vorhanden ist (›Dort tobt ein Krieg‹), dann ist sie eben nicht möglich.
In dem Maße, wie das System für das Militär funktional operierte, erwies es sich im Hinblick auf das soziale Gesamtsystem als hochgradig dysfunktional.
Anzeichen dafür war zunächst die bewußte und gezielte Verletzung des Artikels 5, GG (»Eine Zensur findet nicht statt«) auf internationaler Ebene.
Betrachtet man es als die zentrale Aufgabe auch des Journalismus, soziale Vielfalt, Demokratie, Rechts- und Sozialstaat, mithin die Gesellschaft in ihrer spezifischen Verfaßtheit, zu verwirklichen, damit zu fördern und zu erhalten, so war diese durch die Einschränkung, ja Aussetzung der Pressefreiheit im Kern getroffen.
Sind Informationszugänge kategorisch versperrt, werden Quellen gleichgeschaltet und interessengeleitet kontrolliert und manipuliert, und folglich der Selbstbestimmung und Autonomie des Systems Journalismus derart enge Grenzen gesetzt, dann ist freie Meinungsbildung als unerläßliche Voraussetzung für verantwortliches individuelles wie gesellschaftliches Handeln im Prinzip nicht mehr möglich.
Auch wenn ähnliche Versuche der Einflußnahme und Grenzziehung durch alle anderen sozialen Systeme alltäglich sind, so wurde in diesem Fall doch eine neue Dimension erreicht, ein Monopol nahezu vollständig installiert.
Wird der Rechtsstaat aber derart systematisch außer Kraft gesetzt und Pluralität verhindert, kann sich jenes Gesamtsystem eben nicht mehr erzeugen oder aufrechterhalten.
So wäre der Journalismus immer dysfunktional geblieben, gleich welchen anderen Weg er auch gewählt hätte, denn die ›Störung‹ ging letztlich nicht aus ihm hervor.
Der Vorwurf an das Mediensystem kann daher nicht sein, die militärische Kriegswirklichkeit konstruiert zu haben, sie ist

schließlich *ein* Bestandteil kriegerischer Auseinandersetzungen. Unzulässig war hingegen, diese Perspektive zu verabsolutieren, einzig und ausschließlich darzustellen und all die anderen Wahrheiten auszulassen. Erst dadurch wurde das militärische Monopol, dessen völlige Durchsetzung wohl nur journalistisches Handeln ermöglichen oder auch verhindern konnte, verwirklicht, bestärkt und verfestigt.

Ein halbes Jahr später dann, zum Jahrestag des irakischen Einfalls in Kuwait, bemühten sich ARD und ZDF, jene ›Störung‹ doch noch abzufangen und auszugleichen sowie das Ereignis aufzuarbeiten.

Während die ARD unter dem Titel »Saddams schreckliches Erbe«[22] vor allem eine Bilanz des Krieges zog und lediglich in den letzten drei Minuten der Sendung der ZEIT-Redakteur Christoph Bertram zur Rolle der Journalisten befragt wurde, entwickelte sich der Rückblick des ZDF am gleichen Abend beinah zu einer einzigen großangelegten Korrektur und Gegendarstellung.

Unter der doppeldeutigen Überschrift »Die Kuwait-Falle« erfuhren die Zuschauer in ausführlichen Berichten beispielsweise, daß der Bodenkrieg, obwohl damals detailliert geschildert und von allen Seiten durchanalysiert, gar nicht stattgefunden hatte[23]; daß das angebliche Folteropfer Saddam Husseins, der US-Pilot Jeffrey Zaun, dessen zerschundenes Gesicht Nachrichtenmagazinen als Titelbild diente und bei CBS Sondersendungen einleitete, selbst Hand angelegt und sein Gesicht verstümmelt hatte, um nicht von der irakischen Propagandamaschinerie mißbraucht zu werden [was keineswegs ausschließt, daß Saddam Hussein nicht doch foltern ließ][24]; ferner, daß jene militärische Kommandozentrale wohl doch nichts anderes als ein ziviler Luftschutzbunker war[25] und daß die Patriot-Abwehrraketen, welche die Amerikaner den Israelis zur Verfügung stellten, ehedem als ›Wunderwaffe‹ gepriesen, vielleicht sogar militärisch mehr geschadet als genutzt haben.[26]

Diese nachträgliche Richtigstellung aber vermochte nicht die damals konstruierte Wirklichkeit zu widerrufen, sie verstärkte viel-

22 »Saddams schreckliches Erbe. Bilanz eines Krieges. Ein Jahr nach dem Überfall auf Kuwait«, Sendung vom 1.8.1991, 20.15 Uhr, ARD.
23 Bericht zitiert in: »Die Kuwait-Falle ...«, a.a.O.
24 Ebenda.
25 Ebenda.
26 Ebenda.

mehr jenen Eindruck, indem die korrigierten Ausnahmen das Bild einer ansonsten ordnungsgemäß erscheinenden Berichterstattung abrundeten.

7. Selbstorganisation und Faktoren: Überforderung – Einschaltquoten – Beschleunigung

Drei Faktoren möchte ich abschließend noch herausgreifen.
Ein treffendes Beispiel für die Eigengesetzlichkeit und Selbstorganisation des Systems war die Aufgabenverteilung innerhalb der ARD.
Fritz Pleitgen: »Wir haben ja die Welt so eingeteilt, daß unter den Sendern immer einer für eine bestimmte Region zuständig ist. Das kann manchmal dazu führen, daß ein relativ kleiner Sender für ein schwieriges Gebiet verantwortlich ist – und das ist der Nahe Osten schon in normalen Zeiten, und in Kriegszeiten erst recht. Das hat dann zu den Schwierigkeiten am Anfang geführt, weil der zuständige Sender – das war der Süddeutsche Rundfunk – überfordert sein mußte.«[27]
Dies zeigt deutlich, daß die in der Öffentlichkeit sicher weithin unbekannte Selbstorganisation des Systems, hier der ARD, die mediale Konstruktion ganz entscheidend determiniert, nicht im Sinne einer unverbindlichen Anregung wie durch äußere Faktoren, sondern viel stärker als unmittelbarer, *zwingend wirksamer* Bestandteil, dessen Beschaffenheit Autonomie nicht begrenzt, sondern selbst darstellt.
Durch jene selbstbestimmte Aufgabenverteilung werden Personal- und technische Ausstattung, Sendekapazitäten etc. festgeschrieben, die im folgenden autonome Produktion erst ermöglichen und deren Umfang und Inhalt vollends bestimmen – was in diesem Fall angeblich zu einer Überforderung führte.
Ganz anders verhält es sich jedoch mit der Einflußgröße Publikum und Rezipienten. Die Erwartungen und Bedürfnisse der Zuschauer werden vom System im allgemeinen zum letztlich entscheidenden Faktor gemacht. Einschaltquoten, in denen sich jene

---

27 Vgl. Pleitgen, Fritz, in: »Dünne Suppe ...«, a.a.O., S. 18.

Interessen scheinbar widerspiegeln, gelten daher als zentraler Bezugspunkt und, wie Siegfried Weischenberg bemerkt, als »allein seligmachende Größe«[28], als Maßstab für Akzeptanz und Vertrauen schlechthin.

Ulrich Kienzle, Hauptredaktionsleiter Außenpolitik beim ZDF gibt zu: »Auf der anderen Seite war das Interesse des Publikums so groß, was unsere Zuschauerzahlen *bewiesen* haben, *daß wir senden mußten*, das war das Problem, daß wir oft nicht wußten – das sage ich jetzt ganz selbstkritisch – was wir senden, daß wir versucht haben, das mit Anstand über die Runden zu kriegen ...« Er schließt sodann von 33% Einschaltquote gleich zwölf Millionen Zuschauer am ersten Kriegstag unmittelbar auf steigendes Vertrauen in die öffentlich-rechtlichen Sender.[29]

Manfred Erdenberger hält jene Berichterstattung im 30-Minuten-Takt [s. Abschnitt 1] für unerläßlich, »weil erkennbar [wohl auch an Einschaltquoten] das Interesse der Hörer so war«.[30] Fritz Pleitgen beschreibt schließlich den »Informationsdruck«: »Die Leute wollen wirklich jeden kleinen Hinweis haben; Dinge, die man normalerweise nicht als Bericht angeboten hätte, weil die Nachricht einfach zu dürftig war, sind dann angeboten worden, weil wir nichts anderes hatten, aber uns verpflichtet *fühlten*, alles zu übermitteln, [...] um dem Zuschauer die Möglichkeit zu geben, sich wenigstens ein annäherndes Bild vom Geschehen zu machen.«[31]

Alle drei Aussagen rechtfertigen, ja entschuldigen ein Medienangebot im nachhinein mit seiner Nutzung durch das Publikum. Es entsteht der Eindruck, als habe der Zuschauer durch Einschalten einer laufenden Sendung diese von vornherein so verlangt, sie dem Sender geradezu abgefordert, obwohl er bloß ein ihm gemachtes Angebot nutzt, nur reagieren kann.

Einschaltquoten messen repräsentativ nichts anderes als die Anzahl der Fernsehgeräte, die auf ein bestimmtes Programm eingeschaltet sind, sie geben keinerlei Auskunft über Akzeptanz, Glaubwürdigkeit, mithin Qualität eines Sendeinhalts. Ein Infor-

---

28 Vgl. Weischenberg, Siegfried, in: »Rückgefragt: Der Golfkrieg als Medienkonstruktion ...«, a.a.O., S. 14.
29 Ebenda, Kienzle, Ulrich, S. 13.
30 Ebenda, Erdenberger, Manfred, S. 12.
31 Vgl. Pleitgen, Fritz, in: »Dünne Suppe ...«, a.a.O., S. 19.

mationsbedürfnis ist zweifelsohne vorhanden, aber doch nicht nach genau *einem einzigen* Angebot. Auch ein Interesse kann unterstellt werden; aber zu behaupten, daß dieses Interesse inhaltlich gerade *so* war, ist reine Spekulation und allemal zweckbestimmte Annahme. Sind die Quoten ausreichend hoch, gelänge diese Argumentation letztlich für jeden Entwurf.
Es läßt sich festhalten, daß, gerade auch angesichts des wachsenden Konkurrenzkampfes auf dem Medienmarkt, der Faktor Publikum zunehmend als Orientierung und Rechtfertigungskonstruktion dient.
Auch Zuschauer aber können die Autonomie des Systems allenfalls begrenzen, niemals durch Fremdbestimmung aufheben.
Wie die Verantwortlichen Einschaltquoten auslegen, interpretieren und umsetzen, bleibt letztlich ihnen selbst überlassen.
Ein letzter Aspekt erscheint mir noch wichtig. An der Berichterstattung über den Golfkrieg wurde ein Effekt offensichtlich und auch ausdrücklich festgemacht, der sich mit dem Begriff Beschleunigung umschreiben läßt.
Nochmals Ulrich Kienzle: »Das ist das Hauptproblem dieses Krieges, daß das Fernsehen so schnell geworden ist wie der Hörfunk und daß für viele Korrespondenten die Zeit zum Nachdenken gar nicht mehr da ist.«[32]
Und der französische Essayist Paul Virilio formuliert: »Das Gefühl des Dabeiseins vernichtet die Reflexion. [...] Seltsamerweise nehmen die Telekommunikationsmittel in der bürgerlichen Gesellschaft göttliche Züge an: die Ubiquität (zu jeder Zeit allgegenwärtig sein), Augenblicklichkeit, Unmittelbarkeit, Allsichtbarkeit, Allgegenwärtigkeit.«[33]
Ein weiteres Mal gilt es zu betonen, daß auch diese Beschleunigung mit all ihren Folgen keineswegs als Schicksal, natur- oder gar gottgegeben anzusehen ist, sondern menschliches weil technisch bedingtes Erzeugnis ist und also, trotz einer nicht zu unterschätzenden Eigendynamik, verändert und gestaltet werden kann.
Es bleibt am Schluß hervorzuheben, daß der einzelne Journalist

---

32 Vgl. Kienzle, Ulrich, in: »Rückgefragt: Der Golfkrieg als Medienkonstruktion...«, a.a.O., S. 11.
33 Virilio, Paul: »›Seinen Augen nicht mehr trauen‹. Paul Virilio über Zeit, Beschleunigung und (Fernseh-)Bilder«, in: *epd/Kirche und Rundfunk*, Nr. 6/91, S. 15.

sicher in ›Systemzwänge‹ eingebunden ist, die es ihm erschweren, dem Anpassungsdruck, falls nötig, zu widerstehen, wenn sie auch individuell alternative Handlungsweisen niemals ausschließen. Es bleibt gleichermaßen hervorzuheben, daß diese Zwänge im Systemzusammenhang eben keine Sachzwänge sind, sondern hergestellte und gewollte Bedingungen, die, der hier zugrundegelegten Theorie zufolge, in dem Rahmen variiert werden können, in dem sie Fortbestand, Systemerhalt, Überleben gewährleisten.

Thomas Wrede
Cadavre exquis

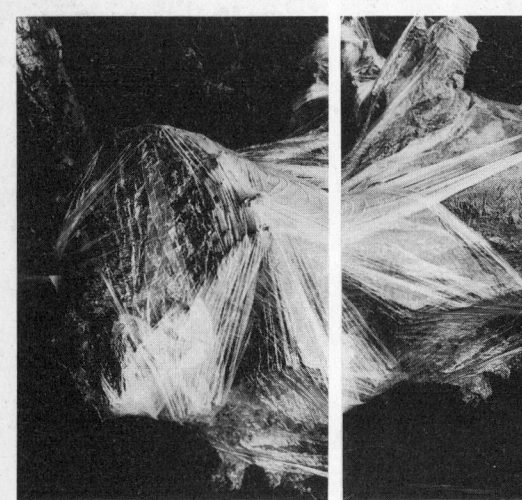

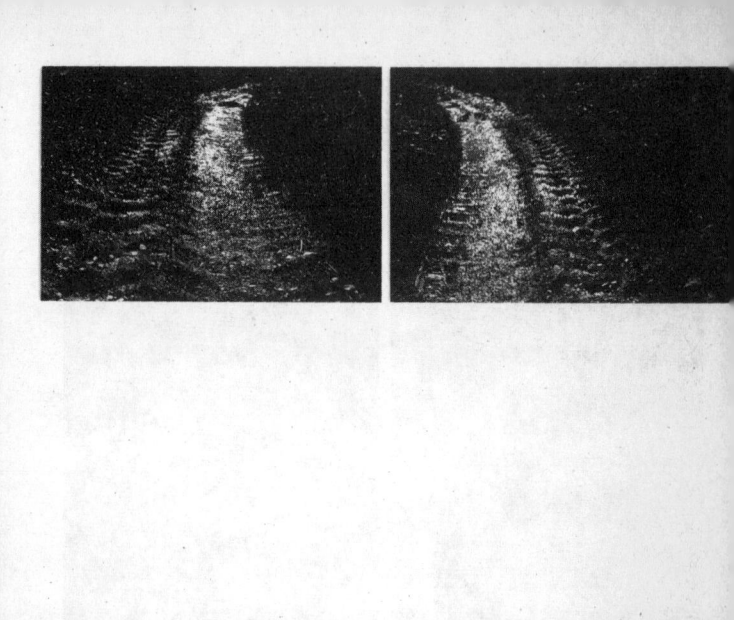

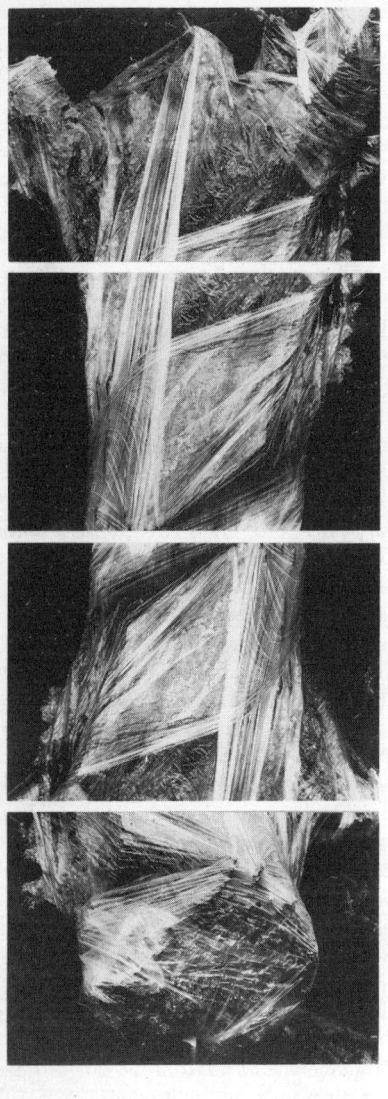

Raimund Stecker
Nur in der Photographie existierende Skulpturen
Eine Anmerkung zu den photographischen »Cadavre exquis« von Thomas Wrede

»der fanatische eifer mit dem heute das fotografieren in allen kreisen betrieben wird, deutet darauf hin, dass der fotografieunkundige der analfabet der zukunft sein wird.« Oft vernommen, da durch Walter Benjamins »Kleine Geschichte der Photographie« weit verbreitet, hat diese Mahnung László Moholy-Nagys aus dem Jahre 1927 nichts an Aktualität verloren. Alain Jauberts kommentierte Sammlung »Fotos, die lügen – Politik mit gefälschten Bildern«, die 1989 erschien, stellt die Aktualität dieser These genauso unter Beweis wie die Photos vom Krieg am Golf, die ununterscheidbar von Photos eines Krieges für Photos waren.

Doch alles Gemahnen der photographischen Nichtauthentizität und alles Ins-Bewußtsein-Fordern der bildlichen Autonomie von Photographie hinkt dem Umgang mit dieser unendlich präsenten Sorte von Bildern hinterher. Max Benses Diktum, demzufolge »zu jedem Punkt der Bildfläche auch ein Punkt außerhalb der Bildfläche gehört«, hat nicht nur Bestand mit Blick auf die Faktizität von Photographie – dem Graben (griech.: »graphein«) mit Licht (griech.: »Phos«), d. h. daß das photographische Bild Licht und reflektiertes Licht wiedergibt, abbildet –, sondern wird wie von selbst auch als direktest mögliche, wahrste Form der bildlichen Wiedergabe von außerbildlicher Wirklichkeit verstanden.

Thomas Wrede zeiht diese Sicht von Photographie lügen – und dies durch eine Photographie, die (vorerst) auf den freien Laboratoriumscharakter der Kunst zielt. Er legt gleichsam produktiv an und fest, was er rezeptiv zu bewirken beabsichtigt: seine Photos verweigern sich der der Photographie unterstellten Authentizität – zumindest einer dinglichen, sachlichen oder gegenständlichen. Dabei ist eine Spur hin zum Surrealen nicht zu leugnen, wenn er ein Irgendetwas in Plastikfolie einge- oder verpackt so photographiert, als wäre es umhüllt oder verpuppt. Doch nie treten, wie im narrativ bestimmten Surrealismus, zu kennende oder phantastisch vorstellbare Dinglichkeiten in den Photos vor Augen, was vor allem in seiner Methode des Zueinander-Konstellierens von Photos gründet. Nie wird primär der Blick des Betrachters hinaus in die Welt der Motive oder in eine motivisch vorstellbare geführt – eben wie im Surrealismus –, sondern stets konkret am Photo als Motiv gehalten.

Die Werkgruppe seiner »Cadavre exquis« scheint sogar durch ihre dominante Hell-Dunkel-Kontrastierung darauf angelegt, jegliches Sehen außerbildlicher Wirklich- oder Dinglichkeit im Bilde zu eliminieren. Die Bildwirklichkeit tritt als eine nur im Bilde evident Wirklichkeit erlangende Realität hervor – und dies obwohl selbstverständlich auch Thomas Wrede »nur« Außerbildlichkeiten photographiert. Schon die gespiegelte, nebeneinander gedoppelte der Sicht eines Weges – rechts zeigt sich der Weg vom vorderen Bildrand mit einer Krümmung nach links und links, seitengespiegelt, mit einer Krümmung nach rechts – hält das Auge im Bilde. Denn wohin führte die Schlaufe eines Weges, auf dem zu beiden Seiten die Spuren seines Befahrenwerdens in die gleiche Richtung weisen? Bleibt der Betrachter am Bilde und versucht nicht letztendlich unbeantwortbar das Motiv, sondern statt dessen das Bild zu befragen, so ergeben sich Bildformen einer photographischen Autonomie.

Noch deutlicher wird das Erlangen einer photographischen Bildautonomie in den expliziten »Cadavre exquis«. Irgend ein Etwas scheint mit Plastikfolie umspannt. Die noch wiedererkennbare Umgebung des Verpuppten läßt auf Astwerk schließen, das hier umhüllt wurde, die kondensierte Feuchtigkeit am Inneren der Folie verhindert aber schlußendliche Gewißheit. Gelegentlich strebt der Blick zu aus Tiefkühltruhen genommenen, eingepackten Tierkörpern. Vier Photos von diesem Etwas hängen in »Cadavre exquis II« untereinander. Weder ein einzelnes läßt das Umspannte in seiner Urmorphe wiedererkennen, noch die Summe der vier. Die beiden mittleren erweisen sich nach längerer Betrachtung als nahezu identisch – nur um 180° gedreht. Das untere bildet einen Abschluß oder Anfang, das obere ebenso – aber halt einen anderen.

Der Blick sucht noch nach außerbildlicher Dinglichkeit, doch die außerhalb des Bildes photographierte Wirklichkeit ist nur bedingt, nie mit letztendlicher Sicherheit zu kennen. Somit bleibt der Blick am Photo. Das Photographierte geriert sich dergestalt zu einer konkret-skulpturalen Form, zu einer, die z. B. an die Werke Naum Gabos oder Antoine Pevsners erinnert.

»Photoskulpturen« nennt Thomas Wrede seine Werke auch. Es handelt sich dabei um Skulpturen, die Existenz nur als photographierte erfahren, da sie real als Skulptur nicht existieren. Die visuelle Nähe zu den Skulpturen eines Pevsner oder Gabo eignet nicht dem Photographierten, sondern einzig den Photos des Photographierten aufgrund der seitengedreht abgezogenen, überlappend vergrößerten, verdoppelten und zueinander wie ein Cadavre exquis konstellierten Photographien.

Eine Skulptur gewinnt mithin eine bildliche Realität, ohne daß zu dieser selbst außerhalb der konstellierten Photographie eine Realität vorhanden ist. Für das in den Konstellationen als Bildern zu Sehende gibt es kein Vor-Bild, für das Photographierte gibt es – zugespitzt formuliert – kein Photographiertes. Evidenter ist wohl kaum zu belegen, zu zeigen, daß Photographie einer autonomen Wirklichkeit gehorcht.

So gesehen ist die Photographie von Thomas Wrede »auch« ein Beitrag zur Alphabetisierung der Photographieunkundigen – um an die Ausgangsthese Moholy-Nagys zu erinnern. Mehr wollte und konnte hier mit dieser Anmerkung zu den photographischen »Cadavre exquis« nicht geleistet werden. So, wie der je folgende Zeichner nie sehen kann und somit weiß, was der vorherige zeichnete, was zu irrealen Gegenstands- und bisweilen auch Formkonstellationen im Ganzen führt, so führen die »Photoskulpturen« von Thomas Wrede zu Bildwelten, die nur in ihnen Welt sind – und das im Medium der Authentizität.

Jerry Exline
Future Cities

Christian W. Thomsen
Gerald Exlines Future Cities*

Jerry Exline kitzelt Zukunftsstädte aus seiner raschen Feder, aus den Windungen seines Hirns, aus dem weißen Papier heraus. High-density Städte sind das, Agglomerationen von Vertikalen und Horizontalen, aus denen sich Träger, Streben, Verbindungsstege und -wege, Fenster, Habitats, Kuben, Türme herausschälen, Form aus dem Chaos der Striche und Linien und Zwischenräume gewinnen. Er kommt aus der Agglomeration, aus Los Angeles, dessen Großraum mit 21 Millionen Menschen, rechnete man ihn als Staatsgebilde, die siebtstärkste Wirtschaftsmacht der Erde repräsentierte, ein Gebiet, das den schlimmsten Smog, die längsten Staus und die schärfsten Abgasgesetze hervorgerufen hat, aber immer weiter Menschen anzieht wie ein Magnet die Metallspäne. Es ist von daher nur natürlich, daß Exline über Hochverdichtungsstädte reflektiert. Vor 30 Jahren zählte die Weltbevölkerung ca. 2 Milliarden Menschen, heute sind es mehr als 5,5 Milliarden, demnach fast eine Verdreifachung in drei Jahrzehnten. Die Städte werden also weiter wachsen, sich wie Krebsgeschwüre in die Landschaft hineinfressen, nicht nur die schon fast unkontrollierbaren Stadtwucherungen der zweiten und dritten Welt wie São Paulo, Mexico City, Djakarta, Kairo oder die in USA wie Los Angeles, San Francisco, New York, nein auch bei uns: Frankfurt, Stuttgart, München, Köln, Berlin. Und die Architekten müssen sich Gedanken darüber machen, wie sie damit fertig werden, wie sie Menschenmassen, Verkehrsströme, Abwasser- und Müllprobleme, Kriminalität, Krankheit, Unterhaltungsbedürfnisse, Geschäftsleben, Bildungsverlangen baulich befriedigen wollen.
Gerald Exlines Phantasien besitzen also einen realen Hintergrund, auch wenn sie poetisch Gestalt annehmen wie die Partituren serieller Musik, sich zu Clustern klumpen, lockerer werden, mal sich verdüstern, dann wieder aufheitern, wie Klänge sich zu

---

* Eine leicht geänderte japanisch- und eine englischsprachige Version dieses Beitrags ist erschienen in: *Architecture and Urbanism*, (a+u), November 1991, 91:11, Tokio, S. 4-17.

Körpern verdichten, eng gepackte Chiparchitekturen evozieren. Es kommt ihm offensichtlich auf die Organisationsformen von Räumen, Flächen und Proportionen an. Von den 70er Jahren bis heute ist in seinen Blättern ein wachsender Abstraktionsgrad zu beobachten. Die frühen Blätter zeigen häufig piranesihaftes Raumgefühl, erinnern an Filmarchitekturen, von Science-fiction-Filmen wie Star Wars. Oft fühlt sich der Blick angezogen, angesogen, fliegt gleichsam über Tiefendimensionen sich öffnender Räume, nimmt Oberflächen wahr wie auf Bildschirmen, saugt sich fest an den seriellen Rasterstrukturen aus Stahl und Beton oder neuen Werkstoffen, deren Namen und Konsistenz wir noch nicht kennen. Die neuesten Blätter zeigen einen zuvor unbekannten Freiheitsgrad der Abstraktion, Raumpartikel, Flächenkonfigurationen bersten, stieben auseinander, wollen sich nur noch widerstrebend zu Raumgefügen verbinden. Dekonstruktivismus, Akzelerationsschübe der späten 80er und 90er Jahre werden ebenso sichtbar wie das heutzutage allgegenwärtige Thema der Grenzüberschreitung in fast jeder nur denkbaren Richtung und Kombination. Das philosophische Problem, mit dem Exline kämpft, besteht darin, daß er Zukunft, noch nicht Existentes, nie Geschehenes sichtbar machen, aber dabei doch Optionsfreiheiten offenhalten will. Wie aber konstruiert man Zukunft? In der Erinnerung an Vorhandenes, der Evokation von Vorhandenem, das man weiterdenkt. Aber wie? Linear? Das wäre sicher falsch. Die historischen Vorgänge zeigen immer wieder, daß es so nicht läuft. Daher Andeutungen in Strichen, in deren Zwischenräumen das Hirn, das Sehvermögen des Betrachters tätig werden, kombiniert, aus Strichhäufungen Bilder ergänzt. Die gehen in sein Bildrepertoire ein, mögen ihn, so er Architekt ist, bei künftigen Entwürfen von Zukünftigem mit leiten.

Phantasiestädte, Städteutopien haben eine reiche Tradition bei Architekten und bei Literaten, und auch Jorge Louis Borges' endlose Bibliotheken scheinen in Exlines Zeichnungen impliziert, wenn da der Blick in scheinbar endlose Raumfluchten, Flächenorganisationen hineingesogen wird. Das erinnert aber auch in frühen Blättern bereits an Computersimulationen oder an das, was sich mittlerweile in Cyberspace-Experimenten andeutet. Im Kopf gab es schon immer virtuelle Welten. Jetzt werden sie sichtbar und real erlebbar, und wir erkennen die Kontinuität von Piranesi zum Cyberspace.

»Der Katalog der Formen ist endlos«, sagt Italo Calvino, dessen *Unsichtbare Städte* seit den 70er Jahren rund um die Welt Architekten anregen. Und er fährt fort:

> »Solange nicht jede Form ihre Stadt gefunden hat, werden immerfort neue Städte entstehen. Wo die Formen ihre Variationen erschöpfen und sich auflösen, setzt das Ende der Städte ein. Auf den letzten Karten des Atlas verschwammen Raster ohne Anfang und Ende, Städte mit den Formen von Los Angeles, Kyoto-Osaka, formlos.«[1]

Calvino zaubert die Baudenkmäler, die Düfte, das Leben und Treiben, die Schönheit der Frauen in den Städten vor das innere Auge des Lesers, aber auch die Slums, den Gestank, den Dreck, die Fäulnis, die Seuchen:

> »Wo die Müllmänner ihre tägliche Ladung hinschaffen, das fragt sich keiner: vor die Stadt, gewiß, aber mit jedem Jahr breitet sich die Stadt weiter aus, und die Müllhalden müssen weiter weg; der Ausstoß nimmt an Mächtigkeit zu, die Halden wachsen in die Höhe, schichten sich übereinander, dehnen sich über weiteres Gelände aus. Je mehr sich Leonia in der Fertigkeit hervortut, neue Materialien zu produzieren, muß noch hinzugefügt werden, desto mehr verbessert sich der Müll in seiner Substanz, widersteht Wind und Wetter, Fäulnis und Verbrennung. Eine Festung unzerstörbarer Überreste ist es, was Leonia umgibt, allseits überragt wie hochgetürmte Berge«.[2]

Und etwas später heißt es:

> »Leonias Müll würde nach und nach die Welt überdecken, drückten nicht an den unermeßlichen Müllhaufen von jenseits seines äußersten Bergrükkens die Müllhaufen anderer Städte, die auch Berge von Abfällen weit von sich schieben. Vielleicht ist die ganze Welt außerhalb der Grenzen Leonias von Müllkratern bedeckt, in deren Mitte eine in ständiger Eruption befindliche Metropole liegt. Die Grenze zwischen den einander fremden und feindlichen Städten sind verseuchte Bastionen, wo sich die Abfälle der einen und der anderen gegenseitig abstützen, überlagern, vermischen«.[3]

Diese Zukunft hat längst begonnen, wir befinden uns mitten in ihr, und wir wissen nicht, wie wir die Geister, die wir gerufen, wieder loswerden sollen. Aber auch architektonisch gilt dies. Denn wenn wir genauer hinschauen, dann werden in zahlreichen Blättern Exlines verblüffende Ähnlichkeiten zu eben dem Beton-

---

1 Italo Calvino, *Die Unsichtbaren Städte*, München 1977, IX, S. 161.
2 Calvino, a.a.O., S. 134.
3 Calvino, a.a.O., S. 135.

gebirge der Universitätsbibliothek auf dem Haardter Berg zu Siegen-Weidenau sichtbar, dann erscheinen manche von ihnen wie Studien zu genau jener Bibliothek, in 11 000 km Entfernung herausgeahnt aus dem Papier. Und das sagt viel über gemeinsame Substrate westlicher Industriekultur, über die internationale Formensprache der Moderne, die einst von Europa ausging und über Amerika zu uns zurückgekommen ist. Ein besserer Bau als dieser wäre für eine Exline-Ausstellung wohl kaum denkbar. Auch das verwundert nicht. Exline gehört wie Schneider-Wessling und Haberer, den Architekten dieser Bibliothek, zu jenen, die nicht nur von der Moderne, sondern auch von den architektonischen Utopien der späten 50er und der 60er Jahre beeinflußt worden sind, von Kisho Kurakawas »Wandclustern« (1959), von Arata Isozakis »Clustern in der Luft« (1962), von seinen »Raumstädten«, von Kiyonari Kikutakes »Schwimmenden Städten«, von Paolo Soleri und Yona Friedman, von Buckminster Fuller und Konrad Wachsmann, um nur einige wenige zu nennen, die das Nachdenken über die Zukunft unserer Städte neben intellektuellen Theorien mit Bildern genährt haben. Auch Exlines Zeichnungen rufen höchst widersprüchliche Empfindungen hervor: Wenn man Menschen befragt, ob sie in derartigen Architekturen wohnen möchten, dann antworten die einen mit einem klaren und vernehmlichen Ja, die anderen ebenso entschieden mit entrüsteter Ablehnung und ein Dritter fragt, wo in der Verdichtung die Natur bleibe und wie ameisenhaft sich da der Mensch fühle, was da aus seiner Identität und Individualität werde. Unbestritten bleibt dabei die Meisterschaft des Zeichners und der Grad seiner Obsession, mit der er Raumgefüge aus Strichen und Leerstellen entstehen läßt.

Exline selbst drückt sich sprachlich höchst vage aus, spricht von Humanität, die Ziel des Städtebaus sein müsse, davon, daß es jedoch keine finiten Antworten gäbe. »Only states of mind and perceptions of possibilities.« Und dann spricht er von »multilevel networks of plans and structures«. Dies zur Grundlage nehmend, entscheide ich mich abermals für Calvino, diesmal eine ganz besondere Stadt, Ottavia:

»Die Grundlage der Stadt: ein Netz, das als Passage und Halt dient. Alles andere steht nicht oben, sondern hängt unten: Strickleitern, Hängematten, Häuser in Sackform, Kleiderbügel, Terrassen wie Schiffchen, Wasserschläuche, Gashähne, Bratenwender, an Schnüren hängende Körbe, Lastenaufzüge, Duschen, Trapeze und Ringe zum Spielen, Drahtseilbahnen, Lüster, Töpfe mit Hängepflanzen.

Über dem Abgrund schwebend ist das Leben der Einwohner Ottavias weniger unsicher als in anderen Städten. Sie wissen, daß ihr Netz nicht mehr als ein Bestimmtes trägt.[4]

Eine solche Stadt wünsche ich mir von Jerry Exline und seiner Zunft.

---

4 Calvino, a.a.O., S. 85-86.

Ulf Jonak
Entgegen dem Anschein – JE balanciert

Entgegen dem Anschein hat ein Strich keine Substanz. Die Linie ist unendlich dünn und faktisch nicht vorhanden. Ihr fehlt die zweite Dimension. »Die geometrische Linie ist ein unsichtbares Wesen«, sagt Kandinsky. Sie ist nichts anderes als die Grenze zwischen den Ereignissen, die wir getrennt voneinander sehen möchten. Sie ist die Grenze zwischen Leere und Fülle, hier und dort, oben und unten, Wägbarem und Unwägbarem. Sie scheidet Vergangenheit und Zukunft. Wie die Gegenwart ist sie faktisch nicht vorhanden.

Indem wir eine Linie zeichnen, erzeugen wir eine Spur, eine Spur von Erinnertem. Aber die Linie ist faktisch nicht vorhanden. Sie ist der Pfad der Imagination. Aus dem Nicht-Vorhandenen entsteht zauberhaft das Vorhandene: Aus den linearen Eindimensionalitäten entsteht die Zweidimensionalität der Zeichnung, die wiederum die Projektion von Dreidimensionalem ist, das wiederum aufgrund seiner Machart (dem im Zeitfluß luftig Gestricktem) die vierte Dimension ahnen läßt und nun schon den Sog einer sich steigernden Komplexität vermuten läßt, also auf eine fünfte Dimension verweist, vielleicht sogar auf eine sechste. Warum sollte es dann keine siebente mehr geben – oder gar elf Dimensionen, wie es die neuen Supergravitationstheorien postulieren?

Die Linie ist faktisch nicht vorhanden, aber es läßt sich nicht leugnen, wir sehen sie. Doch Strichstärken (deren Dicken) sind nur Notbehelf fürs Auge, Erkennungen für Übergänge. Andererseits können wir den Strich auch als Seitenansicht oder als Schnitt einer Fläche interpretieren. Wie tiefgründig ist das Nicht-Vorhandene? Architekten oder Ingenieure, indem sie zeichnen, balancieren über Abgründen.

Jerry Exline zeichnet die Welt als durchlässige – so, wie wir die Materie zu kennen glauben: Leere, in der sich unendlich winzige Energieknötchen tummeln. Wie auf fotografischen Aufnahmen aus der Blasenkammer, in der elektrisch geladene Alphateilchen kondensstreifenartige Spuren hinterlassen, so hat Exlines gestikulierende Hand (aufs Papier niederstoßend, abprallend, hüpfend, schleifend, hackend, stupsend, klopfend: ein wahres Trommelfeuer) Spuren in den Nebelflächen des Zeichenblatts hinterlassen. Die Menge der nervösen Impulse ergibt letztlich einen gerundeten Gedanken. Exlines Gedanken beziehen sich auf die Stadt. Analog der städtischen Betriebsamkeit, dem Karambolieren und Fluchtartigem, dem Bündeln und Kreuzen der Bewegungen oder Begegnungen in den Cities sind Exlines Zeichnungen von Hast und Schnelligkeit geprägt. Schwärme von Haken, Häkchen, Schraffuren, Geschoßspuren (»Geschoß«, welch doppeldeutiges Wort für den dromologischen Architekten!), Schwärme von Blitzen und Pfeilen jagen sich, sammeln sich, gehorchen scheinbar magnetischen Kraftfeldern, stieben auseinander, beweisen Anhänglichkeit und stürzen ineinander oder übereinander her.

Exlines Raffinesse ist es, dem vermeintlichen Durcheinander eine ihm auf den ersten Blick nicht innewohnende Ordnung überzustülpen, eine dem Schöpfer dieser Strichlabyrinthe innewohnende Ordnung. Allmählich nimmt unser Auge, unser Hirn assoziationshaltige Figuren wahr.

Beim zweiten Hinschauen erkennen wir das traditionelle Kompositionsschema: Vordergrund, Mittelgrund, Hintergrund. In das diffuse Gewimmel schneiden Horizontlinien, platzen Fluchtpunkte, spannen sich Zentral- oder Übereckperspektiven. Zwar ist die Perspektive zerhackt, aber auf das Ehrenfels'sche Gestaltgesetz von der prägnanten (schönen) Form vertrauend, zwingt Exline unseren Wahrnehmungsapparat dazu, aus der Flut der quirligen Partikel hervordrängend gerundete und voluminöse Gestalten zu erkennen. Altruistisch hilft Exline unserer Begriffsstutzigkeit nach durch partienweise sich verdichtende Nebel, dargestellt mittels grau- oder blauflächiger Wasserfarbenlavuren.

Dennoch ist die Auflösung der Zeichnungen derart grobkörnig (besser gesagt: grobstrichig), daß die Irritation des Betrachters anhält, ob es sich denn um eine autonome Zeichnung (die allein sich selbst meint) oder um das Abbild eines Hirngespinstes oder gar um den Schnappschuß von einer realen Situation handele. Dieses Interpretationenbündel ist erwünscht. Nur vordergründig haben diese Zeichnungen mit Architektur zu tun. Das Architektonische an Architektur ist ihre Eindringlichkeit, ihr ortsbefestigendes Dasein. Mehrdeutigkeit und Assoziationsfülle hingegen, welche Architektur architektonisch nur in seltensten Fällen evoziert, welche Architektur zumeist als literarische, bestenfalls skulpturale Theatermaske übergestülpt bekommt – Mehrdeutigkeit also –, wird in Exlines Zeichnungen durch die Auflösung der Architektur erreicht, wird mit dem Vernebeln von Fakten und wiederum dem Heraufbeschwören von Ahnungen und dem punktweise sich Kristallisieren von Vermutungen über andere Dimensionen im grenzenlosen All erzielt.

Linien sind faktisch nicht vorhanden. Zeichnungen sind Imaginationen. Ist Jerry Exline existent?

Verzeichnis der Abbildungen

S. 11-16: Marga Dehnen, »Blindzeichnungen«, 1991, Pastellkreide auf Papier, verschiedene Formate, vorrangig 21 × 30 cm.

S. 119-125: Reinhard Klessinger, »Horizontschleuder«, 1987, Spiegelglas, teilweise entspiegelt, Buchenholz, Darmsaite, 30 × 12 × 90 cm.
– ohne Titel, 1989, Zink, geätzt, Spiegelglas, teilweise entspiegelt, Asphalt, 23 × 49 × 8 cm.
– »Horizontscheibe«, 1986-87, Bleistift, Transparentpapier, geleimt, Glas, Holz, 70 × 100 × 80 cm.
– Vordergrund: ohne Titel, 1990, Zink, teilweise geätzt, Glas, Asphalt, 87 × 137 × 72 cm.
Hintergrund: ohne Titel, 1990, Glas, Stahlblech, teilweise geätzt, Holz, Asphalt, 85 × 95 × 7 cm.
– ohne Titel, 1989, Holz, Unterseite mit Asphalt beschichtet, Spiegel, teilweise entspiegelt, 70 × 34 × 19 cm.
– ohne Titel, 1987, Holz, Glas, Spiegelglas, eine Seite mit Asphalt beschichtet, 100 × 40 × 12 cm.
– ohne Titel, 1988, Holz, Glas, Spiegelglas, teilweise entspiegelt, Asphalt, 200 × 125 × 55 cm.

S. 180: Thom Barth, »Raum-Kubus«, Marmor- oder Herkulessaal im Palais Liechtenstein zu Wien (Museum moderner Kunst/ 10 × 8 × 6,8 m.

S. 183 f.: Thom Barth, »Hirn-Kubus«, Zürich.

S. 186: Thom Barth, »Kreuzgang-Leerkörper«, Nürnberg.

S. 289-291: Thomas Wrede: »Cadavre exquis« I, 1991, SW-Photo/Baryt, 108 × 150 cm.
– ohne Titel (Weg), 1991, 25 × 69 cm.
– »Cadavre exquis« II, 1991, vierteilig, 320 × 108 cm.

S. 295-298: Jerry Exline, »Future Cities«.

Hinweise zu den Autorinnen und Autoren

Norbert Ammermann, geb. 1956, Studium der ev. Theologie in Bielefeld, Hamburg, Zürich, Münster; Pfarrer an der Westfälischen Klinik für Psychiatrie und Neurologie, Lengerich/Westfalen (Krankenhaus-Seelsorge und Arbeitsstelle für Konstrukt-, Biografie- und Ethik-Forschung). Veröffentlichungen zu religionsphilosophischen und berufsethischen Fragestellungen, zur »Psychologie der persönlichen Konstrukte« und ihrer Anwendung in der seelsorgerlichen Arbeit.

Thom Barth, geb. 1951, Studium der bildenden Künste in Frankfurt/M. und Wien. Zahlreiche Ausstellungen und Publikationen, u. a. »Kubus 3-87 Kopie Marmorsaal«, Museum moderner Kunst, Wien, 1987, Text: Dieter Bogner, Dieter Ronte; »Kubus 5-87 Der Natur und ihren Verehrern«, Galerie Schedle & Arpagaus, Zürich, 1988, Text: Hermann Kinder, Christof Schmitz; »Kubus 13-91 Frühbeet II«, Umspannwerk Singen, 1991, Text: Andrea Hofmann; »Whitebox – Blackbox«, Kunstverein Salzburg, 1991, Text: Martin Hentschel; »Circuit Fermé« von Anselm Wagner in ›EIKON‹, Wien, Heft 3-92; »Endospektion«, Kunstverein Konstanz 1992, Text: Martin Hentschel, erscheint bei Edition Cantz.

Chris Bezzel, geb. 1937, Studium der Klassischen Philologie und Germanistik 1957-1962; Promotion, zwei Staatsexamina; 1965-1967 Verlagslektor in Frankfurt/Main; 1967-1970 Associate Lecturer und Research Assistant in London; 1970-1972 Birmingham. Seit 1973 in Hannover; 1979 Habilitation; Professor für Linguistik.
Buchveröffentlichungen (Auswahl): *Natur bei Kafka. Studien zur Ästhetik des poetischen Zeichens* (1964); *grundrisse* (1968); *kerbtierfresser* (1972); *die freude kafkas beim bügeln, die freude mozarts beim kegeln, die freude bismarcks beim stricken* (1972); *Kafka-Chronik* (1975); *weißverlassen steinig* (1983); *99 gedichte* (1987); *Wittgenstein zur Einführung* (1988).

Marga Dehnen, geb. 1957 in Duisburg, 1977-1984 Studium an der Kunstakademie Münster bei Ulrich Erben; 1987 2. Staatsexamen für das Lehramt an Gymnasien. Seit 1984 als freie Künstlerin tätig, Ausstellungsbeteiligungen und Einzelausstellungen mit den Schwerpunkten Plastik und Skulptur. Lebt in Wuppertal.

Gerald Exline, Städteplaner und Architekt, lebt in Irvine, California.

Ernst von Glasersfeld, geb. 1917, überlebte den letzten Weltkrieg als Farmer in Irland, arbeitete dann als Journalist und Forschungsmitarbeiter am

Zentrum für Kybernetik in Mailand, Italien; 1963-70 Leiter eines U.S. Forschungsprojektes im Bereich Computerlinguistik; Erfinder des »Yerkish«, einer Sprache, die bei Forschungen an Schimpansen im Yerkes Primate Research Centre, Atlanta, Georgia, eingesetzt wird; Forschungen zur Entwicklung des Zahl-Begriffes bei Kindern. Hauptarbeitsgebiete: Kognition, Sprache, Erkenntnistheorie. Zahlreiche Publikationen. Darunter z. B.: *Wissen, Sprache und Wirklichkeit. Arbeiten zum radikalen Konstruktivismus*, Braunschweig/Wiesbaden 1987.

Ralf Gödde, geb. 1970, seit 1990 Studium der Journalistik an der Universität Dortmund; im Rahmen dieses Studiums Volontariat beim Westdeutschen Rundfunk in Köln; Zweitstudium der Philosophie, Geschichte und Neueren deutschen Literaturwissenschaft an der Fernuniversität/Gesamthochschule Hagen. Beschäftigung mit dem Konstruktivismus und Studienarbeit zum Thema Konstruktivismus und Journalismus.

Gerhard Jaschke, geb. 1949 in Wien, nach diversen Universitätsstudien freischaffende künstlerische Tätigkeit seit Beginn der 70er Jahre. Herausgeber der Literatur- und Kunstzeitschrift *Freibord* und der gleichnamigen Buchreihe. Teilnahme an der Milano Poesia 1988, Poetik-Vorlesungen an der Universität Innsbruck 1990. Arbeiten für Hörfunk und Zeitungen. Lehraufträge für Literaturgeschichte und Literatur als Experiment an der Akademie der bildenden Künste in Wien. Zahlreiche Einzelpublikationen, zuletzt: *51 Haiku*; *Trostpflaster*; *Das zweite Land*; *ursachen rauschen*. Preise und Stipendien (Förderungspreis der Stadt Wien, Theodor Körner Preis, Wiener Autorenstipendium, Staatsstipendien etc.), Gründungsmitglied der Interessengemeinschaft Österreichischer Literaturzeitschriften und Autorenverlage, Mitglied der Grazer Autorenversammlung.

Ulf Jonak, geb. 1940 in Köslin, Architekt und Architekturtheoretiker; seit 1981 Professor für Architekturtheorie und Grundlagen der Gestaltung an der Universität/Gesamthochschule Siegen. Buchveröffentlichungen: *Sturz und Riß. Über den Anlaß zu architektonischer Subversion* (1989); *Die Frankfurter Skyline* (1991).

Reinhard Klessinger, geb. 1947, Studium der Malerei und Bildhauerei an der Staatlichen Kunstakademie Düsseldorf und der St. Martin's School of Art, London; 1970 Meisterschüler von Prof. Rupprecht Geiger, Kunstakademie Düsseldorf; lebt und arbeitet in Ihringen bei Freiburg i. Br. Umfangreiche Einzelausstellungen (Auswahl): Rheinisches Landesmuseum 1970; Kunstverein Ludwigshafen (Katalog) 1980; Galerie Beatrix Wilhelm (Dokumentation) 1983; Kunstverein Freiburg (Katalog) 1983; Gesellschaft der Freunde junger Kunst, Baden-Baden (Katalog) 1983; Kath. Akademie Freiburg (Katalog) 1990. Veröffentlichungen: *Widerspie-*

gelungen der Zeiträume, 1981; *Auf den Horizont bezogen. Ferien in Auge*, 1983; Herausgeber: *Arbeitsprozesse – Zwischenbereiche*, Berlin 1986.

Dodo zu Knyphausen, geb. 1959, Studium der Betriebswirtschaftslehre und der Politikwissenschaft an der Universität München (1980-1985); Promotion 1988; seit 1985 wissenschaftlicher Assistent am Institut für Organisation der Universität München; seit Mitte 1992 Habilitationsstipendiat der Deutschen Forschungsgemeinschaft. Thema des Habilitationsprojektes: »Theorie der strategischen Unternehmensführung«. Buchveröffentlichung: *Unternehmungen als evolutionsfähige Systeme. Überlegungen zu einem evolutionären Konzept für die Organisationstheorie*, München 1988. Diverse Aufsätze in Fachzeitschriften und Sammelbänden. Beratungserfahrungen in Industrie- und Dienstleistungsunternehmen.

Lutz Kramaschki, geb. 1962, Studium der Germanistik, Soziologie und Geschichte an der Universität-GH Siegen; M. A. 1990; zur Zeit Promotion; Arbeitsschwerpunkte: Literaturtheorie (Literatursoziologie), Kunstsoziologie und soziologische Theorien. Veröffentlichungen zu Problemen der Literaturtheorie.

Wolfgang Krohn, Professor für Wissenschafts- und Technikforschung an der Fakultät für Soziologie sowie Mitglied des Instituts für Wissenschafts- und Technikforschung der Universität Bielefeld. Forschungsschwerpunkte: Entstehung der neuzeitlichen Wissenschaft, Theorien der Selbstorganisation, Techniksoziologie. Neuere Veröffentlichung: *Francis Bacon* (1987); mit G. Küppers: *Die Selbstorganisation der Wissenschaft* (1989); mit G. Küppers (Hg.): *Emergenz – Die Entstehung von Ordnung, Organisation und Bedeutung* (1992); mit H.-J. Krug und G. Küppers (Hg.): *Konzepte von Chaos und Selbstorganisation in der Geschichte der Wissenschaften* (1992).

Günter Küppers, Studium der Physik an den Universitäten Würzburg und München; Diplom und Promotion in theoretischer Physik über ein Thema zur Stabilität hydrodynamischer Konvektionsströmungen. Seit 1974 Geschäftsführer des Universitätsschwerpunktes Wissenschaftsforschung an der Universität Bielefeld. Forschungsschwerpunkte: Theorie der Wissenschaftsentwicklung, Theorie der Selbstorganisation. Neuere Veröffentlichungen: mit W. Krohn (Hg.): *Selbstorganisation – Aspekte einer wissenschaftlichen Revolution* (1990); mit W. Krohn (Hg.): *Emergenz – Die Entstehung von Ordnung, Organisation und Bedeutung* (1992); mit W. Krohn, H.-J. Krug (Hg.): *Konzepte von Chaos und Selbstorganisation in der Geschichte der Wissenschaften* (1992).

Vera Nünning, geb. 1961, Studium der Anglistik, Anglo-amerikanischen Geschichte, Pädagogik und Geschichte in Köln; Promotion 1989 über die Ästhetik Virginia Woolfs (Frankfurt/M. 1990); seitdem wissenschaftliche Mitarbeiterin in der Anglo-amerikanischen Abteilung des Historischen Seminars an der Universität zu Köln. Derzeitiger Arbeitsschwerpunkt: Englischer Radikalismus im 18. Jahrhundert. Veröffentlichungen: Aufsätze über Virginia Woolf, viktorianische Literaturkritik, englische Geschichte und Historiographie im 18. Jahrhundert; gemeinsam mit Ansgar Nünning Herausgeberin der *Junius-Briefe* (1989) und von Aphra Behn, *Oroonoko oder Die Geschichte des königlichen Sklaven* (1990); *Virginia Woolf zur Einführung* (1991, mit A. Nünning).

Rainer Paslack, geb. 1950, Erstes Staatsexamen in den Fächern Germanistik, Philosophie, Politik und Pädagogik an der Universität Marburg/Lahn; Diplom in Soziologie an der Universität Bielefeld; derzeit Wissenschaftlicher Angestellter am Universitätsschwerpunkt Wissenschaftsforschung der Universität Bielefeld mit den Arbeitsschwerpunkten: Wissenschaftssoziologie und -geschichte. Aufsatz- und Buchveröffentlichungen, u. a.: *Die staatliche hochschulfreie Forschung im Bereich Erderschließung, Umweltschutz und Raumordnung*, Bielefeld (1986); (zus. mit P. Knost) *Zur Geschichte der Selbstorganisationsforschung – Ideengeschichtliche Einführung und Bibliographie (1940-1990)*, Bielefeld (1990); *Urgeschichte der Selbstorganisation – Zur Archäologie eines wissenschaftlichen Paradigmas*, Braunschweig/Wiesbaden (1991); »›... da stellt ein Wort zur rechten Zeit sich ein‹. Die Karriere des Chaos zum Schlüsselbegriff«, in: *Kursbuch*, H. 98, Berlin (1989); »Selbstorganisation und Neue soziale Bewegungen«, in: W. Krohn/G. Küppers (Hg.), *Selbstorganisation – Aspekte einer wissenschaftlichen Revolution*, Braunschweig/Wiesbaden (1990); »Die Faszination des Chaos«, in: *gdi-impuls* (3/1990); (zus. mit G. Küppers) »Chaos – Von der Einheit zur Vielheit. Zum Verhältnis von Chaosforschung und Postmoderne«, in: U. Niedersen/L. Pohlmann (Hg.), *Selbstorganisation – Jahrbuch für Komplexität in den Natur-, Sozial- und Geisteswissenschaften*, Bd. 2, Berlin (1991).

Oskar Pastior, geb. 1927 in Hermannstadt (Siebenbürgen), lebt seit 1969 als freier Autor in Westberlin. Mitglied des Bielefelder Colloquiums Neue Poesie, der Akademie der Künste in Berlin und der Deutschen Akademie für Sprache und Dichtung in Darmstadt. Erhielt u. a. den Ernst-Meister-Preis für Literatur 1986 und den Hugo-Ball-Preis 1990. Zahlreiche Lyrikbände, darunter: *Höricht* (1975); *Der krimgotische Fächer* (1978); *Wechselbalg* (1980); *Pastior/Petrarca 33 Gedichte* (1983); *Anagrammgedichte* (1985); *Jalousien aufgemacht. Ein Lesebuch*, hg. v. Klaus Ramm (1987); *Kopfnuß Januskopf. Gedichte in Palindromen* (1990); *Feiggehege. Listen Schnüre Häufungen* (1991); *Urologe kuesst Nabelstrang* (1991); *Vokalisen*

& *Gimpelstifte* (1992); Pastior/Perec *La Clôture/Okular ist eng* (1992); *Mein Chlebnikov, CD* (1992).

Pavel Petr studierte Germanistik und Slawistik an den Universitäten Prag und Leipzig und war dann Wissenschaftlicher Assistent in Prag. 1960 Promotion in Leipzig; seine Habilitation erfolgte 1965 in Prag. 1965/66 als Forschungsstipendiat der Alexander von Humboldt-Stiftung in Göttingen und Hannover. Dozent für Neuere Deutsche Literatur an den Universitäten Prag, Olmütz und Brünn; ab September 1969 an der Monash University, Melbourne-Clayton, Australien. Veröffentlichungen zur neueren deutschen (Lenz, Hauptmann, Kafka, Brecht, Seghers, S. Heym) und tschechischen Literatur (Hasek, Capek 70er Jahre); Übersetzungen (u. a. tschechischer Lyrik); Studien literaturtheoretischen (*Marxist Theories of the Comic*) und interdisziplinären Charakters (*Franz Kafkas Böhmen*; *Identitätsproblematik der Prager jüdischen Schriftsteller*; *Dialektik in Frankfurt, Prag und Moskau*; *Prager Reformversuche vor 1968*; *Wort und Begriff im Staatssozialismus*).

Gebhard Rusch, geb. 1954, Studium der Geschichte, Philosophie, Linguistik und Literaturwissenschaft an den Universitäten Bielefeld und Siegen; seit 1980 wissenschaftlicher Mitarbeiter an der Universität Siegen (Fachbereich für Sprach- und Literaturwissenschaften, Sonderforschungsbereich »Bildschirmmedien«, Institut für Empirische Literatur- und Medienforschung); Promotion 1987: *Erkenntnis, Wissenschaft, Geschichte. Von einem konstruktivistischen Standpunkt*. Zahlreiche weitere Arbeiten und Veröffentlichungen zur Sprach-, Medien- und Kommunikationstheorie, zur Theorie von Geschichte und Geschichtswissenschaft, zur Literaturgeschichte, zum Buchmarkt und zum Fernsehen in der Bundesrepublik.

Ferdinand Schmatz, geb. 1953 in Korneuburg, Niederösterreich, studierte Germanistik und Philosophie in Wien, lebte 1983-85 als Lektor in Tokyo, unterrichtet z. Zt. an der Hochschule für Angewandte Kunst in Wien (Poetik und Kunst im 20. Jahrhundert); Herausgeber des Nachlasses von Reinhard Priessnitz. Veröffentlichungen: *der gesamte lauf* (1977); *die lichtung und der bienenstock* (1977); *5 Nächte* (mit Peter Veit, 1979); *der (ge)dichte lauf* (1981); *die wolke und die uhr* (1986); *Die Reise. In achtzig flachen Hunden in die ganz tiefe Grube* (mit Franz Josef Czernin, 1987); *Die Kunst der Enzyklopädie* (mit Heimo Zobernig, 1988); *Teller und Schweiß* (mit Franz Josef Czernin, 1991); *Sinn und Sinne* (Essays, 1992); *BALIBI. Gedicht* (1992); *Lexikon der Kunst* (mit Heimo Zobernig, 1992).

Siegfried J. Schmidt, geb. 1940; Studium der Philosophie, Germanistik, Linguistik, Geschichte und Kunstgeschichte in Freiburg, Göttingen und Münster; Promotion 1966 über den Zusammenhang zwischen Sprache und Denken von Locke bis Wittgenstein; seit 1965 Assistent am Philosophischen Seminar der TH Karlsruhe; 1968 Habilitation für Philosophie; seit 1971 Professor für Texttheorie an der Universität Bielefeld; 1973 dort Professor für Theorie der Literatur; seit 1979 Professor für Germanistik/Allgemeine Literaturwissenschaft an der Universität GH Siegen und seit 1984 Direktor des Instituts für Empirische Literatur- und Medienforschung (LUMIS) der Universität Siegen. Buchveröffentlichungen: *Sprache und Denken als sprachphilosophisches Problem von Locke bis Wittgenstein* (1968); *Bedeutung und Begriff* (1969); *Ästhetizität* (1971); *Ästhetische Prozesse* (1971); *Texttheorie* (1973); *Elemente einer Textpoetik* (1974); *Literaturwissenschaft als argumentierende Wissenschaft* (1975); *Grundriß der Empirischen Literaturwissenschaft*, 2 Bde. (1980/1982); *Foundations for the empirical study of literature* (1982); *La Communicazione Letteraria* (1983); *Kunst: Pluralismen, Revolten* (1987); *Fuszstapfen des kopfes* (1989); *Die Selbstorganisation des Sozialsystems Literatur im 18. Jahrhundert* (1989).

Christof Schmitz, geb. 1959, Studium der Betriebswirtschaftslehre, der Soziologie und der Philosophie in Wien; anschließend Universitätsassistent an der Wirtschaftsuniversität Wien; seit 1990 als Berater für Unternehmensentwicklung in Zürich tätig. Veröffentlichungen aus den Bereichen der Organisations- und Managementforschung. Zusammen mit B. Heitger und P. Gester Herausgeber von *Managerie. Jahrbuch für systemisches Denken und Handeln im Management*, Heidelberg 1992.

Raimund Stecker, geb. 1957 in Duisburg, besuchte zunächst die Hauptschule, wurde Buchbindergeselle und erhielt seinen Fachunterricht in der Buchgestaltung beim späteren Professor Tünn Konerding in Düsseldorf. Nach der Fachoberschule für Gestaltung in Essen und der Allgemeinen Hochschulreife in Duisburg studierte er in Bochum Kunstgeschichte, Philosophie, Neuere Geschichte, Publizistik und Kommunikationswissenschaft; Tätigkeit als Museumspädagoge, Praktikant, VHS-Dozent, Kunstkritiker; Lehrbeauftragter an der Kunstakademie Münster, Doktorand an der Universität Herdecke, neuer Leiter des Kunstvereins Düsseldorf.

Christian W. Thomsen, geb. 1940, Studium der Germanistik, Theaterwissenschaften, Anglistik, Amerikanistik in Tübingen, London und Marburg; Promotion 1967; Habilitation 1973. 1973 Gründungssenator und Professor für Anglistik an der Universität/Gesamthochschule Siegen, hier Mitaufbau eines audiovisuellen Medienzentrums, 1981 bis 1987 Mitglied und Direktor des Forschungsinstituts für Geistes- und Sozialwissenschaften, seit 1986 Sprecher des DFG-Sonderforschungsbereichs »Bildschirmmedien« und einer der Direktoren des ersten deutschen geisteswissenschaftlichen Graduiertenkollegs, Mitherausgeber von REIHE SIEGEN,

Beiträge zur Literatur-, Sprach- und Medienwissenschaft. Seit 1982 Lehre und Forschung in der Architektur. Gastprofessor an den Universitäten Jerusalem, Kopenhagen, Vancouver. Regie in Theaterstücken und Hörspielen. Internationale Veröffentlichungen zu Kunst-, Literatur- und Theaterwissenschaft sowie Architekturkritik.

Thomas Wrede studiert an der Kunstakademie Münster.

suhrkamp taschenbücher wissenschaft
Wissenschaftsforschung

Ashby: Einführung in die Kybernetik. stw 34

Bachelard: Die Bildung des wissenschaftlichen Geistes. stw 668

– Die Philosophie des Nein. stw 325

Becker: Grundlagen der Mathematik. stw 114

Böhme, G.: Alternativen der Wissenschaft. stw 334

Böhme, G./Daele/Krohn: Experimentelle Philosophie. stw 205

Böhme, G./Engelhardt (Hg.): Entfremdete Wissenschaft. stw 278

Canguilhem: Wissenschaftsgeschichte und Epistemologie. stw 286

Cicourel: Methode und Messung in der Soziologie. stw 99

Daele/Krohn/Weingart (Hg.): Geplante Forschung. stw 229

Dubiel: Wissenschaftsorganisation und politische Erfahrung. stw 258

Feyerabend: Wider den Methodenzwang. stw 597

Fleck: Erfahrung und Tatsache. stw 404

Foerster: Wissen und Gewissen. stw 876

Foucault: Archäologie des Wissens. stw 356

– Die Ordnung der Dinge. stw 96

– Sexualität und Wahrheit 1. Der Wille zum Wissen. stw 716

– Sexualität und Wahrheit 2. Der Gebrauch der Lüste. stw 717

– Sexualität und Wahrheit 3. Die Sorge um sich. stw 718

– Überwachen und Strafen. stw 184

– Wahnsinn und Gesellschaft. stw 39

Frank, Ph.: Das Kausalgesetz und seine Grenzen. stw 734

Galilei: Sidereus Nuncius. stw 337

Geuter: Die Professionalisierung der deutschen Psychologie im Nationalsozialismus. stw 701

Gould: Der Daumen des Panda. stw 789

– Der falsch vermessene Mensch. stw 583

Hausen/Nowotny (Hg.): Wie männlich ist die Wissenschaft? stw 590

Holton: Thematische Analyse der Wissenschaft. stw 293

Jokisch (Hg.): Techniksoziologie. stw 379

Kocka (Hg.): Interdisziplinarität. stw 671

Koyré: Von der geschlossenen Welt zum unendlichen Universum. stw 320

Krohn/Küppers: Die Selbstorganisation der Wissenschaft. stw 776

Küppers/Lundgreen/Weingart: Umweltforschung – die gesteuerte Wissenschaft? stw 215

Kuhn: Die Entstehung des Neuen. stw 236

suhrkamp taschenbücher wissenschaft
Wissenschaftsforschung

Kuhn: Die Struktur wissenschaftlicher Revolutionen. stw 25

Maturana: siehe Riegas/Vetter (Hg.)

Mehrtens/Richter (Hg.): Naturwissenschaft, Technik und NS-Ideologie. stw 303

Meja/Stehr (Hg.): Der Streit um die Wissenssoziologie. stw 361

Mises: Kleines Lehrbuch des Positivismus. stw 871

Mittelstraß: Der Flug der Eule. stw 796

– Die Möglichkeit von Wissenschaft. stw 62

– Wissenschaft als Lebensform. stw 376

Mittelstraß (Hg.): Methodenprobleme der Wissenschaften vom gesellschaftlichen Handeln. stw 270

Needham: Wissenschaft und Zivilisation in China. stw 754

– Wissenschaftlicher Universalismus. stw 264

Nelson: Der Ursprung der Moderne. stw 641

Nowotny: Kernenergie: Gefahr oder Notwendigkeit. stw 290

Oakes: Die Grenzen kulturwissenschaftlicher Begriffsbildung. stw 859

Pannenberg: Wissenschaftstheorie und Theologie. stw 676

Peukert: Wissenschaftstheorie – Handlungstheorie – Fundamentale Theologie. stw 231

Polanyi, M.: Implizites Wissen. stw 543

Prinz/Weingart (Hg.): Die sog. Geisteswissenschaften: Innenansichten. stw 854

Riegas / Vetter (Hg.): Zur Biologie der Erkenntnis. stw 850

Schäfer (Hg.): Mikroskopie der Forschung. stw 766

Schwemmer: Die Philosophie und die Wissenschaften. stw 869

Steinwachs (Hg.): Ausdifferenzierung, Integration, Kompensation in den »Geisteswissenschaften«. stw 855

Stubar (Hg.): Exil, Wissenschaft, Identität. stw 702

Troitzsch/Wohlauf (Hg.): Technik-Geschichte. stw 319

Wahl/Honig/Gravenhorst: Wissenschaftlichkeit und Interessen. stw 398

Weingart: Wissensproduktion und Soziale Struktur. stw 155

Weingart (Hg.): Technik als sozialer Prozeß. stw 795

Weizenbaum: Die Macht der Computer und die Ohnmacht der Vernunft. stw 274

Zilsel: Die sozialen Ursprünge der neuzeitlichen Wissenschaft. stw 152

suhrkamp taschenbücher wissenschaft
Ästhetik, theoretische Texte zur Literatur, zur Kunst, zum Film und zum Theater

Adorno: Ästhetische Theorie. stw 2
- Einleitung in die Musiksoziologie. stw 142
- Die musikalischen Monographien. stw 640
- Noten zur Literatur. stw 355
- Philosophie der neuen Musik. stw 239

Benjamin: Der Begriff der Kunstkritik in der deutschen Romantik. stw 4
- Benjamin über Kafka. stw 341
- Charles Baudelaire. stw 47
- Ursprung des deutschen Trauerspiels. stw 225

Bourdieu u. a.: Eine illegitime Kunst. stw 441

Brieglieb: Opfer Heine? stw 497
- ... unmittelbar zur Epoche des Faschismus. stw 728

Bürger, Chr.: Tradition und Subjektivität. stw 326

Bürger, Chr./Bürger, P. (Hg.): Postmoderne: Alltag, Allegorie und Avantgarde. stw 648

Bürger, P.: Vermittlung – Rezeption – Funktion. stw 288
- Zur Kritik der idealistischen Ästhetik. stw 419

Cerquiglini/Gumbrecht (Hg.): Der Diskurs der Literatur- und Sprachhistorie. stw 411

Chvatík: Mensch und Struktur. stw 681

Dewey: Kunst als Erfahrung. stw 703

Eco: Das offene Kunstwerk. stw 222

Enzensberger, Chr.: Literatur und Interesse. stw 302

Frank, M.: Das individuelle Allgemeine. stw 544
- Das Sagbare und das Unsagbare. stw 317

Goldmann: Soziologie des Romans. stw 470
- Der verborgene Gott. stw 491

Gombrich: Meditationen über ein Steckenpferd. stw 237

Gumbrecht/Link-Heer (Hg.): Epochenschwellen und Epochenstrukturen im Diskurs der Literatur- und Sprachhistorie. stw 486

Gumbrecht/Pfeiffer (Hg.): Materialität der Kommunikation. stw 750
- Stil. stw 633
- *siehe auch Cerquiglini/Gumbrecht*

Holenstein: Roman Jakobsons phänomenologischer Strukturalismus. stw 116

Jakobson: Poetik. stw 262

Jakobson/Pomorska: Poesie und Grammatik. Dialoge. stw 386
- *siehe auch Holenstein*

Jauß: Studien zum Epochenwandel der ästhetischen Moderne. stw 864
- Zeit und Erinnerung in Marcel Prousts »A la recherche du temps perdu«. stw 587

Kracauer: Der Detektiv-Roman. stw 297
- Geschichte – Vor den letzten Dingen. stw 11
- Theorie des Films. stw 546

suhrkamp taschenbücher wissenschaft
Ästhetik, theoretische Texte zur Literatur, zur Kunst, zum Film und zum Theater

Kracauer: Von Caligari zu Hitler. stw 479
Löwenthal: Schriften. stw 901-905
– Literatur und Massenkultur. stw 901
– Das bürgerliche Bewußtsein in der Literatur. stw 902
– Falsche Propheten. stw 903
– Judaica, Vorträge, Briefe. stw 904
– Philosophische Frühschriften. stw 905
Lugowski: Die Form der Individualität im Roman. stw 151
Meyer: Das Stilgesetz der Poesie. stw 790
Minder: Glaube, Skepsis und Rationalismus. stw 43
Panofsky: Die Renaissancen der europäischen Kunst. stw 883
Pothast: Die eigentlich metaphysische Tätigkeit. stw 787
Raphael: Marx Picasso. Die Renaissance des Mythos in der bürgerlichen Gesellschaft. stw 831
– Von Monet zu Picasso. Gründe einer Ästhetik und Entwicklung der modernen Malerei. stw 832
– Aufbruch in die Gegenwart. stw 833
– Raumgestaltungen. stw 834
– Die Farbe Schwarz. stw 835
– Wie will ein Kunstwerk gesehen sein? stw 836
– Bild-Beschreibu ng. stw 837
– Tempel, Kirchen und Figuren. stw 838
– Das göttliche Auge im Menschen. stw 839
– Natur – Kultur. stw 840
– Lebens-Erinnerungen. stw 841
Heinrichs (Hg.): »Wir lassen uns die Welt nicht zerbrechen ...« Max Raphaels Werk in der Diskussion. stw 794
Richards: Prinzipien der Literaturkritik. stw 484
Schadewaldt: Die frühgriechische Lyrik. stw 783
Segeberg (Hg.): Technik in der Literatur. stw 655
Szondi: Einführung in die literarische Hermeneutik. stw 124
– Das lyrische Drama des Fin de siècle. stw 90
– Poetik und Geschichtsphilosophie I. stw 40
– Poetik und Geschichtsphilosophie II. stw 72
– Schriften I. stw 219
– Schriften II. stw 220
– Die Theorie des bürgerlichen Trauerspiels im 18. Jahrhundert. stw 15
Watt: Der bürgerliche Roman. stw 78
Weimann: Literaturgeschichte und Mythologie. stw 204
Wellmer: Zur Dialektik von Moderne u. Postmoderne. stw 532
Wind: Heidnische Mysterien in der Renaissance. stw 697
– Kunst und Anarchie. stw 622
Wölfel: Jean-Paul-Studien. stw 742
Wollheim: Objekte der Kunst. stw 384